IAN KUMEKAWA

# BELIEBIGE FRACHT

## DIE GESCHICHTE DER GLOBALEN WIRTSCHAFT, ERZÄHLT ANHAND EINES SCHIFFS

Aus dem amerikanischen Englisch
von Andrea Kunstmann

HarperCollins

Die amerikanische Originalausgabe erschien 2025 unter dem Titel
»Empty Vessel« bei Alfred A. Knopf, New York

1. Auflage 2026

Deutsche Erstausgabe

Valentinskamp 24 · 20354 Hamburg
info@harpercollins.de
Gesetzt aus der Minion Pro
von GGP Media GmbH, Pößneck
Druck und Bindung von GGP Media GmbH, Pößneck
Printed in Germany
ISBN 978-3-365-00645-0
www.harpercollins.de

Für SGL, Anker des Autors und Inspiration für dieses Buch

Ich kann, ihr Wellen, eingehüllt in euer Schlagen,
Nicht mehr im Kielwasser der Baumwollschiffe ziehn,
Noch den Hochmut der Fahnen und Wimpel ertragen,
Noch des Brückenboots schrecklichen Augen entfliehn.[1]

Letzte Strophe von »Das trunkene Schiff« (»Le Bateau ivre«)
von Arthur Rimbaud

# INHALT

# ZEITLEISTE DES SCHIFFS UND SEINES SCHWESTERSCHIFFS

| | Das Schiff | Das Schwesterschiff |
|---|---|---|
| 1978 | Die schwedische Finnboda Varv beginnt die Planung zweier neuer Frachtkähne mit den Projektnamen *Nybygge* (Neubau) *408* und *Nybygge 409*. | Das Schwesterschiff trägt die Nummer 408. |
| 1979 | Die *Balder Scapa* wird von der Finnboda-Werft am Stadtrand von Stockholm gebaut und an die in Norwegen ansässige Balder-Gruppe des Unternehmers Parley Augustsson geliefert. Sie wird in die schottische Bucht Scapa Flow geschleppt. | Die Finnboda-Werft baut die *Balder Floatell 1*, die aber nie an die Balder-Gruppe ausgeliefert wird. |
| 1981 | Die *Balder Scapa* wird an Finnboda zurückverkauft und kehrt nach Schweden zurück, wo sie umregistriert wird und den neuen Namen *Finnboda 12* erhält. Darauf wird sie an Consafe Offshore verkauft. | Das Schwesterschiff bekommt den neuen Namen *Finnboda 11*, wird in Schweden registriert und dann zusammen mit *Finnboda 12* an Consafe Offshore verkauft. |
| 1981–83 | Consafe überholt das Schiff in Göteborg, stattet es mit einem Unterkunftsblock aus und benennt es in *Safe Esperia* um. | Consafe überholt das Schwesterschiff in Göteborg (bis 1982), stattet es mit einem Unterkunftsblock aus und benennt es in *Safe Dominia* um. |

| | Das Schiff | Das Schwesterschiff |
|---|---|---|
| **1982** | | Die *Safe Dominia* wird in Jersey registriert und nach Stanley auf den Falklandinseln gebracht, wo sie unter dem Namen *COASTEL 1* britischen Truppen als Kaserne dient. |
| **1983** | Die *Safe Esperia* wird von der Schifffahrtsgesellschaft Bibby Line erworben und im Vereinigten Königreich registriert, dann nach Stanley auf den Falklandinseln transportiert, wo sie unter dem Namen *COASTEL 3* britischen Truppen als Kaserne dient. | |
| **1985** | Das Schiff wird in *Bibby Resolution* umgetauft. | Die Bibby Line kauft auch das Schwesterschiff und tauft es in *Bibby Venture* um. |
| **1987** | | Die *Bibby Venture* verlässt Stanley und wird auf den Bahamas registriert. Sie wird außerhalb von London instandgesetzt und dann dem New York City Department of Correction (Strafvollzugsbehörde) übergeben. Unter der Bezeichnung Maritime Facility I wird sie an Pier 36 im East River stationiert. |
| **1988** | Die *Bibby Resolution* verlässt Stanley und wird auf den Bahamas registriert. Sie wird außerhalb von London instandgesetzt und dann nach Deutschland an das Volkswagenwerk in Emden geliefert. | Die *Bibby Venture* zieht zu Pier 1 in Brooklyn um. |

| | **Das Schiff** | **Das Schwesterschiff** |
|---|---|---|
| **1989** | Die *Bibby Resolution* wird nach New York gebracht, wo das New York City Department of Correction (Strafvollzugsbehörde) sie least. An Pier 36 vor Manhattan wird sie unter der offiziellen Bezeichnung Maritime Facility II als Haftanstalt genutzt. | Die *Bibby Venture* wird zu Pier 40 am Hudson River in Manhattan gebracht. |
| **1994** | Die Haftanstalt auf der *Bibby Resolution* wird geschlossen und das Schiff nach Brooklyn gebracht. Die Stadt New York kauft es. | Die Haftanstalt auf der der *Bibby Venture* wird geschlossen. Die Stadt New York kauft das Schwesterschiff. |
| **1997** | Das Schiff wird vom britischen Staat erworben und zur Isle of Portland in England transportiert, wo es unter dem neuen Namen HMP [Her Majesty's Prison] *The Weare* als Haftanstalt dient. | |
| **2005** | HMP *The Weare* schließt. Das Schiff heißt nun nur noch *The Weare*. | |
| **2006** | *The Weare* wird erst von Pacific Maritime (Asia) Ltd., dann von Holystone Overseas Ltd. erworben. Der Vertrag ist Gegenstand einer gerichtlichen Auseinandersetzung in England. | |
| **2008** | Das noch immer im Hafen von Portland liegende Schiff wird in *Jascon 27* umbenannt und von der Sea Trucks Group (STG), der Konzernmutter von Holystone, in St. Vincent und den Grenadinen registriert. | |

| | Das Schiff | Das Schwesterschiff |
|---|---|---|
| **2010** | Die *Jascon 27* wird nach Onne (Nigeria) geschleppt, wo sie Offshore-Ölarbeitern als Unterkunft dient. | |
| **bis 2013** | | Das Schwesterschiff wird in *Venture* umgetauft und in St. Vincent und den Grenadinen registriert. Es gehört nun der britischen Reederei Intership und dient vor der nigerianischen Küste als Unterkunftsschiff. |
| **2016** | Der Status der *Jascon* 27 lautet »stillgelegt«. | Die *Venture* wird vom indischen Schifffahrtsunternehmen Halani erworben. |
| **2018** | Die Sea Trucks Group wird aufgespalten. Das Eigentum an der *Jascon 27* geht an den unter dem Namen West African Ventures (WAV) firmierenden Teil über. | Die *Venture* befindet sich vor der nigerianischen Küste, als die Crew von ihrem Arbeitgeber Halani im Stich gelassen wird, was die International Maritime Organization und die International Labour Organization auf den Plan ruft. Die *Venture* wird aus dem Schiffsregister von St. Vincent und den Grenadinen gelöscht. |
| **2021** | | Das Schwesterschiff wird in *High Ocean IV* umbenannt und in St. Kitts und Nevis registriert. Es wird über Port Louis (Mauritius) in den indischen Bundesstaat Gujarat geschleppt. |
| **2022** | | In Alang (Gujarat) wird die *High Ocean IV* abgewrackt. |

# VORWORT

Anfang 2020 hörte ich zum ersten Mal davon, dass die Stadt New York ein Gefängnisschiff, umgangssprachlich »the Boat« genannt, betrieb, das vor der South Bronx lag. Meine zukünftige Frau arbeitete damals als Pflichtverteidigerin in dem Stadtteil, und gerade war einer ihrer Klienten darin inhaftiert worden. Es handelte sich um einen plumpen grauen Kasten, in dem sich das neue Coronavirus rasend schnell ausbreitete. Vielleicht weil ich mich als Historiker mit der Geschichte des britischen Imperialismus beschäftigt hatte, musste ich sofort an die berüchtigten Gefängnisschiffe denken, ein Charakteristikum des britischen Strafvollzugs im 18. und 19. Jahrhundert. Mir fiel die Figur Pip ein, die am Anfang von Charles Dickens' Roman *Große Erwartungen* voller Angst und Schrecken auf die Silhouetten dieser im Sumpf der Themsemündung liegenden Hulken starrt.

Das interessierte mich, und ich begann mich mit dem im East River ankernden Schiff zu beschäftigen. Ich fand heraus, dass zwar »the Boat« selbst recht geradlinigen Ursprungs war, aber sein Vorgänger aus den frühen 1990er-Jahren eine ausgesprochen bewegte Geschichte hatte. Sie stellte sich als aussagekräftige Erzählung über die Globalisierung und Privatisierung heraus, Themen, die bereits im Zentrum meiner vorherigen Arbeit zur Staatsvereinnahmung im frühen 20. Jahrhundert gestanden hatten.

Ich verwandte mehr und mehr Zeit darauf, die Reise des ersten Gefängnisschiffs von einer Werft in Schweden in den Südatlantik, nach Lower Manhattan, England und schließlich Westafrika nachzuvollziehen. Mit Beginn der Pandemie, als Archive geschlossen wurden und alle gezwungen waren, zu Hause zu bleiben, führte ich über Zoom Oral-History-Interviews mit den Menschen, die das Schiff gebaut oder darauf gearbeitet hatten oder darin inhaftiert gewesen waren – Gespräche mit Leuten auf der ganzen Welt, in einem Augenblick, als sich diese Welt extrem fragmentiert und doch auch in völligem Gleichklang anfühlte. Ganze Städte im Lockdown, die Grenzen geschlossen, doch Milliarden Menschen machten die gleichen Erfahrungen von Krankheit, Unsicherheit, Verlust. Milliarden Menschen waren voneinander getrennt, aber eben *zusammen* getrennt. Als ich über Zoom in das Zuhause meiner Gesprächspartner blickte, während diese in meines blickten, wurde mir unmissverständlich klar, wie klein die Welt doch war und wie universell eine Erfahrung sein konnte.

Zugleich rückte die Pandemie materielle Beschränkungen und die Bedeutung der materiellen Infrastruktur in den Blickpunkt. Der Zusammenbruch weltweiter Lieferketten und die Unmöglichkeit, an Masken oder Toilettenpapier zu kommen, machten deutlich, dass unsere täglichen Routinen von einem versteckten Universum abhängig waren. Als die banalsten Alltagsaktivitäten plötzlich voller Gefahren schienen, konnte man dem Gedanken, wie wichtig doch Verkäuferinnen und Verkäufer waren, nicht mehr ausweichen. Plötzlich spürte man am eigenen Leib, wie schwer sich Busse, Flugzeuge, Schiffe ersetzen ließen. Vor diesem Hintergrund beschäftigte ich mich mit der Geschichte dieses Schiffs, und je mehr ich darüber herausfand, desto überzeugter war ich, dass die »Schiffsperspektive« einen faszinierenden und aussagekräftigen Blick auf unsere globalisierte Welt und die Veränderungen der Weltwirtschaft im Lauf der letzten vierzig Jahre ermöglicht. Resultat dieser Nachforschungen ist das vorliegende Buch.

Das Schiff
Das Schwesterschiff
0 100 200 300 400
MEILEN
ISLAND
Atlantischer Ozean
Scapa Flow
Stavanger
NORWEGEN
SCHWEDEN
Ljusne
Oslo
Stockholm
Høllen
Göteborg
Schottland
Montrose
Perth
Edinburgh
Nordsee
Landskrona
DÄNEMARK
Ostsee
VEREINIGTES
KÖNIGREICH
IRLAND
Liverpool
Hamburg
Emden
Eemshaven
Oldenburg
Wales
England
NIEDERLANDE
London
EHEM. DDR
Portland
BELGIEN
EHEM.
WESTDEUTSCHLAND
Ärmelkanal
Guernsey
Jersey
FRANKREICH
Mittelmeer

NORWEGEN
SCHWEDEN
VEREINIGTES KÖNIGREICH
Göteborg
Stockholm
Nord-see
Ost-see
Portland
London
Emden
EHEM. WEST-DEUTSCHLAND
New York
USA
Nordatlantik
BERMUDA
Nassau
BAHAMAS
BRITISCHE JUNGFERNINSELN
Road Town
HONDURAS
Karibisches Meer
ST. KITTS UND NEVIS
ST. VINCENT UND DIE GRENADINEN
NIGERIA
Onne
PANAMA
LIBERIA
Golf von Guinea
Südatlantik
NAMIBIA
Walvis Bay
SÜDAFRIKA
Kapstadt
Buenos Aires
ARGENTINIEN
Stanley
FALKLAND-INSELN

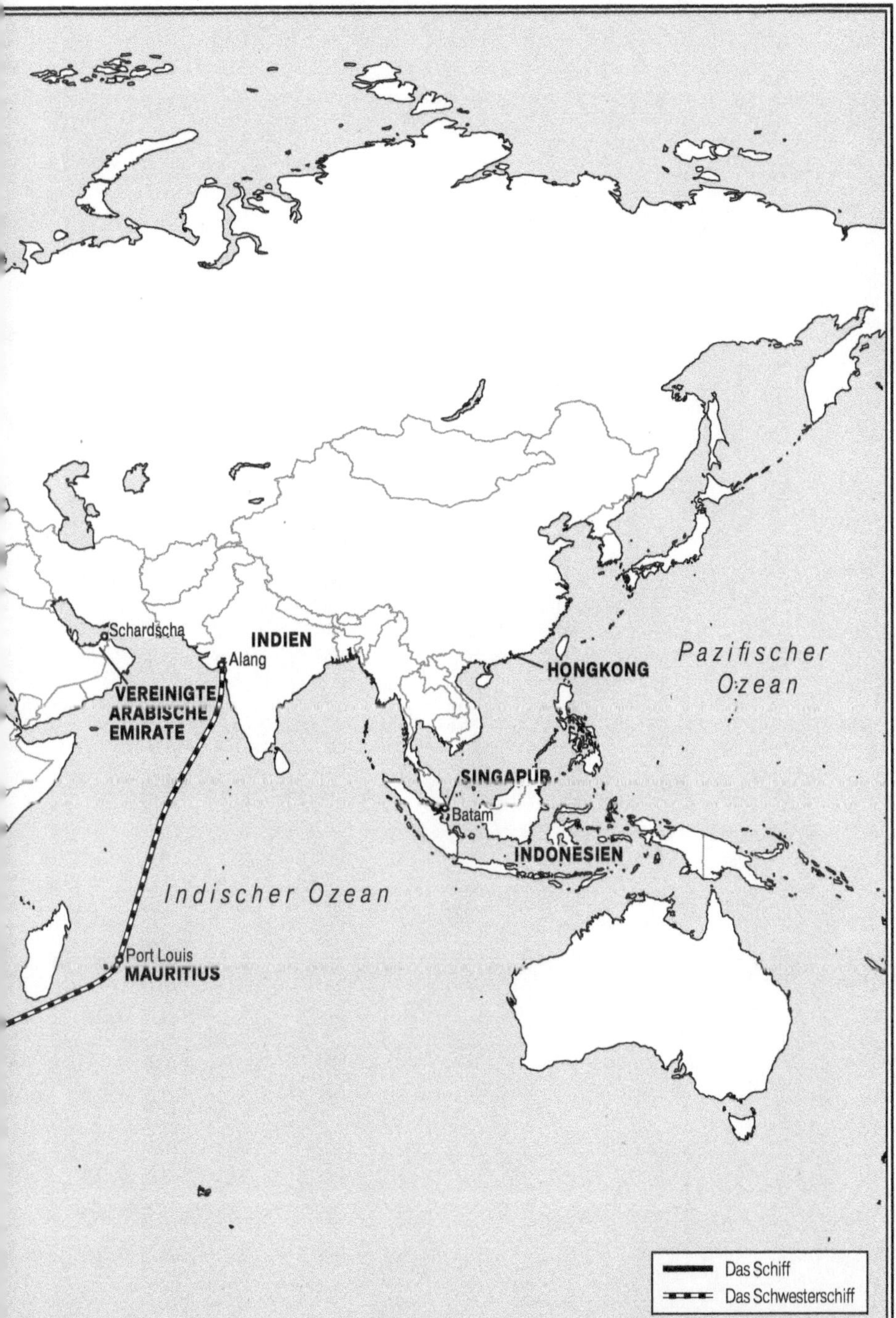
Schardscha
INDIEN
Alang
VEREINIGTE ARABISCHE EMIRATE
HONGKONG
Pazifischer Ozean
SINGAPUR
Batam
INDONESIEN
Indischer Ozean
Port Louis
MAURITIUS
Das Schiff
Das Schwesterschiff

# EINFÜHRUNG

An einem Frühlingstag des Jahres 1989 erreichte ein vom niederländischen Tiefwasserhafen Eemshaven kommendes Containerschiff den Hafen von New York. Es trug den Namen *Bibby Resolution* und gehörte einer alteingesessenen Schifffahrtsgesellschaft in Liverpool, deren Gründer zweihundert Jahre zuvor in den transatlantischen Sklavenhandel investiert hatte. Während die Reederei eine lange Geschichte vorzuweisen hatte, war das Schiff selbst unverkennbar ein Werk des späten 20. Jahrhunderts. Es bestand aus standardisierten Teilen, die für einen effizienten Überseehandel entwickelt worden waren. Es handelte sich um ein durch und durch weltläufiges Produkt: gebaut in Schweden, Eigentum einer britischen Firma, internationale Crew. In den zehn Jahren seit seinem Stapellauf war es in vier verschiedenen Ländern registriert. Als es in New York lag, war es auf den Bahamas gemeldet, obwohl es den Gewässern des karibischen Inselstaats niemals auch nur nahe gekommen war. Wie viele andere Containerschiffe war die *Bibby Resolution* weniger die Schöpfung eines einzelnen Landes als vielmehr einer globalen Weltordnung.

Für ein Containerschiff war die *Bibby Resolution* eher ungewöhnlich. So hatte sie beispielsweise keinen Motor und war auf dem Rücken eines anderen Schiffs nach New York gelangt. Darüber hinaus waren die Container, die sie geladen hatte, nie dazu gedacht, entladen zu werden, nicht einmal dazu, überhaupt Waren zu enthalten. Es handelte sich um ein Unterkunftsschiff oder, wie die unterschiedlichen Eigentümer es bezeichneten, ein »Hotelschiff«, ein »Coastel« beziehungsweise ein »Floatel«. Solche Begriffe sollten Vorstellungen von Komfort, wenn nicht gar Luxus erzeugen. Was nichts daran änderte, dass das Schiff ein vierundneunzig Meter langer schlichter Schiffsrumpf mit flachem Boden war, auf dessen Deck man einen fünf Etagen hohen modularen »Unterkunftsblock« aus Stahl montiert hatte.

Auch wenn das Schiff für die Unterbringung von Menschen und nicht für den Warentransport gebaut worden war, handelte es sich doch um ein Containerschiff. Alle Kabinen und Kombüsen, Gemeinschafts- und Pausenräume bestanden aus umgebauten Transportbehältern aus Stahl. Und als *container*, als ein Behältnis im wörtlichen Sinne, war es auch nach New York gebracht worden. Die Strafvollzugsbehörde der Stadt hatte es geleast, um es als schwimmendes Gefängnis zu nutzen.

* * *

Somit war dieses Schiff zugleich ein Gefängnis, zumindest in den fünf Jahren seines Aufenthalts in New York. In anderen Phasen war es eine Truppenunterkunft auf den Falklandinseln, eine provisorische Unterbringung für Montagearbeiter in Westdeutschland oder ein Heim weit weg von daheim für Ölarbeiter vor der nigerianischen Küste. Die vergangenen vier Jahrzehnte trug das Schiff viele Namen: *Bibby Resolution*, *Safe Esperia*, Her Majesty's Prison *The Weare*, sogar *Love Boat*. Heute heißt es recht nichtssagend *Jascon 27*, was auf eine Firma verweist, der es einmal gehörte. Es fuhr unter der Flagge von fünf verschiedenen Ländern, hatte eine ganze Reihe unterschiedlicher Eigentümer und legte, obwohl es nie einen eigenen Motor besaß, Zehntausende Seemeilen zurück. Das Schiff im Zentrum dieser Geschichte hat viele Leben gelebt und beherbergt.

An und für sich ist dieses Wasserfahrzeug wenig charismatisch. Laut Beschreibung eines frühen Eigentümers sieht es ein wenig wie eine »große Schuhschachtel«[1] aus. Auch die technische Klassifizierung als einfacher Ponton lässt an eine schwerfällige, geräuschlose Erscheinung denken. Doch obwohl das Schiff nach außen hin plump und unbeweglich wirkt, ermöglicht seine Geschichte den Blick auf die tiefgreifenden und dynamischen Veränderungen, denen die Weltwirtschaft in den vergangenen vierzig Jahren unterworfen war. Man könnte es sogar als ein Archiv der Effekte dieser Veränderungen bezeichnen und ebenso als eine Bühne, auf der sie sich abspielten.

Das Schiff war von Anfang an modular und flexibel konzipiert, und eben diese Flexibilität verlieh ihm seinen Wert. Wie Ann Owers, ehemalige Chefinspektorin der britischen Gefängnisse, Anfang der 2000er-Jahre betonte, war es in allererster Linie ein *container*, ein Behälter. Seine Bedeutung und Funktion veränderte sich mit den Dingen oder Menschen, die es »enthielt«. In der Nordsee und vor der nigerianischen Küste war es ein Versorgungsschiff der Offshore-Ölindustrie, auf den Falklandinseln eine Kaserne, in New York ein Gefängnis. Eben weil man diesen Behälter befüllen konnte, konnte er immer wieder transformiert werden und Zwecken dienen, die sein jeweiliges Umfeld erforderte. So gesehen war die Leere geradezu sein bestimmendes Merkmal.

Aus diesem Grund war das Schiff immer passiv. Es wurde gebaut, umgebaut und von einer ganzen Reihe fundamentaler und miteinander verknüpfter ökonomischer Veränderungen gebeutelt und mitgerissen: dem Wachstum der fossilen Ökonomie, der Globalisierung, dem Finanzkapitalismus und der Masseninhaftierung. In deren Verlauf war es auch Kulisse für eben diese rasanten Prozesse. Ursprünglich für die globale multinationale Energieindustrie gebaut, wurde es im Südatlantik zum Baustein der Bemühungen, die politische Aufmerksamkeit in Großbritannien von der Massenarbeitslosigkeit, die die Thatcher-Regierung verursacht hatte, abzulenken. Später schaffte man es nach New York, um darin die wachsende Zahl an Häftlingen unterzubringen, die wiederum auf die wachsende Zahl Arbeitsloser und den Abbau von Sozialleistungen der Reagan-Jahre zurückzuführen war. In dieser ganzen Zeit war das Schiff Privateigentum und in wechselnden Steueroasen registriert.

Dieser simple Frachtkahn war zugleich ein abstraktes Finanzobjekt. Das Eigentum daran wurde aufgespalten und als Garantie für internationale Unternehmensanleihen genutzt. Ebenso war es ein abstraktes Rechtsobjekt, um das vor Schiedsgerichten in London und auf den Britischen Jungferninseln gestritten wurde, außerdem Gegenstand eines wichtigen Falls des englischen Handelsrechts. Es war vor allem aufgrund einer Neuerung im internationalen Seerecht gebaut und zur Ausnutzung norwegischer Steuerschlupflöcher erworben worden. Als Justizvollzugsanstalt und Arbeitsplatz wurde das Schiff zum Ort der Anwendung anderer Gesetzesarten und zum Spielort der abstrakten Kräfte, die unsere Welt in den letzten vier Jahrzehnten verändert haben.

* * *

Die Begrifflichkeiten, mit denen die Globalisierung und ökonomische Transformation beschrieben werden, sind überwiegend abstrakt. Märkte werden »ausgeweitet«, Aufsicht und Kontrolle »dereguliert«, physische Objekte »finanzialisiert«. Zu den Auswirkungen einer breiten Palette unterschiedlichster Absichten und Maßnahmen, die meist unter dem Begriff »neoliberal« zusammengefasst werden, gehören in den Vereinigten Staaten und Westeuropa nicht zufällig die Verlagerung traditioneller Industriearbeitsplätze ins Ausland und das stetige Wachstum des Finanzsektors. Und die Finanzialisierung selbst beinhaltet notwendig Abstraktion. Das war schon so, als Getreidehändler im Chicago des späten 19. Jahrhunderts den Terminkontraktmarkt erfanden, und das ist auch heute noch so.[2] Das Schiff, dessen Weg mein Buch folgt, gehört zu dieser Sphäre. Es befindet sich wortwörtlich *offshore*. Es wurde aus modularen Schiffscontainern zusammengebaut, konzipiert als befüllbarer Raum. Es ist die

Schöpfung einer supranationalen globalen Offshore-Ordnung: registriert auf den Bahamas oder St. Vincent und den Grenadinen, im Eigentum internationaler Konsortien, zum Nutzen von Finanziers in London, Oslo und Lagos.[3]

Und doch war – und bleibt – dieser Kahn grundsätzlich ein *Objekt*. Normalerweise bleibt die materielle Dimension der Globalisierung verborgen, und nur eine Katastrophe – eine sehr reale Störung wie das Mega-Containerschiff *Ever Given*, das 2021 den Suezkanal blockierte, oder die russische Blockade der ukrainischen Getreidehäfen am Schwarzen Meer – führt dazu, die Aufmerksamkeit auf die dingliche Infrastruktur zu lenken, die die Weltwirtschaft am Laufen hält. Dieses Buch widmet sich der extremen physischen Realität abstrakter Prozesse. Auch wenn das Schicksal des Schiffs in hohem Maß mit der Geschichte der ökonomischen und juristischen Abstraktionen der letzten vierzig Jahre verknüpft ist, bleibt das Schiff selbst doch unausweichlich konkret. Es ist ein reales Objekt aus Stahl mit 9500 Tonnen Leergewicht. Es konnte nur Form annehmen, weil die Arbeiter einer schwedischen Werft es Stück für Stück zusammenschweißten und -nieteten. Es hat Stege und Schotte, eine Abwasserreinigungsanlage und lärmende Volvo-Generatoren. Selbst als es im New Yorker East River festgemacht war, schwankte es hin und her. Es beherbergte bis zu neunhundert Menschen, die dort in klaustrophobischer Enge aßen, schliefen und sich wuschen und dafür robuste Metallmöbel und ein Vakuumtoilettensystem nutzten, das häufig defekt war. Und der Zustand des Schiffs verschlechterte sich. Alle paar Jahre musste es trockengelegt und auf Vordermann gebracht, die Seepocken vom Rumpf entfernt, die Decks gereinigt und neu gestrichen werden.

Dieser Kahn erinnert uns daran, dass alle ökonomischen Transformationen von materiellen Prozessen abhängen. Seine Geschichte beleuchtet die sehr realen physischen Auswirkungen der sich wandelnden Weltwirtschaft in den letzten vierzig Jahren. Sehr unschöne Auswirkungen, die nichts mit funkelnden Shoppingmalls, verglasten

Bürotürmen und professionell gestalteten Websites mit ihrer nüchternen Typografie zu tun haben. Meist unbemerkt von der Öffentlichkeit, sind diese Auswirkungen aber doch die Basis der Prozesse, die unsere Welt verändert haben. Die Deregulierung der 1980er-Jahre wurde durch die kalkulierte Ausübung militärischer Gewalt ermöglicht. Die ökonomischen Verwerfungen der Finanzialisierung beschleunigten die Masseninhaftierung und führten für Millionen von Menschen zum Freiheitsentzug. Die weltweite Energieversorgung hängt nach wie vor von der Förderung fossiler Brennstoffe aus den Tiefen der Erde und des Meers ab. Das Training ausgefeilter künstlicher Intelligenz erfordert riesige Mengen an Energie: Schon die Entwicklung eines einzigen recht bescheidenen KI-Modells kann so viel $CO_2$ verursachen wie mehrere Autos in ihrer gesamten Lebenszeit.[4]

Dieses Buch ermöglicht es, anhand eines einzigen Schiffs nachzuvollziehen, dass sich große globale Veränderungen immer in Dingen manifestieren, die man anfassen kann, und sehr häufig auch auf physischer Gewalt beruhen.[5] Es ist Materialgeschichte, aber keine Geschichte von Gütern oder Rohstoffen. Es widmet sich einem einzigen Objekt, das ich daher als »unser« Schiff bezeichne.[6] Denn obwohl es im Lauf der Zeit immer wieder seinen Namen wechselte, bleibt es doch der stumme Hauptdarsteller dieses Dramas. Es ist zugleich Subjekt und Objekt und verdeutlicht die Bedeutung des Materiellen in einer sich rasant verändernden Welt.

* * *

Mein Buch beruht darauf, dass dieser Kahn nicht nur tatsächlich, sondern auch im übertragenen Sinne ein Behälter ist. Ich behandle ihn als einen Träger von Geschichte. Dass das Schiff so viele verschiedene Namen hatte, offizielle wie inoffizielle, deutet darauf hin, dass es als ein leeres Gefäß immer wieder mit Bedeutung und Wert gefüllt werden konnte. Sein Schicksal und das der Menschen, die es bauten, die es betrieben und darauf lebten, nachzuvollziehen, ermöglicht es, Parallelen und Verbindungen zwischen scheinbar voneinander unabhängigen Prozessen und Transformationen aufzuspüren und zu verstehen. Existenzen und Geschichten, gerade solche, die sich nicht auf dem Festland abspielen, miteinander zu verknüpfen, ist ein traditionelles Kennzeichen maritimer Literatur – von Richard Henry Danas *Zwei Jahre vorm Mast* über Melvilles *Moby Dick*, B. Travens *Totenschiff* bis zu den Seeabenteuerromanen von Joseph Conrad.[7] In meinem Buch dient das Schiff wie in anderen Seefahrtsgeschichten als Vektor, der eine Verbindung zwischen Menschengruppen herstellt, die Tausende von Kilometern voneinander entfernt leben, unterschiedliche Sprachen sprechen, ganz verschiedenen Berufen nachgehen und mit jeweils individuellen Problemen zu kämpfen haben.

Die Geschichte des Schiffs ist daher konnektive globale Mikrogeschichte. Jedes Kapitel widmet sich einem bestimmten Ort, einem bestimmten Umfeld, in dem das Schiff existierte. Im Ganzen wiederum zeigt diese Geschichte, wie unterschiedlichste Menschen und Orte auf der ganzen Welt von einer wahrhaft globalen wirtschaftlichen Transformation – und dabei insbesondere der Verlagerung der Warenproduktion ins Ausland – betroffen waren und geformt wurden.[8] Das Schiff ist etwas, das in der Mikrogeschichte das »außergewöhnliche Normale« genannt wird: Seine Geschichte ist in ihrer Dramatik einzigartig, aber in ihrer Art repräsentativ und reflektiert damit einen größeren Zusammenhang.[9] Vereinfacht gesagt, kann ein schlichter Frachtkahn sich als effizientes Vehikel erweisen, mit und an dem sich die globale Ökonomie des späten zwanzigsten und frühen einundzwanzigsten Jahrhunderts sowie die Entstehung des Offshorings, von der diese Phase geprägt ist, erforschen lässt.

# 1
# OSTSEE

| | Das Schiff | Das Schwesterschiff |
|---|---|---|
| **1978** | Die schwedische Finnboda Varv beginnt die Planung zweier neuer Frachtkähne mit den Projektnamen *Nybygge* (Neubau) *408* und *Nybygge 409*. | Das Schwesterschiff trägt die Nummer 408. |
| **1979** | Die *Balder Scapa* wird von der Finnboda-Werft am Stadtrand von Stockholm gebaut und an die in Norwegen ansässige Balder-Gruppe des Unternehmers Parley Augustsson geliefert. Sie wird in die schottische Bucht Scapa Flow geschleppt. | Die Finnboda-Werft baut die *Balder Floatell 1*, die aber nie an die Balder-Gruppe ausgeliefert wird. |
| **1981** | Die *Balder Scapa* wird an Finnboda zurückverkauft und kehrt nach Schweden zurück, wo sie umregistriert wird und den neuen Namen *Finnboda 12* erhält. Darauf wird sie an Consafe Offshore verkauft. | Das Schwesterschiff bekommt den neuen Namen *Finnboda 11*, wird in Schweden registriert und dann zusammen mit *Finnboda 12* an Consafe Offshore verkauft. |

Ende 1979 sandte Parley Augustsson, der norwegische »König der Kommanditgesellschaften«, ein Telex an die Leitung von Finnboda Varv, einer Werft am östlichen Stadtrand von Stockholm.[1] Es würde für mehrere Monate die letzte Nachricht an Finnboda sein. Die anfangs ausgesprochen vielversprechende Beziehung hatte sich zuletzt deutlich abgekühlt. Augustsson, einer der bekanntesten Reeder Skandinaviens, hatte von der ins Straucheln geratenen Werft, die kurz zuvor vom schwedischen Staat übernommen worden war, zwei Schiffe erworben. Oberflächlich betrachtet schien Augustssons Plan simpel und vernünftig: Er würde die Schiffe entlang der schwedischen Küste nach Schottland schleppen lassen, wo die Offshore-Ölförderung boomte. Zwei robuste Frachtkähne, so die Idee, müssten dort problemlos profitabel zu verchartern sein.

Augustsson war sowohl in Norwegen als auch in der Logistikbranche kein Unbekannter. Er verfügte über eine Flotte von siebzig Schiffen, sein Vermögen war groß, und er befand sich auf der Erfolgsschiene. Das Kaliber dieses Geschäftsmanns erklärt, warum sich die Geschäftsleitung der kleinen Finnboda Varv bereit erklärte, das erste der beiden Schiffe ohne Vorauszahlung zu liefern. Dass Augustsson und der Werft-Chef miteinander in Kontakt standen, wirkte sich ebenfalls vertrauensbildend aus.[2] Aber Finnboda agierte darüber hinaus auch aus Verzweiflung, denn in ganz Nordeuropa war der Schiffsbau in dem Maße vom Niedergang betroffen, wie die Offshore-Ölförderung zunahm. Selbst wenn der Auftrag über zwei einfache Kähne ganz sicher nicht sämtliche Probleme von Finnboda lösen würde, konnte er zumindest vorerst eine Katastrophe für die mehreren Hundert Beschäftigten der Werft verhindern. Deshalb sahen sowohl die Angestellten als auch die Leitung mit einer gewissen Erleichterung, wie das Schiff, das im Zentrum dieser Geschichte steht, an einem Frühlingstag des Jahres 1979 an eine Augustsson gehörende Firma ausgeliefert wurde.[3] Als das damals *Balder Scapa* genannte Schiff aus den Stockholmer Schären Richtung Ostsee geschleppt wurde, hatten sie durchaus Grund zu Optimismus.

Unglücklicherweise liefen Augustssons Geschäfte jedoch nicht wie erwartet. Die Vercharterung in Schottland erwies sich als schwieriger als erhofft, und als das Finnboda-Management ihn an seine Zahlungsverpflichtungen erinnerte, stand Augustsson gerade selbst vor einem Riesenhaufen Probleme: Die an dem Schiff interessierte britische Bergungsfirma ging überraschend pleite. Die Versicherung war zu teuer. Andere Kunden wollten zu wenig zahlen. Ende 1979 teilte Augustsson der Geschäftsführung von Finnboda schließlich mit, einen geeigneten Charter gefunden zu haben. Sie sollten das Schiff nicht gerade jetzt zurückfordern, beschwatzte er sie, wo es doch gerade anfing, Profit abzuwerfen. Die schwedischen Manager stimmten zu und verlangten, kontinuierlich auf dem Laufenden gehalten zu werden.[4] Doch von da an versiegte der Strom an Korrespondenz, die in den Finnboda-Archiven sorgfältig aufbewahrt wird. Die nächste Nachricht vier Monate später enthielt unerfreuliche Neuigkeiten. Der versprochene Charter hatte sich nicht realisiert. Schließlich gab Augustsson das Schiff ohne eine Zahlung an Finnboda zurück. Letztlich würden die schwedischen Steuerzahler für die Rechnung geradestehen.

Wie konnte das passieren? Die Antwort findet sich in einer vielschichtigen Gemengelage aus ökonomischem Wandel und neuen Gesetzen. Einen wichtigen Faktor stellt der Niedergang der Schwerindustrie – insbesondere des Schiffsbaus – in wohlhabenden Industrieländern dar, doch der tieferliegende Grund war eine sehr komplexe Form der Interaktion von Staaten und Märkten, als die Nachkriegskonjunktur in den 1970er- und 1980er-Jahren ins Stottern geriet. Regierungen weltweit, besonders jedoch in den wohlhabenden westlichen Ländern, balancierten auf einem schmalen Grat zwischen der Protektion politisch symbolträchtiger Schlüsselindustrien wie dem Schiffsbau einerseits und der Förderung privaten Unternehmertums andererseits. Unternehmer wie Augustsson verstanden schnell, dass viel Geld damit zu verdienen war, wenn Staaten das Profil von Märkten zu verändern versuchten. In unserem Schiff vermengten sich wie bei vielen anderen Projekten des mittleren und späten zwanzigsten Jahrhunderts staatliche und private Strategien – es war das gemeinsame Produkt eifriger öffentlicher Förderung und unternehmerischen Profitstrebens.

* * *

Als die *Balder Scapa* gebaut wurde, befand sich Schweden in einem wirtschaftlichen Umbruch. Wie in anderen wohlhabenden europäischen Ländern war die Zukunft seiner Industrie äußerst unsicher. Nach Jahrzehnten des Wachstums stieß die schwedische Schwerindustrie aufgrund anhaltend hoher Löhne an ihre Grenzen. Die Produktion schrumpfte bereits seit längerer Zeit. Während noch 1960 knapp die Hälfte der schwedischen Beschäftigten in diesem Sektor arbeitete, war dieser Anteil bis 1980 auf knapp über ein Drittel gefallen.[5] Heute liegt er unter einem Fünftel. Die schwedischen Erfahrungen spiegelten die generelle Tendenz zur Deindustrialisierung in Westeuropa und den USA, wo der Anteil des Produktionssektors an der Gesamtbeschäftigung seit 1960 um mehr als die Hälfte zurückgegangen ist.[6]

In den späten 1970er-Jahren bereitete der Niedergang der Industrie bereits dem gesamten kapitalistischen Westen große Sorgen, und das nicht nur wegen des faktischen Anstiegs der Arbeitslosigkeit, sondern auch weil das Modell, das seit Ende des Zweiten Weltkriegs für Wohlstand und politische Stabilität gesorgt hatte, vor aller Augen in sich zusammenbrach. Sein Fundament bestand nicht nur ökonomisch, sondern auch sozial aus der Herstellung materieller Güter: Autos und elektronische Geräte, aber auch Stahl, Schiffe, Textilien und Chemikalien. In den 1970er-Jahren sahen sich die Industriegesellschaften einer neuen und unsicheren Zukunft gegenüber, in der immer mehr Menschen ihr Geld im Dienstleistungssektor verdienten und immer mehr Güter irgendwo im Ausland produziert wurden. Die heute überall vernehmbare Klage »Früher wurde das alles noch hier bei uns gebaut« hörte man damals in den Vereinigten Staaten und Westeuropa zum ersten Mal.

Kaum eine Branche der verarbeitenden Industrie im sogenannten globalen Norden, in Westeuropa und speziell in Schweden, war in größeren Schwierigkeiten als der Schiffsbau. Götaverken, das Unternehmen, dem die Finnboda Varv nominell gehörte, war früher nach Bruttoregistertonnen die größte Werft der Welt. Noch zehn Jahre bevor das Schiff bei Finnboda gebaut wurde, boomte der Markt, vor allem da die Nachfrage nach Containerschiffen stieg. Nicht weniger als 406 solcher Schiffe wurden zwischen 1968 und 1975 in Betrieb genommen, was die globalen Containerfrachtkapazitäten verdreifachte.[7] Und obwohl ein Großteil des Wachstums im Schiffsbau in Ostasien stattfand, stabilisierte die Zunahme der Containerfracht auch die Umsätze der schwedischen Werften mit ihren relativ hohen Arbeitskosten. Zwischen 1970 und 1975 nahm die Zahl der im schwedischen Schiffsbau Beschäftigten um dreißig Prozent zu.[8]

Doch Pleiten folgten dem Boom auf den Fersen. Die Frachtkapazitäten überstiegen zwar bereits zu Beginn der 1970er-Jahre die Nachfrage, der entscheidende Schlag erfolgte allerdings erst im Herbst 1973, kurz nachdem ägyptische und syrische Panzer am jüdischen Feiertag Jom Kippur einen Überraschungsangriff auf von Israel besetzte Gebiete unternommen hatten. Die vom Jom-Kippur-Krieg ausgelöste Krise auf dem Energiemarkt brachte die Blase des internationalen Logistikmarkts endgültig zum Platzen. Nur wenige Tage nach Kriegsbeginn verhängte die Organisation der arabischen Erdöl exportierenden Länder (OAPEC) ein Ölembargo gegen wohlhabende Staaten des Westens, die Israel und dessen Palästinapolitik unterstützten, darunter die USA, Großbritannien und Japan. In der Folge stieg der Ölpreis weltweit sprunghaft an, von drei Dollar auf fast zwölf Dollar pro Barrel innerhalb weniger Wochen. Eine politische Maßnahme, die vor allem die amerikanische Unterstützung für Israel unterminieren sollte, hatte global katastrophale Auswirkungen auf verschiedenste Branchen, nicht zuletzt Speditionsunternehmen.[9] Denn die weltweite Fracht wurde mithilfe spritfressender Kolosse über die Meere transportiert: Bei normaler Geschwindigkeit verbrauchte ein einziges Containerschiff pro Tag an die hundert Tonnen Treibstoff. Als der Jom-Kippur-Krieg die Preise für Schiffsdiesel explodieren ließ, zuckte die globale Logistik zurück wie ein waidwundes Tier.

Die Ölkrise brachte weit mehr als die Containerschiffblase zum Platzen, es war, als wäre ein riesiger Fels ins Meer der Weltwirtschaft gestürzt, dessen Wellen in alle Richtungen für verheerende Effekte sorgten. 1975 sanken erstmals seit dem Zweiten Weltkrieg die globalen Exporte von Produktionsgütern,[10] und damit wurde die Überproduktion von Containerfrachtraum durch die Schiffsindustrie zum akuten und offenkundigen Problem. Die Schiffe, gebaut, um eine ständig wachsende Fracht aufzunehmen, standen nun, wo die weltweite Nachfrage sank, leer herum. Logistikunternehmen rund um die Welt hatten Milliarden Dollar schwere Kredite aufgenommen und in neue, immer größere Containerschiffe investiert. Größe hatte als Vorteil gegolten, doch nun, in einer Rezession, wurde sie zu einer enormen Belastung. Mitte der 1970er-Jahre mussten die riesigen neuen Frachter aufgrund weltweit sinkender Exporte entweder stillgelegt werden oder unterhalb ihrer Frachtkapazität fahren. Die Folge war ein Preiskrieg, denn da das Angebot die Nachfrage überstieg, gerieten Transportkosten in eine Abwärtsspirale.[11]

Gute Nachrichten für einige Konsumenten, weil die Preise sanken, aber ganz schlechte für praktisch alle Menschen, die irgendetwas mit Schiffen zu tun hatten. In Schweden waren die Aussichten besonders düster: Auch wenn bestehende Aufträge die schwedischen Werften noch ein paar Jahre über Wasser hielten, stand die Branche 1976 vor dem Abgrund – ein selbstgeschaffener Teufelskreis, denn so hatte sie genau das Überangebot noch verstärkt, das sie später arbeitslos machte. Jedes fertig gebaute neue Schiff verstopfte den Markt zusätzlich, drückte wiederum die Frachtpreise und schmälerte die zukünftige Nachfrage. Werften hatten die Saat für ihren späteren Ruin selbst ausgebracht. Während sie ihre Aufträge abarbeiteten, blieben neue aus. 1976 musste die erste große Werft in Göteborg, seit jeher das Zentrum des schwedischen Schiffsbaus, dichtmachen.[12] Innerhalb der folgenden vier Jahre verlor Göteborg, eine prosperierende Stadt an Schwedens Westküste mit etwa 450.000 Einwohnern, sechstausend Arbeitsplätze im Schiffsbau und weitere ungefähr zweitausend in Zulieferbetrieben. 1982 war nur noch eine der vier größten Werften der Region, Götaverken Arendal, in Betrieb.[13]

Finnboda Varv, die größte Werft in der Region Stockholm an der Ostküste des Landes, stand unter demselben Druck. Mitte der 1970er-Jahre baute sie mehrere Schiffe von beachtlicher Größe, das größte der 170 Meter lange Tanker *Libra*, an den noch immer eine Plakette in der Nähe seines Stapellaufs erinnert. Doch seit Ende der 1970er-Jahre begann Finnboda zu schrumpfen. Die Belegschaft von etwa siebenhundert Beschäftigten war bis 1981 auf nur noch zweihundert gesunken. Es handelte sich um schwierige, schmerzhafte Einschnitte, bei denen zuerst die ausländischen Arbeiter entlassen wurden, die nicht durch das engmaschige soziale Netz in Schweden aufgefangen wurden. Zu Zeiten des Beschäftigungshöchststands waren etwa ein Drittel von Finnbodas Arbeitskräften Finnen,[14] von denen Ende der 1970er-Jahre nur noch wenige geblieben waren.

Den Abbau hatte niemand gewollt, weder die Beschäftigten noch die Führungskräfte und ganz sicher nicht die Politik. Die gesamten 1970er-Jahre hindurch hatten die Kabinette unter dem Sozialdemokraten Olof Palme und seinem Nachfolger Thorbjörn Fälldin von der Zentrumspartei die Werften stark subventioniert. Die staatlichen Fördermittel, die schon in den relativ rosigen Zeiten zu Beginn des Jahrzehnts geflossen waren, wurden mit der sich verschlechternden Wirtschaftslage immer weiter erhöht. Die schwedische Regierung war fest entschlossen, den Niedergang der heimischen Industrie zu bremsen. In ihren Bemühungen, die Werften zu erhalten, übernahm sie sogar Garantien für bereits vorhandene Schulden der privaten Schiffsbauer und bot Reedereien Kredite zu niedrigen Zinsen an, wenn sie neue in Schweden gebaute Schiffe kauften. Selbst Firmen in und um Göteborg, die mit den entlassenen Werftarbeitern ihr Personal aufstockten, wurden mit Krediten und anderen Anreizen gelockt. All das war Teil eines umfassenden Programms zur Unterstützung der schwedischen Industrie, für das der Staat zwischen 1971 und 1981 umgerechnet fast zwölf Milliarden Dollar direkte Subventionen und vier Milliarden Kredite ausschüttete.[15] Die Gelder wurden im gesamten Land mit seinen nur etwas über acht Millionen Einwohnern eingesetzt, um die Beschäftigung und laufende Produktion insbesondere in historisch bedeutenden Sektoren wie dem Schiffsbau aufrechtzuerhalten. Jahrhundertelang war Schweden eine stolze Seefahrernation. Keiner wollte mitansehen und schon gar nicht dafür verantwortlich sein, dass die Werften des Landes dichtmachten.

Mit dieser Horrorvision vor Augen drehte die Regierung in Stockholm den Hahn für öffentliche Gelder auf. 1979, dem Jahr, in dem unser Schiff gebaut wurde, unterstützte der Staat die Werften mit 747 Millionen Dollar (im Wert von 1980), etwa 34.420 Dollar pro Beschäftigtem (was aktuell mehr als 125.000 Dollar entspräche).[16] Nach einigen Berechnungen überstiegen diese Summen den wirtschaftlichen Gesamtwert der schwedischen Schiffsbauindustrie. Anders ausgedrückt: Für jede schwedische Krone, die der Staat in den Erhalt der Werften steckte, wuchs die schwedische Wirtschaft um weniger als eine Krone, das Geld versank sozusagen in einem großen schwarzen Loch. Doch so sehr der Staat sich auch bemühte, er konnte den langsamen, aber stetigen Anstieg der Arbeitslosigkeit in Westschweden nicht verhindern. Die Regierung eines kleinen Landes, selbst eines reichen Landes wie Schweden, war schlicht nicht in der Lage, sich ganz allein dem globalen Trend in der Schiffsindustrie entgegenzustemmen.[17] Die Subventionen sollten das Wachstum fördern, den Motor ankurbeln, wie es in der Ökonomie heißt. In diesem Fall aber versagten die Maßnahmen auf ganzer Linie – die Lohnkosten in

Schweden waren schlicht zu hoch. Selbst als sich Ende der 1970er-, Anfang der 1980er-Jahre der Schiffsbau langsam erholte, profitierten davon vor allem Unternehmen, die auf billigere Arbeitskräfte zurückgreifen konnten, speziell in Südkorea und Taiwan.[18]

1979 wurde der Chor derer lauter und lauter, die die immer massiveren Eingriffe des Staats angesichts des Marktdrucks für sinnlos, wenn nicht gar gefährlich hielten. Drei Jahre zuvor hatte die schwedische Zentralbank dem an der University of Chicago lehrenden Ökonomen Milton Friedman den Wirtschaftsnobelpreis zuerkannt – und damit dem prominentesten Gegner des staatlichen Interventionismus. In seiner Rede anlässlich der Preisverleihung in Stockholm mahnte Friedman eindringlich: »So kann es nicht weitergehen«, erklärte er. »Das führt entweder zu einer Hyperinflation und politischen Umstürzen, … oder die Regierungen sorgen für eine niedrigere Inflationsrate und halten sich bei Eingriffen in die Preisbildung stärker zurück.«[19] Unter den gegebenen Umständen verhinderte die Einmischung der Politik, so gut sie auch gemeint war, mehr Effizienz und generell die Konkurrenzfähigkeit. Und stellte damit eine Bedrohung für das Wirtschaftssystem insgesamt dar.

* * *

Die *Balder Scapa*, unser Schiff, wurde in einem staatseigenen Betrieb gebaut, was unmittelbare Folge der großzügigen Unterstützung des schwedischen Staats für seine Schiffsbauer und damit die Form der Einmischung war, die Friedman vehement ablehnte.[20] Die Finnboda-Werft befand sich an einem felsigen Hang an der Südseite des Meeresarms, der seit dem 13. Jahrhundert der wichtigste Schifffahrtsweg nach Stockholm ist. Die Kräne der Werft standen damit weniger als drei Kilometer vom Königlichen Schloss entfernt, und von ihrem Pier aus konnte man die Kirchtürme der Gamla stan, der Altstadt, sehen. Das nahe Stockholm war eine dynamisch wachsende moderne Hauptstadt, in der Handel und Tourismus expandierten. Die Musikgruppe ABBA, damals eine Weltsensation, hatte gerade ein hochmodernes Aufnahmestudio in der Stadt eröffnet. Bei Finnboda dagegen schien die Zeit stehengeblieben.

Das inzwischen ächzende Traditionsunternehmen hatte seit Mitte des 19. Jahrhunderts unter wechselnden privaten Eigentümern Dampfer, Kriegsschiffe, Fähren und Frachter gebaut. 1974 war es von Götaverken übernommen worden, einer bekannten Göteborger Werft und einer der größten in Schweden. Als die gesamte Schiffsindustrie zu kollabieren begann, hatte der schwedische Staat Götaverken mit drei weiteren größeren Werften unter der Dachgesellschaft Svenska Varv zusammengeschlossen.[21] Allen war klar, dass drastische Einschnitte unausweichlich waren, und Aufgabe von Svenska Varv war es, deren Umfang und schmerzhafte Auswirkungen möglichst zu begrenzen. Während also über den besorgten Finnboda-Beschäftigten das Damoklesschwert schwebte, bezogen sie ihr Gehalt vom Staat.

Auch nach der staatlichen Übernahme blieb die Werft ein Industriebetrieb alten Stils, von denen nur noch wenige existierten. Man aß in vier getrennten Kantinen: einer für die Arbeiterschaft, einer für die Angestellten, einer für die Leitungsebene und einer für den obersten Führungszirkel, in der Zigarren und Obstkörbe bereitstanden. Zugleich gab es eine allen zugängliche Firmensauna, ein Relikt aus besseren Zeiten.

Doch auch in der guten alten Zeit hatten die Finnboda-Arbeiter gefährliche Jobs mit beträchtlichen Risiken. Die Schiffsrümpfe erhielten unten einen Bleianstrich, und zur Isolierung setzte man üppige Mengen Asbest ein. Hörschäden waren ebenso wie durch giftige Dämpfe hervorgerufene Atemwegserkrankungen ein anhaltendes Problem. 1978 wurden die Ärztinnen und Ärzte der drei Jahre zuvor geschaffenen Gesundheitsabteilung 2228-mal aufgesucht, unter anderem wegen 396 Augenverletzungen.[22] Mikael Josephson, der Ende der 1970er-Jahre bei Finnboda als Spengler arbeitete, erinnert sich:

Die geschäftige Finnboda Varv in Nacka, einer Gemeinde im Stockholmer Schärengarten, im Jahr 1974. Mittig am rechten Bildrand sind die Kirchtürme der Altstadt zu erkennen.

> Es war ein Arbeitsumfeld, in dem Unfälle passierten. Wir bekamen eingeschärft, nicht zu rufen, wenn wir in der Höhe arbeiteten und uns etwas herunterfiel. Denn damit riskierte man, dass jemand, der unten stand, nach oben schaute und das Teil ins Gesicht bekam. Es konnte alles Mögliche passieren.[23]

Josephson selbst trug von den Funken beim Zuschneiden eine ganze Reihe von Narben davon und musste sich wie viele seiner Kollegen Eisenspäne aus der Hornhaut entfernen lassen. Obwohl sich die Gewerkschaft für strenge Sicherheits- und Gesundheitsvorschriften starkmachte, kamen Unfälle häufig vor, und die Arbeitsbedingungen hinterließen Spuren. Die Arbeit im Außenbereich wurde erst bei Temperaturen unter minus zwanzig Grad Celsius eingestellt. Trotz oder vielleicht auch gerade wegen dieser Herausforderungen war die Belegschaft von Finnboda sehr stolz auf ihre Arbeit und deren Ergebnisse. Josephson selbst erinnert sich an die Fertigstellung des Hecks eines großen Tankers, an der er beteiligt war: »Ich fand, es war eines der schönsten Dinge, die jemals geschaffen wurden.«[24] Der Tanker war auch eines der letzten Dinge, die Finnboda baute. 1981 entstand das letzte Schiff der Werft, die der von Svenska Varv eingeleiteten Umstrukturierung und Schrumpfung zum Opfer fiel.

In dieser Situation wurde unser Schiff im ersten Halbjahr 1979 zusammengeschweißt. Es handelte sich um einen von zwei identischen Frachtkähnen, in internen Unterlagen *Nybygge* (Neubau) *408* und *409* genannt, die die Ingenieure im Jahr zuvor entworfen hatten.[25] Trotz der Bezeichnung *409* wurde das Schiff vor dem Schwesterschiff *408* gefertigt. Für neue Schiffe setzte Finnboda zu der Zeit eine Mischung aus schwedischem, norwegischem, finnischem, belgischem und japanischem Stahl ein, der im Metallblech-Lager der Werft bereitstand. Die Platten wurden von dort in die Plattenhalle gehoben, wo die Arbeiter sie mit Kalk markierten und mit Brennern in Stücke schnitten. Diese wurden dann in die nächste Halle transportiert, wo sie von einzelnen Teams im Lichtbogenschweißverfahren zusammengesetzt wurden. Wegen der von den Geräten verursachten Funken mussten die Arbeiter dabei schwere Masken tragen. Im Außenbereich hoben Kräne die einzelnen Sektionen an die richtige Stelle, wo Schweißer daraus den Schiffsrumpf fertigten, der anschließend sandgestrahlt und gestrichen wurde.[26] Im Falle unseres Schiffs und seines Schwesterschiffs kamen die Rümpfe bereits teilmontiert in die Werft. Die Vorarbeiten hatte eine andere kriselnde Werft unter dem Dach von Svenska Varv übernommen, nämlich Öresundsvarvet in der südschwedischen Stadt Landskrona, die dafür knapp die Hälfte des Kaufpreises erhielt, den Finnboda für das Schiff in Rechnung stellte.[27] Die Dachgesellschaft Svenska Varv (und dahinter der schwedische Staat) versuchte die wenigen Aufträge möglichst gerecht auf alle ihre Töchter zu verteilen. *Nybygge 409* war ein sehr einfaches Schiff, im Prinzip nur eine Hülle ohne Antriebssystem und ausgestattete Kabine, und dennoch musste seine Funktionsfähigkeit durch eine Reihe von Kontrollen und Prüfverfahren gewährleistet sein. Die Finnboda-Ingenieure führten mit aller Sorgfalt die nötigen Stabilitätstests am Rumpf durch und dokumentierten sie in unzähligen Schaubildern und Berichten.[28] Selbst für relativ schlichte Konstrukte wie *Nybygge 408* und *409*, die gerade in der Finnboda-Werft Gestalt annahmen, war ein beachtliches Maß an Fachkompetenz und Aufwand nötig, ganz abgesehen von einer Unmenge an Einzelkomponenten. Zu den in den Finnboda-Archiven aufbewahrten Plänen für das Schiff gehören Hunderte von technischen Zeichnungen nicht nur zur äußeren Form, sondern auch zum Ruder, dem Pumpenraum, den darin verlaufenden Rohren und den Ballastleitungen in den Tanks. Nicht weniger als zwölf Seiten umfassen die Listen zu unterschiedlichen Ventilen und Muffen im Pumpenraum, fünfzehn Seiten die Rohre dafür, sechzehn Seiten die Ballastleitungen in den Tanks.[29]

Eine der wenigen Zeichnungen des Schiffs in seiner ursprünglichen Form als schlichter Frachtkahn mit flachem Boden. Eine Ausfertigung der Baupläne für die *Balder Scapa* und ihr Schwesterschiff, beide einfache Pontons, von Götaverken, 16. August 1978.

Diese Unterlagen, die bei der schwedischen Schifffahrtsbehörde (Sjöfartsverket) archiviert werden, sind ein bemerkenswertes historisches Dokument. Sie belegen nicht nur, wie viel Know-how und Kapital selbst in einem einfachen Frachtkahn stecken, sondern auch das Ausmaß der staatlichen Beteiligung. Daraus ergibt sich ein anschauliches Bild von der Fertigung des Schiffs durch Staatsbeschäftigte in einem Staatsbetrieb unter der strengen Aufsicht einer staatlichen Regulierungsbehörde.[30]

* * *

Doch *Nybygge 409* war nicht nur ein Produkt des schwedischen Staats, sondern ebenso eines des internationalen Kapitalismus. Von 1978 bis 1979 war Finnboda damit beschäftigt, die vielen Bauteile zu besorgen, die nötig waren, um das Schiff meerestauglich zu machen, was Geschäftsbeziehungen zu Firmen in ganz Europa bedeutete. Den 5185 Kilogramm schweren Anker kaufte die Werft vom Schwermaschinenbaukombinat »Ernst Thälmann« in Magdeburg in der DDR.[31] Winde, hydraulische Pumpen sowie die Drahtseile kamen von unterschiedlichen Firmen in Norwegen, ebenso wie die vielen Laternen. Den fast 100.000 Dollar teuren Anstrich für die beiden Schiffe lieferte die norwegische Schiffsfarbenunternehmerin Merethe Ring, die ihre Laufbahn als Sekretärin in einer Farbenfabrik begonnen hatte.[32] Befestigungen, einschließlich Stahlketten, Ringen, Haken und Wirbelschäkeln, stammten von Albrechtson-Hasse, einem Hersteller in Göteborg, weitere Ketten von einer Firma in Ljusne, 130 Kilometer nördlich von Stockholm am Bottnischen Meerbusen gelegen. Einen Dieselmotor für die Pumpen und Winschen erwarb Finnboda von R. A. Lister und Co., einem Maschinenbauer in Gloucestershire, England. Eine belgische Tochtergesellschaft von N. V. Grosby, einem im amerikanischen Woodbridge, New Jersey, ansässigen Unternehmen, steuerte Kettenschäkel bei.[33]

In einer berühmten Passage seines erstmals 1776 veröffentlichten Werks *Der Wohlstand der Nationen* beschreibt Adam Smith das schier unglaubliche Ausmaß an spezialisierter Arbeit, das in die Herstellung einer einfachen Wolljacke, wie sie schottische Arbeiter üblicherweise trugen, floss. Die Jacke war »das Werk der Arbeit vieler. Der Schäfer, der Wollsortierer, der Wollkämmer oder Krempler, der Färber, der Hechler, der Spinner, der Weber, der Walker, der Zuschneider und viele andere [...]«. Doch das war noch nicht alles. Um die Jacke zu fertigen, mussten Materialien von einem Handwerker zum anderen transportiert werden. »Wie viel Handel und namentlich wie viel Schiffahrt, wie viele Schiffsbauer, Seeleute, Segelmacher und Seiler mußten eingesetzt werden«, fragte sich Smith, »damit der Färber seine verschiedenen Rohstoffe bekommt, die oft aus den entlegensten Ländern der Welt stammen!«[34] Smith wollte damit die immense Bedeutung der Arbeitsteilung für den Wohlstand eines Landes vor Augen führen. Die Spezialisierung war eine fundamentale Quelle des menschlichen Fortschritts und Überflusses. Nur in einem wohlhabenden Land konnte ein einfacher Arbeiter sich etwas so Aufwendiges wie eine Wolljacke leisten. Was für die Jacke im späten 18. Jahrhundert zutraf, traf auch für einen Frachtkahn zweihundert Jahre später zu, wenn auch in einem viel größeren Maßstab: Er war das Werk vieler spezialisierter Hände. Es brauchte Schweißer und Zeichner, Kontrolleure und Kranführer, außerdem Stahlarbeiter, Spengler, Laternen-, Glühbirnen- und Drahthersteller sowie Maschinenbauingenieure. Der Vertrag über den Bau von *Nybygge 409* setzte eine Welle wirtschaftlicher Aktivitäten in Gang, die nach und nach in die miteinander verbundenen Märkte schwappte, innerhalb Schwedens und seiner skandinavischen Nachbarn und nach Übersee. Man brauchte Handwerker, Arbeiter, Händler und Seeleute. Wie Adam Smiths Wolljacke war auch das Schiff ein Produkt verschiedener vernetzter Märkte, ihre Existenz beruhte auf einer länderübergreifenden Gesamtwirtschaft.

Nicht nur beruhte der Bau des Schiffs auf dem internationalen Kapitalismus, sein Verkauf war geradezu davon abhängig. Die Firma, die *Nybygge 408* und *409* in Auftrag gab, war eine norwegische Briefkastenfirma, Balder Lekter I. Die zwei Verträge mit einem Wert von jeweils 11.200.000 schwedischen Kronen (damals 2,4 Millionen Dollar) wurden im April 1978 von Rutger Dehlin in die Wege geleitet und verhandelt, einem schwedischen Schiffsmakler, der Tausende Kilometer weit weg von Stockholms kalten Gewässern zwischen Palmen und Pastellfarben in Miami Beach residierte. Dehlin hatte den ersten Kontakt zwischen Augustsson und den Finnboda-Managern hergestellt, eine Dienstleistung, für die er drei Prozent des Vertragswerts als Honorar bekam, etwa 672.000 Kronen (damals etwa 160.000 Dollar),[35] die über eine Bank in Miami auf Dehlins Konto landeten.

Dehlins Firma Scandebo Shipping war als *sociedad anónima*, als eine Gesellschaft mit beschränkter Haftung, nicht in den USA, sondern in Panama registriert.[36] Scandebo Shipping in Panama anzusiedeln, war ein legales Manöver zur Kostensenkung, denn so fielen keine Steuern in den USA an. Geschäftsleute aus aller Welt konnten Firmen in Panama gründen, ohne jemals einen Fuß in dieses Land gesetzt zu haben oder dort tatsächlich geschäftlich tätig zu sein. Da Panama Steuern ausschließlich auf territorialer Basis erhebt, zahlten Firmen wie die von Dehlin, die ihre gesamten Umsätze im Ausland erzielten, keine Steuern in dem Land: keine Einkommenssteuer, keine Kapitalertragssteuer, keine Stempelsteuern, keine Abgeltungssteuer. Wie das 2016 unter dem Begriff »Panama Papers« bekannt gewordene Datenleck zeigte, macht diese juristische Besonderheit das Land bereits seit Langem für Briefkastenfirmen äußerst attraktiv. Scandebo Shipping war genau so ein Konstrukt. Und da Dehlins Firma den Bau unseres Schiffs einfädelte, ist es nicht nur ein Produkt des internationalen Handels, sondern auch der internationalen Offshore-Finanzbranche.

* * *

Balder Lekter I, die Firma, die unser Schiff kaufte, gehörte zur Balder-Gruppe (Baldergruppen), dem Handelsimperium von Parley Augustsson, einem der prominentesten Reeder Norwegens. Er war auf einem kleinen Bauernhof an der Nordseeküste aufgewachsen und schaffte es an die renommierte Norges Handelshøyskole, die Norwegische Handelshochschule. 1962, nach Abschluss seines Studiums, fing er bei Bergesen d.y. an, damals eine der weltweit größten Reedereien,[37] wo er einen steilen Aufstieg hinlegte. Innerhalb von nur fünf Jahren, im Alter von dreißig, wurde er Logistikleiter der Firma. Wie Augustsson es darstellt, bestimmte ihn der Chef Sigval Bergesen sechs Jahre später zu seinem Nachfolger. »Wir tranken darauf ein Glas Champagner«, erinnert sich Augustsson. Doch Bergesen zögerte mit der Umsetzung seiner Entscheidung, worauf Augustsson im Mai 1974 das Unternehmen verließ.

Mit einem Startkapital von nur 200.000 norwegischen Kronen (damals etwa 40.000 Dollar) gründete er seine eigene Firma, die er aus persönlichen Gründen »Balder« nannte. So hatte ein Fischerboot geheißen, auf dem sein Großonkel gearbeitet (und das diesem zum Teil gehört) hatte,[38] doch zugleich verwies der Firmenname auf Augustssons beträchtlichen Ehrgeiz. Denn Balder (oder Baldr) ist ein Gott der nordischen Mythologie, Sohn von Odin und Frigga, der ein großes Schiff namens *Ringhorn* baut und durch eine List des heimtückischen Gottes Loki getötet wird. Wie Balder baute Parley Augustsson Schiffe, und wie Loki war er sehr geschickt im Aushecken von Plänen. Ende der 1970er-Jahre dehnte sich sein Imperium dank einiger kreativer juristischer Winkelzüge rasch aus. Es war eine Phase sogenannter Finanzinnovationen, in der Finanzexperten neue Wege ersannen, Vermögen weitgehend ohne staatliche Kontrolle zu schaffen. Und Augustsson war auf diesem Gebiet ein Pionier, vor allem was Limited-Liability-Partnerschaften (vergleichbar der deutschen Kommanditgesellschaft, norweg. *kommandittselskap*) betraf. Für jedes Schiff, das er kaufte, gründete die Balder-Gruppe eine neue Firma mit beschränkter Haftung, der es gehörte. An jeder dieser Firmen, darunter auch Balder Lekter I, war nicht nur Balder Teilhaber, sondern üblicherweise auch eine Reihe privater Investoren.

Für diese waren Augustssons Firmen attraktiv, denn in Norwegen war es Einzelpersonen möglich, Investitionen in norwegische Reedereien von ihrer Steuerschuld abzuziehen. Der Staat wollte mit dieser Regelung die kriselnden Werften und Reedereien im Land unterstützen, ähnlich wie Schweden es durch direkte Subventionen für die Industrie machte.[39] Für Steuerpflichtige war dies ein einfaches und völlig legales Mittel, Steuern zu sparen. Und diese Steuern waren hoch: Der Grenzsteuersatz für die oberste Einkommensklasse lag 1979 bei 74,5 Prozent. Dank der in die Höhe schießenden Ölpreise und Norwegens boomendem Offshore-Sektor flutete Geld das Land und machte es zu einem der reichsten Länder der Welt. Wohlhabende Norweger wie Anwälte, Ärztinnen oder Zahnärzte (darunter einer von Augustssons besten Freunden), die die Steuergesetze umgehen wollten, verstanden Augustssons Firmen als genau das, was sie waren: Steueroasen.[40] Zwar boten viele skandinavische und andere nordeuropäische Firmen Investitionen mit beschränkter Haftung in Reedereien an, doch bald war die Balder-Gruppe einer der größten Player auf diesem Markt.[41] Mitte der 1980er-Jahre verfügte sie über siebzig Schiffe mit einem Gesamtversicherungswert von fast 450 Millionen Dollar. Das funktionierte über mehr als hundert Gesellschaften und Tochtergesellschaften mit über 1500 einzelnen beschränkt haftenden Gesellschaftern: Zahnärzte, Ärztinnen oder Banker, die begeistert ins norwegische Reedereigeschäft investierten und dafür weniger Steuern an den norwegischen Staat abführen mussten.[42]

Der Offshore-Öl- und Gasmarkt stand im Zentrum der Investitionen der Balder-Gruppe. Von den siebzig genannten Schiffen waren sechsundzwanzig als Versorgungsschiffe für Offshore-Ölfelder in den USA, Kanada, den Niederlanden und dem Vereinigten Königreich im Einsatz.[43] Darüber hinaus ging Balder ein Joint Venture mit chinesischen Partnern ein, das den Bau von sechs Offshore-Schiffen in China beinhaltete.[44] Das Schiff selbst wurde bei Finnboda mit Blick auf das Nordseeöl in Auftrag gegeben,[45] was sich im ersten offiziellen Namen, unter dem das Schiff registriert wurde, spiegelt. In *Balder Scapa* stand der erste Teil natürlich für das Unternehmen, der zweite bezog sich auf Scapa Flow, eine geschützte Bucht zwischen den Orkney-Inseln im Norden Schottlands, deren Küsten sich zu jener Zeit zu einem bevorzugten Standort für Ölfirmen entwickelten. Laut Parley Augustsson war die »*Balder Scapa* für uns ein ganz und gar selbstverständliches Geschäft«. Auf Anraten des bedeutenden Schiffsmaklers Furness hatte Augustsson bereits zwei ähnliche Frachtkähne in Singapur in Auftrag gegeben, die für »Offshore-Ölförderaktivitäten« gedacht waren, und würde später noch einen weiteren in Norwegen bestellen. In steuerlicher Hinsicht war es egal, in welche Art von Schiffen die Balder-Gruppe investierte. Doch Frachtkähne waren besonders attraktiv, weil man mit ihnen zu niedrigen Kosten auf einem Umweg ins Offshore-Geschäft kam, was dem Unternehmen ermöglichte, seine Vermögenswerte vom traditionellen Reedereigeschäft wegzuverlagern.[46]

Das Schiff wurde also offiziell als Transportschiff bezeichnet und für den Einsatz im Bereich der Offshore-Öl- und Gasförderung geplant und vorgesehen. Doch als Balder Lekter I das Schiff entgegennahm, schrumpfte gerade der Markt für Offshore-Versorgungsschiffe. Als Verträge mit Öl- und Gasunternehmen ausblieben, begann das Unternehmen Angebote von Firmen aus anderen Sektoren in Erwägung zu ziehen. In den späten 1970er-Jahren wurde Augustsson von Scapa Flow Salvage, einer in Perth ansässigen schottischen Firma kontaktiert, die eine schrullige Idee hatte, um Reichtümer aus den Tiefen der Nordsee zu befördern. Es handelte sich dabei allerdings nicht um Öl oder Gas, sondern um Zehntausende Tonnen hochwertigen Stahls.

* * *

Mehr als sechzig Jahre zuvor, im November 1918, nach dem Waffenstillstand, der den Ersten Weltkrieg beendete, ergab sich die etwas über siebzig Schiffe starke deutsche Flotte im Firth of Forth nahe Edinburgh der britischen Royal Navy. Die deutschen Kriegsschiffe wurden nach Norden bis zum Scapa Flow eskortiert und dort mitsamt Besatzungen monatelang festgehalten, während sich in Paris die Friedensverhandlungen in die Länge zogen. Der für die Flotte verantwortliche Admiral Ludwig von Reuter wusste, dass die Gespräche bis 21. Juni 1919 beendet sein sollten. In der Erwartung, dass die Royal Navy die Übergabe der gesamten deutschen Flotte als Kriegsbeute verlangen würde, bereitete er sich auf das Schlimmste vor. Als der 21. Juni näherrückte, gab von Reuter von seinem Flaggschiff, dem Kreuzer SMS *Emden*, aus den Befehl, die Flotte zu versenken. Die Schiffe wären am Meeresgrund immer noch besser aufgehoben als in den Händen der Briten, fand er. So öffneten auf von Reuters Befehl hin deutsche Seeleute unbemerkt Torpedorohre und Seeventile und versenkten Dutzende Kriegsschiffe – nahezu die gesamte moderne deutsche Flotte – innerhalb von Minuten auf den Meeresgrund. Von Reuter kehrte nach siebenmonatiger Kriegsgefangenschaft nach Deutschland zurück und wurde als Held gefeiert, während seine Schiffe in Schottland auf dem Grund des Scapa Flow blieben. Die meisten wurden in den folgenden Jahrzehnten geborgen, doch in den 1970ern lagen noch immer etwa sieben Schiffskörper auf dem Grund – verlockend für Wrackjäger wie die hinter der Firma Scapa Flow Salvage und infolgedessen Parley Augustsson.

Im späten Frühjahr 1979 übernahm Balder den fertigen Frachtkahn in Stockholm und ließ ihn nach Süden, dann durch die Meerenge zwischen Schweden und Dänemark aus der Ostsee und an der Westküste Schwedens entlang nach Norwegen schleppen.[47] Der erste Halt war Stavanger, eine kleine Hafenstadt an der norwegischen Westküste, wo er offiziell als norwegisches Schiff registriert und auch mit einem speziellen Holzaufbau ausgestattet wurde, in dem die Männer

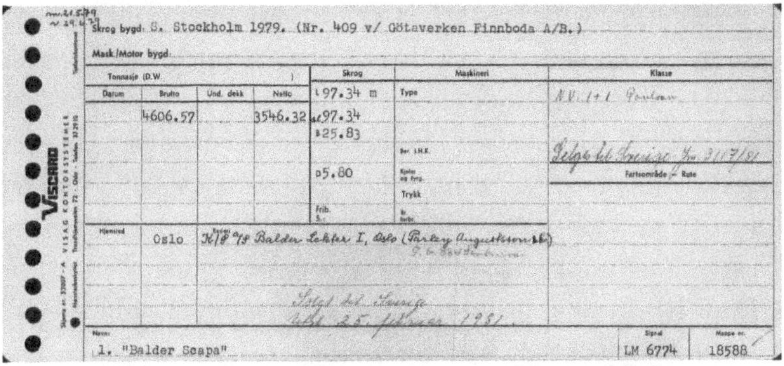
Skrog bygd: S. Stockholm 1979. (Nr. 409 v/ Götaverken Finnboda A/B.)
Mask/Motor bygd:
Tonnasje (D.W. | Skrog | Maskineri | Klasse
Datum | Brutto | Und. dekk | Netto | 97.34 m | Type
4606.57 | 3546.32 | 97.34 | 25.83
5.80
Trykk
Fartsområde – Rute
Hjemsted: Oslo
Navn: 1. "Balder Scapa"
Signal: LM 6774
Mappe nr.: 18588

Die norwegische Registrierung der *Balder Scapa*, der Größe, Eigentümer und Bauort zu entnehmen ist. So stand das Schiff in den Dokumenten des norwegischen Staats. Parley Augustssons Name ist »Balder Lekter I« zugeordnet.

bei der Bergungsaktion untergebracht werden sollten.[48] Im Anschluss wurde der Frachtkahn von einem Schleppschiff durch die Nordsee nach Schottland gezogen. Im Juni erreichte er Montrose, eine Kleinstadt mit etwa 10.000 Einwohnern, traditionelles Handelszentrum und Zwischenhafen für Schiffe, die die Öl- und Gasplattformen vor der britischen Küste versorgten – Montrose war Boomtown und Wegpunkt zugleich. Schon eine Woche später ging es für die *Balder Scapa* weiter Richtung Norden zum namengebenden Scapa Flow zwischen den Orkney-Inseln. Wieder gezogen von einem Schlepper bewältigte das Schiff die fast zweihundert Meilen in dreiunddreißig Stunden. Die Transportkosten bis zu den Orkney-Inseln betrugen 8200 Pfund (etwa 18.000 Dollar). Zusammen mit den 215.000 norwegischen Kronen (etwa 40.000 Dollar) für die Passage durch die Nordsee war da einiges zusammengekommen, bis die *Balder Scapa* im Scapa Flow ankam. Für die Balder-Gruppe war das eine Investition, und ihre Führungsetage ging davon aus, dass vor Schottlands Küste richtig Geld verdient werden konnte, entweder in den Ölfeldern oder mit den lange verloren geglaubten Überresten deutscher Kriegsschiffe.[49]

* * *

Augustsson und seine Balder-Gruppe hatten sich mit Scapa Flow Salvage zusammengetan, um Stahl in Militärqualität zu heben – ein sehr konkretes Vorhaben. Doch von Beginn an war das Schiff im Zentrum dieses Buchs auch eine Geldanlage, die dem Reeder und seinen Geschäftspartnern auf völlig legalem Weg Steuern sparte.[50] In dieser Funktion spielte es keine Rolle, was es transportierte oder wofür es eingesetzt wurde, entscheidend war seine Registrierung in Norwegen. Offensichtlich war es in dieser abstrakten finanziellen Hinsicht wertvoller denn als tatsächlich genutztes Schiff.

Viele Güter sind mehr wert als ihre physischen Komponenten. Geld zum Beispiel funktioniert auf dieser Grundlage. So übersteigt der Wert einer Hundert-Dollar-Note den Wert des Papiers, auf dem sie gedruckt ist, ganz offensichtlich bei Weitem. Der jüngste Boom von Kryptowährungen und NFTs (*non-fungible tokens*) ist ein noch extremeres Beispiel für Vermögenswerte, die von Haus aus abstrakt und abgelöst von der physischen Welt existieren. Es gibt jedoch auch ganz andere Geldanlagen: solche, deren finanzieller Wert mehr oder weniger unmittelbar von der physischen Nutzbarkeit des Objekts abhängt, so zum Beispiel Immobilien. Das trifft auch auf Warenterminkontrakte zu. Der Preis eines Terminkontrakts über die Lieferung von Weizen, Sojabohnen oder Öl in einem Jahr hängt letztlich vom realen Bedarf an Weizen, Soja oder Öl ab, auch wenn er aufgrund von Spekulation oder Risiken schwankt. Unser Schiff war eine Geldanlage mit beiden Eigenschaften. Vor allem hatte es einen Wert, weil es ein funktionsfähiges Schiff war. Da es zugleich auch schlicht einem Steuerspartrick diente, war es ebenso ein abstraktes Objekt, dessen Wert kaum in Verbindung mit seiner physischen Realität stand.

Die Abhängigkeit von dieser Abstraktion war es auch, mit der sich die Balder-Gruppe schließlich Ärger einhandelte. Nur wenige Jahre nach Übernahme des Schiffs begann der Niedergang des Unternehmens, der in einen spektakulären Kollaps mündete. Der Ölpreis war mehrere Jahre nach dem Jom-Kippur-Krieg hoch geblieben und dann durch ein weiteres politisches Ereignis im Nahen Osten, die iranische Revolution, nochmals geklettert. Als er sich nach dem Schock von 1979 auf einem niedrigeren Niveau einpendelte, wurden die Offshore-Aktivitäten weltweit zurückgefahren, und damit sank auch die Nachfrage nach Versorgungsschiffen. 1984 wurde den Investoren klar, dass die Balder-Flotte deutlich überbewertet war, weil man sie in ihrer Funktion als Steuerschlupfloch künstlich aufgeblasen hatte. 1985 schlossen nach und nach sämtliche Tochtergesellschaften des Unternehmens, und im darauffolgenden Jahr meldete die übergeordnete Holding Konkurs an – sie hält damit nach wie vor den Rekord der größten Firmenpleite in der norwegischen Geschichte. Geschätzt hatte die Unternehmensgruppe eine Gesamtschuld zwischen 267 und 400 Millionen Dollar (im Wert von 1984, heute näher an einer Milliarde), deutlich mehr als der Wert von Balders Anteil an der Schiffsflotte.[51] In den Worten des von den norwegischen Behörden bestellten Konkursverwalters führte »Parley Augustsson eine extem komplexe Organisation«. Auch wenn der Zusammenbruch seines Unternehmens Augustsson sehr mitnahm, blieb er von den finanziellen Konsequenzen weitgehend verschont. Er war 1983 mit dem Argument, die norwegischen Gesetze würden den Unternehmergeist lähmen, nach London gezogen. Beobachter glaubten jedoch, dass es sich vielmehr um einen wohlkalkulierten Schritt handelte, um seine persönlichen Vermögenswerte zu schützen.[52] Wirtschaftsprüfer und später auch die Staatsanwaltschaft waren Jahre damit beschäftigt, Augustssons mutmaßliche Vergehen aufzuklären. 1990 wurde er neben anderen Anklagepunkten »der vorsätzlichen Falschinformation oder Irreführung von Investoren« schuldig gesprochen. Augustsson, der wegen mancher Vergehen verurteilt, hinsichtlich anderer Anschuldigungen freigesprochen wurde, klagte sich durch alle Instanzen bis zur Europäischen Kommission für Menschenrechte.[53]

Als Augustsson das Schiff 1979 kaufte, hatte die Balder-Gruppe die dramatischsten Phasen ihrer Geschichte noch vor sich, aber erste Zeichen der Destabilisierung waren bereits zu erkennen. Balder Lekter I war genau die Art von Gesellschaft mit beschränkter Haftung, auf der Augustssons Vermögen gründete. Die Firma entstand in einer Welle privatwirtschaftlicher »Finanzinnovationen«, mit der staatliche Kontrollen umgangen und die Regulierung von Märkten und Kapitalanlagen ausgehöhlt wurden, eine für die späten 1970er- und frühen 1980er-Jahre typische Entwicklung. Insofern weist die Zeit, die das Schiff als norwegische *Balder Scapa* und damit als Steuerschlupfloch für norwegisches Kapital verbrachte, bereits auf spätere Episoden seiner Existenz voraus. Denn Finanzinnovatoren aus dem privaten Sektor waren mit dem Schiff noch lange nicht fertig.

* * *

In der Finnboda-Unternehmensleitung machte man sich unterdessen zunehmend Sorgen, wann endlich das Geld von Balder Lekter I eingehen würde. Bereits im November 1979, einige Monate nach Übernahme des Schiffs durch Augustsson, waren die Zweifel daran gewachsen, dass Balder Lekter I finanziell in der Lage war, das zweite bestellte Schiff, *Nybygge 408*, zu bezahlen. Augustsson erklärte, es sei gerade weder in Großbritannien noch in Norwegen möglich, das Schiff zu verchartern. »Die Aussichten für die *Balder Scapa* sind vorsichtig ausgedrückt düster«, ist in einem Finnboda-Protokoll vermerkt.[54] Nur wenige Wochen nachdem Augustsson das Schiff nach Schottland hatte schleppen lassen, ging Scapa Flow Salvage Konkurs, und die Firmenleitung teilte Augustsson mit, die Chartergebühr nicht begleichen zu können. Die Taucher der Firma hatten in den finsteren, kalten Tiefen zwar tatsächlich ein Wrack lokalisieren und Stahl bergen können (ein Stück davon bewahrte Augustsson als Erinnerung auf), aber lange nicht im erhofften Umfang.[55] Insgesamt schwächelte das Chartergeschäft nach wie vor. Im November teilte die Lokalzeitung in Stavanger mit, dass das Schiff nach seinem missglückten Startprojekt aus Montrose zurück in die Stadt geschleppt worden sei.[56] Für Balder Lekter I waren fast 60.000 Dollar Kosten aufgelaufen, um das Schiff nach Schottland zu bringen, wo es dann kaum zum Einsatz gekommen war. Da Scapa Flow Salvage insolvent geworden war, bevor die Briten die komplette Chartergebühr an Augustssons Firma überwiesen hatten, war das ganze Unterfangen für Letztere ein beträchtlicher Verlust. Kurzum, Balder Lekter I sah sich keinesfalls in der Lage, das zweite bei Finnboda bestellte Schiff zu übernehmen, trotz (oder vielmehr wegen) einer gewissen Lieferverzögerung.[57] Tatsächlich hatte Balder praktisch unmittelbar nach Unterzeichnung eines Vertrags mit Finnboda bereits Schwierigkeiten, den mit Finnboda für das Schiff vereinbarten Zahlungsplan einzuhalten. Laut Vertrag hätte Augustssons Firma bei Lieferung des Schiffs eine Pauschalzahlung von 3,36 Millionen schwedischen Kronen leisten müssen, danach alle sechs Monate jeweils Raten von 560.000 Kronen. Verspätete Zahlungen verursachten Verzugszinsen zum Diskontsatz von vier Prozent der Schwedischen Zentralbank für die Ratenzahlung und fünf Prozent für die Anzahlung von 3,36 Millionen Kronen.[58] Laut Buchhaltung der Finnboda-Werft war bis Ende 1979 noch keine einzige Krone eingegangen, weder die erste der vierzehn Raten noch die ursprünglich in bar vereinbarte Anzahlung. Die Verzugszinsen stiegen also, und bis Dezember 1979, sieben Monate nach Lieferung, waren 790.883 Kronen aufgelaufen.[59]

Augustssons Anwälte im Vereinigten Königreich versuchten laut Augustssons eigener Aussage verzweifelt, Geld von der insolventen Scapa Flow Salvage aufzutreiben. Wenn das gelänge, könnte Balder Lekter I zumindest die Verzugszinsen auf die 11,2 Millionen Kronen begleichen, die die Firma Finnboda schuldete. Falls Augustsson nicht zahlen konnte, wäre die bereits kriselnde Werft gezwungen, das Schiff auf eigene Kosten zurückzuführen und einen anderen Käufer dafür zu finden. Da das gesamte Unternehmen in ständiger Angst vor Entlassungen und der Schließung lebte, waren diese Neuigkeiten ein schwerer Schlag.

Augustssons Strategie, sein Firmenimperium in Einzelfirmen aufzuteilen und für jedes seiner Schiffe eine eigene Gesellschaft zu gründen, erwies sich dagegen als in jeder Hinsicht vorteilhaft: Sie waren so voreinander und Augustsson selbst vor ihnen geschützt. War eine davon zahlungsunfähig, wurden die anderen nicht von ihr in den Abgrund gerissen. Während also Balder Lekter I kurz vor der Insolvenz stand, war Augustsson selbst davon kaum betroffen. Wie in Unterlagen der Finnboda-Werft mit Bedauern festgehalten wird: »Augustsson kann vermutlich nicht persönlich belangt werden.« Denn die Schulden bei Finnboda verantwortete Balder Lekter I, nicht er selbst. »Laut A[ugustsson] hat die Gesellschaft über das Schiff hinaus keine Vermögenswerte, und wenn es nicht verchartert werden kann, bekommen wir kein Geld«,[60] heißt es in der Finnboda-Aktennotiz. Finnboda war womöglich etwas zu begierig auf das Geschäft und etwas zu nachlässig in seinem Optimismus gewesen. Die Werft konnte nun nur noch hoffen, dass Balder einen anderen Charter für das Schiff auftat, der zumindest die Verzugszinsen auf die Balder-Schuld abdeckte. Ende 1979 sprachen die Balder-Leute von einem möglichen Dreimonatsvertrag mit Norwegian Petroleum Consultants (NPC), einem Konsortium aus Ölfirmen, zu einer Gebühr von 3.800 norwegischen Kronen pro Tag. In der Hoffnung auf zukünftige Zahlungen verzichtete die Finnboda-Führung darauf, das Schiff während der Vercharterung zurückzufordern, unter der Bedingung, dass Augustssons Unternehmen sämtliche Gewinne (nach Abzug von Versicherung und Betriebskosten) an Finnboda weiterreichte, eine Vereinbarung, die Augustssons Beauftragte selbst vorgeschlagen hatten.[61] »Diese Vereinbarung«, so das Finnboda-Management an Augustsson, sei »nur gültig, wenn … die Zahlungen pünktlich geleistet werden.« Unterstrichen wurde außerdem die Pflicht, Finnboda regelmäßig umfassend zu informieren.[62]

Finnboda erhielt jedoch weder Informationen noch Zahlungen, jedenfalls soweit den archivierten Unterlagen zu entnehmen ist. Der Vertrag mit NPC zerschlug sich, was die Finnboda-Leitung erst später erfuhr, nämlich im März des Folgejahrs, als klar wurde, dass Balder mit dem Schiff überhaupt kein Geld verdient hatte.[63] Zu der Zeit war es zusammen mit zwei anderen Schiffen von Augustssons Firmen »eingelagert«.[64] Im Mai informierte Augustsson Finnboda via Telex über seine Pläne, das Schiff in Høllen an der norwegischen Südküste zu verchartern, wo es mit einem Ölbohrturm ausgerüstet werden und als »Arbeitsplattform« fungieren sollte. Mit dem Bohrturm an Bord sollte das Schiff die 130 Meilen nach Stavanger geschleppt werden und pro Tag eine Chartergebühr von 2.000 norwegischen Kronen (450 Dollar) einbringen.[65] An diesem Punkt schlug das Finnboda-Management eine härte Gangart ein. Es teilte mit, dass »unter den gegebenen Umständen« und angesichts der niedrigen Tagesgebühr nicht garantiert werden könne, »keine Ansprüche auf den Ponton zu stellen«, das heißt ihn zurückzufordern.[66] Finnboda war völlig klar, dass allein die Versicherung des Schiffs fast 200.000 schwedische Kronen (45.000 Dollar) jährlich kostete und damit die Gewinne, die Augustsson an Finnboda überweisen könnte, stark reduzierte.[67] Unklar ist, ob Augustsson diesen Vertrag überhaupt unterschrieb. Doch im Oktober meldete er Finnboda eine weitere Charteroption für das Schiff, wieder zu einer Tagesgebühr von 2.000 norwegischen Kronen.[68] Wieder antwortete Finnoboda, dass sie nicht garantieren könnten, »im betreffenden Zeitraum von juristischen Schritten Abstand zu nehmen«.[69] Kurze Zeit später gab Augustsson das Schiff zurück – Unterhalt und Versicherung waren schlicht zu teuer.[70] Augustsson hatte in dem Geschäft mehrere Hunderttausend Dollar verloren, doch der Schaden für Finnboda war wohl deutlich größer, denn die Werft hatte zwei Schiffe gebaut und eines davon immer wieder für Monate sozusagen gratis verliehen. Für die kriselnde, von der Schließung bedrohte Werft war die Geschäftsbeziehung zu

Augustsson ein Hoffnungsschimmer gewesen, der sich als immenses Verlustgeschäft erwies.

* * *

Augustssons Firma besaß das Schiff nur eineinhalb Jahre lang. Ende Februar 1981 war die *Balder Scapa* zurück in Schweden genau dort, wo sie gestartet war: in der Finnboda-Werft.[71] Die Ursache dieser Rückkehr zum staatseigenen Unternehmen Finnboda und der erneuten schwedischen Registrierung mochte eine zu optimistisch angegangene und missglückte Public-private-Partnership gewesen sein oder die Überschuldung der Balder-Gruppe oder auch das so nicht vorhersehbare Einbrechen des Chartermarkts in der Nordsee.[72] In jedem Fall war der schwedische Staat das Auffangnetz für eine Reihe riskanter Privatgeschäfte. Wenn Finanzinnovationen schiefgingen, sammelte der Staat die Trümmer auf.

Mit der Rücküberführung unseres Schiffs ins Eigentum von Finnboda gingen Umbenennungen einher. Es hieß nun *Finnboda 12*. Balder war aus der Sache raus, Finnboda wieder drin. Die Leitung der Werft hatte erst kurz zuvor die Hoffnung aufgegeben, das identische Schwesterschiff an Balder Lekter I ausliefern zu können.[73] Bis dahin war es intern unter »Balder Floatell 1« gelaufen, doch als es 1981 offiziell in Schweden registriert wurde, trug es den Namen *Finnboda 11*.[74] Gut ein Jahr nach dem eigentlich geplanten Auslieferungstermin hatte das Schwesterschiff die Werft im Stockholmer Schärengarten noch nicht verlassen und kostete damit Platz und Geld. Nun, da auch unser Schiff von seiner erfolglosen Mission in Schottland zurück war, war Finnboda sehr daran interessiert, beide loszuwerden. Die Werft verkaufte sie schließlich im März 1981 mit erheblichem Verlust – etwa 4,3 Millionen schwedische Kronen (damals etwa eine Million Dollar) – an ein schwedisches Privatunternehmen, worauf sie bald wieder neue Namen bekamen.[75] Nach diversen Umbenennungen, Transaktionen und Fahrten waren die zwei Schiffe nun also wieder vereint, diesmal im Eigentum einer jungen schwedischen Firma namens Consafe Offshore.[76] Auch wenn Consafe nicht dem Staat gehörte, profitierte die Firma ebenso wie die Finnboda-Werft in erheblichem Umfang von staatlichen Subventionen zur Stützung der maritimen Wirtschaft Schwedens. In den frühen 1980er-Jahren lieh sich Consafe mehrere Hundert Millionen schwedische Kronen zu niedrigen Zinsen vom schwedischen Staat.[77] Der Erwerb unseres Schiffs hing ausschließlich von unterschiedlichen Formen staatlicher Unterstützung ab.[78] Die offensichtlichste davon war die Tatsache, dass ein Staatsunternehmen die zwei Schiffe zu einem außerordentlich attraktiven Preis verkaufte. Der mit Augustsson ausgehandelte Preis hatte noch 11,2 Millionen schwedische Kronen für das Schiff betragen. Als Finnboda es zusammen mit seinem Schwesterschiff keine zwei Jahre später an Consafe verkaufte, betrug der Kaufpreis laut Unterlagen beim Stockholmer Amtsgericht knapp unter 7 Millionen pro Schiff – ein Nachlass von etwa 37,5 Prozent.

Die zweite Form staatlicher Unterstützung betraf die Finanzierung. Von den 7 Millionen schwedischen Kronen, die Consafe Finnboda schuldete, zahlte es nur 1,4 Millionen (20 Prozent des Kaufpreises jedes Schiffs) im Voraus und handelte für die restlichen 5,6 Millionen, wie Augustsson zuvor, einen Ratenzahlungsplan aus.[79]

Außerdem förderte der schwedische Staat das Verkaufsgeschäft noch in einer dritten Form. Consafe nahm für jedes der Schiffe eine Hypothek von 5,6 Millionen schwedischen Kronen von Svenska Varv auf. Doch im Rahmen eines Kreditsicherungsprogramms, das ebenfalls zur Unterstützung der kriselnden Werften aufgelegt worden war, übernahm der schwedische Staat das Risiko eines Kreditausfalls; er bürgte für den Vertrag und würde Finnboda im Zweifesfall die 5,6 Millionen Kronen überweisen.[80]

In diesem Geschäft mit Consafe war der Staat also zugleich Verkäufer und Finanzdienstleister und trug darüber hinaus sämtliche

Risiken. Consafe hatte aus einer Hand des Staats Kredite erhalten, um aus dessen anderer Hand Schiffe zu kaufen. Und sollte Consafe nicht zahlen, würde der Staat sogar noch eine dritte Hand hervorzaubern, um die Zahlung zu gewährleisten. Das Schiff war nun wiederum in Privateigentum, allerdings nur dank hingebungsvoller staatlicher Fürsorge.

* * *

Als unser Schiff in Stockholm Form annahm und darauf die eisigen Gewässer Nordeuropas passierte, war es in ein Netz von Interaktionen privater und staatlicher Akteure verstrickt. Zwar wurde es von einer staatseigenen Werft mit staatlicher Unterstützung gebaut, doch sein erster Eigentümer war geradezu der Inbegriff eines international agierenden Kapitalisten. Augustssons Vermögen – und auch sein Vorhaben, das Schiff zu kaufen – war wiederum auf ein Schlupfloch in den norwegischen Steuergesetzen zurückzuführen. Sein Geschäftsmodell, ein Imperium aus Gesellschaften mit beschränkter Haftung, fußte sowohl auf einem eigenwilligen Gesetzeskonstrukt des norwegischen Staats als auch dem Logistikmarkt.

Zugleich gehörte das Schiff einer Sphäre an, in der sich realer Besitz und abstrakte Finanzwirtschaft überschnitten. Balder Lekter I baute beim Kauf des Schiffs nicht nur auf seinen konkreten Wert als Objekt, sondern auch auf einen abstrakten. Die physische Existenz des Schiffs erwies sich allerdings als immens wichtig, denn Balder kaufte es auf Kredit, und um die Schulden zu bedienen, brauchte das Unternehmen Geld. Da es keine weiteren Kredite aufnehmen konnte, um die fälligen Zahlungen zu leisten, war die Vercharterung des Schiffs für Projekte in der Nordsee unabdingbar. Das Schiff musste dafür tatsächlich als solches genutzt werden, und dass dies letztlich unmöglich war, erwies sich als katastrophal. Es führte in erster Linie dazu, dass es in eine Hand des Staats zurückkehrte, die sich intensiv dem Materiellen widmete: zur Svenska Varv, die staatseigene Holding, die zum Schutz der Werften des Landes gegründet worden war.

Das Spannungsfeld zwischen abstrakten privaten Finanztransaktionen und staatlicher Industrieproduktion bildet die Kulisse für das rastlose Hin und Her des Schiffs zwischen Ost- und Nordsee. Letztlich verdankt es seine Existenz zwei ökonomischen Schlüsselaspekten der späten 1970er- und frühen 1980er-Jahre, die man als vom Staat gestütztes Angebot und privat finanzierte Nachfrage zusammenfassen könnte. Das Schiff wurde gebaut beziehungsweise angeboten von einem interventionistischen Staat, der verzweifelt versuchte, dem Niedergang der Industrie des Landes etwas entgegenzusetzen. Die Nachfrage nach dem Schiff – also der Grund, warum der ursprüngliche Vertrag geschlossen wurde – gründete in »Finanzinnovationen«, die bis zum Ende des Jahrzehnts den Boom der globalen Finanzwirtschaft befeuerten. Privat und öffentlich, abstrakt und konkret: Von dem Moment an, als ein Ingenieur erstmals zu einem Stift gegriffen hatte, um den Bauplan zu Papier zu bringen, war das Schiff alles zugleich.

# 2

# NORDSEE

| | Das Schiff | Das Schwesterschiff |
|---|---|---|
| 1981 | Die *Balder Scapa* wird an Finnboda zurückverkauft und kehrt nach Schweden zurück, wo sie umregistriert wird und den neuen Namen *Finnboda 12* erhält. Darauf wird sie an Consafe Offshore verkauft. | Das Schwesterschiff bekommt den neuen Namen *Finnboda 11*, wird in Schweden registriert und dann zusammen mit *Finnboda 12* an Consafe Offshore verkauft. |
| 1981–83 | Consafe überholt das Schiff in Göteborg, stattet es mit einem Unterkunftsblock aus und benennt es in *Safe Esperia* um. | Consafe überholt das Schwesterschiff in Göteborg (bis 1982), stattet es mit einem Unterkunftsblock aus und benennt es in *Safe Dominia* um. |

Ende 1978, einige Monate bevor bei Finnboda die letzten Einzelteile der *Balder Scapa* zusammengeschweißt wurden, reiste Lorraine Henderson von Großbritannien nach Schweden. Dort zerschmetterte sie mit großem Tamtam eine Flasche Champagner am Rumpf eines nagelneuen Schiffs in der Götaverken-Werft in Göteborg. Das Schiff, das sie taufte, die *Safe Astoria*, war nicht wirklich ein Schiff, sondern eher eine schwimmende Plattform – die erste speziell für diesen Zweck gefertigte Unterkunftsplattorm. Die simple Idee dahinter war eine schwimmfähige Konstruktion mit mehreren Etagen Standardfrachtcontainern, die zur Bewohnung ausgestattet wurden. Die *Safe*

*Astoria* wurde als »Floatel« beworben, in dem man Hunderte Arbeiter unterbringen konnte, die in der Nordsee mit dem Bau, dem Betrieb und der Instandhaltung von Ölbohrinseln beschäftigt waren.[1] Dass Lorraine Henderson das Götaverken-Schiff taufte, war den ökonomischen Umbrüchen in der Nordsee geschuldet. Sie war verheiratet mit einem ranghohen Bauleiter der britischen Firmentochter von Chevron, dem amerikanischen Unternehmen, das die neue Plattform leasen wollte. Dass man sie eingeladen hatte, die ehrenvolle Aufgabe der Schiffstaufe zu übernehmen, war eine nette Geste gegenüber einem wichtigen Kunden – ebenso wie vermutlich der Name *Astoria*, der Assoziationen an britische und amerikanische Größe wecken sollte. Eigentümer der *Safe Astoria* war Consafe, ein aufsteigender Stern am Himmel der schwedischen Industrie und die Firma, die bald darauf unser Schiff und das Schwesterschiff von Finnboda kaufen würde. Consafes rasche Expansion und sprudelnde Gewinne waren auf die geschickte Ausnutzung zweier Entwicklungen zurückzuführen, die die Weltwirtschaft der ersten Jahrzehnte nach dem Zweiten Weltkrieg komplett auf den Kopf stellen würden – Entwicklungen, die sich in der *Safe Astoria* selbst spiegelten.

Die erste war die Containerisierung der globalen Logistik. Die zweite war das spektakuläre Wachstum der Offshore-Ölförderung. Anfang der 1980er-Jahre war Consafe zu einem der großen Player in beiden Bereichen geworden, und die Pläne des Unternehmens für unser Schiff sahen vor, diese Bereiche miteinander zu verknüpfen. In Consafes Eigentum sollte das Schiff zu einem sehr ungewöhnlichen Containerschiff werden, das speziell für den Einsatz in den Nordseeölfeldern ausgerüstet war.

* * *

Die Containerisierung von Transporten beruhte auf einem genialen Einfall, der dem amerikanischen Selfmade-Logistik-Tycoon Malcolm

McLean in den 1950er-Jahren gekommen war. Die Entwicklung nahm richtig Fahrt auf, als McLean das US-Militär davon überzeugen konnte, für die Logistik des Vietnamkriegs Container zu nutzen, was die Abwicklung von Gütertransporten im Wert von Hunderten Millionen Dollar beinhaltete. Die Idee, sämtliche Waren dieser Welt in standardisierten stapelbaren Stahlkisten zu befördern, revolutionierte den Welthandel.[2] Container rationalisierten die Be- und Entladung von Schiffen an Häfen. Statt lauter unterschiedlich geformte Frachtstücke individuell und von Hand entladen zu müssen, konnten Hafenarbeiter die in Containern verpackten Waren schnell und effizient zwischen Schiffen, Zügen und Lkw hin- und herschaffen, ohne sie auspacken zu müssen. Die Geschwindigkeit und Effizienz hing allerdings von der Verbreitung diverser neuer Dinge ab: nicht nur einheitlichen Behältern aus gewelltem Stahl, sondern auch riesigen Kränen, deren Ausleger dreißig Meter über den Kai hinausreichten, und spezielle Eisenbahnwaggons und Schnittstellen für Lkw. Ebenso waren riesige neue Hafenanlagen nötig, die damals überall auf der Welt von Long Beach bis Busan, von Port Elizabeth bis Felixstowe errichtet wurden. Zusammen senkten diese beiden Infrastrukturmaßnahmen die Transportkosten für Güter auf einen Bruchteil ihrer früheren Höhe. Bei diesem Prozess spielten Standardisierung und Größenordnung eine entscheidende Rolle. Es war und ist die Standardisierung, die dafür sorgt, dass Containertransporte funktionieren. Auf der ganzen Welt haben Frachtcontainer die gleiche Breite und Höhe und eine von zwei Standardlängen. Sie sind so konzipiert, dass sie dank eines einfachen Verriegelungssystems an jeder Ecke genau auf- und nebeneinander passen und zusammenhalten. Jeder Container lässt sich passgenau auf einem Containerschiff, einem entsprechenden Lkw oder einem Containerwaggon verstauen. Dockkräne setzen verlässlich jeden Container um, der einen Hafen durchläuft, egal was sich darin befindet oder wo er herkommt.

Standardisierung ist großartig, aber sie fällt so lange gar nicht auf, bis sie irgendwo nicht vorhanden ist. Die Tatsache, dass sich die Gewinde amerikanischer und britischer Schrauben leicht unterschieden, bereitete in den Weltkriegen den Mannschaften der Alliierten, die all die Güter zusammenbauten und reparierten, die in den USA gefertigt, aber in Europa eingesetzt wurden, erhebliches Kopfzerbrechen.[3] In Europa rollten die Züge auf Gleisen mit unterschiedlicher Spurbreite, sodass Passagiere, die länderübergreifend reisten, häufig an der Grenze in andere Waggons umsteigen mussten. Ab 2022, als es darum ging, während des Kriegs Gütertransporte in die Ukraine und aus ihr heraus zu organisieren, stellten die unterschiedlichen Spurbreiten in den Staaten des alten Ostblocks und Westeuropas ein großes Problem dar.[4]

Im Gegensatz dazu sind Frachtcontainer erstaunlich standardisiert, nicht nur innerhalb eines Landes oder einer Region, sondern weltweit. Diese globale Vereinheitlichung machte auch eine globale Größenordnung möglich, und Handel, insbesondere über weite Entfernungen hinweg, belohnt schiere Größe. Ein Hemd, das schlecht bezahlte Fabrikarbeiterinnen in Bangladesch aus amerikanischer Baumwolle mit Maschinen aus China zusammennähen, kostet amerikanische Verbraucher viel weniger als eines, das maßgefertigt oder auch in einer Fabrik in den USA mit ihren höheren Löhnen produziert wurde.[5] Lange und umfassende Lieferketten ermöglichen es den Produzenten, von den niedrigsten Material- und Arbeitskosten zu profitieren. Auf diese Weise schafft die Globalisierung immer größere und umnfassendere Märkte. Die wiederum ermöglichen eine immer ausgefeiltere Arbeitsteilung, und Arbeitsteilung hängt ganz wesentlich mit der Größe eines Marktes zusammen.[6] Wenn die Herstellung einer Handelsware in ihre Einzelschritte zerlegt wird, können Produzenten sich spezialisieren und die Einzelteile effizienter herstellen, was die Kosten der fertigen Ware senkt. Sich über mehrere Kontinente erstreckende Lieferketten ermöglichen es Unternehmen, die Arbeit zu teilen und sich auf eine hoch spezialisierte Tätigkeit zu konzentrieren. Kurz gesagt machen lange Lieferketten die Produktion von Hemden sehr billig.

Eine lange Lieferkette erfordert zugleich viele Transporte. Und auch hier spielt Größe eine entscheidende Rolle. Größere Lieferungen, größere Schiffe, größere Häfen – all das senkt die Stückkosten der rund um den Globus hergestellten und konsumierten Waren. Die Containerisierung ermöglichte den Betrieb in nie dagewesenem Maßstab, sich weiter erstreckende Lieferketten und immer noch größere und umfassendere Märkte. Kurzum, sie erleichterte und befeuerte die Globalisierung. Heute hat praktisch jedes Konsumgut der Welt Kontakt mit einem Frachtcontainer, ob Hemd, Tasse, USB-Stick oder Luxusparfum. So wie noch heute hing schon in den 1970er-Jahren die wirtschaftliche Logik der Containerisierung mit der Reduzierung von Kosten zusammen: Je größer das Containerschiff, desto niedriger die durchschnittlichen Transportkosten für jeden einzelnen Container. Ende der 1970er-Jahre hatten neue Schiffe Ladekapazitäten von dreitausend TEU, was die Abkürzung für *twenty-foot equivalent unit* (Zwanzig-Fuß-Einheit) ist und die Größe eines Standardcontainers angibt. Nach heutigem Maßstab waren das kleine Schiffe – das größte Anfang 2023 betriebene Containerschiff hat eine Kapazität von 24.000 TEU. Doch schon die Containerschiffe der 1970er-Jahre waren beträchtlich größer als frühere Überseefrachter.[7]

Ein größeres Schiff musste weniger Fahrten machen und sparte damit Treibstoff-, Lohn- und Logistikkosten. Um ihre Profite zu maximieren, verlangten die Reedereien nach immer größeren Schiffen, und die Werften florierten in den 1960er- und 1970er-Jahren dank einer Flut neuer Aufträge.

* * *

Es war diese Flut, die Christer Ericsson nach oben trug. Der frühere erste Offizier bei der schwedischen Handelsmarine propagierte 1971

Nylongurte als Ersatz für die unhandlichen und gefährlichen Ketten, mit denen damals Frachtcontainer und andere Fracht ein- und ausgeladen wurden. Mit seiner zur Vermarktung der Gurte gegründeten Firma, Container Safe J C Ericsson (wegen der für Telex nötigen Namensabkürzungen dann Consafe), war er sofort sensationell erfolgreich.[8] Die Containerisierung trug zwar einen großen Teil zu dem Umschwung bei, der Schwedens Werften in den 1970er-Jahren letztlich zu Fall brachte, für Ericsson aber war sie schlicht der Motor seines Erfolgs. Wie überall auf der Welt brachten globale Trends auch in Schweden Gewinner und Verlierer hervor. Ericssons Nylongurte bildeten geradezu ein Fundament des Frachtcontainergeschäfts. In den späten 1970er-Jahren begann er auch mit den Containern selbst zu handeln. Mit einfachen gebrauchten, dann immer individueller ausgestatteten Modulen wurde Consafe zu einem der Großen in der Welt des Überseehandels. Anfang 1980 investierte er schließlich im großen Maßstab in die Frachtunternehmen selbst.[9] Mitte des Jahrzehnts gehörte er zu den reichsten Menschen Schwedens.

Ericsson war ein Selfmademan und arbeitete aktiv an seinem Ruf als erfolgreicher Unternehmer. Der Titel seiner 1987 erschienenen Autobiografie lautete wenig subtil *Utan omsvep: mitt berikande liv med Consafe* (»Ohne Umschweife – mein bereicherndes Leben mit Consafe«), wobei der Bestandteil »reich« bedeutungsvoll unterstrichen war. Er kritisierte auch lautstark die großangelegten Eingriffe des schwedischen Staats und propagierte privatwirtschaftliches Engagement und Unternehmergeist. Als er noch zur See fuhr, habe er viele unterschiedliche Menschen kennengelernt, und praktisch alle, selbst die »Leute ohne Pass, die nicht wussten, wo sie hingehen sollten« und die Marx lesenden Matrosen würden davon träumen, ihr eigener Chef zu werden.[10] Diesen Traum lebte Ericsson durch die Gründung von Consafe aus, ein Unternehmen, mit dem er von seinem Esszimmer aus in immer größere Büros umzog. Zu Meetings fuhr er in einem alten VW. Doch so ausgeprägt auch sein Unternehmergeist war, der ausufernde Staat funkte ihm immer wieder dazwischen.

Aus Ericssons Autobiografie spricht eine Wut auf alles und jeden: Die Zeitungen geben ihm keine faire Chance, Banker sind scheinheilig, die Svenska-Varv-Leitung ist »unhöflich« und »unzugänglich« und das Management von Volvo hinterhältig. Das härteste Urteil fällt Ericsson jedoch über die Politik, die an Schwedens sozial fortschrittlicher Steuergesetzgebung festhielt. Wie ein roter Faden ziehen sich wütende Tiraden gegen das schwedische Steuersystem durch sein Buch: »Ich kann nicht verstehen, warum das schwedische Steuersystem das fördert, was am wenigsten Arbeitseinsatz erfordert und der Gesellschaft am wenigsten bringt.« Trinkgelder, führt er an, seien steuerfrei, Gewinne aus der Spekulation mit Aktien dagegen werden mit 40 Prozent besteuert, wo doch »jemand, der eine Firma gründet, neue Produkte entwickelt und Tausenden Menschen Arbeit gibt, einen großen Nutzen für die Gesellschaft darstellt. Wenn man durch solche Anstrengungen eine Million Kronen verdient, beträgt die Steuer darauf 100 Prozent.«[11]

Wie Parley Augustssons Norwegen war auch das Steuersystem in Ericssons Schweden darauf ausgelegt, von Großverdienern hohe Steuereinnahmen abzuschöpfen, um einen immer aufwendigeren Wohlfahrtsstaat zu finanzieren. Zusätzlich zur persönlichen Einkommenssteuer mit einem Höchstsatz von 85 Prozent hatte Ericsson Steuern als Eigentümer einer hoch profitablen Firma zu entrichten. Als Consafe expandierte, war seine Steuerschuld häufig höher als sein Nettoverdienst. Das brachte ihn zur Weißglut – genau genommen brachte ihn das gesamte System der »Steuerplanung« zur Weißglut. Es sei »ein Krebsgeschwür der Gesellschaft«, das den Aufbau ökonomischer Werte behindere.[12] Ericsson kämpfte auch in der Öffentlichkeit für seine Überzeugungen, trat im Fernsehen auf und äußerte sich in Zeitungen. Er war einer der prominentesten Organisatoren der »Bewegung 4. Oktober«, ein Tag, an dem sich landesweit mehr als

100.000 Geschäftsleute an Protestmärschen beteiligten. Die von der Vereinigung 1983 und 1984 organisierten Demonstrationen gegen die Steuerpolitik der sozialdemokratischen Regierung waren die größten in der schwedischen Geschichte.[13] Ericsson war sehr wohl klar, dass er seine Gewinne ins Ausland verlagern konnte, was er auch tat, indem er einige Tochtergesellschaften seiner Holding in Übersee anmeldete. Doch zumindest nach seiner eigenen Darstellung sah er sich in der Pflicht, seine Schiffe in Schweden zu registrieren, schwedische Seeleute anzuheuern und selbst in Schweden wohnen zu bleiben: »Wenn ich nur nicht so verdammt loyal meinem Land gegenüber geblieben wäre«, klagte er. »Ich hätte nach London umsiedeln sollen.«[14]

Und so zahlte er schwedische Steuern und verdiente mit dem globalen Offshore-Geschäft ein Vermögen – das alles von seiner Heimatstadt Göteborg aus. Die war schon lange ein Zentrum des Überseehandels. Zu Beginn des 17. Jahrhunderts vom schwedischen König Gustav II. Adolf als befestigter Außenposten für den Handel während des Dreißigjährigen Kriegs gegründet, wohnten in der Stadt vor allem Händler der verbündeten Republik der Vereinigten Niederlande. Als Schwedens einziger großer Nordseehafen wurde Göteborg zu einem blühenden Handelszentrum, dessen quicklebendiges Herz die Kais und Werften darstellten. 1970 landete dort ein Großteil der in Schweden ankommenden Fracht. Von seinem Büro in Göteborg aus wurde Christer Ericsson Zeuge, wie sich der Wind im Welthandel drehte und wie zugleich ein Zentrum der zweiten entscheidenden ökonomischen Transformation der 1970er-Jahre entstand. Denn Göteborg war auch ein Dreh- und Angelpunkt der Öl- und Gasförderung in der Nordsee. Eben dieser Sektor hatte Parley Augustsson dazu bewogen, in die Frachtkähne der Finnboda-Werft zu investieren.[15] Zwar verfügte Schweden nicht über Ölfelder in der Nordsee, wurde aber zu einem Schwerpunkt der Offshore-Technologie, indem es als Dienstleister für die umliegenden Erdölproduzenten fungierte, deren Ausstoß kontinuierlich zunahm. Im Nachbarland Norwegen stieg die Ölproduktion von buchstäblich null im Jahr 1970 auf mehr als 25 Millionen Kubikmeter am Ende des Jahrzehnts. Die britische Ölförderung wuchs von wenigen Millionen Kubikmetern 1975 auf fast 150 Millionen zehn Jahre später. Mitte der 1980er-Jahre produzierte das Vereinigte Königreich etwa so viel Erdöl wie Iran oder Kuwait heute. Als das Consafe-Management erkannte, dass das Nordseeöl enorme Profite versprach, passte es die Unternehmensstrategie entsprechend an. Wie Ericsson später erläuterte: »Als die Industrieländer überlegten, wie sie sich vom Erdöl der arabischen Staaten unabhängig machen könnten, erkannten wir enorme Chancen zur Expansion.«[16]

* * *

Die Idee, in Hunderten Metern Tiefe unter dem Meer nach Öl zu bohren, schien gewagt, und die Realisierung hing von diversen technischen Wunderwerken ab. An Land ist es denkbar einfach, Öl zu fördern. Man bohrt in die Erdkruste und füllt das entstehende Loch nach und nach mit Rohrstücken. Stößt man auf Öl, installiert man ganz einfach eine strom- oder gasbetriebene Pumpe, mit der es durch die Rohre nach oben gesaugt wird. Komplizierter und teurer wird das Verfahren im Meer. Es besteht ständig die Gefahr, dass Erdöl ins Meer oder Meerwasser ins Bohrloch gelangt. Die Pumpen verbrauchen für Hunderte Meter zusätzlicher Strecke mehr Energie. Und natürlich sind die Bedingungen für die Bohrung und die Förderung sehr viel herausfordernder. Es ist schon ein Unterschied, ob man in texanische Erde bohrt oder auf hoher See bei stürmischem Wind durch Hunderte Meter trübes Wasser erst den Meeresboden erreichen muss, um dort zu bohren. Im Vergleich zu kalifornischem Gestrüpp oder Wüsten im Nahen Osten verteuert so ein Umfeld das Vorhaben extrem.

Doch die Ölkrise der 1970er-Jahre, verursacht durch die politische Instabilität und kriegerischen Auseinandersetzungen im Nahen

Osten, ließ die Ölquellen in der Nordsee für Investoren und westliche Ölgesellschaften deutlich attraktiver erscheinen. Während also der Ölpreisschock die Werften in ganz Nordeuropa in den Ruin trieb, erweckte er den Energiesektor der Region zum Leben. Vom Staat initiierte Projekte in Norwegen und Dänemark waren plötzlich ausgesprochen lukrativ und bildeten die Basis für riesige Staatsfonds. Aus dem gleichen Grund erhoben auch multinationale Ölkonzerne nun den Anspruch, in dänischen, deutschen oder britischen Gewässern tätig zu werden, trotz höherer Löhne vor Ort und höherer Förderkosten im Meer.

Die erste Ölquelle der Nordsee war 1964 erschlossen worden, doch bereits in den 1950er-Jahren wusste man von den ausgedehnten Ölreserven unter dem Meeresboden. Allerdings war die Fördertechnologie damals noch nicht so weit entwickelt, um das Nordseeöl zu einer rentablen Option zu machen. Eine wichtige Rolle spielte auch die völlige Unklarheit darüber, wem das Tiefseeöl rechtlich zustand, eine Frage, die erst 1964 beantwortet wurde. In dem Jahr trat das Internationale Übereinkommen über den Festlandsockel, ein Bestandteil der Genfer Seerechtskonventionen, in Kraft, das unabhängigen Staaten den Zugriff auf diesen Sockel entlang ihrer Küstenlinien zusprach. Das Übereinkommen definierte den Festlandsockel (auch Kontinentalsockel, engl. *continental shelf*) in erster Instanz als »den Meeresgrund und den Meeresuntergrund der an die Küste grenzenden Unterwasserzonen … bis zu einer Tiefe von 200 Metern«.[17] Die Nordsee ist ein relativ flaches Gewässer, sodass ein Großteil ihrer Fläche deutlich weniger als zweihundert Meter tief ist. Daher wurde das Meer mitsamt der darunterliegenden Öl- und Gasvorkommen der Konvention entsprechend unter den umgebenden Staaten aufgeteilt, indem man die jeweiligen nationalen Bewirtschaftungszonen mit geraden Linien auf einer Karte abgrenzte. Das war die Theorie. In der Praxis stellte sich die Aufteilung von Meer als weniger einfach heraus. Die Grenzen der jeweiligen Staatsgebiete konnten erst 1969 nach diversen Auseinandersetzungen vor dem Internationalen Gerichtshof festgelegt werden.[18]

Lange bevor in Den Haag die Urteile gesprochen wurden, war bereits klar, dass das Vereinigte Königreich den größten Sektor des Nordseebodens abbekommen würde – er umfasste letztlich 246.826 Quadratkilometer. Der britische Staat verschwendete keine Zeit und vergab umgehend lukrative Öl- und Gasförderkonzessionen, in erster Linie an die staatlich kontrollierte British Petroleum (BP) und den englisch-niederländischen Mischkonzern Shell, aber auch an große multinationale Unternehmen außerhalb Englands, darunter Mobil und Chevron, die Firma, die das erste Offshore-Unterkunftsschiff, die *Safe Astoria*, von Consafe leaste.[19] Von Beginn an war die britische Offshore-Ölindustrie von der Zusammenarbeit zwischen dem Staat und großen (privaten) Öl- und Gaskonzernen geprägt.

Die britische Erdölproduktion stieg im Lauf der 1970er-Jahre sprunghaft an, von mehr oder weniger null zu Beginn des Jahrzehnts auf mehr als achtzig Millionen Tonnen 1980. Im Folgejahr wurde Großbritannien erstmals in seiner Geschichte zum Öl-Nettoexporteur und erstmals seit Jahrzehnten (also seit der Zeit, als es unter den Kohleexporteuren zu den Giganten gezählt hatte) wieder zum Energie-Nettoexporteur.[20] Obwohl die britische Schwerindustrie insgesamt schwächelte und die Arbeitslosigkeit anstieg, war das Vereinigte Königreich dank der Fülle unter dem Nordseeboden wieder eine führende Macht im Energiesektor. Doch während die Quelle des früheren britischen Energiebooms, die Kohle, kollektiv identitätsstiftend gewirkt hatte, traf dies auf das Erdöl nicht zu. Die Ölförderung kam mit deutlich weniger Arbeitskräften aus. In den 1980er-Jahren waren in der Öl- und Gasindustrie des Landes nur etwa 60.000 Personen beschäftigt, im Vergleich zu den Hunderttausenden Bergarbeitern, die sich während der 1970er- und 1980er-Jahre mit großen Streiks bemerkbar machten. Bergarbeiter waren gewerkschaftlich und politisch organisiert und in Staatsunternehmen angestellt, deren symbolträchtige Wurzeln weit in die britische Geschichte zurückreichten. Auf Ölarbeiter traf das nicht zu. Aufgrund der durchrationalierten Arbeitsprozesse in der Ölförderung waren die relativ wenigen Beschäftigten der Branche häufig Vertragsarbeiter, die fernab von Bevölkerungszentren bei privaten Multis wie Shell und Exxon angestellt waren. Es handelte sich nicht um schwerfällige Typen, wie sie in der Dunkelheit der Gruben schufteten, sondern um Cowboys, Raubeine und Hilfsarbeiter, gewöhnt »an die eisigen Winde, die über die Nordsee hinwegblasen«.[21] Auch wenn die Tätigkeit der Ölarbeiter als lukrativ und gefährlich stilisiert wurde, lief der britische Öl- und Gassektor der Kohle als Arbeitgeber nie den Rang ab und rangierte auch nie so hoch in der nationalen Identität.

Die Journalistin Tabitha Lasley beschreibt die Arbeiter in der Ölindustrie als soldatische Einzelgänger mit harten Lebensbedingungen oder Söldner, die vom Wohlstandsversprechen aus den trostlosesten Ecken des Landes herbeigelockt werden.[22] Sie mussten zwei oder drei Wochen durcharbeiten, in Marathonschichten von fünfzehn oder mehr Stunden. Die Duschen waren von Ruß, Schmutz, Schweiß und Haaren regelmäßig verstopft. Nachdem Hubschrauber sie auf den Bohrinseln abgesetzt hatten, waren die Männer – und es waren fast ausschließlich Männer – allein mit dem Meer.[23] »Es herrschte Stille«, erzählte Bob Ballantyne, der viele Jahre als Offshore-Elektriker arbeitete. »Aber man konnte den Bau auch als Gefängnis sehen. Man konnte nirgendwohin. Alles war streng reglementiert … Man war kein Mensch, man war ein ›Bett‹.«[24] Das sei »industrielle Apartheid«.[25] Die Isolation gehörte zu diesem Leben dazu. Dennis Krahn, ein nach Aberdeen ausgewanderter Amerikaner, erinnert sich noch sehr genau an seinen ersten Sturm auf einer Bohrinsel. »So weit man an einem klaren Tag sehen konnte, blies der Wind mit fast hundert Stundenkilometern, und ununterbrochen rollten zwölf oder fünfzehn Meter hohe Wellen heran. Dann wird dir plötzlich klar, hier an diesem Ort herrscht eine Macht, die du besser mal nicht auf die leichte

Schulter nimmst, denn die wartet nur drauf, dass du einen Fehler machst.«[26]

Die Ölarbeiter arbeiteten offshore und waren zugleich auch Offshore-Arbeiter. »Wir fielen nicht unter das Gesetz«, erinnerte sich der Veteran David Robertson mit breitem schottischem Akzent. Gesundheits- und Sicherheitsmaßnahmen wurden oft sehr lax gehandhabt, da sie die gleiche Behörde festlegte, die auch für die Produktionsquoten zuständig war – »ein Interessenkonflikt«. Die entsprechende Verordnung, der British Health and Safety at Work Act, der im gesamten Vereinigten Königreich galt, wurde nicht auf Bohrinseln angewandt, die sich mehr als zwölf Seemeilen (knapp zweiundzwanzig Kilometer) von der Küste entfernt befanden. »Der gesetzliche Schutz, unter dem jeder einfache Arbeiter in einer Fabrik in Aberdeen stand, galt nicht für einen Kerl, der … auf einer Halbtaucherbohrinsel mitten im Meer arbeitete. Das war ein Problem«, sagte Robertson. Es war ungerecht, wie er fand. Da die Arbeiter ihren Gehaltsscheck an Land erhielten, waren sie auch steuerpflichtig. Der Arm des Gesetzes erreichte sie also, schützte sie aber nicht.[27] Andererseits war das Öl lukrativ: Auf den Offshore-Plattformen konnte man doppelt bis dreimal so viel verdienen wie an Land.

Das Erdöl war auch eine relevante Kapitalquelle für multinationale Konzerne, vor allem in Großbritannien. In Norwegen war die Offshore-Ölförderung von Beginn an verstaatlicht worden, und auch in Großbritannien war der Staat beteiligt. Die verstaatlichte British National Oil Corporation (Britoil) hatte satzungsgemäß das Recht, die Hälfte aller neu entdeckten Ölfelder aufzukaufen, und nutzte diesen Vorteil. Dennoch musste Britoil marktübliche Preise zahlen, was bedeutete, dass es zugleich mit diversen privaten Unternehmen konkurrierte. Auch diesen bot man Anreize, wenn sie im Vereinigten Königreich tätig wurden. Noch wichtiger, sie mussten erst Steuern auf die Gewinne aus dem Erdöl bezahlen, wenn ihre Anfangsinvestitionen sich amortisiert hatten.[28] Für Energiemultis waren Investitionen im britischen Sektor der Nordsee eine sichere Sache.

Doch Öl und Gas waren nicht nur für große Konzerne lukrativ, sondern auch für den britischen Staat und die britische Wirtschaft als Ganzes. Aus diesen Gründen unterstützte der Staat die Erdölproduktion aktiv über die staatliche und hoch profitable Britoil. Darüber hinaus war es in den 1970er-Jahren vorgeschrieben, im britischen Sektor der Nordsee gefördertes Öl auch in Großbritannien an Land zu bringen, und Privatunternehmen wurden dazu gedrängt, es auch im Land zu raffinieren.[29] Als Margaret Thatcher 1979 Premierministerin wurde, florierte der britische Energiesektor im Gegensatz zum restlichen Teil der Wirtschaft. Die Arbeitslosenrate lag deutlich über zwölf Prozent, weil die alten Industriezweige – Stahl, Kohle und verarbeitendes Gewerbe – zusammenbrachen. Menschen, die sich für das schwere Leben als Offshore-Ölarbeiter entschieden, wurden mit einem gewissen Zynismus auch »Thatchers Kinder« genannt. Sie kamen aus Gegenden wie Nordostengland, in denen die Wirtschaft am Boden lag und die die konservative Regierung in London vergessen zu haben schien. Die Offshore-Jobs konnten die Arbeitsplätze, die durch die Deindustrialisierung vernichtet wurden, bei Weitem nicht wettmachen. Aber die Jobs, die es gab, waren ausgesprochen gut bezahlt – und entsprechend begehrt.

* * *

Als in der Nordsee ein Ölfeld nach dem anderen entdeckt, erkundet und erschlossen wurde, verlagerte Consafe sein Geschäftsfeld von Nylongurten hin zu Offshore-Kohlenwasserstoffen, eine Entscheidung, die den in allen Nordseeanrainerstaaten zu beobachtenden Schwenk von der Schwerindustrie zum Öl spiegelte. In Kooperation mit staatseigenen Göteborger Werften und finanziert durch attraktive Kredite des schwedischen Staats erwarb Consafe eine kleine Flotte von Schiffen, die beim Aufbau, Unterhalt und der Versorgung der Offshore-Bohrinseln eingesetzt werden sollte. Wie Parley Augustssons Balder-Gruppe schuf auch Consafe ein Reich aus Briefkastenfirmen, denen die teils im Ausland registrierten Schiffe gehörten. »Dies ermöglichte jeder Bohrinsel eine unabhängige juristische Existenz.«[30] Solche Konstrukte erleichterten die schnelle Expansion.[31] 1980 investierte Volvo, der größte Arbeitgeber in Göteborg, 1,5 Millionen Dollar in einen 30-Prozent-Anteil an Consafe, eine äußerst kluge Geldanlage. Als Volvo seine Anteile vier Jahre später verkaufte, waren sie das Vierundvierzigfache des Kaufpreises, nämlich etwa 66,4 Millionen Dollar wert.[32] Consafe hatte einen Blitzstart hingelegt. 1983 war die Flotte auf achtzehn Schiffe gewachsen, das Unternehmen unterhielt Büros in mehr als einem Dutzend Ländern und hatte schließlich 610 Beschäftigte.[33]

Zu einem nicht geringen Teil entsprach die Geschichte von Consafe der von Göteborg. Der im Öl begründete Aufstieg der Firma beflügelte sicher auch die Stadtentwicklung. Nach dem Zusammenbruch des Containerschiff- und Tankermarkts in den 1970er-Jahren verlagerte die letzte große Werft der Stadt, die von der staatseigenen Svenska Varv geführte Arendal, ihre Produktion hin zu Offshore-Plattformen und Versorgungsschiffen. Als Consafe unser Schiff und sein Schwesterschiff 1981 kaufte, fertigte die Werft große Bohrinseln für britische, norwegische und mexikanische Gewässer. »Dass Arendal in den Offshore-Markt einsteigen konnte, ist einer der Faktoren, die neuerdings das Vertrauen in die Stadt Göteborg wieder wachsen lassen«, schrieb die *Financial Times*.[34] Consafe war mit bereits sechs großen Bestellungen ein wichtiger Arendal-Kunde. Christer Ericsson selbst galt in Göteborg geradezu als Held, was auch der Gouverneur der Provinz öffentlich bestätigte.[35] »Göteborg muss allen voran einem Mann, Christer Ericsson, für den Durchbruch auf dem Offshore-Markt danken … Er war der Erste, der den Markt für Offshore-Unterkunftsplattformen erkannt hat«, erklärte damals die *Financial Times*.[36]

Für den Bau und Unterhalt von Offshore-Bohrinseln brauchten die Ölfirmen nicht nur spezielle Gerätschaften sowie die Arbeitskraft und

Expertise Tausender Offshore-Ölarbeiter, sondern auch billige mobile, provisorische Unterkünfte für die Beschäftigten, die dort kontinuierlich arbeiteten. Consafe machte es sich zur Aufgabe, diesen Bedarf mit mobilen schwimmenden Hotels, auch »Floatels« oder »Coastels« genannt, zu decken, die es an die Ölkonzerne verleaste. Ebenso wie die Technik hinter Christer Ericssons innovativen Nylongurten war auch die Technik hinter dieser neuen Art von Schiffen nicht besonders raffiniert: Es handelte sich um Schwimmplattformen mit Frachtcontainern. Doch so simpel sie auch waren, sie mussten irgendwo gebaut werden, und die Nachfrage sorgte in den Werften für Arbeit.

Die *Safe Astoria*, die Lorraine Henderson 1978 getauft hatte, war die erste einer wachsenden Flotte von Unterkunftsplattformen und -schiffen, die Consafe in Göteborg bauen ließ. Diese Aufträge waren für die schwächelnden schwedischen Werften derart wichtig, dass das zweite von Arendal gebaute Schiff von der schwedischen Königin höchstpersönlich getauft wurde.[37] Da solche Plattformen relativ teuer in der Produktion waren (sie kosteten zweistellige Millionenbeträge), die Nachfrage dafür in den frühen 1980er-Jahren aber weiter stieg, dachte das Consafe-Management über billigere Unterbringungsmöglichkeiten auf hoher See nach.

So wurden unser Schiff und sein Schwesterschiff zu »Unterkunftsschiffen«. Der von 1981 bis 1983 dauernde Umbau bedeutete einen beträchtlichen Aufwand. Die schlichten Frachtkähne wurden zu schwimmenden Hotels für Hunderte Menschen. Diese Art der Nachrüstung war schon länger angedacht, wenn nicht gar aktiv geplant worden. Ende 1979 hatte Parley Augustsson behauptet, dass ein »Umbau immer im Gespräch war«, dass es zwischen ihm und dem Finnboda-Management eine informelle Übereinkunft gebe, die zwei Schiffe in »Wohnschiffe« umzuwandeln. Dazu heißt es in einer internen Finnboda-Aktennotiz widerwillig, man müsse »eventuell zugeben, dass A[ugustsson] zum Teil recht hat«.[38] Als das Schwesterschiff schließlich bei Finnboda im Trockendock lag, trug es den Namen

*Balder Floatell 1*. Nachdem Augustsson das Schiff übernommen hatte und bei der Vercharterung auf Schwierigkeiten gestoßen war, forderte er mit Sicherheit von Finnboda, die *Balder Scapa* und die *Finnboda 11* als Unterkunftsschiffe umzurüsten, um so einen neuen Markt zu erschließen. »Aus unserer Sicht«, so schrieb er, »ist das die einzige Möglichkeit, um den ausstehenden Kredit und die Zinsen zurückzuzahlen.«[39]

Zu der Zeit hatte allerdings Finnbodas Management die Nase von Augustsson bereits ziemlich voll und lehnte seine Umrüstungsforderungen, die zusätzlich fast 40 Millionen Kronen gekostet hätten, ab. »Sie haben den Vertrag für keinen der beiden Frachtkähne erfüllt«, schrieb es ihm.[40] Dennoch war der Gedanke, die Kähne in Unterkunftsschiffe umzuwandeln, durchaus verlockend, vor allem, da Finnboda über den Bau von »Wohnpontons« (*bostadpontoner*) bereits mit einem anderen potenziellen Geschäftspartner verhandelte.[41] Dieser Partner war Consafe.

* * *

Letztlich wurden unser Schiff und sein Schwesterschiff dann nicht bei Finnboda umgerüstet, sondern in der Werft Von Tell Nico in Göteborg und damit näher an Christer Ericssons Operationsbasis.[42] Die Arbeiten glichen einer Neuerfindung: Beide Schiffe kamen als einfache Kähne in die Werft und verließen sie als »Coastels« der nächsten Generation, ausgerüstet, um »300 Leute ... komfortabel unterzubringen«.[43] Es wurden zusätzliche Generatoren und Pumpen eingebaut, Sicherheitsvorkehrungen verbessert, neue elektrische Anlagen aus Norwegen importiert. Am auffälligsten waren mehrere Etagen von Wohnmodulen sowie Module für Kantinen, Gemeinschaftsräume, Squashcourts und einen Pool.[44] Zu den in Göteborg durchgeführten Arbeiten gehörte auch die Beschaffung von »erstklassigen von der Werft zu verbauenden Materialien«.[45] Dass auf dem Schiff Menschen statt Fracht untergebracht würden, erforderte eine Reihe weiterer Upgrades wie einen neuen, spezialgefertigten Landungssteg (*Landgång*) aus Aluminium.[46] Es würde eine leistungsfähige Klimaanlage, Trinkwassergeneratoren, »feuerverzinkte« Außentreppen, eine Lautsprecheranlage, eine Telefonzentrale mit sechzehn Nebenstellen, Fernseh- und Radioanschlüsse geben. Dazu kamen Rettungsringe, neue hydraulische Verholwinden und ein Kran. Von Tell Nico bestellte Türen und Deckenplatten vor Ort bei einer Göteborger Firma.[47] Ein großer Teil dieser Ausstattung musste gemäß schwedischen Sicherheitsvorschriften zertifiziert werden. Den Komfort und die Sicherheit von dreihundert »Gästen« eines Coastels zu garantieren, war etwas ganz anderes und bedeutend Komplexeres als die Sicherheit einiger weniger Crewmitglieder oder Arbeiter auf einem kabinenlosen Kahn. Die Schaumfeuerlöscher einer schwedischen Firma mussten ebenso evaluiert und getestet werden wie der Stahl für die neuen Schotten und Stahltüren. Das galt auch für das neue Halon-1301-Gesamtflutsystem zur Brandbekämpfung.[48] Die drei verschiedenen feuerfesten Polyestersorten für Sofas und Stühle musste das schwedische Textilforschungsinstitut absegnen.[49]

Mit dem Umbau des Schiffs und seines Schwesterschiffs brachte Consafe die beiden Kernbereiche seines Geschäfts zusammen: Containerisierung und Offshore-Öl. Es verwandelte zwei Frachtkähne in (etwas unkonventionelle) Containerschiffe, die in der Nähe von Ölbohrinseln zum Einsatz kommen sollten, wobei die Modulbauweise eine wichtige Rolle spielte. Praktisch der gesamte Deckaufbau hatte gemäß der Containerisierungslogik bestimmten Standards zu entsprechen. Jedes »Schlafmodul« brauchte

- ein Stockbett 2000 × 800 mm mit 4 verschließbaren Schubladen (à 0,06 m³) und feuerfesten Sprungfedermatratzen,
- 2 verschließbare Kleiderschränke in den Maßen 500 × 600 × 1900 mm … mit Schuhablage, Hutablage und Kleiderhaken,

- 1 Tisch 500 × 700 mm mit 2 Stühlen,
- 1 Bücherbord 600 × 250 mm,
- Netz für Zeitungen über jeder Koje,
- Bettvorhänge und Fenstergardinen (nicht brennbar).

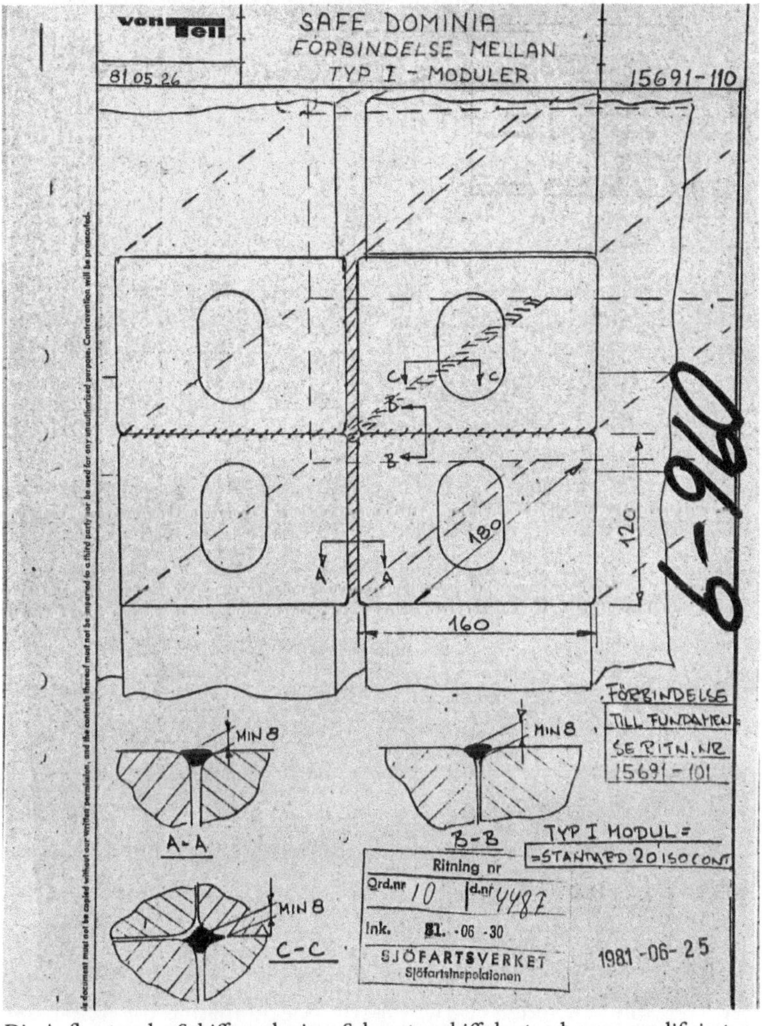

Die Aufbauten des Schiffs und seines Schwesterschiffs bestanden aus modifizierten Frachtcontainern. Die Modulbauweise der »Unterbringungseinheit« ist auf dieser Zeichnung gut zu erkennen.

Jedes »Toiletten-/Duschmodul« sollte mit einem nichtbrennbaren Duschvorhang, Seifenablage, Toilettenpapierhalter, Kleiderhaken, Handtuchständer, Spiegel und einem kleinen Wandschrank ausgestattet sein.[50] Der Unterbringungsbau insgesamt bestand aus Fertigbauteilen, die in den Umbauplänen als »Typ 1«- und »Typ 2«-Module bezeichnet werden. Bei Typ 1 handelte es sich um leicht modifizierte Standardfrachtcontainer (»Standard 20 ISO Cont[ainers]«[51]), sie dienten als Einzelkabinen für die Crew. Typ 2 war etwas größer und wurde für Mehrbettkabinen, Duschen und Toiletten, Kantinen, Wäschereien sowie die Lagerräume verwendet. Beide Typen waren austauschbare Bauteile: »Die Module weisen eine hohe strukturelle Stärke auf« – hoch genug, um von Lloyd's Register und Det Norske Veritas die Lizenz zum Stapeln zu bekommen.[52]

* * *

Letzteres war eminent wichtig und hatte damit zu tun, dass die beiden Schiffe zwar Teil der Offshore-Ölindustrie waren, aber zugleich Produkte des internationalen Transportwesens. Det Norske Veritas (DNV) und Lloyd's Register waren zwei der weltweit wichtigsten Klassifizierungsgesellschaften, private Unternehmen, die internationale Standards in der Schifffahrt festlegten und für die Prüfung und Zertifizierung im internationalen Transportgeschäft zuständig waren.[53] Ohne den Segen einer Klassifizierungsgesellschaft wie DNV oder Lloyd's für praktisch jedes Detail des Schiffskörpers und der Ausstattung lässt sich ein Schiff nicht versichern, und ohne Versicherung wäre es faktisch nicht einsatzfähig, weil die Haftung für einen Unfall ein unversichertes Schiff zu einem unkalkulierbaren Risiko werden lässt. Abgesehen davon ist die Zertifizierung in jedem Land der Welt, ob Schweden, USA, Liberia oder Panama, die Voraussetzung für eine Registrierung. Deshalb wachten die Consafe-Ingenieure akribisch über die Einhaltung der von den Klassifizierungsgesellschaften vorgegebenen Standards und waren in ständigem Kontakt mit den DNV-Mitarbeitern. Als das Schiff und sein Schwesterschiff in Göteborg zu Coastels umgebaut wurden, vereinbarte Consafe vertraglich mit DNV die Prüfung und Zertifizierung der neuen Ausstattung (Schotten, modulare Einheiten und Feuerschutzsysteme), damit sie internationalen Standards entsprach.[54]

Die Geschichte solcher Klassifizierungsgesellschaften spiegelt die Geschichte des internationalen Handels. Seit dem Beginn des Überseehandels in der frühen Neuzeit suchten europäische Schiffseigentümer nach Möglichkeiten, ihre Risiken zu begrenzen. Die langen Routen nach Westafrika, Nordamerika oder Ostindien waren voller Gefahren. Fracht ging verloren, Schiffe wurden gekapert oder zerstört. Schon früh – seit dem 17. Jahrhundert – entwickelten sich informelle Mittel und Wege, diese Risiken auf mehrere Schultern zu verteilen. In London trafen sich Investoren, Händler und Seeleute in Edward Lloyd's Coffee House im Herzen des heutigen Finanzdistrikts, um Neuigkeiten auszutauschen, Finanzmittel aufzutreiben und über Sicherheiten zu verhandeln.[55] 1760 begann dann eine Gruppe von Geschäftsleuten, die das Kaffeehaus regelmäßig besuchten, nützliche Informationen für Versicherer in einem Buch zusammenzutragen, das unter dem Begriff Lloyd's Register bekannt wurde. Darin wurden Schiffe bewertet: die Schiffskörper nach ihrer Festigkeit absteigend mit Vokalen von A über E und I bis O, die Qualität der Ausstattung an Bord mit den Buchstaben G[*ood*], M[*iddling*] oder B[*ad*]. Solche zugänglichen und standardisierten Informationen wurden für den Versicherungsmarkt unverzichtbar, und keine Versicherungsgesellschaft war bereit, irgendeine Fahrt zu versichern, ohne Lloyd's Register konsultiert zu haben.[56]

Das Verzeichnis erfüllte ganz unmittelbar die Bedürfnisse des Versicherungsmarkts. Es handelte sich um kein offizielles Staatsorgan, das würde es auch nie werden, ebenso wenig wie die anderen großen Klassifizierungsgesellschaften (darunter die DNV), die nach und nach weltweit in sämtlichen Handelszentren entstanden – sie waren und blieben private Körperschaften. Sie alle zusammen entwickelten sich zu einem Mechanismus der Selbstregulierung dieses Markts. Wenn Schiffe als unsicher galten, war es schlicht zu riskant, sie zu versichern. Und wenn es zu riskant war, sie zu versichern, dann war es auch zu riskant, sie überhaupt zu betreiben.[57] Heute gibt es fast siebzig Organisationen, die sich als Klassifizierungsgesellschaften bezeichnen, doch neunzig Prozent der weltweiten Schiffsflotte werden von einer der zwölf Gesellschaften klassifiziert, die zur International Association of Classification Societies (IACS) gehören.

Indem sie technische Daten für die Sicherheit definieren und die Prüfung und Zertifizierung übernehmen, sichern diese Privatunternehmen effektiv den weltweiten Schiffsverkehr ab.[58] Damit erfüllen sie zwar eine Aufgabe, die traditionell Staaten vorbehalten war, doch dafür gibt es überzeugende Argumente. Die Regierung eines Landes ist möglicherweise nicht in der Position, die Seetüchtigkeit eines Schiffs zu garantieren. Ein bestimmtes Schiff kann in einem Land gebaut und dann an einen Eigentümer in einem anderen Land verkauft werden, der es in einem dritten Land registrieren und in einem vierten versichern lässt. In einer dynamischen Branche wie dem internationalen Transportwesen ist ein von einem neutralen Schiedsrichter gewährleisteter internationaler Standard sehr nützlich. Und die Klassifizierungsgesellschaften sind insofern neutral, als sie supranational sind. Sie sind nicht die Schöpfungen eines Staats oder Lands, sondern des internationalen Kapitals, und sie existieren, weil es einen wirtschaftlichen Anreiz zur Versicherung der Seetransporte, eine Nachfrage nach Versicherungen für die Schifffahrt gab, aus denen heraus ein Markt für die professionelle Evaluierung von Schiffen entstand. Und so sind Klassifizierungsgesellschaften aus der modernen Schifffahrt nicht mehr wegzudenken. Sogar die Vereinten Nationen stützen sich bei den von ihnen ausgehandelten und veröffentlichten internationalen Standards – zum Beispiel dem Internationalen Übereinkommen von 1974 zum Schutz des menschlichen Lebens auf See (kurz Schiffssicherheitsvertrag, engl. Safety of Life at Sea Convention of 1974 (SOLAS)) – auf die Inspektion und das Urteil der Klassifizierungsgesellschaften.[59] Das von ihnen angebotene Produkt ist die Verlässlichkeit ihrer grenzüberschreitenden, überstaatlichen Garantie, und diese wiederum bezieht ihre Bedeutung aus dem umfassenden Einfluss des Versicherungsmarkts und den finanziellen Risiken selbst.

Im Fall unseres Schiffs stammte diese Garantie ursprünglich von DNV, Det Norske Veritas, einer 120 Jahre alten Klassifizierungsgesellschaft mit Sitz am Stadtrand von Oslo. Als die Ingenieure bei Finnboda den Kahn entwarfen, standen sie in regem Austausch mit DNV, um von vorneherein sicherzustellen, dass Pläne und Bau deren Standards entsprachen.[60] Die Inspektoren kamen auch zur Werft, um alles vor Ort zu überprüfen. Die von ihnen ausgestellten Zertifikate nicht nur für den Schiffskörper selbst, sondern auch für Laternen, Winschen und viele andere Bestandteile der Ausstattung, waren essenziell, um das Schiff überhaupt registrieren und versichern zu können. Damit die Zertifikate ihre Gültigkeit behielten, musste das Schiff alle fünf Jahre eine erneute Prüfung durchlaufen.[61]

* * *

Mit dem Umbau des Schiffs und seines Schwesterschiffs in Göteborg unter den wachsamen Augen der DNV wuchs ihr Wert. Consafe hatte das Schiff von Finnboda für sieben Millionen schwedische Kronen gekauft. Später nahm das Unternehmen mehrfach Hypotheken auf das Schiff in Höhe von etwa vierzig Millionen Kronen auf (sieben Millonen Dollar).[62] Nach der Umwandlung in Coastels bekamen die beiden Schiffe wieder neue Namen und damit auch einen Verweis auf den neuen Eigentümer. Wie bei allen Consafe-Schiffen war der erste Namensbestandteil »Safe«, auch weil das Wort in Englisch (der Lingua franca der internationalen Geschäftswelt) mit der Bedeutung

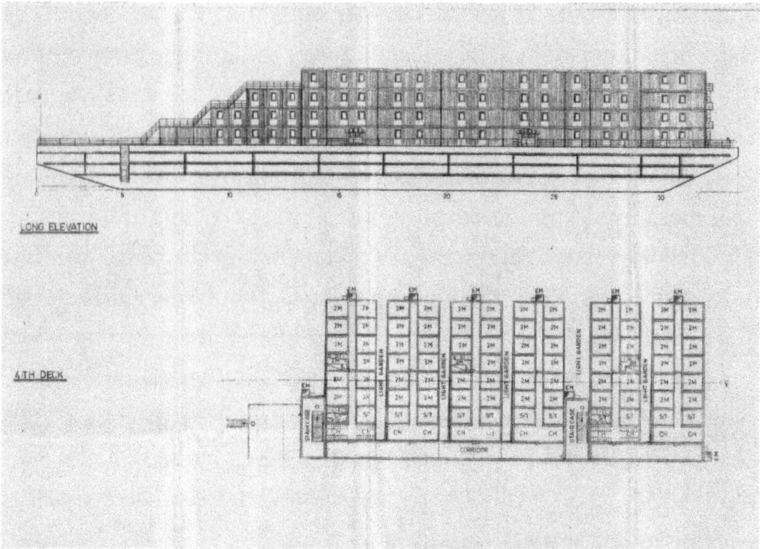


Baupläne für die *Safe Dominia.*

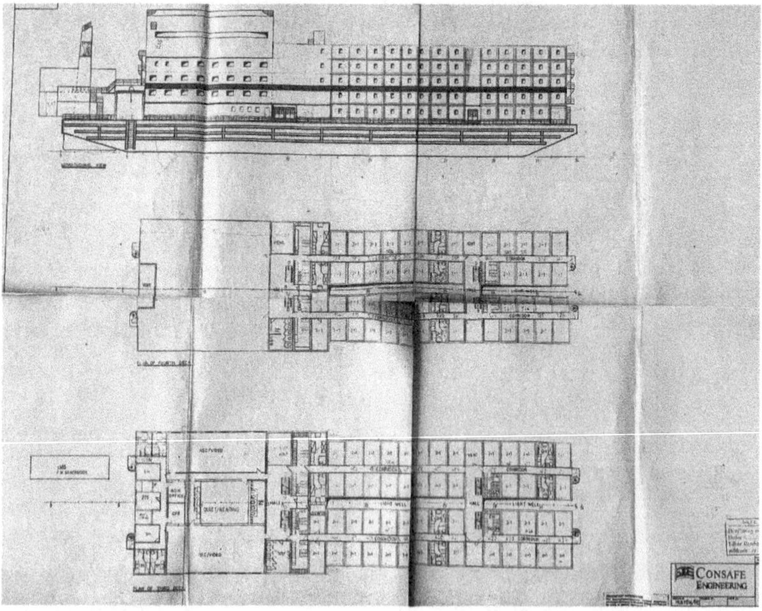


Baupläne für das Schiff als *Safe Esperia* – die modulare Struktur aus umgerüsteten Frachtcontainern ist klar erkennbar.

»sicher« eine positive Botschaft vermittelte. Unser Schiff wurde zur *Safe Esperia*, das Schwesterschiff (zuvor *Finnboda 11*) zur *Safe Dominia*. Bei Von Tell Nico bekam die *Safe Dominia* eine Wohneinheit mit Containern auf vier Etagen, etwas weniger als die fünf Etagen der *Safe Esperia*.[63] Die beiden ursprünglich identischen Schiffe hatten damit nun leicht voneinander abweichende Profile, Gewichte und Kapazitäten.

Für die etwa fünfhundert Leute, für die sie konzipiert waren, wären beide Wohnschiffe eng und spartanisch gewesen. In jedem Schlafmodul sollten zwei Männer (mit Frauen wurde auf Ölbohrinseln nicht gerechnet) untergebracht werden, sie sollten in Stockbetten schlafen, auf Stühlen mit schwer entflammbarer Polsterung sitzen und hätten einen Schrank, einen Tisch und ein Regal zur Verfügung – alles aus »mit PVC … überzogenem Stahlblech«. Ein paar wenige Annehmlichkeiten hielten die beiden Schiffe allerdings bereit: Jeder Schlafraum hatte sein eigenes Badezimmer mit Dusche, es gab eine Bibliothek, einen Speisesaal und mehrere Bars.[64] Unser Schiff, nun also die knapp hundert Meter lange *Safe Esperia*, hatte ebenso wie die *Safe Dominia* eigene Generatoren, Klima- und Trinkwasseraufbereitungsanlagen sowie ein Entsorgungssystem für Abwasser und Müll.[65] Crews waren damit in der Lage, auch weitab von Küsten autonom zu arbeiten. In den Worten von Consafe-Gründer Christer Ericsson waren beide Schiffe »eine große Schuhschachtel auf einem Kahn«.[66] Genauer gesagt handelte es sich um viele einzelne Schachteln. Wie Ericssons ursprüngliche Innovation, die Nylongurte, waren auch die Unterkunftsschiffe unmittelbar aus der Containerisierung des Welthandels entstanden. Wie die Baupläne zeigen, bestanden die Wohneinheiten darauf aus zusammengeschweißten Standardfrachtcontainern, die mit den neuen nordeuropäischen Cowboys gefüllt werden sollten: den raubeinigen Offshore-Arbeitern der Nordsee.[67]

* * *

Über die Nordsee hinweg, gut tausend Kilometer entfernt von Christer Ericssons Firmenzentrale in Göteborg, hatte in einem Büro in Liverpool ein anderer Manager den ökonomischen Wandel in der Offshore-Ölförderung genau im Blick. Derek Bibby, Chef der britischen Vereinigung der Massengutspediteure, wusste nur zu gut, dass seine Geschäftsinteressen mit den aus der Nordsee hochgepumpten fossilen Kohlenwasserstoffen verknüpft waren. Bibbys eigenes Familienunternehmen, die Reederei Bibby Line, stand kurz vor dem finanziellen Kollaps. Dieser Umstand brachte ihn dazu, Dutzende Millionen Pfund in Consafe und damit in Nordseeöl und -gas zu investieren.

Die Bibby Line war eine alteingesessene Liverpooler Firma, deren Wurzeln bis ins Jahr 1805 zurückreichten, als Dereks Vorfahre John Bibby, ein Liverpooler Selfmade-Schiffsmakler, Anteile an vier kleinen Segelschiffen kaufte. Eines davon, die 186 Tonnen schwere *Eagle*, brachte 237 versklavte Afrikaner aus dem heutigen Kamerun nach Jamaika.[68] Dieser Vorfahre der Familie Bibby war immens erfolgreich. 1821 betrieb er mehrere Schiffe zwischen Großbritannien, dem Mittelmeer und Südamerika. 1830 wurde er unter ungeklärten Umständen getötet. Angeblich hatten Banditen John Bibby auf der Landstraße überfallen, auf dem Nachhauseweg von einer Firmensitzung – allerdings wurde seine Leiche mehrere Kilometer von seiner üblichen Route entfernt aufgefunden, und sein Geld hatte er noch bei sich. Lange vermutete man eine Intrige, und der Fall ist nach nun fast zweihundert Jahren noch immer ein Rätsel. Nach seinem Ableben wuchs die Bibby Line mit der Expansion des britischen Weltreichs weiter. 1865 gehörten bereits dreiundzwanzig Schiffe zur Flotte, und 1880 gründete das Unternehmen eine Passagier- und Frachtlinie nach Birma. Etwa zu dieser Zeit gelang dem Unternehmen der erste einer Reihe von Verträgen mit dem britischen Militär über den Transport von Truppen zu Überseeposten, ein Auftrag, den es bis in die 1960er-Jahre erfüllte.[69] 1980 war es die älteste Reederei Großbritanniens in privater Hand.

Die Geschichte der Bibby Line bildet letztlich die kommerziellen und imperialen Geschicke Großbritanniens ab; die Firma gedieh und expandierte im langen 19. Jahrhundert, als die Briten die Weltmeere beherrschten. Mitte des 20. Jahrhunderts war die Firma mit denselben Problemen konfrontiert wie die restliche britische Handelsmarine. Auf die Containerisierung hatte Bibby mit Investitionen in neue riesige Schiffe, sowohl Containerschiffe als auch Supertanker, reagiert. Unter der Leitung von Derek Bibby, der 1969 der siebte Unternehmenschef der Familie wurde, stiegen die Gewinne rasant, von 5,5 Millionen Pfund im Jahr 1971 auf knapp 30 Millionen im Jahr 1976.[70] Dann jedoch brachen Ende der 1970er-Jahre die Frachtpreise ein, und 1978 war Bibby gezwungen, sechs seiner zwanzig Schiffe zu verkaufen. In dem Jahr, in dem die iranische Revolution die Ölpreise in die Höhe schießen ließ und die Treibstoffknappheit den Autofahrern weltweit das Leben zur Hölle machte, fuhr das Unternehmen einen Verlust vor Steuern von über 13 Millionen Pfund ein.[71]

Wie Consafe-Boss Christer Ericsson war Derek Bibby ein Vollblutunternehmer, und wie jener erkannte er die Notwendigkeit, auf Öl und Gas umzuschwenken. Tatsächlich schwenkte er zu Consafe um. 1982, als unser Schiff auf einem Göteborger Trockendock umgerüstet wurde, kaufte die Bibby-Unternehmensgruppe eine schottische Bohrtechnikfirma und einen Zwanzig-Prozent-Anteil an Consafe. Dank des Kaufs von Schiffen wie der *Safe Astoria*, *Safe Dominia* und *Safe Esperia* war Consafe schnell zu einem großen Player im Nordseeöl- und -gasgeschäft aufgestiegen. Mit der Investition in Consafe diversifizierte Bibby sein Portfolio – ein kluger Schachzug angesichts des Frachtpreiskriegs der 1970er-Jahre. So profitierte die Reederei nach wie vor von ihrer langjährigen Expertise in der Schifffahrt und verlagerte ihr Geschäft zugleich weg von der traditionellen Transportlogistik hin zu neuen globalen maritimen Dienstleistungen: Unterbringung, Schiffsmanagement und -consulting.[72] Es handelte sich dabei um eine neue und abstraktere Form unsichtbarer britischer

Exporte: nicht mehr der Transport selbst, sondern Transport*dienstleistungen*. Über Consafe konnte Bibby solche Dienstleistungen insbesondere den internationalen Ölriesen anbieten.

Der Unterhalt von Offshore-Bohrinseln war für britische ebenso wie für schwedische Firmen eine profitable Investition. Wie in Schweden befand sich die ökonomische Landschaft des Vereinigten Königreichs durch den Niedergang der Werften und den Boom des Offshore-Erdöls im Umbruch. Nun riefen Reedereien in einst florierenden Industriestädten wie Liverpool, Newcastle und Glasgow nach staatlichen Subventionen wie in Schweden.[73] Und wie in Schweden war der Schiffsbau im Vereinigten Königreich in den 1950er- und 1960er-Jahren in die Krise geraten, hatte aber durch einen Auftragsboom für Containerschiffe und Tanker wieder Auftrieb bekommen. Wie die schwedischen verloren auch die britischen Werften gegen die asiatische Konkurrenz, die über billigere Arbeitskräfte und modernere Technologie verfügte, an Boden. Wie in Schweden brachte der Ölschock von 1973 die bereits schwelende Krise zum Ausbruch. Auf den großen Druck hin intervenierte auch die linke britische Labour-Regierung, um Arbeitsplätze in ihren politischen Hochburgen im industriell geprägten Norden zu sichern. 1977 wurden zweiunddreißig Werften verstaatlicht – das waren 97 Prozent der Schiffsbaukapazität des Landes. Nur fünf Jahre später war bereits die Hälfte dieser Werften geschlossen. Die verlassenen Firmenareale wurden zum Sinnbild des industriellen Niedergangs Großbritanniens und des Problems, sich der neuen wirtschaftlichen Realität auf dem Globus zu stellen. Die großen Werften in Newcastle, Glasgow und Belfast, die Schlachtschiffe, Kriegsschiffe des Zweiten Weltkriegs und die RMS *Titanic* gebaut hatten, waren bereits abgerissen oder zumindest außer Betrieb. Viele der noch tätigen Werften verlegten sich auf Offshore-Anlagen für die Nordsee.[74]

In dieser Phase stimmten die Interessen der britischen Werften mit den Bedürfnissen der britischen Reedereien überein – was für einen

Sektor der Schifffahrtsbranche gut war, war es häufig auch für den anderen. Doch ab Mitte der 1970er-Jahre sahen die britischen Reedereien die staatlichen Subventionen für die Werften mit wachsender Sorge, und zwar wieder einmal aus Gründen eines Überangebots. Derek Bibby, Chef einer Vereinigung, der viele britische Massengutspediteure angehörten, stellte fest, dass die beständigen »Interventionen der Regierungen zugunsten ihrer Schifffahrtsindustrie« zu Überkapazitäten bei der Handelsflotte führen würden.[75] Zu viele Schiffe würden um zu wenig Frachtgut konkurrieren. Bibbys Warnung entsprach einer jahrhundertealten Grundüberzeugung wirtschaftsliberaler Ökonomie: Staatliche Subventionen für eine Branche konnten eine andere in den Abgrund reißen. Die Gefahr bestand für alle britischen Reedereien, aber besonders für diejenigen, die in Supertanker investiert hatten. Der von den Erdöllieferanten des Nahen Ostens herbeigeführte Preisschock ließ den Transportmarkt für Öl kollabieren und machte die Riesenschiffe plötzlich überflüssig. Als die Frachtpreise ins Bodenlose sanken, standen viele Transportunternehmen vor dem Bankrott.[76] Da wurde Bibby klar, dass es höchste Zeit war, das Ruder herumzureißen, und damit lag er goldrichtig.

In den 1970er- und 1980er-Jahren blickten viele britische Konservative mit Wehmut zurück auf die imperiale Epoche vor der Katastrophe des Zweiten Weltkriegs, eine Phase, in der britische Schiffe, britische Kredite und britisches Kapital die Welt zusammenzuhalten schienen. Nun jedoch konnte niemand mehr die Augen vor der Tatsache verschließen, dass das goldene Zeitalter der britischen Handelsmarine und der großen nordenglischen und schottischen Reedereien endgültig vorbei war. Die Sonne über dem britischen Empire sank. Derek Bibby begriff, dass in einer postkolonialen Welt nur dann noch Profit zu machen war, wenn sich für die große Expertise der britischen Marine ein neues Betätigungsfeld fand, und vielen Beobachtern schien es immer plausibler, dass der Boom des Nordseeöls ein solches werden könnte. In der Tat hing das Abschneiden der britischen Wirtschaft unter der konservativen Thatcher-Regierung zu großen Teilen von der Förderung fossiler Brennstoffe vom Grund der Nordsee ab. Die staatlichen Gewinne aus der Erdölförderung – zwischen 1979 und 1987 etwa 70 Milliarden Pfund – flossen in die Arbeitslosengeldzahlungen und linderten so die Auswirkungen eines bröckelnden Produktionssektors und des Wegfalls von Arbeitsplätzen.[77] In einer Phase, in der die öffentlichen Ausgaben kontinuierlich unter 50 Milliarden Pfund jährlich lagen, war das eine immense Summe. Für den britischen Staat und das Land als Ganzes war das Nordseeöl ein dringend nötiger wirtschaftlicher Rettungsanker.

* * *

Es lag nicht nur am Niedergang, wenn nicht gar Zusammenbruch des britischen Weltreichs. Die ökonomische Weltordnung insgesamt befand sich im Umbruch. Die gleichen Kräfte, die die schwedischen Reedereien in die Knie zwangen, wirkten auch auf amerikanische Stahlarbeiter und britische Bergarbeiter. Weltweit schwanden in den wohlhabenden Staaten Industriejobs, während da und dort im Dienstleistungssektor entstehende Arbeitsplätze häufig weniger dauerhaft und sicher waren und daher keinen gleichwertigen Ersatz darstellten. Aus der Perspektive Liverpools, Göteborgs und unzähliger anderer Industriestädte im reichen Westen sah es so aus, als ob alles, was es an handfester produzierender Arbeit gab, hinaus aufs Meer getrieben wurde.

Dieser Eindruck war großteils absolut zutreffend. Jobs in der verarbeitenden und in der Schwerindustrie wanderten gen Süden und Osten, in Weltgegenden mit deutlich niedrigeren Löhnen. Und in Nordeuropa befand sich der erfolgreichste neue Industriezweig ebenfalls weit weg, nämlich auf hoher See. Die Fundamente früherer Stabilität zerbröselten, und neue Chancen eröffneten sich. Als der boomende Offshore-Ölmarkt in den Nordseeanrainerstaaten eine Kaskade von Investitionen auslöste, kämpften Traditionsunternehmen wie die Bibby Line und junge Start-ups wie Consafe gleichermaßen darum, ein Stück vom Kuchen abzubekommen. Da der Transportmarkt weltweit am Boden lag, lenkten beide Unternehmen ihre Aktivitäten weg von ihren alten Geschäftsfeldern und ergriffen die sich bietenden Chancen beim Schopf.

Der Aufstieg des Offshore-Öls und der Niedergang des Frachtgeschäfts: Unser Schiff war gefangen in dem Strudel, den diese beiden Entwicklungen auslösten. Allerdings war es als ein modularer, flexibler, für den Offshore-Einsatz konzipierter Kahn auch aus eben diesen hervorgangen. Es handelte sich um ein Containerschiff, ausgerüstet, um Menschen unter unwirtlichen Bedingungen zu beherbergen. Einfach gesagt konnte es so gut wie jedem so gut wie überall ein Dach über dem Kopf bieten.

Doch obwohl Bibby in Consafe investiert hatte, um einen Fuß in den britischen Energiesektor zu bekommen, würde es noch Jahre dauern, bevor ein Ölarbeiter seinen Stiefel aufs Deck des umgerüsteten Schiffs (nun *Safe Esperia*) oder seines Schwesterschiffs (nun *Safe Dominia*) setzen würde. Beide Schiffe würden sehr bald zu Instrumenten einer Wiederauferstehung geopolitischer Interessen Großbritanniens, allerdings nicht in der Nordsee. Sie waren vielmehr für den Einsatz im Südatlantik vorgesehen.

# 3

# SÜDATLANTIK

| | Das Schiff | Das Schwesterschiff |
|---|---|---|
| **1982** | | Die *Safe Dominia* wird in Jersey registriert und nach Stanley auf den Falklandinseln gebracht, wo sie unter dem Namen *COASTEL 1* britischen Truppen als Kaserne dient. |
| **1983** | Die *Safe Esperia* wird von der Schifffahrtsgesellschaft Bibby Line erworben und im Vereinigten Königreich registriert, dann nach Stanley auf den Falklandinseln transportiert, wo sie unter dem Namen *COASTEL 3* britischen Truppen als Kaserne dient. | |
| **1985** | Das Schiff wird in *Bibby Resolution* umgetauft. | Die Bibby Line kauft auch das Schwesterschiff und tauft es in *Bibby Venture* um. |

Am späten Abend des 20. Mai 1982 steuerte eine Flotte von Schiffen mit fünftausend Kommandosoldaten an Bord im Schutz des wolkenverhangenen Nachthimmels auf vier verlassene Strände einer felsigen Insel im Südatlantik zu. Die Landungstruppe bewegte sich äußerst behutsam unter Funkstille voran. Die Soldaten an Bord wappneten sich für ihren Einsatz. Ihr Kommandant, Brigadegeneral Julian

Thompson, stimmte sie darauf ein, dass die nächsten vier Stunden »kein Picknick« würden, er sei aber »der festen Überzeugung, dass die laufende Operation erfolgreich« sein werde.[1] Thompsons Optimismus erwies sich als berechtigt. Die britischen Truppen konnten in den frühen Morgenstunden an Land gehen, ohne auf Widerstand zu stoßen. Einige der Spezialkräfte lieferten sich auf einem nahen Hügel ein Scharmützel mit einer Einheit des Feindes. Diese zog sich jedoch bis Tagesanbruch zurück, sodass die Briten ihren Landekopf sichern konnten. Von den direkt vor der Küste ankernden Schiffen kam Nachschub.

Am 21. Mai 1982 begann die britische Bodenoffensive zur Rückeroberung der Falklandinseln, ein dreiwöchiger erbitterter Kampf zwischen dem Vereinigten Königreich und Argentinien. Als die britischen Invasionstruppen in der Nähe der abgelegenen Siedlung San Carlos landeten, waren die Falklandinseln seit sieben Wochen unter argentinischer Kontrolle, und obwohl die Argentinier einen britischen Angriff erwartet hatten, wurden sie von der Landung überrascht. Tagelang hatte die Royal Navy etwa 95 Kilometer entfernte Positionen auf der anderen Seite der Insel bombardiert und Falschinformationen über eine »große kombinierte Operation« in der Nähe von Stanley, dem Hauptort und Verwaltungszentrum der Inseln, gestreut.[2] Nur wenige Stunden nach der Landung startete die argentinische Armee allerdings einen Gegenangriff, der die normalerweise auf Ostfalkland herrschende Ruhe durchbrach. An diesem Tag zerstörten vom Festland kommende Staffeln der argentinischen Luftwaffe die Fregatte HMS *Ardent* der Royal Navy, innerhalb der folgenden drei Tage versenkten die Argentinier eine zweite Fregatte und beschädigten sechs weitere britische Schiffe, wobei sie wiederum dreiundvierzig Flugzeuge verloren. Am 25. Mai, dem argentinischen Nationalfeiertag, verstärkte die Armee des Landes noch ihre Angriffe und versenkte den Zerstörer HMS *Coventry* und einen Nachschubfrachter.[3] Doch bis dahin hatten die britischen Streitkräfte auf den

Inseln Fuß gefasst und begannen zwei Tage später mit ihrem Marsch auf Stanley.

Die nächsten zwei Wochen vergingen rasch. Am 11. Juni näherten sich die britischen Truppen der Stadt. Nachdem sie während zweier nächtlicher Angriffe auf die befestigten Hügel rund um Stanley Boden verloren hatten, riefen die belagerten argentinischen Verteidiger am 14. Juni einen Waffenstillstand aus. Später an jenem Tag betraten britische Soldaten die Stadt und nahmen die Kapitulation der Garnison entgegen. Am folgenden Tag ergaben sich 11.000 argentinische Soldaten.[4] Damit endete der Falklandkrieg. In den zweieinhalb Monaten Kampf waren 255 britische und 649 argentinische Soldaten gefallen. Die kurze, aber blutige Konfrontation muss wohl vor allem als Politiktheater verbucht werden. Sie war der Anlass, unser Schiff von der Nordsee in den Südatlantik zu verlegen.

* * *

Die britische Rückeroberung der Falklandinseln, sinnreich »Operation Corporate« genannt, war definitiv eine spektakuläre Angelegenheit.[5] Die patriotisch gesinnten Medien im Vereinigten Königreich stürzten sich darauf, und so fluteten chauvinistische Slogans und heroische Bilder, die an militärische Erfolge der Vergangenheit anknüpften, die Nachrichten.[6] Nachdem die britischen Streitkräfte die argentinischen Soldaten von den Inseln vertrieben hatten, wich das Kriegsdrama nüchterneren Überlegungen hinsichtlich der Folgen. In London herrschte dahingehend Übereinstimmung, dass dauerhaft britisches Militär in nennenswertem Umfang auf den Inseln nötig war, wenn man Argentinien am Wiederkommen hindern wollte. Doch Tausende Soldaten und Flieger auf einer felsigen Inselgruppe Tausende Meilen vom nächsten sicheren Hafen entfernt zu stationieren, stellte das Land vor eine beträchtliche logistische Herausforderung. Weit oben auf der Prioritätenliste stand die Frage, wo die

Militärangehörigen – darunter einige, die die Inseln heldenhaft »befreit« hatten – denn schlafen sollten. Das war ein echtes Problem, da vor Ausbruch des Kriegs die Falklandinseln weniger als zweitausend Einwohner hatten, nichts im Vergleich zu den Tausenden Angehörigen der Land-, Luft- und Seestreitkräfte, die nach Kriegsende auf den Inseln stationiert werden sollten.[7]

Die Zeit drängte. Als Großbritannien im Juni Stanley einnahm, herrschte auf der Südhalbkugel tiefer Winter. Der Bau fester Unterkünfte musste bis zu den wärmeren Monaten warten, und selbst dann würde man viel Zeit und beträchtliche Ressourcen benötigen. Angesichts von Temperaturen knapp über dem Gefrierpunkt war der Druck immens, schnellstmöglich stabile Unterkünfte zu organisieren. Die Armee begann mit der Aufstellung umgerüsteter Portakabins, transportable Raumzellen, wie sie auf Baustellen genutzt werden, aber in solchen Provisorien zu wohnen, war eine Zumutung.[8] Benötigt wurden mobile modulare Unterkünfte, die rasch Tausende Meilen übers Meer herbeigeschafft werden konnten. Dieses Anliegen trug die Thatcher-Regierung über ihr Verteidigungsministerium an die Privatwirtschaft heran. Das Ministerium wandte sich insbesondere an ein junges schwedisches Unternehmen mit engen Verbindungen nach Großbritannien: Consafe.

So kam es, dass nur wenige Monate nachdem britische Truppen wieder den Union Jack über Stanley gehisst hatten, das Schiff und sein Schwesterschiff – noch unter dem Namen *Safe Esperia* und *Safe Dominia* – im Hafen von Stanley festgemacht wurden. Mehrere Jahre lang waren sie dort auffällige Erkennungszeichen und schmückten sogar eine offizielle Briefmarke der Falklandinseln. Auf der Briefmarke, die 1987 als Teil einer Serie zu Ehren der Royal Engineers (der Pioniere der britischen Armee) herauskam, sieht man das Schiff im Mittelgrund, als drittes Schiff von vorne. Das Schwesterschiff befindet sich prominenter im Vordergrund. Die zwei Schiffe waren ebenso wie ein weiteres Unterkunftsschiff nur als vorübergehendes Provisorium gedacht.

Doch wie die Briefmarke zeigt, dominierten sie die Silhouette von Stanley. Sie beherbergten deutlich mehr Menschen als die Ortschaft, die oben links im Hintergrund kaum erkennbar ist. Für eine Übergangslösung war das Schiff eine recht dominante Erscheinung.

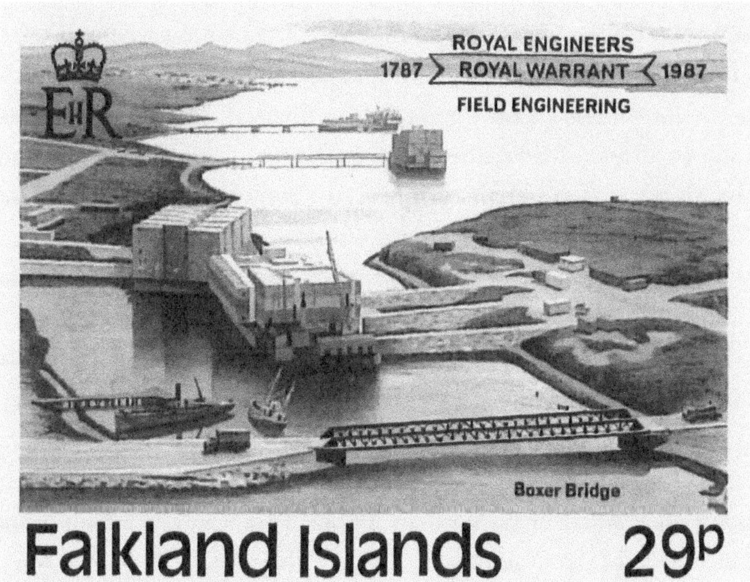


Die drei großen Schiffe sind (von vorne nach hinten) die *Safe Dominia*, die in Großbritannien gebaute *Poursuivant* und die *Safe Esperia*. Im Vergleich zu den Schiffen wirken die kleinen Häuser von Stanley oben links im Hintergrund noch winziger.

* * *

Die Falklandinseln, spanisch Islas Malvinas, liegen im Atlantik etwa 300 Meilen vor der patagonischen Küste Argentiniens und etwa 750 Meilen nördlich der Antarktis. Der etwa 8.000 Meilen von den britischen Inseln entfernte Archipel stand seit 1833 unter britischer Kontrolle: ein strategisch bedeutsamer, aber sehr ferner Außenposten des Empire. 1832 hatte Charles Darwin, unterwegs mit der *Beagle*, dort haltgemacht und sich über die Kargheit und Abgelegenheit der

Inseln geäußert. In Bezug auf eine Handvoll dort lebender Siedler äußerte er: »Welch elendes Leben scheinen uns doch diese Leute zu führen!«[9]

In den 1970er-Jahren waren die Falklandinseln ein Überrest des britischen Empire und das Zuhause von etwa 1800 Bewohnern und 600.000 Schafen. Das Außenministerium in London wollte die Verantwortung für die Gebiete am anderen Ende der Welt eigentlich gerne loswerden. Es kursierte der Vorschlag, sie formell an Argentinien abzutreten (das sie beanspruchte), aber weiter die Verwaltung für die Bewohner der Inselgruppe zu übernehmen. Als man diese Idee 1980 den Insulanern selbst präsentierte, stieß man auf erbitterten Widerstand. Es handelte sich um zutiefst patriotische Menschen, die um jeden Preis Untertanen der britischen Krone bleiben wollten.

Erst 1982 begann man in London, sich auch in strategischer Hinsicht mit den Falklandinseln zu beschäftigen. 1981 hatten sie nur deshalb etwas Aufmerksamkeit abbekommen, weil das Verteidigungsministerium in seinem verzweifelten Bemühen, die Thatcher'schen Sparvorgaben zu erfüllen, angekündigt hatte, die HMS *Endurance*, eine auf den Falklandinseln stationierte Eispatrouille der Royal Navy, die argentinische Geheimdienstinformationen abfing, nach Großbritannien zurückzuholen und stillzulegen.[10] Diese an sich eher unbedeutende Information sollte höchst bedeutsame Konsequenzen haben. Die in Argentinien herrschende Militärjunta verstand diese Entscheidung – nicht ganz zu Unrecht – als Zeichen, dass die britische Regierung das Interesse an der Inselgruppe verloren hatte. Im Januar 1982 begann die argentinische Führung mit Planungen für eine Invasion. Sowohl für die argentinische als auch für die britische Regierung war der Falklandkrieg eine kalkulierte Mobilisierung des Nationalbewusstseins. Beiden schien es opportun, die öffentliche Wahrnehmung von einer desaströsen Wirtschaftslage und politischen Krise wegzulenken, hin zu einem ihrer Vorstellung nach spektakulären und mitreißenden militärischen Erfolg. Ein kurzer Krieg und ein schneller Sieg relativ weit weg von zu Hause würde zwar keines der fundamentalen wirtschaftlichen Probleme lösen, auf die wankende politische Legitimation der politischen Führung jedoch könnte so ein Ausbruch von Hurrapatriotismus äußerst wohltuend wirken.

So jedenfalls kalkulierte die argentinische Führung, eine Gruppe von Generälen, die das Land seit dem Militärputsch im Jahr 1976 regierte. Anfang 1982 steckte Argentinien in ernsthaften wirtschaftlichen Schwierigkeiten. Die Arbeitslosenzahlen stiegen, die Inflationsrate kratzte an der 200-Prozent-Marke.[11] In dieser Situation ökonomischer Unsicherheit und Not standen die Juntagenerale unter wachsendem Druck, wenigstens das Vertrauen in ihre Führungskompetenz wiederherzustellen, wenn sie es schon nicht schafften, für wirtschaftlichen Wohlstand zu sorgen. Während sich die Bürokraten im Verteidigungsministerium im London der 1980er-Jahre angesichts finanzpolitischer Härten an Budgetkürzungen machten, verstärkten die Argentinier ihr militärisches Engagement sogar noch, um für eine wirkmächtige, wenn auch nur vorübergehende Ablenkung von vergleichbaren Schwierigkeiten zu sorgen.

Mit seinen finanziellen Nöten stand Argentinien nicht allein. Weltweit prägten ökonomische Turbulenzen die 1980er-Jahre. Das südamerikanische Land war letztlich nur eines von vielen Entwicklungsländern, die von den vielen wirtschaftlichen Erschütterungen Ende der 1970er- und Anfang der 1980er-Jahre (die wie beschrieben die Schiffsindustrie in Mitleidenschaft gezogen hatten) schwer getroffen wurden. Erst kam der Ölpreisschock von 1979 mit dem Absinken der weltweiten Rohölproduktion in Folge der iranischen Revolution und des sich anschließenden Iran-Irak-Kriegs. Wie die vom Jom-Kippur-Krieg sechs Jahre zuvor verursachte erste Ölkrise führte auch die sogenannte zweite Ölkrise zu einem rasanten Anstieg der Energiepreise sowie zu Treibstoffmangel und -rationierung im gesamten globalen Norden – doch im ärmeren globalen Süden war die Lage viel dramatischer. Als sich die Rohölpreise letztlich verdoppelten, schossen auch die Preise für Alltagsgüter in die Höhe und strapazierten die Haushaltseinkommen über das verkraftbare Maß hinaus.

Während die Ölkrise die Welt fest im Griff hatte, verschärften die USA die Situation noch durch eine strengere Geldpolitik zur Eindämmung der Inflation. Unter Paul Volcker hob die Federal Reserve, die US-Notenbank, den Zinssatz für kurzfristige Anleihen auf ein heute kaum mehr vorstellbares Niveau an: Im Mai 1981 erreichte er einen Höchststand von über sechzehn Prozent. Nur zum Vergleich: Als die Fed zur Inflationsbekämpfung nach der Covid-19-Pandemie die Zinsen anhob, lag der Zinssatz für kurzfristige Anleihen deutlich unter sechs Prozent. Für relativ arme und klamme Länder wie Argentinien, damals als »Entwicklungsländer« aufgefasst, war der Doppelschlag aus explodierenden Ölpreisen und weltweit hohen Zinsen eine Katastrophe. Ländern in Osteuropa und Lateinamerika blieb nichts anderes übrig, als mehr für das Öl zu bezahlen, doch ihnen fehlten dafür die Geldmittel. Im verzweifelten Versuch, ihre Energieimporte zu sichern, wandten sie sich an andere Staaten mit der Bitte, das nötige Kapital zur Verfügung zu stellen, wurden für ihre Abhängigkeit vom ausländischen Öl jedoch mit historisch hohen Zinsen bestraft. Kurz gesagt befand sich die lateinamerikanische Politik im Zangengriff von Öl- und Volcker-Schock.

Seit dem Putsch 1976 hatte die argentinische Zentralbank die Inflation (relativ erfolgreich) gedämpft, indem sie den argentinischen Peso an den Dollar koppelte und zur Finanzierung des großen Staatsdefizits im Ausland Kredite aufnahm. Als die Generäle die Macht übernommen hatten, lag die Inflation bei über tausend Prozent jährlich. Bis 1980 war sie auf unter hundert Prozent gesunken, was immer noch hoch, aber immerhin niedriger als früher war. Doch da die Kopplung an den Dollar künstlich war, fiel der wahre Wert des Peso im Vergleich zu ausländischen Währungen weiter (ein Problem, vor dem die argentinische Regierung Anfang der 2020er-Jahre erneut stand). Mit steigenden ausländischen Zinsen wurde die Bedienung der Auslandskredite, mit denen die Zentralbank die Kopplung aufrechterhalten konnte, schlicht zu teuer. 1981 entwertete die Zentralbank den Peso, doch um die steigenden Schulden begleichen zu können, ließen die argentinischen Machthaber einfach mehr Geld drucken, worauf die Inflationsrate unausweichlich wieder in die Höhe schoss.[12]

Im Vergleich zu den Vereinigten Staaten oder anderen wohlhabenden westlichen Ländern, wo die Preise ebenfalls anstiegen, wirkte sich die hohe Inflation in Argentinien viel desaströser aus. Argentinien musste viel mehr Alltagsgüter importieren als große Volkswirtschaften wie die USA oder auch Großbritannien, und der Wertverlust ihrer Währung bedeutete für die Bevölkerung, dass all diese Güter sich massiv verteuerten. Darüber hinaus wuchsen Argentiniens Staatsschulden, die auf Dollar lauteten, durch den fallenden Peso immer weiter, was Investoren verschreckte und den Staat veranlasste, noch mehr Geld zu drucken – ein Teufelskreis der Destabilisierung.

In diesem weltwirtschaftlichen Morast steckte die argentinische Führung fest und brauchte dringend ein anderes Narrativ, um den Absturz in Verunsicherung und Panik zu verhindern. Sie brauchte einen Sieg. Das war der Hintergedanke, mit dem die regierenden Generäle zu einem Betätigungsfeld zurückkehrten, auf dem sie unbestreitbar Kompetenzen vorweisen konnten: Krieg. Die von den britischen Imperialisten besetzten Islas Malvinas, die Argentinien schon lange als Teil seines Hoheitsgebiets beanspruchte, boten ihnen die verlockende Gelegenheit, die Aufmerksamkeit des Volks von ihrem ökonomischen Scheitern zu Hause abzulenken. Die Inseln waren so nah und so nachlässig gesichert. Und nachdem das britische Verteidigungsministerium seine Pläne zum Abzug der HMS *Endurance* aus dem Hafen von Stanley veröffentlicht hatte, erschien es unwahrscheinlich, dass London die Inseln wichtig genug waren, um Argentinien daran zu hindern, sie sich unter den Nagel zu reißen. Daraus resultierte Operation Rosario, ein vermeintlich schmerzloser Blitzangriff ohne Blutvergießen. Die Planung war vom eher symbolischen als materiellen Wert der Invasion bestimmt, das Risiko überschaubar: Die Inseln waren zu weit weg und wirtschaftlich zu wenig bedeutend für die britische Regierung, als dass ein Gegenschlag zu erwarten wäre. So jedenfalls dachten die argentinischen Strategen.

* * *

Operation Rosario war verblüffend erfolgreich. In der Nacht zum 2. April 1982 paddelte im Schutz der Dunkelheit eine achtzigköpfige Kommandotruppe in Schlauchbooten unbemerkt an die Küste Ostfalklands. An einem nahegelegenen Strand markierten zehn argentinische Taucher, aus einem vor der Küste ankernden U-Boot kommend, eine Landungszone für Amphibienfahrzeuge.[13] In den frühen Morgenstunden des Folgetags hatten die Kommandosoldaten ihr Ziel erreicht: die Baracken für die auf den Inseln stationierten britischen Marinesoldaten. Sie fanden sie verlassen vor. Die achtundsechzig Briten, die hier normalerweise untergebracht waren, hatte man alle abgezogen, um den Flugplatz und den Hauptort der Inseln zu verteidigen. Der Befehl des britischen Marinekommandanten lautete, den überlegenen Invasionskräften den größtmöglichen Schaden zuzufügen: Der Feind sollte sich wenigstens »eine blutige Nase holen«. Gegen 6:30 Uhr begann die Landung des Hauptkontingents der argentinischen Angriffstruppen an dem zuvor markierten Strandabschnitt. Um 8:30 Uhr hatten sie die Hauptlandepiste der Insel ohne Verluste besetzt. Minuten später landeten sieben vom argentinischen Festland kommende Transportflugzeuge des Typs Lockheed C-130 Hercules, die den Großteil eines Infanterieregiments an Bord hatten.

Sitz der britischen Verwaltung auf den Falklandinseln war das sogenannte Government House, ein schmuckes weißes Steingebäude über der Bucht Stanley Harbour. Dort verschanzten sich die restlichen britischen Soldaten und lieferten sich im Lauf des Vormittags Feuergefechte mit den Argentiniern. Als jedoch gepanzerte Mannschaftstransportwagen mit größeren Geschützen von der Landungszone nahten, blieb dem britischen Gouverneur Rex Hunt nichts anderes übrig, als sich zu ergeben. Um etwa zehn Uhr Ortszeit wurde der Union Jack über dem Government House eingeholt. Argentinien hatte die Falklandinseln innerhalb weniger Stunden besetzt, dabei weniger als zehn Soldaten verloren und den Inselbewohnern und Verteidigern keinen einzigen Verlust zugefügt.[14]

In London zwang das Vordringen Tausender argentinischer Soldaten auf britisch kontrolliertes Gebiet Premierministerin Margaret Thatcher zu einer Entscheidung, bei der viel auf dem Spiel stand. Um die Falklandinseln zurückzuerobern, war eine logistisch anspruchsvolle und teure Militäraktion mit einer zweiwöchigen Anfahrt unter winterlichen Bedingungen nötig. Abgesehen von den Tausenden Leben, die man riskierte, würden durch das Unterfangen die Staatsausgaben steigen, die zu senken Thatcher eigentlich versprochen hatte. Und wofür? In den frühen 1980er-Jahren war das einzige echte Gewerbe auf den Inseln die Schafzucht, und selbst die war kaum profitabel. Andererseits war es für die sogenannte Eiserne Lady politisch undenkbar, vor einer südamerikanischen Militärdiktatur einzuknicken. Die längste Zeit seiner Geschichte als unabhängiger Staat lag Argentinien am Rand des »informellen Empire«, eines Gebiets, auf das Großbritannien einen übergroßen ökonomischen und politischen Einfluss ausübte. Jahrzehntelang war Argentinien kein geopolitischer Rivale, sondern einfach das Land, aus dem die Briten ihr Rindfleisch bezogen. Für viele Anhänger der britischen Konservativen war die Vorstellung, gegenüber der argentinischen Aggression klein beizugeben, nicht nur eine öffentliche Demütigung, sondern auch das formelle Eingeständnis, dass das Empire nun tatsächlich am Ende war. Auch ohne die Tradition angloargentinischer Beziehungen war die Invasion ein Affront. Wie Thatcher einen Tag später im Parlament erklärte: »Zum ersten Mal seit langer Zeit ist eine ausländische Macht in britisches Hoheitsgebiet eingedrungen.«[15] Einen Verständigungsfrieden würde es nicht geben. Aus politischer Sicht war die Entscheidung für einen Feldzug zur Rückeroberung der Inseln einfach.

Wie die Junta in Buenos Aires war die Thatcher-Regierung vor dem Falklandkrieg politisch in großen Schwierigkeiten. Ende 1981 lag die Zustimmung des Wahlvolks nur noch bei etwa 25 Prozent, was Margaret Thatcher zur unbeliebtesten Premierministerin im Zeitalter der modernen Meinungsumfragen machte. Zwar hatte die Inflation im Vergleich zu den Vorjahren nachgelassen, die Arbeitslosigkeit blieb mit deutlich über zehn Prozent aber sehr hoch. Kurz bevor Argentinien die Falklandinseln besetzte, lagen Konservative, Labour und die zentristische SDP-Liberal Alliance in den landesweiten Umfragen Kopf an Kopf. Margaret Thatchers Tage in Downing Street Nr. 10 schienen gezählt.

Das änderte sich im Frühling, als die britischen Streitkräfte triumphierend die argentinische Rekrutenarmee von den Falklandinseln vertrieb. Anfang Mai versenkte ein britisches Atom-U-Boot die ARA *General Belgrano*, einen Kreuzer aus der Zeit des Zweiten Weltkriegs, wobei 323 Menschen starben. Der Verlust des Kreuzers veranlasste die argentinische Führung, rund um die Falklandinseln stationierte Schiffe, darunter auch einen Flugzeugträger, abzuziehen, was die Luftwaffe zwang, von den Hunderte Meilen entfernten Festlandbasen aus zu operieren. Immerhin versenkten argentinische Kampfflugzeuge kurz nach dem Verlust der *General Belgrano* noch die HMS *Sheffield*, einen britischen Zerstörer. Doch bald darauf folgte die Landung der Briten in San Carlos, der dramatische Marsch auf Stanley und das siegreiche Hissen des Union Jack über dem Government House. Großbritannien hatte erfolgreich einen Außenposten seines Empire verteidigt und einen strahlenden Sieg eingefahren, auch wenn dessen Wert eher symbolischer als materieller Natur war, ebenso wie für Argentinien einige Wochen zuvor.

Der Triumph im Südatlantik machte Margaret Thatcher praktisch über Nacht politisch unantastbar. Der eindrucksvolle Sieg verdoppelte ihre Zustimmungswerte in Umfragen bis zum Sommer 1982 auf über fünfzig Prozent, was in politischen Kommentaren als »Falklandfaktor« bezeichnet wurde. Er verwies zurück auf früheren imperialen Ruhm, sodass ihn die Konservativen schnurstracks zur Wende im nationalen Niedergang umdeuten konnten.[16] »Wir sind keine Nation auf dem Rückzug mehr«, verkündete Thatcher feierlich bei einer Kundgebung der Torys auf der Rennbahn in Cheltenham am 3. Juli 1982. Als Anführerin einer den Erfolg auf den Falklandinseln bejubelnden Menge schärfte sie der Bevölkerung ein, dass dies »nicht das letzte Aufflackern einer bald verlöschenden Flamme war … Großbritannien hat sich im Südatlantik wiedergefunden und blickt von dem errungenen Sieg aus nicht zurück.«[17]

Der Sieg im Südatlantik hatte wenig mit der Wirtschaftspolitik der Regierung zu tun – wenn überhaupt, hatte die Sparsamkeit bei den nationalen Verteidigungsausgaben eher zur Verstärkung der Krise beigetragen. Doch Thatcher beeilte sich, eine Verbindung herzustellen zwischen der entschiedenen und mutigen Aktion auf einem Gebiet und der Entschiedenheit auf einem anderen. In der Cheltenham-Rede machte Thatcher der Menge unmissverständlich klar, dass streikende Eisenbahner unpatriotisch seien und dass solche Aktionen »nicht zum Geist dieser Zeiten« passten. Sie verwies auch darauf, dass die Regierung dem Gelddrucken »abgeschworen« habe. Dieses Land stehe nicht für »diese unehrenhafte Methode, dem Volk Geld zu stehlen«. Auch das, so Thatcher, gehöre zum Falklandfaktor.[18] Das politische Programm, das Thatcher und ihre Verbündeten auf die Wiedereroberung von Stanley gründeten, konstruierte einen wenig logischen Zusammenhang zwischen dem Imperialismus im Südatlantik und dem finanzpolitischen Konservatismus in Großbritannien.

* * *

Der Zusammenhang war auch insofern nicht sonderlich schlüssig, als der britische Imperialismus selbst alles andere als günstig zu haben war. Mitte des Jahres 1982 hatte Großbritannien einerseits erfolgreich seine imperiale Präsenz im Südatlantik behauptet und war andererseits gezwungen, möglichst bald viertausend Soldaten in einer unwirtlichen Gegend, 13.000 Kilometer entfernt vom Mutterland, zu stationieren.[19] Dazu musste das Militär eine Fülle neuer Vereinbarungen treffen, unter anderem mit Consafe, dem Eigentümer unseres Schiffs. Die britische Armee war nicht die Art von Kunde, den die Consafe-Unternehmensleitung vor Augen hatte, als sie die beiden Schwesterschiffe in Göteborg in Unterkunftsschiffe umrüsten ließ. Und doch war es ein Kunde mit einem Problem, das zu lösen Consafe geradezu prädestiniert war. Die Logistik, die erforderlich war, um eine Unterkunftseinheit von Europa in den Südatlantik zu schaffen, unterschied sich nicht sonderlich von der, die man brauchte, um sie zu einer Offshore-Bohrinsel in der Nordsee oder dem Golf von Mexiko zu bringen – alles Aufgaben, für die Consafe eine mehrjährige Erfahrung vorweisen konnte. Die Verteidigung des alten Empire würde also vom neu entstandenen internationalen Offshore-Energiesektor abhängen.

Ende Oktober 1982 waren die Verhandlungen abgeschlossen, die das Verteidigungsministerium mit Consafe und dessen britischem Partner Bibby Line über das Leasing des Schwesterschiffs *Safe Dominia* zur Unterbringung britischer Soldaten geführt hatte.[20] Zwar boomte das Nordseeöl, also der Sektor, für den die beiden Frachtkähne ursprünglich umgebaut worden waren, doch das traf auch für die britischen Verteidigungsausgaben zu, und das Ministerium machte Consafe ein Angebot, das die Firma nicht ablehnen konnte. Bestandteil des Vertrags mit dem britischen Militär waren einige weitere Umbauten, die Consafe an der *Safe Dominia* vornehmen sollte, deren Upgrade in Göteborg gerade erst abgeschlossen worden war. Vor allem mussten weitere 400 Betten zu den an Bord bereits vorhandenen 540 dazukommen. Dies kostete zwar viel Geld, aber das Militär hatte keine andere Wahl, wenn es darum ging, innerhalb weniger Wochen am anderen Ende des Ozeans bezugsfertige Unterkünfte bereitzustellen.

Bibby sollte sich für Consafe darum kümmern, die *Safe Dominia* im Frachtraum eines umgebauten Supertankers, eines sogenannten Schwerlastschiffs, nach Stanley zu transportieren. Tausende Liter Wasser, die seinen Ballasttank fluteten, drückten das Ladedeck des Schwerlastschiffs unter die *Safe Dominia* ins Wasser. Dann würden die Ballasttanks ausgepumpt, das Schwerlastschiff würde mit lautem Getöse wieder aufsteigen, sodass die *Safe Dominia*, von deren Schiffskörper das Wasser abfloss, in seinem spezialgefertigten Laderaum zu liegen kam. Der Einsatz solcher Halbtaucherschiffe ist heute gang und gäbe, war jedoch zu Beginn der 1980er-Jahre noch eine relativ neue Technik. Wie die *Financial Times* damals kommentierte, »war die Operation bezeichnend für die spezialisierten Leistungen, die Schwedens Offshore-Sektor in Folge des Niedergangs der Schiffsbauindustrie entwickelt hat«.[21]

Die ausländische Expertise hatte ihren Preis: 700.000 Pfund für die Lieferung plus 3 Millionen Pfund (etwa 6 Millionen Dollar) jährliche Leasinggebühr für die *Safe Dominia*. Das waren stolze Summen angesichts der Tatsache, dass einfache Soldaten in der britischen Armee, von denen Hunderte in der *Safe Dominia* einquartiert würden, zwischen 11,34 und 18,60 Pfund Sold pro Tag erhielten.[22] Doch für die kränkelnde See- und Industriemacht waren solche Verträge mit ausländischen Firmen die einfachste Möglichkeit, den imperialen Streitkräften im Südatlantik geeignete Unterkünfte bereitzustellen. Ihr öffentlich zur Schau gestellter Patriotismus und Militarismus hinderte Margaret Thatcher nicht daran, die Unterbringung ihrer Soldaten auf den Falklandinseln zu privatisieren, auch wenn man dafür Geschäfte mit ausländischen Firmen machen musste. Schließlich war sie, während ihre Regierung Leasingverträge mit Consafe abschloss, ja bereits dabei, große Teile der britischen Industrie zu privatisieren. Und mit einem der profitabelsten und zukunftsträchtigsten Sektoren fing sie an: Öl und Gas.

* * *

Zu der Zeit, als das Schwesterschiff in Stanley eintraf, startete Margaret Thatcher ihr Privatisierungsprogramm, das erst in ihrer zweiten Amtszeit sein volles Ausmaß erreichen würde. Es gab in ihrem Land drei Millionen Arbeitslose, was einer Quote von fast zwölf Prozent entsprach, und dennoch war Thatcher dank des Falklandfaktors im Aufwind und ging fest von einem Wahlsieg im folgenden Jahr 1983 aus. Mit dem im Südatlantik erwirtschafteten politischen Kapital zog die Premierministerin den Staat komplett heraus aus dem Geschäft mit dem Nordseeöl, einem der lukrativsten Sektoren der britischen Industrie, und überließ ihn der britischen Privatwirtschaft. Allen voran veräußerte sie die staatseigene Ölgesellschaft Britoil, die zur Nutzung der Offshore-Ölvorkommen gegründet worden war. Dieses Geschäft, das einen großen Teil der Ölförderung im britischen Sektor der Nordsee umfasste, war von großer Tragweite. In der hochgradig politisch aufgeladenen Bemühung, die britische Wirtschaft wiederzubeleben, sicherte sich der Staat 334 Millionen Pfund. Es war die erste größere Privatisierung eines staatseigenen Betriebs und damit ein Präzedenzfall für zukünftige Verkäufe, die zum prägenden Merkmal von Thatchers Regierungszeit wurden.

Im Folgejahr verkaufte der Staat Anteile an British Petroleum im Wert von 500 Millionen Pfund, im Jahr darauf nahm er 400 Millionen Pfund mit dem Verkauf eines Ablegers von British Gas ein. Später in diesem Jahrzehnt kamen durch die endgültige Privatisierung von British Gas und den Verkauf weiterer Anteile von BP nochmals etwa 12,5 *Milliarden* Pfund zusammen. Das waren ungeheure Summen angesichts eines britischen Bruttoinlandsprodukts (BIP) von 235 Milliarden Pfund im Jahr 1980. In der Tat wurde die Öl- und Gasindustrie des Vereinigten Königreichs zum Vorzeigeprojekt der wirtschaftsliberalen Politik der Thatcher-Regierung.[23] 1982 erklärte Margaret Thatcher auf dem Parteitag der Konservativen: »Wir haben mehr geleistet, um den Sozialismus zurückzudrängen, als jede konservative Regierung zuvor.«[24] Weitere Privatisierungen würden folgen: British Airways, British Gas, British Steel, British Telecom und British Shipbuilding (die Körperschaft des öffentlichen Rechts, die zur Übernahme der Werften des Landes gegründet worden war) würden bald alle verkauft.

Der politische Ertrag des Falklandkriegs entbehrte nicht einer gewissen Ironie. Thatchers Engagement im Südatlantik verschaffte ihr die politische Rückendeckung, um allen globalen Verwerfungen zum Trotz ihre drastische Wirtschaftsagenda durchzusetzen. Neuen Rückhalt hatte sich die argentinische Junta von der Besetzung der Inseln eigentlich ebenfalls erhofft. Die Ironie war sogar eine doppelte. Die Führung Argentiniens war auf die Islas Malvinas verfallen, um von den politischen Folgen eines globalen ökonomischen Tornados abzulenken. Thatcher dagegen nutzte den britischen Erfolg auf den Inseln im Südatlantik, um Großbritannien noch tiefer in den Strudel des internationalen Kapitalismus hinabzureißen. Für Thatcher führte der Weg aus der ökonomischen Krise über die Reduzierung der staatlichen Eingriffe in die Wirtschaft. Deregulierung und Privatisierung sollten ihr Land auf dem globalen Marktplatz konkurrenzfähiger machen.

Das Problem steckte allerdings in den wirtschaftlichen Kosten des politischen Erfolgs. Die argentinische Führung hatte den Falklandkrieg (erfolglos) zu nutzen versucht, um von einem Berg alter Schulden abzulenken. Die britische Führung hatte den Krieg gewonnen und stand eben deshalb vor einem Berg neuer Schulden. Der Falklandkrieg war zwar eine verzweifelte Reaktion auf die düstere Lage der Wirtschaft, aber selbst in keiner Weise wirtschaftlich. Wie vorhergesehen, kam für das Abenteuer auf den Falklandinseln eine saftige Rechnung. Die Kosten für den Ersatz verlorener Schiffe und Ausrüstung waren beträchtlich, ebenso wie die neu hinzugekommene Notwendigkeit, eine »Festung Falkland« zu errichten und zu unterhalten, ein Vorhaben, das eine intensive militärische Präsenz erforderte. Langfristig belief sich die Summe der Kriegsfolgekosten auf 3 Milliarden Pfund.[25] Vereinfacht gesagt sorgte die Falklandepisode weniger für die erhoffte Senkung der Staatsausgaben, sondern vielmehr für deren Verlagerung. Denn während die Thatcher-Regierung Sozialausgaben kürzte und die Wirtschaft privatisierte, bürdete sie sich zugleich höhere Verteidigungsausgaben auf, die das Leasing zweier Offshore-Unterkunftsschiffe von Consafe für Dutzende Millionen Pfund einschloss.

Thatchers Plädoyer für einen schlanken Staat war insofern hochgradig selektiv. Einerseits wollte ihre Regierung aus dem Wohlfahrtsstaat und der Regulierung der Privatwirtschaft unbedingt aussteigen, andererseits übernahm sie in bestimmten Wirtschaftszweigen eine noch prominentere Rolle. Trotz des lautstarken Eintretens für Deregulierung und Privatisierung stiegen in der Reagan-Thatcher-Ära sowohl in den USA als auch in Großbritannien die Ausgaben für das Militär ganz erheblich. In den 1980er-Jahren setzten die überquellenden nationalen Waffenkammern den Gegenakzent zu einer Wirtschaft, die nationale Grenzen immer häufiger überschritt. Zwischen Thatchers Amtsantritt im Jahr 1979 und dem Jahr 1984 verdoppelten sich die britischen Militärausgaben von etwa 8,5 Milliarden auf 17 Milliarden Pfund und wuchsen damit von 4,7 Prozent auf 5,5 Prozent des britischen BIP (2020 lagen sie bei 2,2 Prozent).[26] Volumen und Wert des internationalen Welthandels stiegen kontinuierlich an, während zugleich der Kalte Krieg mit seinen waffenstarrenden rivalisierenden Lagern die Welt fest im Griff hatte. Auch wenn der Falklandkrieg kein Konflikt des Kalten Kriegs im engeren Sinn war, wurde er vor dem Hintergrund der Angst vor sowjetischer Stärke und dem Rückgang der Bedeutung Großbritanniens als globale und imperiale

Macht geführt. Die erfolgreiche Verteidigung der Falklandinseln sollte im In- und Ausland als lautstarke Bekundung britischer Stärke wahrgenommen werden.

* * *

Immer schon baute der britische Imperialismus auf das Zusammenwirken öffentlicher und privater Mittel. Viele seiner Vorstöße zur imperialen Ausdehnung und Kolonisierung übertrug der englische bzw. britische Staat auf private Gesellschaften. So wurde die Ansiedlung in Nordamerika von Handelskompanien wie der Virginia Company oder der Massachusetts Bay Company organisiert. Diese Gesellschaften waren halbhoheitliche Instrumente und Vertreter britischer Staatsmacht. In Westafrika lag die hoch profitable Beteiligung Großbritanniens am Sklavenhandel in den Händen der Royal African Company. Bis 1858 war der mächtigste Souverän auf dem indischen Subkontinent (zumindest offiziell) nicht die britische Krone, sondern die Ostindien-Kompanie, eine private Gesellschaft mit Hauptsitz in der City of London, selbst wiederum ein unabhängiger Verwaltungsbezirk in der britischen Hauptstadt. Auch die Falklandinseln wurden von einem mit einer Royal Charter (»königliche Satzung«) ausgestatteten Privatunternehmen erschlossen, dem sie zu großen Teilen auch gehörten. 1846 kaufte Samuel Lafone, ein Händler aus Liverpool, auf den Inseln 800.000 Acres von der britischen Krone. Der wohlhabende Rindfleischhändler, der sich in Montevideo, Urugay, niedergelassen hatte, hoffte, die gerade florierende Rindfleischindustrie auf die Falklandinseln ausdehnen zu können. 1852 erhielt er nach intensiver Lobbyarbeit eine Royal Charter zur Gründung einer neuen Gesellschaft mit diesem Zweck. Die Falkland Islands Company war noch 130 Jahre später, als unser Schiff dort ankam, im Geschäft und hatte vor Ausbruch des Kriegs zu den einflussreichsten und lautesten Stimmen gegen eine Abtretung der Inselgruppe an Argentinien gehört.[27]

Im 19. und 20. Jahrhundert war die britische Weltmacht ein gemeinsames öffentlich-privates Projekt. Britische Geschäftsleute in Übersee fungierten als offizielle Handelsattachés, private Schiffsgesellschaften, darunter die Bibby Line, dienten als inoffizieller Arm des Militärstaats, transportierten Waren, Postsendungen der Royal Mail und britische Soldaten zu weit entfernten imperialen Außenposten. Das Empire war immer zugleich ein politisches und ökonomisches Projekt. Macht in Übersee sorgte für Profite im Mutterland. Zur Blütezeit des Empire, als Großbritannien »ruled the waves and waived the rules« (»die Wellen regierte und die Regeln diktierte«), machten der Welthandel und der Aufbau imperialer Märkte britische Händler, Fabrikanten und Finanziers reich. Die britische Finanz- und Handelsdominanz unterfütterte umgekehrt die geopolitische Macht. Kurzum, sowohl Fürsprecher als auch Kritiker des Empire stellten fest, dass es sich auszahlte. Und über das lange 18. und 19. Jahrhundert hinweg waren Kolonialreiche – und insbesondere das British Empire – die wichtigsten Treiber der Globalisierung und des globalen Kapitalismus.[28] In gewisser Hinsicht war der Einsatz der *Safe Dominia* eine Fortsetzung der langen Phase, in der das Empire private Mittel für imperiale Zwecke nutzte und umgekehrt Privatunternehmen vom Empire profitierten.

Dass sich jedoch das Verteidigungsministerium an Consafe wandte, unterschied sich in mehrfacher Hinsicht von der traditionellen Vermischung privater und staatlicher Belange. Zwar war die Bibby Line eine alteingesessene Liverpooler Firma, aber Consafe war schwedisch, nicht britisch. Rein formal gehörte die *Safe Dominia* Consafe, und Consafes Expertise war ausschlaggebend, um das Schiff innerhalb eines akzeptablen Zeitrahmens die weite Strecke bis Stanley zu befördern.

In der Blütezeit des britischen Imperialismus war die Überlegenheit im Bereich Schiffsbau und Seefahrt ein wichtiger Garant der britischen Vormachtstellung. Dass Anfang der 1980er-Jahre der britische Staat eine ausländische Firma für maritime Logistik anheuern musste, um die eigenen Soldaten auf eigenem Territorium unterzubringen, offenbarte, wie begrenzt die britischen Möglichkeiten inzwischen waren. Letztlich engagierte Großbritannien ein multinationales Privatunternehmen für eine Dienstleistung, die früher als eine grundlegende Aufgabe des Militärstaats selbst verstanden worden wäre. Die »Festung Falkland« zu sichern, war eine (wenn auch atavistische) Praktik der Verteidigung des Imperiums. Doch im Gegensatz zum schlagkräftigen Imperialismus des 19. Jahrhunderts wurde der britische Imperialismus der 1980er-Jahre zumindest teilweise outgesourct. Das Verteidigungsministerium war mit einem Problem der Militärlogistik konfrontiert und wandte sich an ein ausländisches Unternehmen, um es zu lösen. Diese Entscheidung war ein Musterbeispiel für das, was die Rechtswissenschaftlerinnen Jody Freeman und Martha Minow als »government by contract« (Regieren per Auftragsvergabe) bezeichnen.[29] Im 21. Jahrhundert gehört es inzwischen zu den Standardinstrumenten staatlichen Handelns. Insofern war die Entscheidung für Consafe und Bibby ein Vorbote der Verwicklung privater militärischer Auftragnehmer wie Halliburton und Blackwater in die Kriege in Afghanistan und Irak und erst recht der Wagner-Gruppe in Syrien und der Ukraine.

* * *

Mitte 1983 weitete das britische Verteidigungsministerium seine Geschäftsbeziehung zu Bibby noch aus, indem es unser Schiff leaste, das gerade erst von der Göteborger Werft Von Tell Nico überholt und danach auf einen Wert von 19.670.000 Dollar geschätzt worden war.[30] Es sollte praktisch auf dem gleichen Weg wie die *Safe Dominia* und ebenfalls an Bord eines umgerüsteten Supertankers über Teneriffa zu den Falklandinseln gebracht werden.[31] Gemäß den vom Verteidigungsministerium unterschriebenen Leasingbedingungen sollten die beiden Schiffe als britische Schiffe registriert werden und unter dem Red Duster, der Flagge der britischen Handelsmarine, fahren.[32] In beiden Fällen verhandelte das Ministerium über das Liverpooler Unternehmen Bibby Line mit Consafe, das auch für das Personal der Schiffe zuständig war.[33] Von außen entstand somit der Eindruck, für das britische Schiff würde auch eine britische Firma herangezogen, ein Punkt, den Firmenchef Derek Bibby ausdrücklich betonte. Er teilte Jerry Wiggin, Unterstaatssekretär für die Streitkräfte, schriftlich mit, sein Unternehmen habe beschlossen, die *Safe Esperia* zu kaufen, und wies den treuen Tory Wiggin auch darauf hin, dass die Bibbys »langjährige Unterstützer der [konservativen] Partei« seien.[34]

Die *Safe Esperia* (und spätere *Bibby Resolution*) 1983 auf dem Weg zu den Falklandinseln.

Die Realität war ein wenig nuancierter. Eine Bibby-Tochterfirma würde tatsächlich bald Eigentümerin des Schiffs sein, das sie gerade für fast zwanzig Millionen Dollar zu erwerben im Begriff war, aber es war nach wie vor mit einer großen Hypothek bei einer schwedischen

Bank belastet.[35] Zwar wurde die *Safe Esperia* von einem britischen Makler in Liverpool umgemeldet, ihr Schwesterschiff jedoch fiel nie in die juristische Zuständigkeit des britischen Staats. Es wurde stattdessen von einer zu Consafe gehörenden Beteiligungsgesellschaft in der Steueroase Jersey registriert, einer Insel im Ärmelkanal, die nicht Teil des Vereinigten Königreichs ist. Diese Gesellschaft hatte selbst nicht einmal eine Adresse in Jersey, sondern gab ein Hotel auf der Nachbarinsel Sark an, offiziell Teil der Bailiwick of Guernsey (Vogtei Guernsey), ebenfalls eine Steueroase.[36]

Die Entscheidung, die Unterbringung britischer Soldaten an einen privaten Auftragnehmer zu delegieren, war getrieben von Sorgen über Kosten und Zeitrahmen. Unterstaatssekretär Jerry Wiggin, ein ehemaliger Offizier aus einer Militärfamilie, hatte sich persönlich dagegen gewehrt, ein weiteres Coastel von Consafe zu leasen.[37] Er machte sich »Sorgen über das militärische Risiko, nochmals mehrere Hundert Soldaten in so großen Einzelanlagen unterzubringen … die anfällig für Angriffe durch Spezialkräfte« waren.[38] Anfang 1983 – etwa acht Monate nach der Rückeroberung von Stanley – fehlten dem Verteidigungsministerium auf den Falklandinseln jedoch noch immer etwa vierhundert Betten.[39] Da auf der Südhalbkugel der Winter nahte, galt es keine Zeit zu verlieren. Ein weiteres Consafe-Coastel wäre eine schnelle Lösung. Intern wurde über den Kauf des Schiffs diskutiert, doch die Planungen des Verteidigungsministeriums gingen selbst bei einer sehr konservativen Schätzung der zu erwartenden Inflation davon aus, dass das Leasing des Schiffs über drei Jahre zu einer Gebühr von 16.000 Dollar pro Tag dem Staat Ausgaben von fast einer Million Pfund ersparen würde. Das Schiff war als Lösung einfach zu bequem, um sie sich entgehen zu lassen.[40]

Wie schon zuvor führte das neue Umfeld des Schiffs nicht nur zu einer neuen Rolle, sondern auch einem neuen Namen. Als es auf den Falklandinseln eintraf, wurde es *Coastel 3* genannt. Sein Schwesterschiff hatte bei Ankunft bereits die Bezeichnung *Coastel 1* erhalten

(*Coastel 2* war die *Poursuivant*, ein in Großbritannien gebauter Frachtkahn, der neben den beiden Consafe-Schiffen auf der Falklandinsel-Briefmarke abgebildet ist). Die Militärführung hielt es für wenig opportun, die Tatsache, dass es sich bei den Schiffen um Privateigentum handelte, auch noch durch ihre Namen zu betonen. Alle drei angloschwedischen Schiffe, die ursprünglich für die globale Kohlenwasserstoffindustrie gedacht waren, würden Tausende britische Soldaten und Piloten beherbergen, um am anderen Ende der Welt die Fahne des Patriotismus zu schwenken und so eine ins Wanken geratene Thatcher-Herrschaft zu stabilisieren.[41] Das Empire mochte den Krieg gewonnen haben, doch um den Frieden zu sichern, musste es private ausländische Unterstützung in Anspruch nehmen. Auf diesem wackeligen Konstrukt beruhte Thatchers Regierung: Globalisierung und Nationalismus, einem wachsenden staatlichen Sicherheitsapparat und der Privatwirtschaft.

* * *

Die in Stanley stationierten Soldaten hatten dieses Konstrukt zu stützen, und die Unterkunftsschiffe sollten ihre Lebensbedingungen verbessern. Unter der Bezeichnung »schwimmende Hotels« trugen sie zumindest in der Darstellung des britischen Verteidigungsministers ihren Teil zu der »hohen Moral der Streitkräfte dort« bei.[42] Doch so gut war es um diese Moral gar nicht bestellt. Das Verteidigungsministerium hatte bereits die Aufenthaltsdauer seines Personals auf den Inseln von fünf auf vier Monate verkürzt – »aus Gründen der Moral und der insgesamt eher schlechten Lebensbedingungen«[43] oder wie in einem Bericht zu lesen ist: »Das Gefühl der Abgeschiedenheit ist ein zentraler Faktor beim Dienst auf den Falklandinseln.«

Die nahezu baumlosen, windumtosten Inseln waren alles andere als einladend. Es gab eine einzige Funkstation, und das Servicepersonal hatte pro Monat nur ein Gratistelefonat nach Großbritannien frei.[44] Wie Außenminister Francis Pym anmerkte: »Man sollte Gott für die Japaner danken … Ohne die Videorevolution hätten unsere Leute dort draußen wirklich rein gar nichts zu tun.«[45] Wie die Schiffe hatten auch VHS-Kassetten eine neue Bedeutung angenommen. Sie waren sicher nicht als Instrumente des Kriegs erfunden worden, doch auf den gleichen zufälligen und verschlungenen Wegen, auf denen die Coastels zu Militärbaracken geworden waren, stärkten Videokassetten die Moral der Truppe.

Trotz VHS-Kassetten gestaltete sich das Leben an Bord der zwei schwedischen Schiffe schwierig. Laut Erinnerung eines auf unserem Schiff einquartierten Piloten der Royal Air Force »waren sie alles andere als luxuriös und hin und wieder auch richtig schäbig«.[46] Einem Bericht an das Parlament zufolge gab es »ein massives Abwasserproblem«.[47] Das auf der *Coastel 3* untergebrachte Regiment »Argyll and Sutherland Highlanders« verewigten ihr Leid in einem kurzen Lied, das zur Melodie von »My Bonnie Lies Over the Ocean« gesungen wurde:

*When the wind blows here in Stanley*
*Our Coastel she rocks to and fro*
*The soldiers can't stand all this rocking*
*So they empty their stomachs below.*[48]

Auf den Schiffen untergebrachte Veteranen erinnern sich noch immer mit Grausen an ihre Zeit dort: »Das Coastel war ein furchtbarer Ort – die unteren Etagen eiskalt, die oberen höllisch heiß.«[49] Ein anderer Veteran formulierte es so: »Die Toilette in meinem Bungalow ist größer als das Dreimannzimmer, das ich auf der *Coastel 1* hatte.« Und einer konstatierte, dass »Harry Potter unter der Treppe mehr Platz hatte als ich«.[50] Dennoch haben viele von ihnen ebenso noch den ausgeprägten Kameradschaftsgeist im Kopf, und für viele der ersten Bewohner stellte die Art der Unterbringung eine willkommene Ab-

Eine Zweipersonenkabine an Bord des Schwesterschiffs *Safe Dominia* während der Stationierung in Stanley.

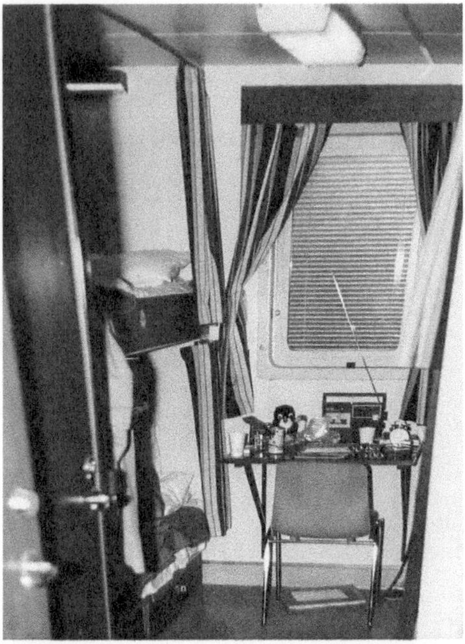

Der Speisesaal an Bord des Schwesterschiffs während der Stationierung in Stanley.

wechslung dar. Einem Veteranen, der zuvor in einem Gemeindesaal in Stanley einquartiert war, erschien das Coastel »wie ein Fünfsternehotel, nachdem wir den dunklen, kalten, überfüllten Saal ohne Heizung und mit zerbrochenen Fensterscheiben verlassen durften«.[51]

Die Coastels mochten von einer idealen Unterkunft weit entfernt sein, doch sie brachten ihren Eigentümern, Consafe und Bibby Line, die 1983 die *Safe Esperia* komplett gekauft und einen fünfzigprozentigen Anteil an der *Safe Dominia* übernommen hatten, gutes Geld. Durch das Miteigentum an den zwei Schiffen konnte die Bibby Line ihre traditionsreiche Verbindung zum britischen Militär wieder aufleben lassen. Doch statt wie im 19. und frühen 20. Jahrhundert die Soldaten in die entferntesten Winkel des Empire zu transportieren, war das Unternehmen nun nur noch dafür zuständig, sie unterzubringen, wenn sie dort eintrafen.[52] Die Kosten für das Leasing der Schiffe, die der britische Staat nach 1982 nicht mehr öffentlich machte, betrugen zu diesem Zeitpunkt jährlich 7,5 Millionen Pfund.[53] Die Schiffe blieben bis 1987 in Stanley, wo sie zu festen Bestandteilen der Landschaft der Inseln wurden, die weiter nur so vor britischem Militär wimmelten. Die dort lebenden Kinder lernten sogar im Hallenbad der *Coastel 3* schwimmen.[54] Zugleich sorgten die Schiffe bei Consafe und Bibby Line für Millionenumsätze.[55]

* * *

Trotz der aus dem Südatlantik nach Norden fließenden Profite braute sich Mitte der 1980er-Jahre in Schweden Ärger für Consafe zusammen. Der Ölpreis, seit den Krisen in den 1970er-Jahren volatil, aber insgesamt hoch, sank schließlich. In den 1980er-Jahren basierte die gesamte Weltwirtschaft auf Öl – so wie noch heute. Seit sechzig Jahren stellt Öl tagein, tagaus die wichtigste Energiequelle dar.[56] 1984 war es mit einem Anteil von vierzig Prozent sogar noch wichtiger als heute, wo es nur noch dreißig Prozent sind. Es heizte Häuser, hielt Stromgeneratoren am Laufen und bewegte Autos. Es drehte auch die großen Schiffsschrauben der Frachter, die Handelsgüter rund um die Welt transportierten. Öl war an der Produktion und am Verkauf von fast allem beteiligt, mit der Folge, dass der Ölpreis sich auch auf fast alles auswirkte. Darum waren die Ölpreisschocks, wie das Embargo nach dem Jom-Kippur-Krieg und die iranische Revolution sie verursachten, so einschneidende und desaströse Ereignisse für die Weltwirtschaft.

Der Ölpreis spielte insbesondere für Unternehmen wie Consafe, die direkte Geschäfte mit der Ölindustrie machten, eine große Rolle. Während der Ölmarkt boomte, boomte auch der Markt für die Offshore-Erschließung und -Förderung. Doch als sich der Markt beruhigte und die Ölmultis ihre Kapazitäten nicht mehr weiter ausbauten, schrumpfte auch der Bedarf an Offshore-Bohrinseln. Anfang 1985 hatte Consafe 55 Prozent Marktanteil bei den Offshore-Unterkunftsplattformen, aber dieser Markt brach laut Unternehmenschef Christer Ericsson ein. Im April musste Ericsson einräumen, dass seine Firma »in Schweden jede Menge enttäuschte Anteilseigner hat, und das ist sehr unangenehm«.[57] Im Juli gab Consafe bekannt, dass es Schwierigkeiten hatte, die Zinsen für die 265 Millionen Dollar staatlich abgesicherter Kredite aufzubringen, also die staatliche Unterstützung, die so entscheidend für Consafes kometenhaften Aufstieg gewesen war. Reportern erklärte Ericsson, dass die Liquidität des Unternehmens infrage stand. Die 60 Millionen Dollar Liquiditätsreserve, über die es zu Jahresanfang noch verfügt hatte, waren auf 25 Millionen geschrumpft. Wenn es weiter bergab ging, so Ericsson, »bekommen wir Schwierigkeiten«.[58]

Es ging weiter bergab. Im September lehnte Svenska Varv, Kreditgeber (und früherer Eigentümer der Finnboda Varv), die Bitte von Consafe ab, den Plan zur finanziellen Konsolidierung zu modifizieren, worauf Consafe Konkurs anmeldete. Kurz darauf erzwang die sozialdemokratische Regierung Schwedens im Vorfeld von Parlamentswahlen die Liquidation des Unternehmens.[59] Consafes Fremdkapital stammte zu neunzig Prozent vom schwedischen Staat, was angesichts sagenhaft günstiger Konditionen für die Kredite vorteilhaft erschienen war. Doch das Problem staatlicher Kredite war laut Ericsson, dass der Staat ein Produkt der Politik war und diese »sich praktisch jeden Verrats schuldig machen kann«. Er behauptete, es wäre möglich gewesen, Consafe zu retten und eine »komplette Kapitalvernichtung« zu vermeiden, wenn Verwaltung und Politik mehr Geschäftssinn und weniger Vorurteile gehabt hätten. In den Augen Ericssons war Consafe ein Opfer der Politik. Der Staat habe ihm nur aufgrund seiner unverblümten Kritik an der Steuerpolitik der Regierung die Unterstützung entzogen. Könnte es sein, so seine Suggestivfrage, dass »der Staat einen Menschen ausbremsen wollte, der unser Steuersystem zu harsch kritisiert hat?«.[60]

* * *

Schulden hatten Argentinien zur Invasion der Falklandinseln getrieben. Schulden hatte die zwei Schiffe nach Stanley gebracht. Schulden würden sie ihren schwedischen Eigentümern entreißen. Während unser Schiff und sein Schwesterschiff mit den darauf untergebrachten Soldaten und Fliegern nach wie vor in der Bucht von Stanley lagen, erwarb die Bibby Line ohne viel Aufhebens Consafes verbliebenen Anteil an der *Safe Dominia* vom staatlich bestellten Konkursverwalter. Kurz darauf wurden die zwei Schiffe, nun im alleinigen Eigentum der britischen Schifffahrtsgesellschaft, offiziell umbenannt. Unser Schiff wurde zur *Bibby Resolution*, sein Schwesterschiff zur *Bibby Venture*, Namen, die möglicherweise auf den Dienst am Vaterland verweisen sollten, den die Schiffe vor den Falklandinseln leisteten.[61]

Nach beinahe drei Jahren als Unterkunft für die britischen Streitkräfte waren sie nun also durch und durch britisch. Was allerdings, wie betont werden muss, nicht am britischen Staat lag. Die Thatcher-Regierung hatte nicht etwa beschlossen, aktiv und direkt die Verantwortung dafür zu übernehmen, dass Hunderte Angehörige der Streitkräfte auf einer Felszunge im Südatlantik, 13.000 Kilometer entfernt von ihren Familien, ein Dach über dem Kopf hatten. Auch war das Verteidigungsministerium nicht zu dem Schluss gekommen, es sollte unabhängig von außen an weit entfernten Kriegsschauplätzen handlungsfähig werden. Das Schiff wurde nur deshalb britisch, weil eine simple ökonomische Überlegung dies im Licht der Umbrüche in der Weltwirtschaft nützlich erschienen ließ. Ein Privatunternehmen hatte ein Geschäft gewittert: die Chance, ein wertvolles internationales Anlagegut zu einem günstigen Preis zu ergattern.

Privater Unternehmergeist, nicht der Staat, schaffte neue britische Vermögenswerte und sorgte für die Expansion einer alteingesessenen britischen Firma. Der Verkauf des Schiffs und seines Schwesterschiffs fand allerdings vor dem Hintergrund lukrativer Staatsaufträge statt – Aufträge, die einen Teil der vielen Milliarden Pfund verschlangen, die die Thatcher-Regierung in die Sicherung eines fernen Winkels ihres dahinschwindenen Reichs investierte. Die Zeit, die das Schiff in Stanley verbrachte, prägen zwei zentrale und sich untergründig aneinander reibende politische Bestrebungen der Thatcher- und Reagan-Ära: einerseits die Privatisierung voranzutreiben und andererseits einen von wachsenden Militärausgaben gestützten Patriotismus zu forcieren. Jahrelang war das Schiff eine Militärbaracke in ausländischem Eigentum, Unterkunft für britische Militärangehörige vor der Küste eines britischen Hoheitsgebiets und damit eine wuchtige Verkörperung des Outsourcings und – im wahrsten Sinne des Wortes – Offshorings von Krieg und imperialer Verteidigung an Privatunternehmen. Insofern verkörperte das Schiff in Stanley einen Grundzug der politischen Ökonomie der 1980er-Jahre. Konfrontiert mit weltweiter Inflation und einer Verlangsamung des Wachstums verfielen die Regierungen in London, Buenos Aires und Washington auf Ablenkung, Deregulierung und Privatisierung. Kurz, sie versuchten es mit Wettbewerb in der Weltwirtschaft.

# 4

# KARIBIK

| | Das Schiff | Das Schwesterschiff |
|---|---|---|
| **1987** | | Die *Bibby Venture* verlässt Stanley und wird auf den Bahamas registriert. Sie wird außerhalb von London instandgesetzt und dann dem New York City Department of Correction (Strafvollzugsbehörde) übergeben. Unter der Bezeichnung Maritime Facility I wird sie an Pier 36 im East River stationiert. |
| **1988** | Die *Bibby Resolution* verlässt Stanley und wird auf den Bahamas registriert. Sie wird außerhalb von London instandgesetzt und dann nach Deutschland an das Volkswagenwerk in Emden geliefert. | |

Um Ostern 1984 verlor Großbritannien vier Schiffe. Diese Schiffe, die sich zu der Zeit alle außerhalb britischer Gewässer befanden, wurden weder zerstört noch beschädigt. Ihr Verlust war nicht auf Nachlässigkeit oder physische Gewalt zurückzuführen, er kam mit einem Federstrich. Anfang Mai waren die vier Schiffe noch im Vereinigten Königreich registriert, Ende des Monats dann in Hongkong, damals noch eine britische Kronkolonie. Es handelte sich um große Flüssiggastanker, die um die ganze Welt fuhren, um Energie von den Ölproduzenten des globalen Südens an die Verbraucherinnen und Verbraucher in Europa, Nordamerika und Asien zu liefern. Alle vier gehörten der Bibby Line, der Schifffahrtsgesellschaft, die auch unser Schiff und sein Schwesterschiff in der Bucht von Stanley bereederte. Zusammen stellten sie den Löwenanteil von Bibbys schrumpfender Flotte dar, die Mitte der 1970er-Jahre aus zwanzig Schiffen bestanden hatte, von denen nun noch sechs übrig waren (die zwei Unterkunftsschiffe nicht eingerechnet).[1]

Da die Reederei Hongkong und nicht Liverpool als Heimathafen der Schiffe angab, machte sie aus ihnen Hongkonger. Damit konnten sie nicht länger den Red Duster hissen, sondern würden unter der Flagge Hongkongs fahren – ein Wechsel, der mehr war als eine symbolische Geste. So eine scheinbar abstrakte Umregistrierung hatte sehr reale und dramatische Folgen, die sich unmittelbar einstellten. Sobald die Schiffe nicht mehr britisch waren, fielen sie auch nicht mehr unter die Rechtsprechung des Vereinigten Königreichs, was bedeutete, dass nicht nur die britischen Vorschriften zur Arbeitssicherheit wegfielen, sondern auch die britischen Mindestlöhne und – großteils – die Möglichkeit, britische Gerichte anzurufen. Für die Besatzung waren auch nicht mehr die politisch einflussreichen britischen Gewerkschaften zuständig. Hongkonger Schiffe brauchten nicht nach den britischen Regeln zu spielen. Für die Matrosen und Offiziere an Bord der vier LPG-Tanker war dies eine ausgesprochen böse Überraschung. Die Merchant Navy and Airline Officers' Association (MNAOA), die britische Gewerkschaft, die die bei Bibby angestellten Schiffsoffiziere vertrat, machte ihrer Empörung über diesen Schachzug Luft: »Das geschah absichtlich und gezielt über Ostern«, konstatierte ein regionaler Gewerkschaftssekretär. »Das Unternehmen hat uns nicht informiert … obwohl Ende März eine Besprechung der MNAOA-Betriebsgruppe mit der Firmenleitung stattgefunden hatte.« Bibby hatte die Gewerkschaftsvertretung schriftlich darüber informiert, dass ein Flaggenwechsel im Gespräch war, »doch bis wir auf den Brief reagieren konnten, waren bereits Tatsachen geschaffen«. »Jedes Mitglied, mit dem ich gesprochen habe, ist bestürzt und entsetzt angesichts der Art und Weise, wie Bibby vorgegangen ist.«[2] Für die von der MNAOA vertretenen Offiziere war die Entscheidung der Reederei, die Schiffe in Hongkong zu registrieren, Teil einer besorgniserregenden Entwicklung. Im Zuge der Ausflaggung würde Bibby sämtliche in Großbritannien gemeldeten Offiziere entlassen und sie dann über eine Personalagentur auf den Bermudas, die dem britischen Logistikunternehmen Denholm's gehörte, wieder einstellen. Dass die Gewerkschaftsmitglieder nun nicht mehr Angestellte einer britischen, sondern einer bermudischen Firma waren, würde sie zwar nicht unmittelbar ihren Job kosten, aber zumindest einen großen Teil der Privilegien, die ihnen britische Gesetze und die Macht ihrer britischen Gewerkschaft garantierten.

Seeleute, die keine Offiziere waren (*ratings* in der Terminologie der britischen Handelsmarine), waren in einer deutlich schwierigeren Lage. Etwa achtzig von ihnen würden durch den Wechsel ihren Arbeitsplatz sofort verlieren und von schlechter bezahlten Kräften aus anderen Ländern ersetzt.[3] Diese einfachen Matrosen hatten, wie eine Zeitung damals erklärte, keine Chance, wieder von der Bibby Line angeheuert zu werden: »Sie wurden am Ende ihrer letzten Reise gefeuert und sofort durch eine chinesische Crew ersetzt.«[4] Dass diese Seeleute mit ihrem Hongkonger Pass wahrscheinlich ebenfalls Untertanen der britischen Krone waren, war irrelevant. Für die britischen Gewerkschaften und Matrosen war entscheidend, dass sie keine *Briten* waren, womit unterschwellig gemeint war, dass es sich um nichtweiße Menschen handelte. Der bevorstehende Verlust von Arbeitsplätzen veranlasste die Gewerkschaft der Seeleute, die traditionalistische National Union of Seafarers (NUS), zu einer Sitzblockade in den Bibby-Büroräumen in Liverpool. Diese Demonstration führte zu nichts, obwohl die NUS-Matrosen »ankündigten, Bibby-Schiffe in allen Häfen weltweit zu boykottieren!«.[5] Das Vorgehen der Bibby Line lag im Trend, Ähnliches stand Beschäftigten der britischen Handelsmarine mit ihren (im Vergleich) hohen Löhnen und strengen Arbeitsschutzvorschriften bevor. Letztlich drohte Vergleichbares der gesamten alten britischen Wirtschaftsordnung, mit bösen Folgen für die Macht der organisierten Arbeiterschaft.

In den 1980er-Jahren war längst klar, dass ein nachhaltiger Umbruch im Gange war. Überall in der industrialisierten Welt lief der Dienstleistungssektor dem Produktionssektor den Rang ab, und in Großbritannien zeigte sich ein besonders tiefgreifender Wandel. In den zwanzig Jahren vor der Ausflaggung der Bibby-Schiffe im Jahr 1984 waren etwa vier Millionen Arbeitsplätze in der Produktion verlorengegangen, mehr als ein Drittel.[6] Wie in Schweden und anderen Ländern Westeuropas waren die Löhne in Großbritannien einfach zu hoch, um angesichts des stetig wachsenden Produktionssektors in Asien weltweit noch konkurrenzfähig zu sein. Mit immer längeren Lieferketten und einer immer stärker vernetzten Weltwirtschaft wurde es für Kapitaleigner und Firmenleitungen immer verlockender, die relativ hohen Arbeitskosten durch Outsourcing zu drücken. Auch wenn das Transportwesen rein formal nicht zur Produktion gehörte, wehte dort ein ähnlich scharfer Wind. Laut einer Schätzung aus dem Jahr 1986 fielen für eine aus Philippinern bestehende Crew eines auf den Bermudas registrierten 30.000-Tonnen-Tankers nur 53 Prozent der Kosten an, die eine Crew aus ausschließlich britischen Seeleuten auf einem britischen Schiff verursachte. Ein in Hongkong registriertes Schiff mit einer Hongkonger Crew war mit 44 Prozent sogar noch günstiger.[7] Warum also sollte eine Reederei ihr Schiff im Vereinigten Königreich anmelden und die geltenden britschen Löhne samt Zusatzleistungen zahlen, die vor einem britischen Gericht einklagbar waren, wenn das Schiff genauso gut unter ausländischer Flagge mit billigen ausländischen Arbeitskräften zu betreiben war?

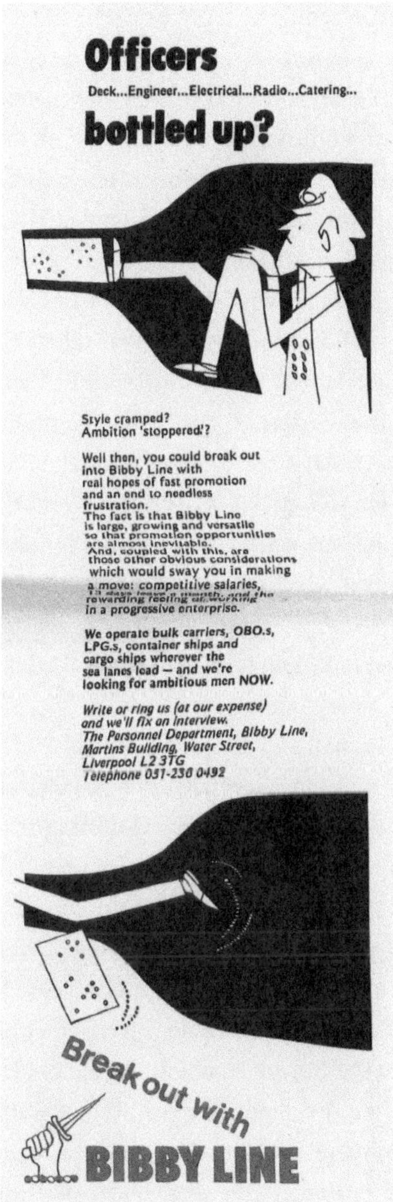


Stellenausschreibung für Offiziere der Bibby Line, erschienen 1973 im Rundbrief der Gewerkschaft Merchant Navy and Airline Officers' Association.

Mit diesen Fragen schlug sich die britische Handelsmarine schon eine ganze Zeit lang herum. Die Gesamtzahl ihrer Beschäftigten war seit den frühen 1960er-Jahren kontinuierlich gefallen. 1962 gab es 145.710 Seeleute und Offiziere, 1980 waren es mit 69.160 weniger als die Hälfte.[8] Mitte der 1980er-Jahre mehrten sich dann die bitteren Kommentare und finsteren Prognosen in der MNAOA-Monatszeitung *The Telegraph*. Ein aufgebrachtes Gewerkschaftsmitglied formulierte es so: »Der Kampf zwischen Achilles und Hektor war ehrenvoller als dieser perfide Mord an der britischen Handelsmarine.«[9] Noch in den 1970er-Jahren war der *Telegraph* voller Stellenanzeigen. Eine von Bibby Line wiederholt geschaltete Annonce zeigte die Karikatur eines Offiziers, der sich aus einer schmalen Glasflasche befreit. »Fühlen Sie sich eingeengt? Ist Ihr Ehrgeiz ›verkorkt‹?« Ein Arbeitsplatz bei Bibby Line versprach »ein Ende des unnötigen Frusts« und »einen beinahe unvermeidlichen Aufstieg« in einem »großen, expandierenden und vielseitigen Unternehmen«.[10] In den 1980ern waren derartige Anzeigen natürlich verschwunden – in der Tat ein Ende des Frusts.

Als Schiffsgesellschaft des Empire hatte Bibby lange Zeit *lascars* (Laskaren) beschäftigt, ein Begriff, der sich auf Seeleute bezog, die von Gebieten östlich des Kaps der Guten Hoffnung stammten. Männer aus Süd- und Südostasien, dem Nahen Osten und Britisch-Somaliland hatten seit dem 17. Jahrhundert in der britischen Handelsmarine gearbeitet. Am Ende der 1980er-Jahre wurden jedoch die Mehrheit der Offiziere und ein großer Teil der Crew (meist weiße Männer) in Großbritannien rekrutiert und direkt in der Liverpooler Niederlassung der Bibby Line angestellt.[11] Solche Hochlohnarbeitskräfte waren natürlich ein Luxus in Zeiten, in denen die Schifffahrt weltweit den Gürtel enger schnallen musste, und mit der Thatcher-Regierung war keine Änderung dieses Zustands absehbar. Nicholas Ridley, Minister für Handel und Industrie (und damit zuständig für die Handelsmarine), erklärte, »besser, die Schifffahrt verschwindet ganz, als dass Subvention gezahlt werden«.[12] Die britischen Transportunternehmen ließ man in den Stürmen des Weltmarkts allein, und nichts deutete darauf hin, dass diese Stürme bald abflauen würden.

Wenn Bibby im Geschäft bleiben wollte, musste das Unternehmen mit ausländischen Firmen konkurrieren, denen billigere Arbeitskräfte zur Verfügung standen. Bibby musste also auch selbst solche Arbeitskräfte finden und dafür in die Fußstapfen vieler anderer internationaler Unternehmen der Zeit treten und sein Eigentum ins Ausland verlagern. Durch die Registrierung in Hongkong konnte die Bibby Line dort (oder irgendwo anders) Beschäftigte rekrutieren, statt die hohen Tariflöhne der gewerkschaftlich organisierten britischen Seeleute zu zahlen.[13] Während sich die Betroffenen natürlich gegen die Ausflaggung wehrten, war das Vorgehen für Derek Bibby »eine wirtschaftliche Notwendigkeit«. Es sei selbstverständlich »sehr traurig«, sich von komplett britischen Crews verabschieden zu müssen, »aber Gefühle dürfen unser Handeln nicht bestimmen«.[14] Bibby war Geschäftsmann, und die Verlagerung ins Ausland war eine rationale betriebswirtschaftliche Entscheidung. Das Unternehmen formulierte es 1984 in einer Stellungnahme so: »Die Notwendigkeit hat uns dazu gezwungen … Wir haben lange dagegen angekämpft, doch die besorgniserregende Lage auf dem LPG-Transportmarkt und die ungünstigen Rahmenbedingungen für das diesjährige Budget ließen uns keine andere Wahl.« Die Kosten mussten runter. Ansonsten, so Bibby, »wäre es nur eine Frage der Zeit, bis der Name Bibby aus der Schifffahrtsbranche verschwindet«.[15] Im Lauf der folgenden Jahre registrierte das Unternehmen auch seine restlichen Schiffe in anderen Gebieten und Ländern mit laxeren Regeln und niedrigeren Steuersätzen.[16]

Bibby war beileibe nicht die einzige Firma, die ihre Schiffe ausflaggte. In den 1970er- und 1980er-Jahren nahm die Nutzung sogenannter Billigflaggen (engl. *flags of convenience*, die Flagge einer anderen Nation als der des Schiffeigners) beständig zu. In den frühen 1980er-Jahren verbreitete sich im Englischen das Verb *reflag* zur Beschreibung dieser Praxis,[17] die einer der Hauptgründe für das Sinken der Löhne für Seeleute war. Eine Studie wies nach, dass das Lohnniveau von 1992 bis 1999 um etwa ein Viertel sank.[18] Britische Schiffseigner waren besonders eifrige Flaggenwechsler: Von 1958 bis 1982 wuchs die weltweite Schiffstonnage um 359 Prozent, doch der britische Anteil daran blieb ausgesprochen niedrig: 20.286.000 Bruttoregistertonnen im Jahr 1958, zweieinhalb Jahrzehnte später dann 22.505.000 Bruttoregistertonnen. Nicht dass britische Reedereien kein Interesse an neuen Schiffen gehabt hätten, das hatten sie durchaus, sie registrierten sie nur nicht in Großbritannien, sondern lieber in Ländern mit weniger strengen Vorschriften wie Hongkong, Liberia, Panama oder den Bahamas. Der Anteil der Schiffe unter Billigflaggen an der weltweiten Tonnage wuchs stetig, von 13 Prozent im Jahr 1982 auf 42 Prozent im Jahr 1990. 2020 waren dann fast 73 Prozent erreicht.[19]

* * *

Mitte der 1980er-Jahre hatte Derek Bibby die strauchelnde Bibby Line zurück in die schwarzen Zahlen gebracht. 1984, im Jahr der Ausflaggung seiner Tanker, meldete das Unternehmen mehr als 13 Millionen Pfund Gewinn vor Steuern.[20] Geschafft hatte der Unternehmer dies nicht nur mit neuen Maßnahmen wie dem Ausweichen auf Billigflaggen, sondern auch mit der Verlagerung seines Geschäftsfelds vom konventionellen Handel auf speziellere Schifffahrtsdienstleistungen, eine Strategie, die mehrere große Reedereien in Großbritannien wählten. Zu diesen Veränderungen gehörte auch die Investition in Offshore-Unterkunftskomplexe wie unser Schiff – eine äußerst kluge Entscheidung, die sich auszahlen würde. Das Bild in einer Broschüre, die die Bibby Group zur Bewerbung ihrer Unterkunftsschiffe produzierte, zeigt die geschäftige Coastel-Abteilung im Liverpooler Hauptquartier der Firma, in der Büroangestellte eifrig auf ihren Schreibmaschinen tippen, um neue Kunden zu akquirieren und Umsatz zu generieren. Doch die Investition in Coastels bedeutete eine Abwendung von der traditionellen Identität als Schifffahrtslinie des Empire hin zu einem neuen Profil als breit aufgestelltes, global agierendes Unternehmen – eine Transformation, die bis zu einem gewissen Grad von der Dekolonialisierung und dem Niedergang des britischen Weltreichs erzwungen wurde. Die Reduzierung der Verteidigungsausgaben hatte dazu geführt, dass der Staat in den frühen 1960er-Jahren die für Bibby lukrativen Verträge über den weltweiten Truppentransport kündigte. Darüber hinaus wurde Bibby durch das Entstehen neuer staatlicher Schifffahrtslinien – darunter Sri Lankas Ceylon Shipping Corporation und die birmanische Five Star Line – aus dem profitablen Schiffsverkehr zwischen Sri Lanka, Birma und Großbritannien gedrängt.[21] Bibbys traditionelle Rolle als Transportunternehmen des britischen Empire war in den 1980er-Jahren als Überlebensstrategie einfach nicht mehr genug. Neue Projekte wie Coastels waren für den Fortbestand der Firma entscheidend.

Die moderne und geschäftige Coastel-Abteilung im Liverpooler Hauptsitz der Bibby Line; im Zentrum des Büros das Modell eines Tankers der Reederei.

In seiner Broschüre versuchte Bibby, die neuen logistischen Kapazitäten und seine Tradition gleichermaßen herauszustellen. Das Unternehmen könne »Coastels direkt vor Ort, auch am anderen Ende der Welt« bereitstellen, mit exzellenter »technischer Unterstützung« und einer »unerreichten Reputation in Sachen Schifffahrt und Effizienz«.[22] Diese Reputation war durchaus nützlich, um einen Auftrag über den Betrieb zweiter Schiffe der Shipping Corporation of Trinidad and Tobago, einer Gesellschaft im Eigentum dieses noch recht jungen postkolonialen karibischen Staats, an Land zu ziehen. Und sie machte Bibby zu einem attraktiven Partner des britischen Verteidigungsministeriums und anderer Kunden, die an den neuen Coastels interessiert waren.

Wie Bibbys Frachter und Tanker waren auch die Coastels des Unternehmens offshore registriert. Die *Bibby Venture* – das Schwesterschiff – war seit 1983 in Jersey registriert, eine etwas über vierzehn Kilometer lange felsige Insel im Ärmelkanal vor der Küste der Normandie. Weil Jersey Kronbesitz und damit nicht Teil des Vereinigten Königreichs ist, umging Bibby damit britische Steuern unter Beibehaltung der britischen Flagge. 1987 registrierte Bibby die *Bibby Venture* dann in Nassau, Hauptstadt der Bahamas. Unser Schiff, das inzwischen den Namen *Bibby Resolution* trug, wurde im Jahr darauf von Liverpool nach Nassau umgemeldet.[23] Damit wurden beide offiziell Schiffe der Bahamas, und da die Bahamas zum Commonwealth gehören, standen die Schiffe und ihr Eigentümer nach wie vor unter dem Schutz der britischen Rechtsordnung. Zugleich waren sie nie zuvor weiter von der regulatorischen Kontrolle Großbritanniens entfernt, denn der entzog sich die Bibby Line mit der Registrierung in Nassau. Die Schiffe hissten nicht mehr den Red Duster, die Flagge der britischen Handelsmarine, sondern die eines relativ neuen postkolonialen Staats – eine Billigflagge.

* * *

Moderne Billigflaggen gab es da zwar schon ein paar Jahrzehnte lang, doch in den 1980er-Jahren stieg ihre Nutzung sprunghaft an. Im frühen 20. Jahrhundert trugen die Schiffe in der Regel die Flaggen des Landes, zu dem sie die engste Verbindung hatten, was in der Praxis bedeutete, dass ihre Eigner sie üblicherweise in dem Land registrierten, in dem sie lebten. Im Rahmen internationaler Gesetze hatten die Nationalstaaten einen großen Spielraum, ihre Schiffsregister mehr oder weniger streng zu regulieren. Wie der Ständige Schiedshof in Den Haag es im Fall Muscat Dhows, einem wegweisenden Urteil aus dem Jahr 1905, formulierte, war die »Entscheidungsgewalt jedes Souveräns, welchen Schiffen er das Recht zuerkennt, seine Landesflagge zu hissen und … die Regeln zu erlassen, die mit diesem Recht einhergehen«, im Gewohnheitsrecht fest etabliert.[24] Auch wenn Schiffstransporte in internationalen Gewässern stattfanden, waren die Schiffe an sich der Rechtsprechung unterworfen, die in den Staaten ihrer Eigentümer galt. Schiffsregister waren insofern Übertragungen territorialer Souveränität auf hohe See.

Wenn also jeder Staat die Regeln für die Registrierung selbst festlegen konnte, bedeutete dies für Schiffseigner und -betreiber eine beträchtliche Flexibilität. Indische Händler, die im späten 19. und frühen 20. Jahrhundert im Persischen Golf tätig waren, beförderten ihre Waren ganz bewusst unter dem Schutz der britischen Flagge. Umgekehrt hissten Schiffe der Britischen Ostindien-Kompanie manchmal die rote arabische Flagge der al-Qasimi, um Freibeutern zu entgehen. Europäische Mächte vergaben das Recht zur Nutzung ihrer Flaggen an lokale Schiffe im Rahmen eines Konkurrenzkampfs mit rivalisieren Staaten. Kurzum, in vielen Teilen der Welt »wechselten Schiffe recht problemlos ihre Farben«, so der Historiker Fahad Bishara.[25] Doch ein so fluides System ermöglichte zugleich Erpressung und Missbrauch. Europäische Staaten setzten die Flaggenvergabe als Instrument imperialer Kontrolle und Beeinflussung ein, vor allem im Nahen Osten. Und bereits im späten 19. Jahrhundert begriffen Reedereien, dass die Registrierung ihrer Schiffe im Ausland auch Vorteile haben konnte, wobei die Frühformen des Ausflaggens von Push- und Pull-Faktoren abhingen. So begannen britische Reeder ihre Flotten im 19. Jahrhundert in Hongkong zu registrieren, um von niedrigen Steuern und einem großen Angebot an billigen und im Bereich der Handelsmarine erfahrenen Arbeitskräften zu profitieren.[26] Im frühen 20. Jahrhundert brachten progressive Gesetze, die den Seeleuten mehr Schutz und Rechte verschafften, immer mehr Reedereien dazu, ihre Schiffe anderswo zu registrieren. In den USA bewirkte insbesondere der La Follette Seamen's Act aus dem Jahr 1915, dass Schiffseigner nach Panama auswichen, um der regulatorischen Aufsicht zu entgehen.[27]

Die Registrierung im Ausland nahm in den 1920er-Jahren Fahrt auf, als arme Länder im Einflussbereich der Vereinigten Staaten – erst Panama, später Honduras und Liberia – sogenannte offene Register schufen, die keinerlei inhaltliche Verbindung der Schiffe zum jeweiligen Land erforderten.[28] Für die Reedereien lag der Nutzen dieser offenen Register auf der Hand. Wie der Vertreter einer Schifffahrtsgesellschaft 1922 festhielt, war abgesehen von niedrigeren Steuern »der Hauptvorteil des panamaischen Registers, dass der Eigentümer von den ständigen … Inspektionen der Heizkessel und Schiffskörper und den Vorschriften zu Unterkunft und Verpflegung der Mannschaft befreit ist«.[29] Man brauchte nur ein paar Formulare auszufüllen, und schon war man lästige Regularien, Standards und Steuern los. Also ergriff man die Gelegenheit. Anfangs wanderten nur einzelne Schiffe nach Panama ab. Doch nachdem John D. Rockefeller den überwiegenden Teil der Frachtflotte seiner riesigen Standard Oil Company in den 1930ern dort registriert hatte, erfreute sich das panamaische Register einer rasant wachsenden Beliebtheit.[30]

Offene Register untergruben die historisch vorhandene »echte Bindung« zwischen einem Schiff und dem Land, dessen Flagge es trug.[31] Dank dieser Register konnten clevere Schiffseigner die formale Souveränität armer Staaten ausnutzen, »die weder über die Macht noch die Verwaltung verfügten, um wirksame Kontrollen oder internationale Vorschriften durchzusetzen«.[32] Gegen die Zahlung einer moderaten Gebühr an ein armes Land kauften sich die Reedereien sozusagen das Hoheitsrecht selbst. Wie 1970 die mit der Problematik befasste Rochdale-Kommission der britischen Regierung festhielt, ermöglichten Billigflaggenstaaten es allen, ob Staatsangehörige oder nicht, ihr Schiff bei ihnen zu registrieren. Die Registrierung konnte ohne großen Aufwand in einem ausländischen Konsulat beantragt und ebenso leicht übertragen werden. Steuern wurden »vor Ort nicht erhoben« oder waren sehr niedrig, und es gab keine Einschränkungen bei der Bemannung mit ausländischen Arbeitskräften. Das Resultat waren vereinfacht ausgedrückt Schiffe, die überall und nirgendwohin gehörten.[33]

In den 1980er-Jahren, als Bibby die *Bibby Resolution* und die *Bibby Venture* auf den Bahamas registrierte, waren Billigflaggen bereits zu einem Markenzeichen der Globalisierung geworden.[34] Es fand ein Unterbietungswettbewerb kleiner, in der Regel armer Staaten statt, die den Reedereien immer noch weniger lästige Steuern und Vorschriften versprachen. Unter Ausnutzung internationaler Vereinbarungen zur Seefahrt verliehen, wenn nicht gar verkauften Staaten über die Billigflaggen ihre Souveränität. Eifrige Kunden waren Großunternehmen, die damit die Rechtsprechung und Vorschriften ihres eigenen Landes umgingen.[35]

* * *

Billigflaggen waren und sind Instrumente unabhängiger Staaten und zugleich unzweifelhaft ein Erbe imperialer Politik. Das Register von Honduras wurde zugunsten der United Fruit Company geschaffen, einer unersättlichen Bostoner Firma, die für die Schaffung von »Bananenrepubliken« in Mittelamerika verantwortlich war.[36] Dass amerikanische Reedereien in Scharen zum panamaischen Register überliefen, spiegelte das langjährige Interesse der USA an dem Land und ihren ungebrochenen Einfluss dort. Rund um den Panamakanal waren amerikanische Truppen stationiert, und Panama war verfassungsrechtlich vom militärischen Schutz der USA abhängig.[37] De facto wurde das panamaische Schiffsregister vom amerikanischen Staat geführt. In den 1920er-Jahre konnten amerikanische Konsuln in allen Hafenstädten weltweit ganz legal Schiffe darin aufnehmen, wenn kein tatsächlicher Konsul Panamas verfügbar war.[38]

Noch eindeutiger war das US-amerikanische Imperium ausschlaggebend für die Einführung des offenen Registers in Liberia, das zur Blaupause aller modernen Billigflaggen wurde. Liberias Billigflagge schuldet ihre Existenz einer Laune der Geschichte. Im Februar 1945 war der amerikanische Außenminister Edward Stettinius nach der Jalta-Konferenz, wo Winston Churchill, Franklin D. Roosevelt und Josef Stalin über das Schicksal des besiegten Nazideutschlands diskutierten, auf dem Rückweg von der Krim nach Washington. Bei einem Zwischenhalt in Liberias Hauptstadt Monrovia eröffnete er feierlich neue Hafenanlagen und einen Landeplatz, die mit US-Mitteln gebaut worden waren, um den Alliierten die Kriegsführung zu erleichtern. Stettinius war Geschäftsmann und ein amerikanischer Aristokrat des 20. Jahrhunderts. Der Sohn eines Gesellschafters von J. P. Morgan hatte nach dem Collegeabschluss bei General Motors angefangen, wo er bald aufgestiegen war. 1938, kurz vor Ausbruch des Kriegs in Europa, wurde Stettinius Vorstandschef von U. S. Steel, der von Andrew Carnegie gegründeten Unternehmensgruppe. Während seiner Stippvisite in Liberia stachen ihm vom Flugzeug aus die umfangreichen Eisenvorkommen des Landes ins Auge. Nach Kriegsende gründete er mit dem Plan, in Liberia Eisen abzubauen, eine neue Firma, die Stettinius Associates-Liberia Inc. Doch obwohl ihn ursprünglich die Aussicht auf Reichtum durch Bodenschätze angezogen hatte, machte er später sehr viel mehr Geld mit einer weniger greifbaren Ressource: Liberias staatlicher Souveränität.[39] Das war angesichts der Geschichte dieses Landes eine bittere Ironie. Liberia war im frühen 19. Jahrhundert von freien Afroamerikanern an der westafrikanischen Küste gegründet worden. Und auch wenn das Land großteils von amerikanischen Geldmitteln und Investitionen abhängig war (insbesondere den Kautschukplantagen von Firestone), war es stolz auf seine Unabhängigkeit. Die eigene staatliche Hoheit wieder amerikanischen Geschäftsleuten zur Verfügung zu stellen, war ein neuer und symbolträchtiger Schritt.

Ende 1947 wandte sich eine Gruppe amerikanischer Reeder »mit der Bereitschaft zur Registrierung unter liberianischer Flagge«[40] an Stettinius. Bei Stettinius Associates waren viele Männer beschäftigt, die unter ihm im diplomatischen Korps der USA tätig gewesen waren. Sie gehörten zu der Generation junger Funktionäre, die mit daran gearbeitet hatten, im Nachkriegseuropa die Grenzen neu zu ziehen und die Gesetze neu zu schreiben und die sich nun eilig daranmachten, ein neues Seerecht für Liberia zu entwerfen. Bei den Formulierungen stimmte sich Stettinius Associates eng mit den amerikanischen Eignern der Schiffe und Tanker ab, insbesondere der Leitung von Standard Oil, der Firma, die einige Jahrzehnte früher dazu beigetragen hatte, das panamaische Register populär zu machen. Nachdem Standard Oil für die Formulierungen grünes Licht gegeben hatte, brachte Stettinius mit Unterstützung ehemaliger Kollegen der US-Regierung und eines sehr entgegenkommenden liberianischen Präsidenten William Tubman das neue Seerecht durch das liberianische Gesetzgebungsverfahren. Das Ergebnis war ein Schiffsregister, das über eine Strohfirma von Stettinius Associates in New York kontrolliert wurde und aller Welt offenstand. Es handelte sich nicht nur aus US-amerikanischer und europäischer, sondern auch aus liberianischer Perspektive um ein ausländisches Register, denn es wurde unter liberianischem Namen von Amerikanern geführt. Es war ein internationales Konstrukt, dessen Machart seither weltweit von Staaten kopiert wird, die offene Register anbieten.

Das liberianische Schiffsregister war eine Schöpfung amerikanischer Geschäftsleute und geopolitischer Interessen und damit informell eine imperiale Einrichtung unter anderem Namen, ein System, das für amerikanische Wirtschaftsinteressen geschaffen wurde. Obwohl Liberia von freien Afroamerikanern und Afroamerikanerinnen als Zuflucht außerhalb der Vereinigten Staaten gegründet geworden war, verstand Stettinius das Land als eine Ausdehnung des amerikanischen Imperiums, seinen »einzigen Brückenkopf in Afrika« in einer Phase sich verstärkender Spannungen des Kalten Kriegs.[41] In einer Presseerklärung erläuterte er, wie in Liberia registrierte amerikanische Schiffe die Kosten von liberianischem Eisen für den amerikanischen Markt beträchtlich senken könnten, vor allem wenn die Besatzung aus ausländischen Offizieren und »eingeborenen liberianischen Jungs, die etwa einen Dollar pro Tag bekommen«, bestünde.[42] Amerikanische Reedereien umgingen so amerikanische Vorschriften und Steuern, und darüber hinaus lieferte das Arrangement Stettinius' Firma satte Profite.[43] Denn tatsächlich gingen nur 25 Prozent der Registrierungsgebühren an den liberianischen Staat. Der Löwenanteil, nämlich 65 Prozent, wanderte in die Taschen von Stettinius und seinen amerikanischen Partnern (und dabei waren die Verwaltungskosten, die die Firma in Rechnung stellte, noch gar nicht eingerechnet). Die restlichen 10 Prozent flossen in einen privaten Gesundheits- und Wohlfahrtsfonds in Liberia.[44] Noch heute, da eine andere (am Stadtrand von Washington ansässige) US-Firma über das liberianische Register wacht, ist vorgeschrieben, dass dessen Verwaltung in den Händen von Staatsangehörigen der USA liegt, ein Umstand, der bei der potenziellen Kundschaft aus dem Ausland, die hinsichtlich der politischen Instabilität und Korruption in Liberia skeptisch sein könnte, für das Register werben soll.[45]

* * *

Was Panama und Liberia für die Vereinigten Staaten waren, waren Jersey, Hongkong und zunehmend eine Handvoll imperialer Außenposten in der Karibik für Großbritannien. Jahrzehntelang hatten britische Behörden diesen Gebieten untersagt, Billigflaggen für britische Reedereien anzubieten. Egal wie großzügig ihre Regelungen waren, sie unterstanden nach wie vor der britischen Kontrolle. Insofern gab es eine »echte Bindung« zwischen ihnen und jedem Schiffseigner in Großbritannien (oder des Commonwealth).[46] Ein schwer zu begründender Anspruch, doch die imperiale Logik war eben nicht so leicht kleinzukriegen.

Letztlich entstand das gesamte moderne Universum ausländischer Steueroasen und Billigflaggen – das die Historikerin Vanessa Ogle als »Archipelkapitalismus« bezeichnet – großteils aus dem britischen Empire heraus. Macht, Prestige und politische Akzeptanz dieses Universums wuchsen im Zug der Dekolonialisierung, als der Nationalstaat das Weltreich als dominierende geopolitische Einheit ablöste.[47] Und doch beruhte das Konzept gleichermaßen auf den formal unabhängigen postkolonialen Staaten und ihren nach wie vor bestehenden institutionellen Verbindungen zu den alten imperialen Mächten. Viele der typischen Steueroasen weltweit entstanden um die Mitte des 20. Jahrhunderts in kolonialen Außenposten Großbritanniens unter dem Schutzschirm britischen Gewohnheitsrechts und der Stabilität imperialer Protektion.[48] Ausländische Steueroasen wurden häufig sogar im Interesse von Handel, Tourismus und Entwicklung mit aktiver Beihilfe des britischen Staats geschaffen. Lehrbuchmäßig nachzuvollziehen ist das auf den Bahamas, wo die Bibby Line Ende der 1980er-Jahre schließlich unser Schiff und sein Schwesterschiff als *Bibby Resolution* und *Bibby Venture* registrierte.

Die Inselgruppe wurde vor allem aufgrund einer 1955 zwischen London und dem zwielichtigen amerikanischen Rechtsanwalt Wallace Groves geschlossenen Vereinbarung zu einem Offshore-Steuerparadies. Die Kolonialbehörden ließen Groves mehr oder weniger freie Hand, eine »Freeport« genannte Freihandelszone auf einem kargen sandigen Streifen Land knapp 140 Kilometer östlich von Palm Beach, Florida, einzurichten – das Recht, seine eigene Einwanderungspolititk zu betreiben, eingeschlossen. Ein legendär anrüchiges Geschäft: Die *Times* in London bezeichnete es als »einen der einseitigsten Verträge, die die britische Krone jemals unterzeichnet hat«.[49] Als sich Groves' Freeport in den folgenden zwanzig Jahren zu einem beliebten Ziel sowohl für Touristen als auch für Kapital entwickelte, wurden die Bahamas insgesamt zu einer immer wichtigeren Anlaufstelle für Schwarzgeld.

Schon lange vor Groves' Ankunft war der karibische Archipel ein Drehkreuz für Offshore-Geschäfte: Nur 140 Kilometer von der Küste Floridas entfernt, nutzten es Schieber als Basis, um während des Bürgerkriegs Waffen für die Konföderierten zu schmuggeln. Mitte des 20. Jahrhunderts parkte dann Meyer Lansky, der »Buchhalter der Mafia«, Millionen schmutziges Geld auf den Inseln. Bereits in den 1930ern hatte er Vermögen nach Kuba verschoben, doch als Fidel Castro 1959 an die Macht kam, musste Lansky nach einem anderen Herrschaftsgebiet mit diskreten Bankdienstleistungen Ausschau halten, und zu so einem Ort entwickelten sich die Bahamas, ein verschlafener karibischer Außenposten des Empire. Motiviert von Millionen Dollar Bestechungsgeldern verschärften die Beamten vor Ort die Vorschriften zum Bankgeheimnis, auch wenn britische Behörden fürchteten, damit wiederum Beamte in den Vereinigten Staaten zu verärgern, die sich den Kampf gegen die Mafia auf die Fahnen geschrieben hatten.[50]

Meyer Lansky war nicht der einzige, der die Bahamas entdeckte. Die Dekolonialisierung besonders in Afrika nötigte nach Großbritannien zurückgekehrte koloniale »Siedler«, ihre Vermögenswerte dem Zugriff der gierigen britischen Steuerbehörden zu entziehen. Auch sie wanderten zunehmend in die Karibik ab.[51] Gerade ehemaligen Bewohnerinnen und Bewohnern der Kolonien erschien der Status der

Bahamas als eine Fortsetzung des Empire und die Tatsache, dass deren Währung an das britische Pfund und die Bank of England gebunden war, ausgesprochen attraktiv – Aspekte, die auch die Behörden vor Ort besonders hervorhoben. Die Bahamas, die Kaimaninseln, die Amerikanischen Jungferninseln sowie St. Vincent und die Grenadinen boten im Kolonialismus erworbenem Vermögen eine sichere Zuflucht. Dank großzügiger Bank- und Steuergesetze, strengem Datenschutz und dem Gewohnheitsrecht waren diese Inseln zugleich weit weg und vertraut. Landessprache war Englisch, es lebten dort große Communitys weißer Ausländerinnen und Ausländer,[52] und sollte ein Besuch nötig werden, waren sie ausgesprochen angenehme Aufenthaltsorte. Genau so ist es noch immer. Es ist kein Zufall, dass der inzwischen inhaftierte FTX-Gründer Sam Bankman-Fried auf die Bahamas flüchtete, als sein Finanzimperium einstürzte. Seine Pläne, in der Hauptstadt Nassau einen riesigen neuen Bürokomplex zu errichten, hatte der damalige Premierminister Philip Davis ausdrücklich begrüßt.[53]

Aus den gleichen Gründen war die Karibik attraktiv, um Schiffseigentum dorthin zu verlegen. Der Rochdale-Report zur Schifffahrt hielt fest, dass 1970 rund 8 Prozent der in Großbritannien registrierten Schiffe Unternehmen gehörten, die »auf den Bermudas oder den Bahamas angesiedelt sind, um einer Unternehmensbesteuerung weitestgehend auszuweichen«. Das bedeutete, dass das britische Schiffsregister, das solche Schiffe aufnahm, »genauso gut als Anbieter einer Billigflagge betrachtet werden kann«.[54]

Als die Bahamas 1973 unabhängig wurden, stand ihr Status als sicherer Ort für das Parken von Vermögen plötzlich infrage. Die aus dem Ruf der Steueroase generierten Einkünfte sanken, da sie nun vermehrt in neue Zentren der Steuervermeidung wie die Kaimaninseln flossen. Die Bahamas waren ein Land mit schwarzer Bevölkerungsmehrheit, und unter Premierminister Lynden Pindling und der Progressive Liberal Party förderte die Regierung die Emanzipation schwarzer Menschen und verbot den Verkauf von Grundeigentum an Ausländer, was die (überwiegend weißen) amerikanischen Investoren beunruhigte.[55] Die vier Jahre später getroffene Entscheidung, das Schiffsregister des Inselstaats zu öffnen, wurde als Versuch des Landes gesehen, die verlorengegangenen Einnahmen zu ersetzen und nervösen internationalen Anlegern zu versichern, dass das Land auch nach dem Regierungswechsel für Geschäfte offenstand. Dies trug dazu bei, den Ruf der Bahamas als Steueroase zu festigen, was sich wiederum bald darauf die in den enorm lukrativen kolumbianischen Kokainhandel involvierten Drogenkartelle zunutze machten.

Nach der Eröffnung unterhielt das Schiffsregister der Bahamas nicht nur ein Büro in Nassau, sondern auch eines im Zentrum von London, was britischen und anderen europäischen Reedereien das Ausflaggen besonders leicht machte. Als die Bahamas 1983 ein drittes Büro in New York eröffneten, boomte international das Geschäft mit offenen Registern, in denen bereits etwa ein Viertel der weltweiten Schiffstonnage gemeldet war.[56]

Das Wachstum bei diesen Registern fand vor dem Hintergrund eines sich ausbreitenden Bekenntnisses zum Ideal des demokratischen Internationalismus statt. Von Billigflaggen profitierten vor allem Schiffseigner, die in wohlhabenden Industrieländern lebten und arbeiteten. Die Register selbst wiederum bauten auf die Logik egalitärer staatlicher Hoheit, wie sie der Charta der Vereinten Nationen zugrunde lag.[57] Dem Mitte des 20. Jahrhunderts geltenden Rechtsrahmen entsprechend war die Souveränität aller Staaten, auch der kleinsten, formal gleich und entsprechend geschützt. Damit war auch die staatliche Hoheit der Bahamas unantastbar und der britischen oder amerikanischen gleichgestellt.

Diese Logik prägte auch die International Maritime Organization (IMO), eine UN-Sonderorganisation, die Vorschriften für seegängige Schiffe formulierte und verbreitete. Die IMO sollte neutral und überstaatlich agieren und damit die Rechte aller schützen. Doch selbst die

IMO – mit ihrer in London am Ufer der Themse ansässigen technokratischen Fachverwaltung – war gegen den wirtschaftspolitischen Einfluss der globalen Schifffahrtsindustrie nicht immun. Finanziert wird die IMO durch die Beiträge der Mitgliedsstaaten, wobei die Beitragshöhe entscheidend von der Größe der in dem jeweiligen Land registrierten Schiffsflotte abhängt. Dies führt dazu, dass die IMO überwiegend von Ländern mit offenen Registern wie Bahamas, Panama und Liberia getragen wird. Damit verfügten diese in den 1980er-Jahren über die entsprechenden Hebel, um internationale Standards durch die von ihnen in die Technikkomitees entsandten Vertreter definieren zu lassen. Letztlich diktierten sie schlicht und einfach die Regeln, ermächtigt und gestützt vom alle verbindenden Wert des demokratischen Internationalismus.[58] Im Gegensatz zum UN-Sicherheitsrat, der traditionell von den Großmächten dominiert wird, hatten in der IMO kleine, relativ arme Staaten das Sagen, nämlich die mit offenen Registern. Staaten wie die Bahamas.

* * *

Seit 1982 lagen das Schiff und sein Schwesterschiff vor Stanley und beherbergten Hunderte britische Militärangehörige. Die Leasingvereinbarung mit dem britischen Verteidigungsministerium hinderte Bibby daran, die *Bibby Resolution* und die *Bibby Venture* außerhalb des Geltungsbereichs des britischen Rechts zu registieren, weswegen sie in Liverpool und Jersey gemeldet waren. Als die Verträge 1987 und 1988 ausliefen, fielen die Gründe weg, die gegen eine karibische Steueroase gesprochen hatten.

Fünf Jahre nach der Befreiung der Falklandinseln stellte das Verteidigungsministerium des Vereinigten Königreichs Baracken am Rand von Stanley fertig, in denen das für die Sicherung der Festung Falkland nötige Militärpersonal einquartiert wurde. Nachdem für die Coastels im Hafen schließlich Ersatz zur Verfügung stand, beendete der britische Staat die Verträge mit der Bibby Line.[59] Im Bestreben, seine Vermögenswerte zu diversifizieren und ins Ausland zu verlagern, verschwendete das Unternehmen keine Zeit und registrierte beide Coastels auf den Bahamas. Das ging mühelos und ohne einen Flug in die Karibik, es reichte ein kurzer Besuch im bahamaischen Registrierungsbüro in der City of London, dem britischen Zentrum der Finanzwirtschaft, und nur einen Block entfernt von der Bank of England.

Die City of London ist selbst eine Steueroase, eine Enklave der Offshore-Welt inmitten des Zentrums der britischen Hauptstadt. Es handelt sich um einen physischen Ort, ein Gebiet von etwa 2,5 Quadratkilometern mit den teuersten Immobilien der Welt: die St. Paul's Cathedral, Fleet Street und die schimmernden Glastürme der Hauptquartiere der Finanzwelt. Was ebenso wichtig ist: Die City of London ist eine unabhängige Körperschaft mit eigener Rechtsprechung. Das war sie innerhalb der letzten tausend Jahre meist, Jahrhunderte vor dem Parlament und der Magna Charta. Sie hat eine eigene Polizei, eine eigene Satzung und ihre eigenen Finanzen, inklusive eines Vermögens von vielen Milliarden Pfund. Wenn der König von England die City betritt, wird er vom Lord Mayor, dem Stadtoberhaupt, an der Grenze empfangen und hineingeleitet, wobei der König das Schwert des Lord Mayor berührt, als Zeichen der Anerkennung alter Rechte und Privilegien der City. Die City of London ist eine Stadt in der Stadt, ein Staat im Staate, noch dazu einer, der vor allem von Geld regiert wird. Bei Wahlen haben Unternehmen ebenso eine Stimme wie Menschen, wobei es dreimal so viele Unternehmen wie Menschen gibt. Für die City gibt es innerhalb der britischen Gesetzgebung allerlei Ausnahmeregelungen, beispielsweise ein anderes, großzügigeres Steuersystem für Unternehmen und Ausnahmen bei Anfragen im Rahmen des Informationsfreiheitsgesetzes. Dies schützt Finanzinstitute vor den im Rest des Landes geltenden Veröffentlichungspflichten und Transparenzvorschriften.[60] In den 1980er-Jahren war die City of London vielleicht nicht für besonders laxe Regeln bekannt, dafür jedoch für eine Nachsicht, die sogar die der Wall Street übertraf. Die Finanzwirtschaft boomte, wovon London profitierte. In den Worten eines Beamten der Bank of England: »Wir hier in der Bank haben niemals einen Grund gesehen, London bei der Abschöpfung seines vollen und wachsenden Anteils Steine in den Weg zu legen.« Oder wie Robin Leigh-Pemberton, von 1983 bis 1993 Gouverneur der Bank of England, es ausdrückte: »Wenn wir in jedem Fall von Betrug gleich die Bank dichtmachen würden, hätten wir heute deutlich weniger Banken.«[61]

Die City of London ist gewissermaßen das natürliche Habitat der Finanzwirtschaft: ein Schlüsselort der finanziellen Revolution des 17. Jahrhunderts und seit Jahrhunderten das Kontrollzentrum des globalen Bankenwesens. In den 1980er-Jahren hatte sie zwar einen Teil ihrer Bedeutung an New York abgegeben, blieb jedoch eine der wichtigsten Enklaven des weltweiten Finanzkapitalismus. Und mit ihren menschlichen und historischen Verbindungen zu Steueroasen wie Jersey, Hongkong, den Kaimaninseln und den Bahamas blieb sie ebenso unbestritten das Zentrum der Offshore-Finanzwelt: der Knoten, von dem aus Finanztransaktionen in Kronkolonien und karibischen Außenposten koordiniert wurden.[62] Es war beileibe kein Zufall, dass die Bahamas ein Büro ihres Schiffsregisters in der City ansiedelten.

Die Leichtigkeit des Flaggenwechsels unterstrich einerseits das schwer abzuschüttelnde Erbe des Imperialismus und legte zugleich die Brüchigkeit der Bindung an territoriale Hoheiten und die Macht des britischen Staats bloß. Während die britische Regierung in Westminster Millionen Pfund investierte, um ein paar dünn besiedelte Felsen im Südatlantik zu verteidigen, wurden nur gute drei Kilometer weiter britische zu bahamaischen Schiffen. Mit jedem Monat wurden am Standort des Schiffsregisters der Bahamas in einem eleganten edwardianischen Steingebäude in der Old Broad Street

Nr. 120 (einst das Zuhause der Midland Bank, Pionier auf dem Gebiet des Londoner Eurodollar-Markts) mehr Formulare unterschrieben. Auch das gehörte zu Margaret Thatchers Großbritannien.

Rechts die Old Broad Street Nr. 120.

Als Bibby das Schiff und sein Schwesterschiff auf den Bahamas registrierte, gehörte der Staat zu den am schnellsten wachsenden Zentren der Schiffsregistrierung weltweit. 1980 sorgte ein Staatsstreich in Liberia dafür, dass Reeder vor der Registrierung ihrer Schiffe dort zurückschreckten. 1984 einigten sich dann britische und chinesische Behörden auf die Bedingungen, unter denen China 1997 die Staatshoheit über Hongkong zurückerhalten sollte. Die Unsicherheit über die Zukunft von Vermögenswerten in Hongkong – wo es ein bei britischen Schiffseignern besonders beliebtes offenes Register gab – brachte Schiffseigner dazu, sich nach neuen Heimathäfen umzusehen.[63]

Und da bot Nassau besonders verlockende Konditionen. Ein auf den Bahamas registriertes Schiff unterlag keinerlei Betriebs-, Einkommens- oder Kapitalertragssteuern. Schiffe in ausländischem Besitz zahlten weder Zoll noch Stempelsteuern.[64] Als Bibby die beiden Schiffe dort anmeldete, war das bahamaische Schiffsregister das am wenigsten regulierte offene Register weltweit. Wie heute noch banden sich damals neue offene Register an möglichst wenige internationale Übereinkommen zu Ökologie, Sicherheit oder arbeitsrechtlichen Standards. Erst mit der Zeit und zunehmender Größe wächst der internationale Druck auf ein Register, sich geltenden Normen anzuschließen.[65] Diesem Muster folgten auch die Bahamas, als sie ihr Register in den 1970er-Jahren schufen. Noch heute, wo auch dieses Register nicht mehr ganz so großzügig verfährt wie zu Beginn, gelten relativ wenige Vorschriften, weswegen es sich um die bevorzugte Flagge der Ölbohrschiffe handelt, die in der gerade aufblühenden karibischen Offshore-Öl- und Gasindustrie operieren.

In einer Zeit wachsenden Bewusstseins für den menschengemachten Klimawandel wird immer deutlicher, dass die Bahamas in Wahrheit einen hohen Preis für ein System zahlen, zu dem auch ihr Öl- und Gastankern offenstehendes Schiffsregister gehört. Die globalisierte unregulierte Wirtschaft, zu deren Entstehung Billigflaggen beigetragen haben, hat die entsprechenden globalen Klimamuster hervorgebracht. In den letzten zwanzig Jahren hat sich in der Karibik die Hurrikansaison verlängert, deren Stürme – darunter auch Kategorie-5-Hurrikan Dorian, der die Bahamas 2019 heimsuchte – immer verheerender ausfallen. Die Bemühungen der Bahamas, durch ein offenes Register Geld ins Land zu holen, ist nur eine kleine der vielen Komponenten eines großen Gesamtsystems, das den Klimawandel bewirkt und antreibt. Angesichts immer häufigerer katastrophaler Wetterereignisse wird dieses Register allerdings immer teurer sowohl für die Bewohnerinnen und Bewohner des Landes als auch für die Nachbarländer.

Abgesehen davon lässt sich schwerlich von eindrucksvollen Gewinnen sprechen. 2019 konstatierte ein dem Parlament der Bahamas übergebener Bericht, die Einnahmen aus dem privat verwalteten Register hätten in den vergangenen fünfundzwanzig Jahren weniger als 100 Millionen US-Dollar eingebracht.[66] Das liegt an der überaus günstigen Registrierung. Aktuell können sich Schiffseigner für die maximale Registrierungsgebühr von 22.500 Dollar und einen niedrigen Jahresbeitrag einen großen Spielraum erkaufen. Für Schiffe in der Größe unseres Schiffs beträgt die Jahresgebühr etwa 4.000 Dollar.[67]

* * *

Kostenüberlegungen und laxe Vorschriften waren die Hauptargumente für Derek Bibby, die *Bibby Resolution* und die *Bibby Venture* auf den Bahamas zu registrieren. Der weltweite ökonomische Niedergang der 1970er-Jahre, der Reedereien von der Containerschifffahrt abbrachte, trieb sie umgekehrt zur Ausflaggung.[68] Mit Billigflaggen ließen sich die hohen Arbeitskosten in Nordeuropa und den Vereinigten Staaten vermeiden, Steuern sparen und die lästigen Sicherheitsvorschriften und kostenintensiven Inspektionen umgehen.[69] Zusammengefasst ermöglichten offene Register es Reedereien wie Bibby, nationalstaatlichen Regelungen auszuweichen. Während der Meeresboden durch UN-Konventionen in einzelstaatliche Zuständigkeitsbereiche aufgeteilt war, wimmelte die Meeresoberfläche zunehmend von Schiffen, die einer einzelstaatlichen Kontrolle entzogen waren. Unser Schiff und sein Schwesterschiff waren damit bis Ende der 1980er-Jahre bereits Zeugen einer gleichzeitigen Ausdehnung und Schrumpfung nationaler Souveränität geworden.

Als Bibby die zwei Schiffe auf den Bahamas registrierte, waren bereits neue Leasingkunden dafür gefunden. Zum einen ein westdeutsches multinationales Großunternehmen, das ein weltberühmtes Produkt herstellte: die Volkswagen Aktiengesellschaft. Zum anderen der Betreiber eines der größten Gefängnissysteme der Welt: die Stadt New York. Weder New York (globales Zentrum des zunehmend unregulierten Kapitals) noch VW (ein Unternehmen, das gerade begann, Arbeit in Fabriken in ärmeren Ländern auszulagern) empfanden es als Problem, dass die Schiffe unter der Flagge der Bahamas fuhren. So verließen 1987 und 1988 die zwei Bibby-Kähne die Falklandinseln, die fünf Jahre lang ihr Zuhause gewesen waren. Für eine Umrüstung sollten sie zuerst nach England zurückkehren. Die *Bibby Venture* würde dann mit Ziel New York erneut den Atlantik überqueren. Unser Schiff würde in Europa bleiben und über die Nordsee in eine kleine deutsche Hafenstadt ganz nah an der niederländischen Grenze geschleppt werden. Die Schwestern mussten sich also trennen, um an zwei entfernten Punkten derselben Offshore-Welt zu landen.

# 5

# EMS

| | Das Schiff | Das Schwesterschiff |
|---|---|---|
| **1988** | Die *Bibby Resolution* verlässt Stanley und wird auf den Bahamas registriert. Sie wird außerhalb von London instandgesetzt und dann nach Deutschland an das Volkswagenwerk in Emden geliefert. | Die *Bibby Venture* zieht zu Pier 1 in Brooklyn um. |

An einem Morgen im Jahr 1988 gingen in einer frisch renovierten Fabrik im ostfriesischen Emden auf einer Fläche von 140.000 Quadratmetern die Lichter an. Erstmals setzten sich nagelneue Montagebänder in Gang, an denen die Beschäftigten mit großer Sorgfalt schwere Metallteile zu neuen Autos zusammenbauten. Am Ende der Bänder rollten die fertigen Fahrzeuge aus dem Gebäude hinaus auf einen riesigen Parkplatz. Später würden sie auf ein am nahen Kai wartendes Frachtschiff gefahren. Dort standen dann in vielen Reihen all die VW Passate, die für Autohäuser in den Vereinigten Staaten und Kanada bestimmt waren. Am Schichtende stempelten die Beschäftigten sich aus und machten sich auf den Nachhauseweg. Viele von ihnen wohnten in und um Emden, eine adrette Stadt mit etwa 50.000 Einwohnern. Einige Hundert andere jedoch bestiegen die Shuttlebusse des Unternehmens, die sie zu einem unscheinbaren

»Hotelschiff« im Hafen brachten, ganz in der Nähe der Stelle, wo die Passate auf die Frachter geladen wurden. Bei diesem Hotelschiff handelte es sich um die *Bibby Resolution*, unser Schiff, das vor Kurzem von den Falklandinseln über Großbritannien hierhergebracht worden war. Seine soldatische Fracht hatte es gegen eine Ladung Fabrikarbeiterinnen und -arbeiter ausgetauscht.

* * *

Als Volkswagen im Dezember 1964 seine riesige Produktionsstätte in Emden eröffnete, war das Unternehmen der größte Autoexporteur der Welt. Sein bekanntestes Produkt, der VW Typ 1, bekannter als Käfer, wurde immer beliebter, ganz besonders in den USA, dem größten Autoabsatzmarkt der Welt. Amerikanische Konsumentinnen und Konsumenten waren laut einem Artikel der *Sports Illustrated* von 1963 »ganz verliebt in ein unscheinbares Mädchen«: den Käfer.[1] Mit diesem Modell bot Volkswagen in den USA ein Produkt an, das ganz anders war als die schweren viertürigen Limousinen, die die drei großen Autohersteller in Detroit verkauften. Es war klein (und niedlich) und sparsam im Verbrauch. Daraufhin stiegen die Verkäufe von VW in den USA von 1960 bis 1963 pro Jahr um 20 Prozent.[2] In den wirtschaftlich boomenden 1960er-Jahren war Volkswagen einer der bedeutendsten Exporteure der westdeutschen Industrie: 1963 gingen noch 55 Prozent seiner Produkte außer Landes, 1968 waren es bereits 70 Prozent. Zum Vergleich: Der Schwerindustriekonzern Krupp verkaufte weniger als 20 Prozent seiner Produktion ins Ausland.[3]

Das Fertigungswerk in Emden, das sich am Ufer des schlammigen, brackigen Wassers der Ems befand, war extra für den wachsenden Exportmarkt errichtet worden. Dort fand der letzte Produktionsschritt statt, bevor die Autos Westdeutschland verließen: die Endmontage von im ganzen Land produzierten Einzelteilen. Laut einer Unternehmensveröffentlichung arbeitete man in Emden »mit Karosserien aus [dem Hauptsitz] Wolfsburg, mit Motoren aus Hannover, mit Getrieben und Rahmen aus Kassel und mit Achsen aus Braunschweig«. Nur die Sitze und Kabelstränge wurden vor Ort gebaut.[4] Bei Eröffnung wurden pro Tag fünfhundert Fahrzeuge endmontiert, nach zwei Jahren waren es doppelt so viele. Es gab wenige Orte, die so sehr für die Exportorientierung der deutschen Wirtschaft standen wie Emden.

Emden ist die größte Stadt Ostfrieslands, eine malerisch-ländliche Gegend, der gerne eine gewisse Provinzialität nachgesagt wird. Rund um die Stadt erstrecken sich kilometerweit platte Felder sowie Deiche, die die Nordsee in Schach halten sollen. Über die Landschaft verstreut stehen riesige Windräder, Nachfahren der großen Windmühlen, die in der Vergangenheit der Entwässerung des Bodens dienten. Die Stadt selbst ist eine Ansammlung gepflegter Backsteinbauten mit Spitzdächern und Straßen mit Kopfsteinpflaster rund um einen alten Hafen in der Nähe der Emsmündung. Zu Beginn des 17. Jahrhunderts leiteten die Emder einen Teil des Flusses in einen Stadtgraben, der sich schützend um den Verteidigungswall der Stadt legt. Wie die anderen Aufenthaltsorte unseres Schiffs ist auch Emden geprägt von seiner Nähe zum Wasser.

Wenn man im Stadtzentrum steht, die salzige Luft und den Geruch der in der Nähe weidenden Kühe in der Nase hat, könnte man beinahe vergessen, dass man sich in einer Industriestadt befindet. Doch genau das ist Emden: Von den 50.000 Einwohnern arbeiten allein 8000 im VW-Werk. Volkswagen ist mit deutlichem Abstand der größte Arbeitgeber nicht nur der Stadt, sondern der ganzen Region. Ohne den VW-Standort ginge es den Menschen in Ostfriesland deutlich schlechter. So jedoch ist Emden eine wohlhabende Kommune – mit 70.000 Euro BIP pro Kopf deutlich reicher als der deutsche Durchschnitt.

Schon bevor Volkswagen sein Werk dort eröffnete, war Emden jahrhundertelang ein bedeutendes Handelszentrum. Im 17. Jahrhundert, als König Gustav II. Adolf an der schwedischen Westküste Göteborg gründete, blühte Emden als freie Stadt unter dem Schutz der Republik der Vereinigten Niederlande. Als sich 1744 der preußische König Friedrich der Große Ostfriesland einverleibte, wurde Emden der erste Nordseehafen Preußens und als solcher Heimathafen einer kurzlebigen staatlich geförderten Handelsgesellschaft, der Emder Ostasiatischen Handelskompanie, gegründet zur Pflege des Handels zwischen Preußen und China.[5] Am Ende des 19. Jahrhunderts wurde Emden dank eines neuen Kanalnetzes der wichtigste Seehafen für das Ruhrgebiet, Hochburg der deutschen Kohle- und Eisenindustrie. Etwa zur gleichen Zeit siedelte sich Schwerindustrie in Emden selbst an. So eröffneten 1903 die Nordseewerke, eine große Werft, südlich des Stadtzentrums.[6] Die industrielle und militärische Bedeutung der Stadt machte sie zur Namensgeberin für Admiral Ludwig von Reuters Flaggschiff, die SMS *Emden*, von dem aus er 1919 die Versenkung der deutschen Flotte im Scapa Flow orchestrierte. Volkswagen, das sein Werk in den boomenden 1960er-Jahren eröffnete, schrieb damit Emdens Geschichte als Industrie- und Handelsstadt fort.

Während der 1970er- und 1980er-Jahre wurde Emden zu einem Herzstück der exportorientierten VW-Strategie, denn es verfügte über einen Tiefwasserhafen, der von Schiffen mit zehn Metern Tiefgang angelaufen werden konnte.[7] Den Emder Hafen dominieren nicht die riesigen Kräne, wie man sie von anderen Häfen kennt. Das liegt daran, dass die Hauptfracht, Fahrzeuge von VW, nicht auf die bereitstehenden Schiffe gehoben, sondern gefahren wird, ein Auto nach dem anderen. Emden ist somit kein Containerhafen, und der größte Teil seiner Fläche besteht aus riesigen Parkplätzen. Dort stehen in ordentlichen Reihen Zehntausende Limousinen, Sportwagen und SUVs, die aus dem benachbarten Werk und von kontinuierlich anrollenden Güterzügen kommen. Diese Parkplätze enden einfach da, wo das Land in Form einer Betonkante auf das Flussufer trifft. Die Kais gehören formal zum Bundesland Niedersachsen, sind aber unglaublich schmal. Der sie umgebende Grund und Boden ist seit Bau des Werks Eigentum von Volkswagen.

* * *

1973, als der Produktionssektor in Westeuropa bereits zu schwächeln begann, baute Volkswagen sein Emder Werk in eine effizientere Anlage mit hochmoderner Hängeband-Montage um und installierte zur Optimierung der Arbeitsabläufe neue Computersysteme. Nachdem 1978 der letzte Käfer vom Emder Band gerollt war, wurde in dem Werk der Passat, das neue Flaggschiff der Marke, montiert, eine speziell für den US-Markt konzipierte große Limousine.[8] Wie zuvor waren alle in Emden produzierten Fahrzeuge für den Export bestimmt.

Das Emder VW-Werk und die Hafenanlagen im Jahr 2010. Der Hafen ist oben links zu sehen, davor riesige Parkplätze. Oben rechts Windräder und unten links die Anbindung ans Schienennetz.

Exporte trieben das beeindruckende Wachstum an, das der Autokonzern in den 1980er-Jahren hinlegte. 1978 verkaufte die VW-Gruppe 900.000 Autos in Deutschland und 1,5 Millionen im Ausland. Ein

Jahrzehnt später waren es etwas weniger im Inland, dafür im Ausland noch deutlich mehr, nämlich über zwei Millionen. Auch wenn Nordamerika für VW wichtig blieb, entwickelten sich neue Absatzmärkte innerhalb Europas und in Ostasien schnell zu entscheidenden Faktoren für das Geschäft,[9] und der wachsende Wohlstand im globalen Süden beeinflusste die Konzernstrategie.

Es war die Bedeutung des sich wandelnden globalen Exportmarkts, die unser Schiff an die Ems brachte. Mehr Märkte bedeuteten auch mehr Nachfrage. 1988 modernisierte Volkswagen die Werkhallen erneut, um die Produktion des für den Export bestimmten Passats komplett zu automatisieren. Um die Fertigung auf den neuesten Stand zu bringen, wurden Beschäftigte nicht nur des Emder Standorts, sondern aus ganz Westdeutschland in den neuen Werkhallen geschult. Zum Training wurden fast fünfhundert von ihnen aus dem ganzen Land nach Emden geholt, der Großteil aus dem drei Autostunden entfernten Werk in Hannover – und die mussten irgendwo untergebracht werden.

Das Schiff an Bord der *Goliath Atlantic* auf dem Weg nach Emden.

Dazu diente von Juni bis September 1988 unser Schiff. Das von der Bibby Line als flexible temporäre Unterbringung aggressiv beworbene Schiff war für VW eine schnelle und relativ günstige Lösung in einer kleinen (und relativ teuren) deutschen Stadt. Im späten Frühjahr des Jahres wurde die *Bibby Resolution* behutsam ins Wasser der Ems gesetzt: Als das Deck der *Goliath Atlantic* unter den Wasserspiegel sank, hob die *Bibby Resolution* ab und begann knarzend und ächzend selbst zu schwimmen. Und während sich das Schwerlastschiff langsam wieder Richtung Nordsee bewegte, wurde sie ans Ufer geschleppt. Ihr neuer Liegeplatz befand sich in unmittelbarer Nähe des VW-eigenen Hafens und der Produktionsstätten. Die Werkleitung richtete einen Shuttlebus-Service für die wenige Kilometer lange Strecke zwischen Schiff und Fabrik ein.[10] Der Liegeort war für die Beschäftigten praktisch, doch wie auf den Falklandinseln erarbeitete sich das Schiff selbst keinen guten Ruf. Die Quartiere waren eng und stickig, und trotz Indoor-Squashcourt waren die Wohnbedingungen alles andere als luxuriös.[11]

* * *

Die Entscheidung von Volkswagen, die Montage der Fahrzeuge zu automatisieren, war eine Reaktion auf sich verändernde Bedingungen im Produktionssektor im späten 20. Jahrhundert. VW hatte entscheidend zum Wirtschaftswunder, dem Wiederaufbau der westdeutschen Industrie nach dem Zweiten Weltkrieg, beigetragen. Das rasante Wirtschaftswachstum in Deutschland war spektakulär, aber durchaus nicht einzigartig. Mitte des 20. Jahrhunderts erlebte der gesamte industrialisierte »Westen« ein goldenes Zeitalter industrieller Produktion: das sogenannte Wirtschaftswunder in Deutschland und Japan, die *trente glorieuses* (glorreiche 30 Jahre) in Frankreich, der *boom economico* in Italien. Als sich die Volkswirtschaften und Konsumgewohnheiten von der Weltkriegserfahrung erholt hatten, war die Arbeitslosigkeit so gut wie verschwunden, und der Lebensstandard stieg. Dreißig Jahre nach Kriegsende hatte sich das westeuropäische BIP pro Kopf fast verdreifacht, in Westdeutschland sogar mehr als vervierfacht. Das war überall sichtbar, in Form neuer Geräte, neuer Häuser, neuer Autos.

Das industrielle Wachstum in Deutschland, insbesondere bei Exportgütern, hielt die Arbeitslosigkeit auf einem niedrigen Stand – deutlich unter 4 Prozent trotz steigender Löhne. Volkswagen selbst war ein Aushängeschild des Wirtschaftswunders. Zwischen 1960 und 1970 konnte das Unternehmen die Zahl seiner »Lohnempfänger« von 58.475 auf 110.968 fast verdoppeln. Im gleichen Zeitraum wuchsen die Verkäufe weltweit um mehr als das Dreifache, von 4,6 Milliarden auf 15,7 Milliarden D-Mark. In den 1970er- und 1980er-Jahren war der Autokonzern dann allerdings zunehmend mit Problemen konfrontiert, vor allem auf dem so wichtigen US-amerikanischen Markt, als sich auch dort der Nachkriegsboom abschwächte. In den 1970er-Jahren ritt der Verbraucheranwalt Ralph Nader seine Attacken gegen den Käfer als »das gefährlichste im Augenblick gefahrene Auto«. In den 1980er-Jahren bekam das Unternehmen auf dem Kleinwagensektor starke Konkurrenz durch japanische Hersteller, denen es gelang, den Marktanteil von VW zu drücken.[12] Und dann kam noch der weltweite Ölpreisschock, der die Autoindustrie fast ebenso stark traf wie Reedereien und Werften. Die Sorgen der deutschen Exportwirtschaft verstärkten sich noch, weil im gleichen Zeitraum die D-Mark im Vergleich zum Dollar stark an Wert zulegte. Mitte der 1970er-Jahre verlor VW mit jedem in den USA verkauften Fahrzeug Geld.[13]

In der Heimat gab es für VW schließlich ein noch hartnäckigeres Hemmnis für steigende Profite. Die anhaltend hohen Löhne in Westdeutschland, eine Folge sowohl der allgemein guten Konjunktur der letzten Dekaden als auch starker Gewerkschaften, setzte den Gewinnmargen Grenzen. Nach dreißig Jahren außerordentlicher Prosperität hinkte das industrielle Wachstum in Deutschland nun allmählich

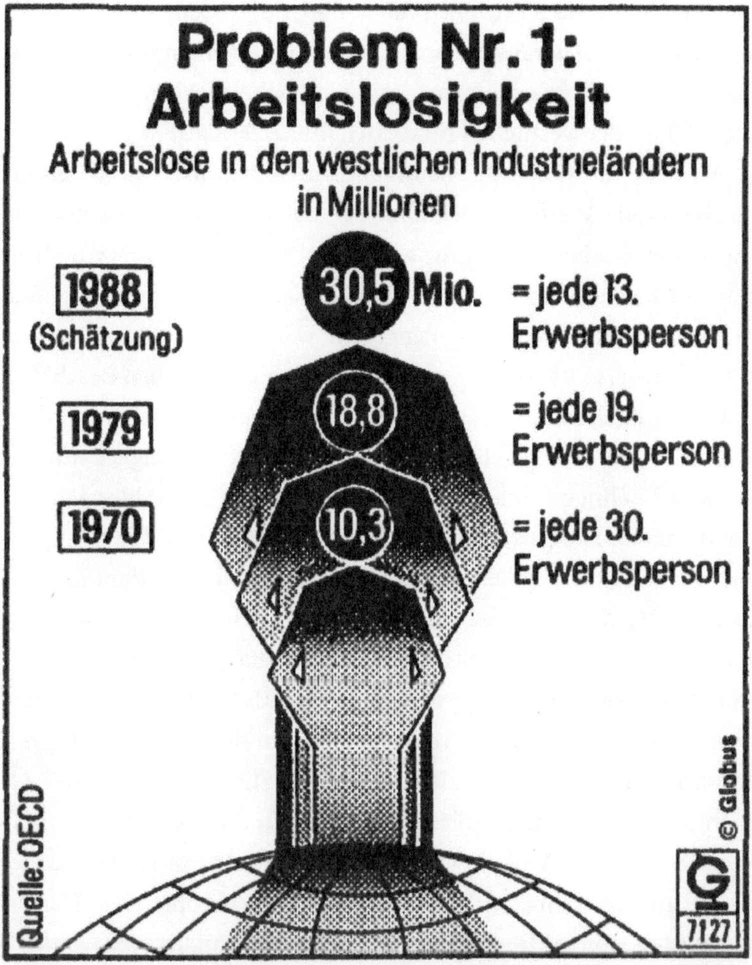


Eine Grafik, die 1988 in der *Nordwest-Zeitung* neben einem Artikel über das Automatisierungsprojekt von VW erschien, beklagte die steigenden Arbeitslosenzahlen.

dem steigenden Lohnniveau hinterher. Als das Wirtschaftswunder endete, konzentrierte sich die Unternehmensleitung darauf, ineffiziente Produktionsabläufe zu optimieren. Und sie nahm Einschnitte vor: Allein 1975 wurden 32.000 Beschäftigte entlassen.[14] Dies war Teil eines umfassenden Trends in ganz Westdeutschland, wo die Arbeitslosigkeit von etwa 3 Prozent 1980 auf über 8 Prozent 1988 anstieg.[15] In einem Artikel der *Nordwest-Zeitung*, einer Regionalzeitung für das nordwestliche Niedersachsen, wurde die Arbeitslosigkeit zum »Problem Nr. 1« der westlichen Industrienationen erklärt.[16]

Wie bei Entlassungen in anderen Teilen Westeuropas – zum Beispiel der Finnboda-Werft in Stockholm – mussten als Erste die gehen, die nicht gewerkschaftlich organisiert waren. Es handelte sich vor allem um italienische »Gastarbeiter«, die während der Boomjahre angeworben worden und nur befristet angestellt waren. In der gesamten deutschen Schwerindustrie waren es immer die ausländischen Beschäftigten, ob aus Italien, der Türkei oder Südosteuropa, die zuerst entlassen wurden.[17] Im Wissen, dass ihre Verträge nicht verlängert würden, verließen Zehntausende, motiviert durch Abfindungszahlungen, das Land wieder. Die gewerkschaftlich organisierten VW-Beschäftigten, die von einer der größten und mächtigsten Gewerkschaften des Landes, der IG Metall, vertreten wurden, waren besser geschützt. Die IG Metall konnte ihren Mitgliedern zwar die Entlassung ersparen, musste aber der Einführung weniger personalintensiver Technologien zustimmen, die ein Beschäftigungswachstum in der Zukunft begrenzen würden.[18] Diese Technologien verstand zumindest die Unternehmensführung als unerlässliche Bedingung für die zukünftige Konkurrenzfähigkeit von VW. Es war die Zeit der sogenannten Autokriege, als die großen etablierten amerikanischen und europäischen Hersteller sich mit Honda, Toyota oder Nissan messen mussten, die nicht nur in Asien, sondern auf den Märkten weltweit kontinuierlich zulegten.[19] Und für viele sah es danach aus, als würden die japanischen Marken den Autokrieg gewinnen. Der Ölpreisschock der 1970er-Jahre pushte die Nachfrage nach kleineren und effizienteren japanischen Autos mit ihrer innovativen Technik. 1975 übertraf Toyota zum ersten Mal Volkswagen auf dem weltweit lukrativsten Markt für Fahrzeuge, den USA.[20] Kein Wunder, denn der Käfer, VWs Kleinwagenikone, war zu dem Zeitpunkt bereits vierzig Jahre alt.

VW-Käfer vor der Verschiffung ins Ausland am VW-Dock in Emden.

Es ist insofern kein Zufall, dass Volkswagen während der 1980er-Jahre versuchte, seine Produktionskapazitäten in Regionen mit niedrigerem Lohnniveau auszubauen. Es begann 1977 damit, dass sämtliche Käfer, auch die für den deutschen Markt, nur noch in einem Werk in Puebla, Mexiko, produziert wurden. Als die für Deutschland bestimmten Fahrzeuge an dem früher dem Export dienenden VW-Kai in Emden entladen wurden, kommentierte ein Reporter das so: »Es war, als würde ein Film rückwärtslaufen.«[21] Jahrelang hatte Deutschland den Käfer exportiert, doch nun hatte der Wind sich gedreht. Von 1982 an ging VW mehrere Partnerschaften mit staatseigenen Betrieben im kommunistischen China ein, um dort Fahrzeuge zu produzieren. 1986 übernahm das Unternehmen den spanischen Autobauer SEAT, und 1988 schloss es eines seiner Montagewerke in den Vereinigten Staaten.[22] Volkswagen wandte seinen Blick auch nach Osten: Ab Mitte der 1980er-Jahre setzte im Kalten Krieg Tauwetter ein, und im Juni 1987 stand Ronald Reagan vor einer Menschenmenge, im Rücken zugleich das Brandenburger Tor und die

Berlin teilende Mauer. Von dort rief er dem sowjetischen Staatschef Michail Gorbatschow die berühmten Worte zu: »Tear down this wall.« Nachdem die Mauer zwei Jahre später tatsächlich gefallen war, bemühte sich VW umgehend um die Übernahme von Produktionsstätten in der ehemaligen DDR (Mosel, Chemnitz und Eisenach) und kaufte 1991 Škoda, einen ehemals staatseigenen Betrieb der kommunistischen Tschechoslowakei.[23] Der Offshore-Logik, der die Bibby Line mit der Registrierung ihrer Schiffe in Hongkong und auf den Bahamas gehorchte, folgte nun auch der VW-Konzern mit der Verlagerung seiner Produktion ins Ausland. Eine globale Strategie, die sich laxere Vorschriften und einen weniger regulierten Arbeitsmarkt zunutze machte, bedeutete ganz einfach niedrigere Kosten.

Vor dem Hintergrund des Konkurrenzkampfs mit den japanischen Autobauern konzentrierte sich die VW-Unternehmensstrategie in den 1970er- und 1980er-Jahren vor allem auf eine Senkung der Arbeitskosten und die Optimierung der Arbeitsabläufe. Dass VW sich auf dem gesamten Globus ausbreitete, milderte zwar die Nachteile der hohen Lohnkosten in Deutschland, doch da es sich nach wie vor um ein deutsches Unternehmen handelte, blieben seine Beschäftigten, Werke und Infrastruktur in Westdeutschland für das VW-Geschäft zentral.[24] Also modernisierte, optimierte und automatisierte VW diese Fabriken, um aus der teuren heimischen Belegschaft so viel Produktivität wie möglich herauszuholen. Laut Unternehmensführung lag der Fokus in den 1980er-Jahren auf der sogenannten Technologiestrategie, die der Prozessautomatisierung höchste Priorität einräumte.[25]

Die Geschichte der Unternehmen und Fabrikbesitzer, die sich Maschinen zuwandten, um Lohnkosten zu sparen, ist lang. Eine der einflussreichsten Theorien, warum die industrielle Revolution in Großbritannien (und nicht anderswo) begann, lautet, dass dort vergleichsweise hohe Löhne gezahlt wurden.[26] Hohe Löhne, so die These, treiben technische Innovationen voran. Die daraus hevorgehenden

Maschinen – wie James Hargreaves' Spinnmaschine *Spinning Jenny*, James Watts Dampfmaschine und Richard Arkwrights *Waterframe*, eine Spinnmaschine mit Wasserantrieb – seien Katalysatoren für enormes industrielles Wachstum gewesen. Doch ebenso lang schon wie Fabrikbesitzer Arbeitskräfte durch Maschinen ersetzen wollen, widersetzen sich die Arbeitskräfte dieser Entwicklung. Als in den 1810er-Jahren der Verlust von Arbeitsplätzen durch die Einführung neuer Industriemaschinen unausweichlich schien, wurden die Textilarbeiter in Nord- und Mittelengland zu Maschinenstürmern. Männerbanden – Anhänger des fiktionalen Helden General Ned Ludd – schlichen sich nachts in die Fabriken, um die neue Technik zu zerstören. Die sogenannten Ludditen waren beileibe nicht allein. Zwanzig Jahre später, als eine mechanisisierte Dreschmaschine auf den Feldern Englands Einzug hielt, reagierten die Landarbeiter unter Berufung auf den ebenfalls nicht realen »Captain Swing« ähnlich.[27]

In neuen Technologien steckt immer das Potenzial, vorhandene Beschäftigungsstrukturen zu zerstören und den Druck auf Beschäftigte mit niedrigen und mittleren Löhnen zu erhöhen. Die aktuellen Sorgen, wie sich die künstliche Intelligenz auf den Arbeitsmarkt auswirken könnte, sind dafür ein Paradebeispiel. Glücklicherweise lief die Einführung neuer Technologien in den 1980er-Jahren für die VW-Beschäftigten in Emden relativ glatt. Die Gastarbeiter waren schlechter geschützt, doch für die festangestellten Vollzeitkräfte setzte sich, wie erwähnt, die mächtige IG Metall ein, und auch die Unternehmensleitung machte deutlich, dass sie sich dem Wohlergehen ihrer Belegschaft verpflichtet fühlte. Die Technologiestrategie beruhte auf einer freundlicheren Form des kapitalistischen Arbeitsverhältnisses: der Sozialpartnerschaft zwischen Management und gut ausgebildeten und versorgten Beschäftigten mit hohen Löhnen, was in der Soziologie der damaligen Zeit als »Modell Deutschland« bezeichnet wurde.[28] Im Vergleich zur anderswo praktizierten Verlagerung von Arbeitsplätzen ins Ausland und Lohnkürzungen schien dieses Modell den globalen Kapitalismus mit einer Dosis europäischem Wohlfahrtsstaat abzumildern.

* * *

Gleich links neben der düsteren Grafik zur Arbeitslosigkeit als »Problem Nr. 1« erschien in der *Nordwest-Zeitung* im Mai 1988 ein auffälliger PR-Beitrag, der sich über zwei Seiten erstreckte. Er pries das neue »JUST IN TIME«-System, das eine deutsche Firma im Rahmen einer größeren Umrüstung im Auftrag von VW im Emder Werk installiert hatte. Ein System der »Datenfernübertragung« verband die Montagebänder in Emden mit einem anderen Werk, das im eineinhalb Fahrstunden entfernten Oldenburg Stoßstangen produzierte.[29] Ein computergesteuertes automatisches System würde den Bedarf der Emder Fabrik an den Lieferanten in Oldenburg übermitteln, sodass nicht mehr als fünfeinhalb Stunden zwischen dem Auftrag für die Stoßstange und ihrer Montage am Fließband vergehen würden. Der Artikel erklärte: »Eine spezielle Technik der Datenfernübertragung ermöglicht, daß Stoßfänger für Stoßfänger in Emden genau in der richtigen Reihenfolge ans Band gelangen.« Und das war angesichts von 240 unterschiedlichen Stoßstangenmodellen kein Kinderspiel.[30] Heute mag so etwas selbstverständlich erscheinen, doch Ende der 1980er-Jahre war dies der allerneueste Stand in Sachen Computerisierung und Industrietechnologie.

Die Datenfernübertragung war Teil der großen Modernisierung von VW in Emden – eine Modernisierung, die auch dazu führte, dass VW eine Unterkunftsplattform der Bibby Line leaste. Durch die Umrüstung wurde aus der Emder Montagestraße nicht nur ein vollautomatisiertes Wunderwerk sich geschmeidig voranbewegender Einzelkomponenten, sondern das Werk war nun auch mit einem anderen automatisierten Band in sechzig Kilometer Entfernung verbunden. Letztlich reichte dieses Computernetzwerk weit über Ostfriesland hinaus. Schließlich war Emden der deutsche Hafen, von dem aus der VW Passat in die globalen Lieferketten eingespeist wurde. Heute ist die ganze Welt von der »Just-in-time«-Produktion abhängig, bei der hochgradig vernetzte Lieferketten es ermöglichen, dass Fabriken Produkte bedarfsgerecht und nicht mehr im Voraus herstellen. Dies spart Lagerkosten für überschüssiges Material oder fertige Produkte und erlaubt höchste Effizienz beim Einsatz von Arbeitskräften und Kapital. Es senkt auch Zinskosten für kurzfristige Kredite zum Erwerb von Vorratsbeständen. Wie die Konsumentinnen und Konsumenten in aller Welt in den ersten Monaten der Covid-19-Pandemie erleben durften, kann die Just-in-time-Produktion auch zum Zusammenbruch von Lieferketten führen, wenn es bei einem Lieferanten stockt. Eine Kette ist immer nur so stark wie ihr schwächstes Glied, und ohne Produktvorräte kann sich eine kleine Störung lawinenartig zu einer großen entwickeln.

Ende der 1980er-Jahre war das Just-in-time-System für Volkswagen nicht nur ein technologisches Wunder, es spielte auch eine entscheidende Rolle, als es darum ging, den Passat auf den ausländischen Märkten zu lancieren. Die Karriere dieses Modells war in der Tat beeindruckend: »Der Passat aus Emden hatte einen ›Bombenstart‹«, schrieb die *Nordwest-Zeitung*.[31] 1987 verkaufte VW 211.936 Passate weltweit, im Jahr darauf 280.571. Die Zahlen stiegen Jahr für Jahr weiter an, bis auf 427.395 im Jahr 1991. Diese soliden weltweiten Verkaufszahlen waren der Grund, dass Volkswagen die Arbeitsplätze in Deutschland erhalten konnte: Die Technologiestrategie zahlte sich aus. Auch wenn der Konzern immer größere Teile der arbeitsintensiven Produktion nach Mexiko, Brasilien, Spanien und Osteuropa outsourcte, erhielten die boomenden globalen Absätze die Jobs in Emden und anderen Werken in der Bundesrepublik.[32] Es waren die Deutschen mit diesen Jobs, die auf der *Bibby Resolution* im Emder Hafen wohnten, während sie die umgestalteten Produktionsanlagen in Betrieb nahmen.

Denn auch fortgeschrittene Technik – ob Computerisierung, integrierte Just-in-time-Systeme oder automatisierte Werkhallen – benötigt immer noch menschliche Arbeitskraft. Beschäftigte mussten die neuen Anlagen installieren, Beschäftigte mussten lernen, wie man sie bedient. Diese Beschäftigten waren menschlich. Auch ihre Qualifizierung, ihr Transport und ihre Unterbringung erforderten wiederum eine Infrastruktur. Die gängige Erzählung vom Wiederaufblühen des VW-Konzerns in den 1980er-Jahren führt eine Reihe abstrakter Transformationen ins Feld: Es wurden in Europa und Übersee »neue Märkte erschlossen«. Es war dazu die Verlagerung von Arbeitsplätzen ins Ausland und die »Automatisierung« und »Optimierung« der Arbeitsprozesse in Deutschland nötig. Diese Optimierung – oder »Rationalisierung« in der Begrifflichkeit der offiziellen Unternehmensgeschichte – erforderte neue Technologien. Sie erforderte die Digitalisierung der Maschinen und ein abstraktes Produktionssystem. Doch ebenso erforderte sie Einrichtungen, die so gar nicht hypermodern, sondern sehr konkret und dinglich waren – Objekte wie unser Schiff.

* * *

Das Schiff, das noch immer *Bibby Resolution* hieß und nach wie vor auf den Bahamas registriert war, lag keine zwei Jahre in Deutschland, und sein Aufenthalt hinterließ kaum Spuren. Nur einmal wurde es Anfang 1989, kurz bevor es Emden wieder verließ, in einer knappen Meldung der *Nordwest-Zeitung* namentlich erwähnt, da hatten die VW-Beschäftigten es bereits geräumt. Der Artikel wies darauf hin, dass es für einen neuen Einsatz in New York überholt würde.[33]

In der Lokalberichterstattung wurde das Schiff als ehemaliges VW-»Hotelschiff« bezeichnet, in internen VW-Publikationen als »schwimmendes Hotel«, was durchaus bemerkenswert und bedeutsam ist.[34] Das Schiff war nach Westdeutschland transportiert worden, weil es zur Optimierung der Produktion einer globalen Handelsware gebraucht wurde. In Emden war es das vorübergehende Domizil gutbezahlter, gewerkschaftlich organisierter Arbeitskräfte, die in einem frisch automatisierten VW-Werk tätig waren. Insofern schien es angemessen, die *Bibby Resolution* als Hotelschiff zu definieren. Wichtig in diesem Zusammenhang ist, dass die Arbeiter zwar nur vorübergehend darin untergebracht waren, es sich aber nicht um Ausländer handelte. Den Großteil seiner Gastarbeiter hatte Volkswagen bereits entlassen,[35] denn als sich das Wachstum verlangsamte, hatten sie das als Erste zu spüren bekommen. Deshalb waren es weiße nordeuropäische Männer, die in dem sogenannten Hotelschiff wohnten. Ebenso wie die Bewohner von Bibbys »schwimmenden Hotels« auf den Falklandinseln weiße nordeuropäische Männer waren und die Leute, die in Consafes »Coastels« hätten wohnen sollen, weiße nordeuropäische Männer gewesen wären. Es handelte sich um Menschen, die in »Hotels« wohnten.

Daher ist die Bezeichnung des Schiffs als ehemaliges VW-Hotelschiff in der deutschen Presse ein subtiler, aber erhellender Hinweis. Was besonders auffällt, wenn man es mit den Benennungen für andere Bibby-Schiffe vergleicht, die im Norden der Bundesrepublik eingesetzt wurden, nachdem unser Schiff das Land verlassen hatte. 1989 charterte Hamburg, möglicherweise inspiriert von den Erfahrungen, die VW mit Bibby gemacht hatte, ein anderes Bibby-Schiff, die *Casa Marina*, um darin aus der DDR Geflüchtete unterzubringen.[36] Dies etablierte in der Hansestadt eine lange Tradition der Unterbringung von Geflüchteten auf Schiffen. Wie Bibby es in seinem Werbematerial formulierte, war die »›schwimmende Option‹ für Hamburg die kostengünstige, effiziente und schnelle Lösung für ein drängendes Unterbringungsproblem«.[37] Die Werbung stieß auf reges Interesse. Mit steigenden Geflüchtetenzahlen kamen immer mehr dieser Wohnplattformen in Hamburg an. Anfang der 1990er-Jahre leaste Hamburg weitere Schiffe von Bibby – die *Bibby Altona*, die

*Bibby Challenge* und die *Bibby Kalmar* –, um immer mehr Menschen darin einzuquartieren, die vor dem Krieg auf dem Balkan geflohen waren. Dann schloss Bibby Verträge mit dem niederländischen und dem britischen Staat, darunter einen für die *Bibby Stockholm*, auf der 2023 und 2024 in Südengland Asylsuchende untergebracht wurden. 1992 beantragten allein in Hamburg 19.700 Personen Asyl. Im nächsten Jahr waren es mit 42.000 mehr als doppelt so viele.[38] Anfang der 2000er-Jahre wurden die Schiffe zunehmend mit Menschen aus Afrika und der Türkei belegt, die zu denen aus Südosteuropa hinzukamen. Als davon nun in der deutschen Presse die Rede war, hießen sie nicht mehr »Hotelschiffe«, sondern »Wohnschiffe« oder gelegentlich »Containerschiffe«, auch wenn sie rein technisch mit unserem Schiff identisch waren.[39]

Laut einem Artikel der *New York Times* von 1995 waren die Bedingungen auf den Geflüchtetenschiffen in Hamburg »kaum anders als mit elend« zu beschreiben.[40] Der Vorsitzende einer Flüchtlingshilfsorganisation klagte damals: »Das sind keine Konzentrationslager. Es sind auch keine Gefängnisse. Dennoch gibt es dort Sicherheitsleute. Und man treibt auf dem Wasser, abgeschnitten vom normalen Stadtleben. Das sind definitiv unfreundliche Orte.«[41] Die Lebensumstände an Bord der »Containerschiffe« waren definitiv schlechter als auf dem »Hotelschiff« in Emden. Die Unterkünfte in Hamburg mit »Hotels« zu vergleichen, wäre irreführend, ja extrem euphemistisch gewesen. Doch was ein Hotelschiff tatsächlich von einem Containerschiff unterschied, war die Art von Menschen, die es beherbergte. Deutsche Facharbeiter wohnten auf Ersterem, Geflüchtete aus ärmeren Ländern auf Letzterem. Die *Bibby Resolution* war wie andere Bibby-Schiffe ein leerer *Behälter*, dessen Bedeutung aus dem resultierte, was oder wen er *enthielt*.

* * *

Ob in Hamburg oder in Emden, diese Kähne waren in jedem Fall »unfreundliche Orte«. Für die Arbeiter in Emden war die *Bibby Resolution* unfreundlich, weil es sich nur um ein Provisorium handelte, kalt und unpersönlich, auch wenn das Schiff vor einer Stadt ankerte, deren Bewohner auch völlig Fremde jovial im regionalen Dialekt mit »Moin!« grüßen. Unfreundlich war auch das, wofür sie stand, nämlich das Ende des Wirtschaftswunders und damit auch das Ende von relativ leicht zu bekommenden gutbezahlten Jobs in der Produktion. VWs »Modell Deutschland« mag bedeutend weniger brutal ausgefallen sein als die Outsourcing-Programme vieler vergleichbarer Konzerne und Konkurrenten. Doch dass das Unternehmen die technologische Innovation betonte, änderte nichts an der zugrunde liegenden Tatsache, dass die Arbeitskosten gesenkt werden mussten.

Wenn hohe Löhne Konzerne wie VW zur Optimierung, Computerisierung und Automatisierung trieben, mussten auch die Beschäftigten effizienter werden. Auch sie selbst mussten zu noch besseren Rädchen in einer globalen, multinationalen Maschinerie werden. Und wie man es auch nannte, unser Schiff war ebenso ein Quartier für produktive Rädchen wie eine Unterkunft für Menschen. Seine Architektur war funktional und modular, weil auch sein Einsatz funktional und modular war. Für Geflüchtete und Migranten in einem Deutschland, das sie nur widerstrebend aufnahm, gestaltete man sie sogar noch abweisender. Auch diese Menschen wurden wie modulare Einheiten behandelt, die in standardisierte Wohncontainer zu passen hatten. Doch selbst diese Geflüchtetenunterkünfte waren nicht annähernd so unfreundlich, wie die *Bibby Resolution* werden sollte, nachdem sie Emden verlassen hatte. Denn während sich die Bibby-Schiffe in Deutschland in immer abweisendere Orte verwandelten, machte man sie in den USA zu richtigen Gefängnissen.

# 6

# EAST RIVER

| | Das Schiff | Das Schwesterschiff |
|---|---|---|
| **1987** | | Die *Bibby Venture* verlässt Stanley und wird auf den Bahamas registriert. Sie wird außerhalb von London instandgesetzt und dann dem New York City Department of Correction (Strafvollzugsbehörde) übergeben. Unter der Bezeichnung Maritime Facility I wird sie an Pier 36 im East River stationiert. |
| **1988** | Die *Bibby Resolution* verlässt Stanley und wird auf den Bahamas registriert. Sie wird außerhalb von London instandgesetzt und dann nach Deutschland an das Volkswagenwerk in Emden geliefert. | Die *Bibby Venture* zieht zu Pier 1 in Brooklyn um. |
| **1989** | Die *Bibby Resolution* wird nach New York gebracht, wo das New York City Department of Correction (Strafvollzugsbehörde) sie least. An Pier 36 vor Manhattan wird sie unter der offiziellen Bezeichnung Maritime Facility II als Haftanstalt genutzt. | Die *Bibby Venture* wird zu Pier 40 am Hudson River in Manhattan gebracht. |

| | **Das Schiff** | **Das Schwesterschiff** |
|---|---|---|
| **1994** | Die Haftanstalt auf der *Bibby Resolution* wird geschlossen und das Schiff nach Brooklyn gebracht. Die Stadt New York kauft es. | Die Haftanstalt auf der *Bibby Venture* wird geschlossen. Die Stadt New York kauft das Schwesterschiff. |

Mitte August 1990 fand eine Sonderanhörung im Unterausschuss zur Strafjustiz des Repräsentantenhauses statt, die der Abgeordete Chuck Schumer an einem äußerst ungewöhnlichen Ort eröffnete: der Sporthalle eines New Yorker Gefängnisses. Schumer hatte die Sitzung einberufen, um die neuen Drogentherapieprogramme im Strafvollzug in Szene zu setzen. New York befand sich im Krieg gegen die Drogen, und das Gefängnis, in dem Schumer auftrat, war eine nagelneue Waffe im städtischen Arsenal: eine ausschließlich der Therapie gewidmete Einrichtung.

Das Gefängnis war nicht nur in dieser Hinsicht einmalig, sondern auch noch in einer anderen zumindest ungewöhnlich. Die »Maritime Facility II« war eine schwimmende Justizvollzugsanstalt, die an der Südspitze Manhattans im East River lag. Es handelte sich um nichts anderes als unser Schiff: die in britischem Eigentum befindliche *Bibby Resolution*. Die Plattform, die immer noch offshore, nämlich auf den Bahamas, registriert war, ermöglichte es New York, auch seine Sträflinge buchstäblich offshore unterzubringen. Mit ihrer bahamaischen Flagge und ihren nach wie vor schwedischsprachigen Schildern brachte sie die Offshore-Welt nach New York und den globalen Kapitalismus in das System der lokalen Masseninhaftierung.

Auf dem Weg zu seiner Kongressanhörung auf dem Schiff hatte Chuck Schumer heikles Terrain gequert. Bei der Fahrt durch die Lower East Side musste er Areale voller Sozialwohnungsbauten passiert haben. Zu den Zeugnissen jahrzehntelanger Bemühungen, den Armen dieser Stadt ein Dach über dem Kopf zu verschaffen, gehörten die weitläufigen niedrigen Vladeck Houses, die vor dem Eintritt der

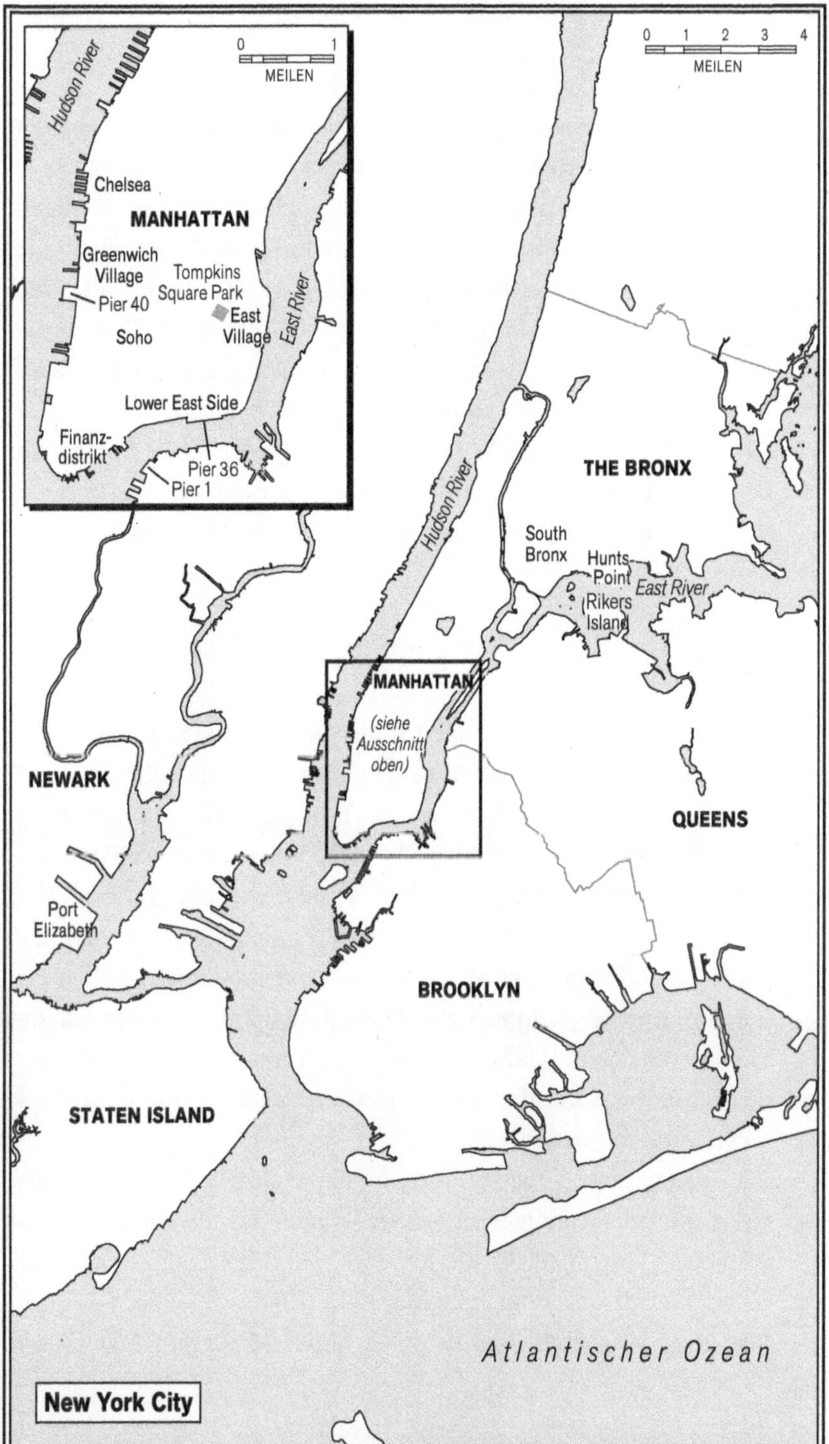

New York City
0 1 2 3 4
MEILEN
0 1
MEILEN
Hudson River
Chelsea
MANHATTAN
Greenwich Village
Tompkins Square Park
Pier 40
East Village
East River
Soho
Lower East Side
Finanz-distrikt
Pier 36
Pier 1
THE BRONX
Hudson River
South Bronx
Hunts Point
East River
Rikers Island
MANHATTAN
(siehe Ausschnitt oben)
NEWARK
QUEENS
Port Elizabeth
BROOKLYN
STATEN ISLAND
Atlantischer Ozean

USA in den Zweiten Weltkrieg errichtet worden waren. Dann die gedrungenen Backsteintürme der Fiorello LaGuardia Houses, sie hatten die Form von Pluszeichen und waren Mitte der 1950er-Jahre bezugsfertig geworden. Außerdem waren da noch die zwanzigstöckigen Rutgers Houses, eröffnet 1965, nachdem die Gegend Schauplatz lang anhaltender Bürgerrechtsproteste gewesen war. Und schließlich die Two Bridges Urban Renewal Area, deren 1975 fertiggestellte Türme sechsundzwanzig Stockwerke hatten. Wenn Schumer dann unter dem sechsspurigen FDR Drive durchgefahren war, befand er sich am East River, links von ihm die Williamsburg Bridge, rechts die Manhattan Bridge und die Brooklyn Bridge, die sich über den Fluss erstreckten. So war er wohl zu Pier 36 gelangt, an dem die *Bibby Resolution* ankerte.

* * *

Abgesehen von unserem Schiff war Pier 36 leer – was unmittelbar der Tatsache Ausdruck verlieh, dass sich New York sehr schnell von einem Ort des Handels mit physischen Objekten zu einem Zentrum für Dienstleistungen und abstrakte Finanzprodukte gewandelt hatte. Von Pier 36 aus hatte man Richtung Süden einen beeindruckenden Blick über den East River. Im Vordergrund die ausgestorben wirkende Uferzone, Relikt eines einst geschäftigen Hafens, der inzwischen zur Industrieruine verkommen war. Doch direkt hinter den Spuren des FDR Drive ragten die Spitzen von New Yorks glitzerndem Finanzdistrikt in die Höhe, die von den Glastürmen des World Trade Centers dominiert wurden.

Pier 36 selbst war noch keine fünfundzwanzig Jahre alt und erzählte eine Geschichte von internationalen Ambitionen und vorzeitiger Obsoleszenz. Eigentlich für die Reisenden und die Fracht der Schifffahrtsgesellschaft Compagnie Maritime Belge (CMB, auch Belgian Line genannt) gedacht, war die Anlage von der Stadt für 7,5 Millionen

Dollar errichtet worden, wozu der Staat New York beträchtliche Zuschüsse geleistet hatte. In den beschwingten 1960er-Jahren wollte die Stadtplanung damit die Verbindung New Yorks mit Belgien und den anderen Destinationen der CMB, Kongo und Angola, stärken. Der Pier wurde 1965 mit viel Tamtam eingeweiht, in Anwesenheit zahlreicher amerikanischer und belgischer Würdenträger, darunter der belgische Botschafter und Prinz Albert, der spätere belgische König.[1] In seinem Grußwort pries der republikanische Gouverneur von New York, Nelson Rockefeller, den Bau von Pier 36 als die »Wiederbelebung dieses Teils der New Yorker Hafenanlagen«.[2] Rockefellers Prognosen erwiesen sich als definitiv zu rosig. Der Abstieg von Pier 36 stand in direktem Zusammenhang mit dem Aufstieg genormter Frachtcontainer. Die Stadtoberen in New York hatten gehofft, Pier 36 könne mit den riesigen neuen Anlagen konkurrieren, die der Bundesstaat New Jersey (der mit der unabhängigen Port of New York Authority, der New Yorker Hafenbehörde, zusammenarbeitete) gerade direkt gegenüber am anderen Hudson-Ufer in Newark und Port Elizabeth baute.[3] Doch im Gegensatz zu diesen Anlagen, die sich quadratkilometerweit über billiges Land in der Nähe von Eisenbahnanschlüssen erstreckten, konnte Pier 36 nie von Containerschiffen angelaufen werden – dazu reichte seine Fläche einfach nicht aus.[4] Damit war es als Frachthafen im Augenblick seiner Fertigstellung bereits obsolet. Mitte der 1970er-Jahre hatte New York den größten Containerhafen der Welt vorzuweisen, doch all diese Frachter steuerten nicht Manhattan an, sondern fast ausschließlich New Jersey. Nachdem der fünfzehnjährige Pachtvertrag mit der CMB endete, verlängerte diese ihn nicht, und die Stadt hatte Mühe, einen neuen Pächter zu finden. Mitte der 1980er-Jahre war Pier 36 komplett verwaist und wartete auf unser Schiff und sein Schwesterschiff.

Zwar wirkte sich die unerbittliche Effizienz von Containern und Containerhäfen weltweit verheerend auf die Arbeitsplatzsituation bei der Be- und Entladung von Schiffen aus, doch New York City wurde davon besonders hart getroffen. Aufgrund des knappen Raums war es unmöglich, vorhandene Verschiffungsanlagen in Manhattan oder Brooklyn in Terminals für Containerschiffe umzubauen, weswegen massenhaft Jobs verlorengingen. Die Zahl der Menschen, die bei Unternehmen für die Schiffsfrachtabfertigung beschäftigt waren, ging von 19.007 im Jahr 1964 auf 7.934 im Jahr 1976 zurück. In den Jahren 1963/64 fielen bei Firmen in Manhattan 1,4 Millionen Arbeitstage mit Lösch- und Ladearbeiten an, zwölf Jahre später nur noch 127.000. Eine ähnliche, etwas weniger dramatische Entwicklung war auf der anderen Seite des East River in Brooklyn zu beobachten.[5]

Als die zwei Kähne in Lower Manhattan ankamen, wo sich einst ein viel genutzter Hafen und viele kleine Handwerksbetriebe befunden hatten, war von der zwanzig Jahre früher herrschenden Betriebsamkeit kaum mehr etwas zu spüren. Wie Schweden oder Großbritannien zahlte auch New York einen hohen Preis für die Globalisierung und den Wandel zur Dienstleistungsökonomie. Im südlichen Teil Manhattans war die Zahl der Obdachlosen besonders hoch und sichtbar. Der Verlust an Industrie hatte die Gegend regelrecht ausgezehrt. Die Piere waren verwaist, die Straßen voller Müll, die Inhaftierungszahlen stiegen.

Was dem Viertel dann Ende der 1980er-Jahre widerfuhr, fühlte sich an wie ein schlechter Scherz. Mit der Ankunft unseres Schiffs und seines Schwesterschiffs machte man ausgerechnet ein Areal, das durch die Containerisierung wirtschaftlich marginalisiert und ausgetrocknet worden war, zum Anlaufpunkt für zwei Containerschiffe. Doch diese Containerschiffe sollten keine Fracht enthalten. Sondern Menschen.

* * *

Zuerst kam die *Bibby Venture*. 1988, zwei Jahre vor Chuck Schumers Anhörung, als die *Bibby Resolution* auf dem Weg nach Deutschland war, um VW-Beschäftigte zu beherbergen, wurde ihr Schwesterschiff nach New York transportiert. Verzweifelte Beamte des DOC (Department of Correction, die Strafvollzugsbehörde der Stadt) hatten es als schwimmendes Gefängnis geleast. Plätze in den Haftanstalten New Yorks waren äußerst knapp; die Belegung hatte bereits mehr als 106 Prozent der vorgesehenen Systemkapazität erreicht.[6] Wenn die New Yorker Polizei immer mehr Menschen festnahm, stieg natürlich auch der Bedarf an Gefängnisplätzen. Dieser Druck führte zum Leasing des ersten Kahns, der die Kapazitäten ohne lange Vorlaufzeit erweitern konnte. Wie das DOC verlautbaren ließ, war die *Bibby Venture* »drei Monate nach Beginn der Verhandlungen einsatzfähig« – eine erstaunlich kurze Bearbeitungszeit.[7] Was daran lag, dass die Bibby Line nicht allzu viel verändern musste, um die *Venture* in ein Gefängnis zu verwandeln. »Man bat uns, die Fenster zu vergittern und die Türen mit Schlössern zu versehen«, sagte der Bibby-Geschäftsführer damals.[8]

So leaste die Stadt die *Bibby Venture* mit ihren 379 Betten für 19 Millionen Dollar über fünf Jahre, mit der Option, den Kahn nach Ablauf des Vertrags für einen symbolischen Betrag zu übernehmen.[9] Im Vergleich zu den Kosten für die Errichtung einer dauerhaften Strafvollzugsanstalt schien das eine vernünftige Entscheidung. Als die Stadt im darauffolgenden Jahr das Rose M. Singer Center, eine Anstalt mit 800 Plätzen auf Rikers Island, eröffnete, beliefen sich die Vorlaufkosten auf 100 Millionen Dollar. Allerdings waren die langfristigen Kosten niedriger, und die Investition in ein festes, auf seinen Zweck hin geplantes Gebäude hatte auch andere Vorteile. Deswegen hielten nur die allerwenigsten in der Stadtverwaltung das Schiff für ein Schnäppchen. Die Stadt befand sich vielmehr in einer Notlage und war bereit, viel Geld auf den Tisch zu legen, um ihr zu entkommen.

Die Notlage war freilich hausgemacht: Der Platz in den New Yorker Gefängnissen wurde vor allem wegen eines aggressiven polizeilichen Vorgehens knapp, das sich ganz überwiegend gegen junge männliche Persons of Color (POC) richtete. Nach Jahren des von den US-Bundesbehörden geführten »Kriegs gegen das Verbrechen« und »Kriegs gegen die Drogen« waren die Inhaftierungszahlen auf einem Allzeithoch. In den vorausgehenden fünfzehn Jahren hatte sich das Land von der konstruktiven Herangehensweise eines Kampfs gegen die Armut und dem Vertrauen in Rehabilitation nach und nach abgewandt und war bei der Behebung sozialer Probleme zunehmend auf einen harten Kurs der Bestrafung umgeschwenkt.[10]

Den Wendepunkt stellte das Jahr 1973 dar, acht Jahre nach Eröffnung von Pier 36 in Gegenwart des belgischen Prinzen. Da brachte Nelson Rockefeller im Bundesstaat New York ein Gesetz zur Bestrafung von Drogentätern durch, das von der Legislative in der Hauptstadt Albany wegen seiner besonderen Strenge den Spitznamen »Attila the Hun Law« bekam. Man machte sich damals die Stimmung in der Bevölkerung zunutze, die laut Rockefeller »die Invasion einer Armee« von Drogenabhängigen fürchtete. Die entsprechenden Rechtsvorschriften, von denen sich andere Bundesstaaten inspirieren ließen, sahen eine Nulltoleranzstrategie mit konsequenten Festnahmen und Inhaftierungen vor.[11]

Diese Entwicklung verstärkte sich noch durch den sogenannten Krieg gegen die Drogen. Die Reagan-Regierung verkaufte ihn als moralische Schlacht um die amerikanischen Werte, die auf den Straßen amerikanischer Städte mit einer Fülle militärischer Ausrüstung ausgefochten wurde. Während die Weltwirtschaft nach dem dreißig Jahre anhaltenden Nachkriegsboom zu schwächeln begann und alte Tätigkeitsfelder wie die Be- und Entladung von Schiffen wegfielen, setzte die Regierung lieber auf Waffen statt auf Butter. Als Reagan mehr Eigenverantwortung und einen schlanken Staat propagierte und dafür Programme der Sozialfürsorge zusammenkürzte, vergaß er, dass im Gegenzug die Kosten für die Gesetzesvollstreckung massiv ansteigen würden. Das Resultat war ein wachsendes Problem mit der Masseninhaftierung. Von 1965 bis 1988 verfünffachte sich die amerikanische Gefängnispopulation, und der Anteil schwarzer Menschen sowie von Latinas und Latinos daran stieg im gleichen Zeitraum von etwa einem Drittel auf die Hälfte.[12] In den Gefängnissen der Stadt New York war dieses Ungleichgewicht besonders ausgeprägt: 1990 war in New York die ganz große Mehrheit der Bevölkerung weiß, während in den städtischen Gefängnissen der Anteil schwarzer Menschen den der weißen deutlich überstieg. Im Verlauf des Jahres 1990 waren in New York etwa 8500 Schwarze und 6300 Latinos/Latinas in Haft, im Vergleich zu nur etwa 1500 Weißen.[13]

Wenn es um immer härtere Strafen im amerikanischen Rechtssystem ging, stand diese Stadt in der Tat an vorderster Stelle, denn gerade dort wuchsen die Zweifel an der Durchsetzungsfähigkeit der Polizei und wurden damit zu einem zentralen Thema der politischen Auseinandersetzung.[14] In den 1980er-Jahren lancierte die Verwaltung unter Bürgermeister Ed Koch eine Kampagne zur Verbesserung der »Lebensqualität«, die auch ein hartes Durchgreifen gegen Obdachlose und Drogenabhängige einschloss. Koch war nach der Finanzkrise der Stadt in den 1970er-Jahren gewählt worden, einer Phase, in der New York massive und schmerzhafte Einsparungen im Sozialbereich, unter anderem bei Krankenhäusern und Schulen, vornehmen musste, um nicht zahlungsunfähig zu werden. Wie im Großbritannien Margaret Thatchers wurde in Kochs New York die Wohlfahrt als zu teuer erachtet, um sie auch in ökonomisch harten Zeiten aufrechtzuerhalten. Koch machte sich die Furcht vor erneuten Krisen zunutze und präsentierte sich als ein neuer Typus demokratischer Politiker, der weder vor Kürzungen bei Maßnahmen gegen die Armut noch vor der Auseinandersetzung mit den starken Gewerkschaften des öffentlichen Dienstes zurückschreckte. Doch vor allem stellte er seine harte Haltung gegen die Kriminalität heraus, versprach, gegen Protestierende durchzugreifen, und machte sich für die Todesstrafe stark.[15] Während seiner Amtszeit (1978–89) bewegte sich Ed Koch immer weiter weg von städtischem Liberalismus und hin zu einer Law-and-Order-Politik.[16] Der Präsident der örtlichen Polizeigewerkschaft erinnert sich:

»Immer wenn in einer Polizeiversammlung der Bürgermeister angekündigt wurde, bekam er begeisterte Standing Ovations.«[17] Während Kochs Vorgehen ihm die uneingeschränkte Loyalität der städtischen Polizei sicherte, führte sein Werben um die (sowohl weiße als auch schwarze) New Yorker Mittelschicht zu immer mehr Kontrollen, Festnahmen und Inhaftierungen vor allem männlicher PoCs.[18]

* * *

Die 1980er-Jahre waren eine Epoche, in der das Unbehagen angesichts einer empfundenen Unordnung städtischen Lebens wuchs. Man braucht sich nur die vielen Kino-Blockbuster jener Zeit vor Augen zu halten, in denen in einer dystopischen nahen Zukunft das Recht dem totalen Chaos gewichen war: *Die Warriors* (1979), *Mad Max* (1979, 1985), *Mad Max II – Der Vollstrecker* (1981), *Blade Runner* (1982), *RoboCop* (1987). In *Die Klapperschlange* (1981) erschuf Regisseur John Carpenter ein Manhattan des Jahres 1997, das man in ein ummauertes Hochsicherheitsgefängnis umgewandelt hatte. Die tatsächlichen Lebensbedingungen im New York dieser Zeit waren nicht ganz so dystopisch, aber allemal ziemlich hart. Aufgrund von immer mehr Verhaftungen verschlechterte sich auch die Lage in den städtischen Gefängnissen. 1983 verfügte ein Gericht wegen der Überbelegung die Freilassung von sechshundert Personen aus städtischem Gewahrsam – was den Bürgermeister zu einer sofortigen Reaktion veranlasste. Stanley Brezenoff wurde einige Monate später stellvertretender Bürgermeister und erinnerte sich, dass »Koch nur wenige Themen mit mir erörterte«. Die Freilassung war eine davon. Koch »wies mich an, ja, appellierte an mich, so etwas nicht wieder geschehen zu lassen«.[19]

Recht und Ordnung hingen davon ab, Kriminelle hinter Gittern zu behalten, doch eine Überbelegung der Gefängnisse zu vermeiden, glich einer Herkulesaufgabe. In dem Jahr, in dem Brezenoff ins Amt kam, reichten die Insassen der Correctional Institution for Men

(CIFM), einer städtischen Haftanstalt auf Rikers Island, eine Sammelklage gegen das DOC ein. Aus ihrer Sicht handelte es sich bei der Kombination aus Überfüllung, unqualifiziertem Personal und gewaltgeprägten Lebensumständen um eine grausame und ungewöhnliche Bestrafung. Der Fall zog sich über sechs Jahre und endete mit einer scharfen Rüge für die Strafvollzugsbehörde.[20] Währenddessen stiegen die Häftlingszahlen in der Stadt weiter an. Anfang 1986 saßen 11.500 Personen in New Yorker Gefängnissen ein, im Herbst des Folgejahrs schon fast 16.000.[21] (Zum Vergleich: Anfang 2022 waren es durchschnittlich 5700.[22]) In den 1980er-Jahren platzten die Zellen aus allen Nähten, phasenweise wurden dreißig Frauen in einen Haftraum gequetscht und waren gezwungen, eine einzige nur teilweise abgeschirmte Toilette zu benutzen.[23] Ein andermal lud das DOC Insassen nachts in Stadtbusse und fuhr sie herum, nur um Platz in den Haftanstalten zu schaffen.[24] Wie diverse Klagen deutlich machten, waren Gefängnisse gefährliche Orte. 1986 gab es allein in der CIFM sechshundert dokumentierte Fälle von Gewalt zwischen Insassen, bei denen Waffen (darunter improvisierte Stichwaffen), Klingen, Rasierer, Ammoniak oder Bleichmittel zum Einsatz kamen. Sowohl die Gefangenen als auch Fachleute bezeugten eine Kultur exzessiver Gewalt durch Justizvollzugsbeamte, wozu immer wieder Schläge gehörten. DOC-Beamte räumten zwischen 1985 und 1987 allein in der CIFM zweiundzwanzig Fälle des »Missbrauchs von Gewalt« ein. Auch hier wieder ein Vergleich: In sämtlichen Haftanstalten des Los Angeles County mit etwa zehnmal so vielen Häftlingen wie in der CIFM wurden im gleichen Zeitraum fünfundzwanzig Fälle dokumentiert.[25] Die städtischen Gefängnisse waren voller Lärm, Gestank und Gewalt – vor allem eben voller Menschen.

Immer wieder befand das Board of Correction (BOC), das offizielle Aufsichtsgremium, das mit der Kontrolle und Steuerung des DOC betraut war, die Zahl der Inhaftierten sei »inakzeptabel hoch«. Die Strafvollzugsbehörde litt unter chronischem Personalmangel: Über vierhundert Stellen waren unbesetzt.[26] Selbst nach einem größeren Aufstand in der CIFM im Oktober 1986 beließ die Behörde es bei einer Überbelegung von 120 Prozent und plante sogar mit bis zu 140 Prozent. Gefängnisse seien nicht »unbegrenzt dehnbar«, warnte der Vorsitzende des BOC. Ende der 1980er-Jahre jedenfalls war das Maß voll.[27]

Es hätte natürlich einen einfachen Weg gegeben, die Überbelegung zu reduzieren: weniger Festnahmen durch die New Yorker Polizei. Michael Jacobson, damals stellvertretender Stadtkämmerer, erinnert sich an wiederholte Vorschläge des OMB (Office of Management and Budget, die Verwaltungs- und Haushaltsbehörde), wie sich die Gefängnispopulation senken ließe. Doch das ließ der Bürgermeister nicht zu, dem es politisch unvorstellbar erschien, die Polizei zu mehr Nachsicht aufzufordern.[28] Die Law-and-order-Devise verlangte nach deutlich sichtbaren und aggressiven Aktionen.

Diese Herangehensweise war allgegenwärtig und erfasste sogar das BOC, das eigentlich reformorientierte Aufsichtsgremium. Dessen Mitglieder waren generell eher progressiv eingestellt: Der Vorsitzende Robert Kasanof hatte zuvor die Legal Aid Society geleitet, eine Non-Profit-Organisation, die einen Großteil der New Yorker Pflichtverteidiger zur Verfügung stellte.[29] Rose Singer, ein weiteres Mitglied des BOC, hatte Friendly Visitors gegründet, eine Organisation zur Unterstützung inhaftierter Frauen. Barbara Margolis arbeitete ehrenamtlich als Gefängnisrechtsbeistand. David Schulte war Vorsitzender der New York Anti-Defamation League, die sich gegen Antisemitismus einsetzt. William Booth hatte die New Yorker Sektion der NAACP (National Association for the Advancement of Colored People, eine schwarze Bürgerrechtsbewegung) geleitet.[30] All diese Menschen setzten sich also für marginalisierte Teile der Stadtbevölkerung ein, mussten aber bestimmte harte politische Realitäten zur Kenntnis nehmen. Barbara Margolis, die mit Ed Koch befreundet war (und für ihn gespendet hatte), erinnerte sich in einem 1994 stattfindenden Interview für ein Oral-History-Projekt mit Bedauern an dessen Meinung zu einer Gefängnisreform. »Bis heute hält Ed mich für verrückt«, sagte sie. »Wenn es nach Ed ginge, würden wir [die Stadt New York] ein Riesengrundstück im nördlichen Nevada kaufen, den Großteil unserer Häftlinge dorthin verlegen und sie dort den Rest ihres Lebens machen lassen, was sie wollen.« Koch, so Margolis, »glaubt absolut nicht an … Rehabilitation. Aber er ist ein großartiger Freund.«[31]

Was auch immer ihre ursprünglichen Absichten waren, die Mitglieder des BOC nickten das beispiellose städtische Programm der Masseninhaftierung ab. Eine breite Mehrheit der politischen Akteurinnen und Akteure stand hinter einer Politik, die den Grundstein für die US-weite rassistische Massenüberwachung und -inhaftierung legte. Wie James Forman und Michael Javen Fortner zeigen konnten, plädierten selbst viele schwarze Führungsfiguren in den 1970er- und 1980er-Jahren für ein härteres Vorgehen gegen Drogen und Waffengewalt, um schwarze Menschen und ihre Communitys zu schützen.[32] Das BOC war natürlich nicht verantwortlich für den Krieg gegen die Drogen, doch in der geschilderten politischen Lage nahm es die steigenden Verhaftungsraten hin. Das Aufsichtsgremium wurde sogar zum eifrigen Befürworter einer in den 1980ern aufkommenden neuen Herangehensweise an Kriminalität, eines Ansatzes mit gut gemeinten liberalen Wurzeln, der die anschwellende Krise noch weiter verschlimmern würde: die sogenannte Broken-Windows-Theorie.[33]

* * *

Die Broken-Windows-Theorie formulierten erstmals 1982 die Soziologen George L. Kelling und James Q. Wilson in der Zeitschrift *The Atlantic Monthly*. Sie gingen davon aus, dass sichtbare Zeichen von Unordnung – wie Trunkenheit im öffentlichen Raum, Graffiti oder zerbrochene Fenster – in Städten ganz generell ein Klima der Gesetzlosigkeit fördern, in dem weitere Kriminalität auch in schwererer Form gedeiht.[34] Für die Prävention schwerer Kriminalität sei es deshalb entscheidend, so Kelling und Wilson, Menschen »mit schlechtem Ruf, lärmender Aufdringlich- oder Unberechenbarkeit: Bettler, Betrunkene, Süchtige, randalierende Jugendliche, Prostituierte, Herumhängende und psychisch Kranke« unter Kontrolle zu halten. Die öffentliche Ordnung habe oberste Priorität, selbst wenn dies eine Verfolgung marginalisierter sozialer Gruppen zur Folge habe. Die beiden Wissenschaftler sahen es so:

> Der Wunsch nach »Entkriminalisierung« anstößigen Verhaltens, welches niemanden [sic] schadet, – und damit der Wegfall des letzten Sanktionsmittels der Polizei, um die öffentliche Ordnung zu gewährleisten – ist, so denken wir, ein Fehler. Einen einzelnen Betrunkenen oder einen einzelnen Landstreicher zu verhaften, der keiner erkennbaren Person geschadet hat, scheint ungerecht zu sein und ist es auch in gewisser Weise. Aber nichts gegen eine Anzahl von Betrunkenen oder hundert Landstreicher zu unternehmen, kann eine ganze Gemeinde zerstören.[35]

Im New York der 1980er-Jahre fielen aus Sicht der Stadtspitze ganze Stadtviertel – die Lower East Side beispielsweise – unter diese Art der öffentlichen Verwahrlosung, die Kelling und Wilson geißelten. Die liberalen Mitglieder des BOC waren überaus begeistert von der Broken-Windows-Theorie und ihrem Urheber James Q. Wilson, einem renommierten Politologen der Harvard University. Aus seiner rassistisch geprägten Sicht auf schwarze Communitys und Familien argumentierte Wilson, Rehabilitation sei eine Illusion und nur Gesetzesvollstreckung und Abschreckung könne antisoziales Verhalten eindämmen.[36] 1987 erhielt das BOC von Wilson besprochene VHS-Kassetten und kaufte »einen Fernseher und einen Videorekorder, um diese Bänder und andere Aufnahmen zum Gefängnissystem ansehen zu können«.[37] Der BOC-Vorsitzende bat Wilson, den damals wohl bekanntesten Kriminologen des Landes, im Herbst 1986, jemanden als Berater für das BOC zu empfehlen. Wilson schlug seinen ehemaligen Doktoranden und regelmäßigen Mitarbeiter John DiIulio jr. vor, der an der Princeton University tätig war. DiIulio wurde daraufhin offizieller Berater des BOC und prägte 1995 den von den Medien sofort aufgegriffenen Ausdruck *super-predator* (Spitzenprädator) für vermeintlich hochgefährliche jugendliche Straftäter. Er war ein Verfechter der harten Hand bei der Führung von Gefängnissen: Es brauche weniger Unterstützung als vielmehr Ordnung. Seiner Ansicht nach war das Ziel der Inhaftierung nicht »Rehabilitation«, wie es jahrzehntelang die Auffassung von Liberalen gewesen war, sondern »Management«, und das sollte mit neuen administrativen und wissenschaftlichen Methoden gelingen.[38]

Im Allgemeinen teilten die Mitglieder des BOC derartige Ansichten. Robert Kasanof, früherer Leiter der Legal Aid Society, vertrat die Auffassung, das Aufsichtsgremium sei »vor allem mit dem Schutz der öffentlichen Sicherheit betraut« und »erkennt an, dass bis zu einem gewissen Grad auch der Einsatz von Gewalt unvermeidlich ist, wenn man eine überwiegend asoziale Population zu organisieren hat«.[39] Nach einem gewalttätigen »Aufstand« aufgrund der Haftbedingungen 1988 fragte David Schulte bei einer Sitzung die Beamten der Strafvollzugsbehörde, ob die Wächter mit Uzi-Maschinenpistolen bewaffnet seien und die Erlaubnis hätten, auch tödliche Schüsse abzugeben. Es schien niemanden im Raum zu überraschen, dass die Antwort auf beide Fragen Ja lautete, obwohl ein Sprecher der Behörde den Aufstand als »geringfügig« bezeichnet hatte.[40] Die Insassen hatten eben einfach verwaltet zu werden. Richard Wolf, Exekutivdirektor des Gremiums, sprach von einer »unverhältnismäßig großen Zahl extrem uneinsichtiger Insassen, darunter die berüchtigsten mutmaßlichen Drogendealer«.[41]

Wenn also das BOC seine Bedenken wegen der Überbelegung der städtischen Gefängnisse äußerte, dann nicht aus Sorge um die

Gefangenen, sondern um die »öffentliche Sicherheit«, insbesondere aus Furcht vor Aufständen. Eigentlich hatte das BOC angeordnet, dass jedem Häftling der städtischen Gefängnisse durchschnittlich 60 Quadratfuß (ca. 5,5 qm) Raum zur Verfügung stehen müsse, was Mitte der 1980er-Jahre nur selten eingehalten wurde.[42] Dennoch musste sich das DOC jedes Mal, wenn es vom Minimum abwich, dies wegen einer Notlage genehmigen lassen, was das BOC pflichtgemäß einmal monatlich tat. Im Sommer 1987 riss den Mitgliedern des Aufsichtsgremiums langsam der Geduldsfaden. »Die Stadt hat dem Standard von 60 Quadratfuß pro Insasse zugestimmt, und ... dieses Gremium kann nicht kontinuierlich einer Notlagenabweichung zustimmen, ohne letztlich diesen Standard aufzugeben«, hielt der Vorsitzende Robert Kasanof fest.[43] Als Reaktion darauf versprach der DOC-Leiter Richard J. Koehler, die Behörde werde neue Plätze schaffen – insgesamt 3627 zusätzliche Haftplätze bis zum Ende des nächsten Haushaltsjahrs.

Einen Ort dafür aufzutreiben war jedoch gar nicht so einfach, denn dafür galt es eine furchteinflößende Hürde zu überwinden: das Baurecht. Die ULURP (Uniform Land Use Review Procedure, einheitliches Verfahren zur Überprüfung der Flächennutzung) war durch eine Änderung der Stadtverfassung von 1975 vorgeschrieben. Seither war und ist sie ein unumgänglicher Schritt beim Neubau oder der Umnutzung von Gebäuden, ein Vorgang, der häufig Monate, wenn nicht Jahre in Anspruch nimmt. Es gab nur einige wenige Möglichkeiten, die Überprüfung der Flächennutzung zu umgehen. Dazu gehörte das Bauen auf Rikers Island, dem 1,672 Quadratkilometer großen Stück Land, das New York seit 1932 als Gefängnisinsel nutzte. Rikers Island befindet sich im East River und ist eine massiv befestigte, vom Festland aus nur schwer zu erreichende Strafkolonie, in der die ULURP nicht gilt.[44] Doch eine komplett neue Anlage auf der Insel zu errichten, würde Jahre dauern. Die andere Möglichkeit, der Überprüfung der Flächennutzung auszuweichen, war ein Ort, der sich gar nicht auf einem Boden befand. Genau dafür entschied sich Koehler bei seiner verzweifelten Suche nach mehr Haftplätzen. Hunderte neuer Räume könne man auf »schwimmenden Anlagen« bereitstellen, die laut Koehler »bei Bedarf nach neuen Plätzen in Rekordzeit zur Verfügung gestellt werden könnten«.[45] Weil sich »schwimmende Anlagen« offshore befanden – also ganz buchstäblich nicht auf festem Boden –, bedurfte es auch keiner Prüfung der Flächennutzung. Darum erschienen sie so attraktiv. Besonders attraktiv war eine bestimmte schwimmende Anlage, ein Kahn, den sie »das Falklandschiff« nannten.[46]

* * *

Und während die New Yorker Verantwortlichen über Gefängnisschiffe nachzudenken begannen, entwickelte sich der Strafvollzug zu einem immer brutaleren Geschäft. Laut der Historikerin Elizabeth Hinton setzte die Stadt – wie auch der Rest des Landes – Kommunalpolitik mit Kriminalitätsbekämpfung gleich.[47] New York profitierte ganz besonders von US-Programmen zur Militarisierung der Polizeikräfte.[48] Tatsächlich hatte zu der Zeit, als über die auf den Falklandinseln eingesetzten »Coastels« nachgedacht wurde, die Verbindung von Militär und Gefängnissen in der Stadt bereits Tradition, was viel mit Seemacht zu tun hatte. Die angloschwedischen Schiffe waren beileibe nicht die ersten schwimmenden Gefängnisse in New York. Schon während der Amerikanischen Revolution brachten britische Behörden Kriegsgefangene in Schiffsrümpfen unter, wo die entsetzlichen Haftbedingungen Tausende Leben kosteten.[49] In den 1980er-Jahren kaufte New York als erste Maßnahme zur Ausweitung der Haftkapazitäten ein früheres Marinegefängnis in Brooklyn.[50] Im Verlauf dieses Jahrzehnts wandelte die Stadt mit Feuereifer diverse ehemalige Militärgebäude in Gefängnisse um. Bürgermeister Ed Koch schlug vor, Ersttäter im Bereich Drogenkriminalität in Ausbildungslager der Armee zu schicken.[51] 1990 begann die Strafvollzugsbehörde, in Entlassungsstellen des Militärs Gefängniswärter anzuwerben.[52] Es gab also bereits einige Präzedenzfälle, als die Stadt die Verhandlungen mit der Bibby Line über das Leasing des Schwesterschiffs *Bibby Venture* begann. Letztlich war es nur eine von vielen nicht mehr genutzten Militäreinrichtungen, die der wachsende Gefängnisstaat übernahm. Doch auch wenn kurz zuvor noch Soldaten dieses Schiff bewohnt hatten, handelte es sich diesmal nicht um eine leerstehende Ressource des amerikanischen Militärs, sondern es gehörte der Welt des globalen Kapitalismus an und war aus dem Geschäft mit Ölbohrinseln und Schiffscontainern hevorgegangen. Eine Welt, die kaum weniger dystopisch aussah als eine Rückkehr zu Gefängnissen in Schiffsrümpfen.

Nach ihrer dritten Atlantiküberquerung kam die *Bibby Venture* am 26. Oktober 1987 im Hafen von New York an. Bis dahin war die Gefängnispopulation auf 15.444 Personen gestiegen, ein Plus von 75 Prozent innerhalb von vier Jahren.[53] Als die Strafvollzugsbehörde DOC ihre neue »maritime Einrichtung« in Besitz nahm, pries sie den Kahn als Wundermittel. Er war mehr als ein kurzfristiges Provisorium, er war eine reale und wohlüberlegte Antwort auf das Übel der regelmäßigen saisonbedingten Überbelegung: ein modularer Komplex, den man überall entlang des Stadtufers platzieren und relativ rasch in Betrieb nehmen oder stilllegen konnte. So jedenfalls verkaufte die Stadtverwaltung der Öffentlichkeit das Gefängnisschiff, dem sie den offiziell klingenden Namen »Maritime Facility I« verpasste. Hinter verschlossenen Türen war man sich jedoch durchaus einig, dass es absurd war, Häftlinge in Schiffe zu quetschen, ein Ausweg, den ausschließlich eine Häufung diverser Notlagen nötig machte.[54]

Kaum war die *Bibby Venture* in New York angekommen, wurde klar, dass diese schwimmende Plattform bestenfalls eine sehr unvollkommene Lösung für die Probleme des DOC darstellte. Laut Gesetz war die Strafvollzugsbehörde nämlich verpflichtet, den Insassen Freizeitbeschäftigung an der frischen Luft zu ermöglichen. Dies war auf dem Schiff nicht vorgesehen, auch wenn man schließlich auf dem Oberdeck einen Basketballplatz einrichtete. Vorgeschrieben waren darüber hinaus eine juristische Bibliothek und ein Besuchsraum, was zusätzliche Gebäude an dem Pier, der den Kahn mit dem Festland verband, erforderte – und wiederum einige der erhofften Vorteile dieses Provisoriums zunichtemachte.

Ein noch gewichtigeres Problem für die Verwaltung war die Schiffsausstattung, die in Schweden für von Privatunternehmen bezahlte Ölarbeiter konzipiert worden war. Als die *Bibby Venture* nach ihrer Ankunft erstmals inspiziert wurde, wies ein Verantwortlicher darauf hin, der Komfort mache sie zu einer »unbefriedigenden Unterbringung für Strafgefangene«.[55] Für Öl- oder Fabrikarbeiter oder Soldaten mochte diese Herberge zu karg und unbequem gewesen sein, für frisch verurteilte Straftäter war sie wiederum zu komfortabel. Die Privatsphäre, die die Anlage den Bewohnern ermöglichte, bedeutete zugleich, dass die patroullierenden Wächter »sich weder sehen noch hören« konnten. Jeder Raum hatte eine eigene Dusche mit »gefährlichen Elektroinstallationen« und einem »abnehmbaren Duschkopf wie in Europa üblich«. Aufgrund dieser Einwände plädierte das DOC für vorbeugende Maßnahmen gegen entsprechende Vorfälle. Außen herum sollten mehr Wachen patrouillieren, was erhebliche Mehrkosten verursachen würde. Darüber hinaus sollten entsprechend den Richtlinien keine »bekanntermaßen homosexuellen« Männer auf dem Schiff aufgenommen werden, und es wurden, was völlig unüblich war, die Feuerschutztüren verriegelt, um die Anlage insgesamt besser überwachen zu können. Die Strafvollzugsbehörde sagte auch zu, auf der *Bibby Venture* nur »low risk detainees« (Häftlinge, die ein geringes Risiko darstellten) unterzubringen.[56]

Dabei handelte es sich um eine offizielle Bezeichnung, denn das DOC stufte die Häftlinge entsprechend ihrer Gefährlichkeit auf einer numerischen Skala ein, die allerdings regelmäßig angepasst wurde. Die Ende 1987 von der DOC-Leitung gegenüber dem BOC gemachte Zusage bedeutete »Insassen mit einem Wert von 12 oder niedriger«, auch wenn die zu dem Zeitpunkt geltende Klassifizierung des DOC eigentlich Personen »mit Werten zwischen 1 und 5« mit »geringem Risiko« bewertete.[57] Von Beginn an mussten Standards gesenkt, Unpassendes passend gemacht werden.

Allein die Tatsache, dass die Strafvollzugsbehörde ihre Häftlinge mithilfe einer numerischen Skala bewertete, macht deutlich, wie stark sich DiIulios Ideal des Verwaltens schon im Denken des DOC festgesetzt hatte. Strafgefangene entsprechend ihrer Gefährlichkeit einzustufen, war an sich schon ein Symptom dessen, was die Kriminologen Malcolm Feeley und Jonathan Simon in den frühen 1990er-Jahren als »neue Pönologie« bezeichneten.[58] Diese Neubewertung von Strafmaßnahmen war eine Gegenreaktion auf das Ideal der Rehabilitation, in das Überlegungen zu »Selbstverantwortung, Schwächen, moralischer Sensibilität, Diagnose, Interventionen oder Therapiemöglichkeiten« bezogen auf den individuellen Straftäter eingeflossen waren. Nun ging es darum, »Gruppen hinsichtlich ihrer Gefährlichkeit zu identifizieren, zu klassifizieren und entsprechend zu behandeln«. Laut Feeley und Simon war dies eine Frage von »Management, nicht von Transformation«.[59]

* * *

Auch bei vermeintlich leichter zu betreuenden Insassen mit geringem Risiko gab es für die Nutzung des Gefängnisschiffs weitere Hürden geographischer Art. Das DOC hatte vor, es dauerhaft an einem Pier liegen zu lassen, der extra dafür auf der Gefängnisinsel Rikers Island gebaut werden sollte (um die ULURP-Vorschriften zu umgehen). Während der Bauzeit ließ die Behörde es am Pier 36 im East River in Manhattan liegen. Doch die Sache hatte einen Haken. Die Genehmigung des Army Corps of Engineers (ein für Bauingenieurstätigkeiten zuständiges Hauptkommando des US-Heeres) galt nur bis August 1988, zehn Monate nach Ankunft der *Bibby Venture* in New York.[60]

Außerdem gab es im Viertel heftige Proteste gegen ein schwimmendes Gefängnis vor der Lower East Side, und der mächtige Parteiapparat der Demokraten unterstützte eifrig den lokalen Widerstand gegen weitere Obdachlosenasyle oder Haftanstalten.[61]

Das Schwesterschiff mit vergitterten Fenstern und umzäuntem Dach im August 1988 an Pier 36.

Drei Tage nachdem das Schiff an seinem provisorischen Liegeplatz angekommen war, erwirkte eine Gruppe von Anwohnern, angeführt von Sheldon Silver, dem zukünftigen demokratischen Sprecher der New York State Assembly (dem Unterhaus des Parlaments des Bundesstaats), eine einstweilige Verfügung gegen den Betrieb des Gefängnisschiffs – mit der Begründung, es verletze Vorschriften der Flächennutzung. Auch wenn das Gefängnis selbst sich nicht auf festem Boden befinde, argumentierte Silver, erfordere es hinsichtlich Anbauten und Verkehr Anpassungen in der Nutzung von Landflächen.[62] Zwar wurde letztlich entschieden, dass die schwimmende Plattform nicht unter die ULURP-Vorschriften falle, doch die gerichtliche Auseinandersetzung führte zu Verzögerungen im Zeitplan der Strafvollzugsbehörde. Erst am 26. Februar 1988, etwa vier Monate nach ihrer Ankunft, zogen Häftlinge in die *Bibby Venture* ein.[63]

Paradoxerweise schien zu diesem Zeitpunkt die akute Phase der Überbelegung überwunden: Die städtischen Haftanstalten hatten im November 1987 über neunhundert freie Plätze vorzuweisen.[64] Als sich die *Bibby Venture* dann Anfang 1988 mit Gefangenen füllte, hatte das DOC immer noch Plätze übrig, was zu der Idee führte, das Schiff stattdessen als Obdachlosenunterkunft zu nutzen.[65] Das lag unter anderem daran, dass die Stadt 1988 den ungewöhnlichen und beispiellosen Schritt unternahm, zwei neue Haftanstalten mit je siebenhundert Plätzen in wirtschaftlich benachteiligten Regionen ganz im Norden an der kanadischen Grenze zu eröffnen, wo die Lohnkosten niedrig waren und die Flächennutzung kein Problem darstellte. Während Schiffe eine günstige Möglichkeit darstellten, Gefängnisse nach New York zu bringen, zogen die zwei für 90 Millionen Dollar errichteten Anlagen am Sankt-Lorenz-Strom die Notwendigkeit nach sich, die Häftlinge aus der Stadt zu fliegen. Die Verwaltung investierte de facto 2 Millionen Dollar jährlich für die Organisation von vier Charterflügen pro Woche vom Flughafen LaGuardia in den Norden des Bundesstaats.[66]

Auch als Inhaftierungen im Sommer die Gefängnispopulation der Stadt wieder auf über 100 Prozent der Belegungskapazität brachten, blieb die *Bibby Venture* großteils leer, weil die Vorbehalte gegen die baulichen Gegebenheiten weiterbestanden.[67] Diese vom Wachpersonal geteilten Bedenken verstärkten sich, als kurz nach Eröffnung der Insasse Paul Buttafuoco »durch eine Öffnung in der Wand der *Venture*, ... die Mechaniker bei der Installation einer Klimaanlage hinterlassen hatten, entkam«. Dieser Ausbruch – der fünfzehnte aus New Yorker Gefängnissen im laufenden Jahr – machte nicht nur bauliche, sondern auch personelle Probleme deutlich. Der Gefängnisdirektor der *Bibby Venture* erklärte, man könne nicht von ihm erwarten, dass er genau wisse, was die Bauarbeiter und Mechaniker an der Konstruktion des Schiffs verändert hatten. Es ging letztlich um mehr als Missverständnisse. An Bord arbeitete nur eine »Notbesetzung«, und trotz der Zusagen des DOC, es würden auf der *Bibby Venture* nur Insassen mit geringem Risiko untergebracht, wies Buttafuoco eine recht hohe Punktzahl auf.[68]

Der Ausbruch Buttafuocos war für die Beamten vermutlich der Tiefpunkt in den schwierigen ersten Monaten der *Bibby Venture*. Als die Genehmigung des Army Corps of Engineers für das Schiff im August auslief und es von der Lower East Side ans andere Ufer des East River zu Pier 1 in Brooklyn verlegt werden musste (wo es ein Jahr leerstand), war es gerade einmal sechs Monate in Betrieb gewesen. Das Stadtviertel war in Aufruhr, es hatte einen Ausbruch gegeben, und die Bauarbeiten an dem versprochenen neuen Pier auf Rikers Island hatten noch nicht einmal begonnen.

Trotz allem bewertete die Strafvollzugsbehörde das Experiment mit der *Bibby Venture* als so großen Erfolg, dass es sich auf die Suche nach zwei weiteren Schiffen machte. Dafür gab es einen einfachen Grund: Die Beamten gingen davon aus, dass die Gefängnispopulation bis Mitte 1989 um 1500 Personen ansteigen würde, da die Stadtregierung unter Ed Koch ihr neues »tactical narcotics team« (taktisches Drogenteam) an den Start gebracht hatte, das im Rahmen des Kriegs gegen die Drogen den Straßenhandel mit Crack bekämpfen sollte.[69]

Eines der beiden zusätzlichen Schiffe sollte extra zu diesem Zweck gebaut werden und über achthundert Plätze verfügen. Die Stadt rechnete mit einer Lierung bis 1990. Um den Entwurfsprozess zu beschleunigen, wollte New York mehrere Preise à 50.000 Dollar an die Firmen vergeben, die sich an der Ausschreibung beteiligten. Zu denen gehörte auch George Steinbrenner, damals Eigentümer der Baseballmannschaft New York Yankees und Vorstandschef der American Shipbuilding Company in Tampa, Florida.[70] Bei dem anderen Schiff handelte es sich um die *Bibby Resolution*, die seit Kurzem nicht mehr als VW-Hotelschiff in Emden benötigt wurde. Das DOC war »entschlossen, die *Resolution* zu beschaffen«, und das städtische Board of Estimate (zuständig für Haushaltsplanung und Flächennutzung) genehmigte rasch 17 Millionen Dollar für das Leasing zu vergleichbaren Konditionen wie bei der *Venture* (aktuell wären das Kosten von 21 Millionen Dollar).[71] Als einziges Mitglied des elfköpfigen Boards stimmte David Dinkins dagegen. Manhattans Bezirkspräsident und künftiger Bürgermeister bezeichnete den Einsatz der Schiffe als ein »notdürftiges Pflaster« und »für öffentliche Belange unethisch«. Dinkins favorisierte eine proaktive, positivere Herangehensweise an New Yorks angebliches Kriminalitätsproblem: Wohngeld und Sozialfürsorge.[72] Doch mit dieser Haltung war er in der Stadtverwaltung eindeutig in der Minderheit – es würde mehr Schiffe und noch mehr Plätze in den städtischen Gefängnissen geben, bis Ed Koch dann aus dem Amt gewählt wurde.

Also wurde Anfang 1989 die *Bibby Resolution* von Emden durch die Ems zum größeren Hafen Eemshaven in den Niederlanden geschleppt. Im dortigen tieferen Wasser wurde sie zum Transport wieder auf ein Halbtaucherschiff geladen und traf dann in New York erneut mit ihrem Schwesterschiff zusammen.[73] Doch die Umstände der Wiedervereinigung waren alles andere als glücklich. Als sie im April 1989 aus Westdeutschland eintraf, erreichte die New Yorker Gefängnispopulation mit über 18.000 Personen einen neuen Höchststand.[74]

* * *

Im Gegensatz zur *Bibby Venture* war die *Resolution* nicht als normales New Yorker Gefängnis gedacht, sondern als Therapiezentrum für (überwiegend schwarze) crackabhängige Häftlinge. Als die Kokainpreise Mitte der 1980er-Jahre sanken, breitete sich die feste, rauchbare Kokainzubereitungsform Crack immer weiter aus und zog in den Innenstädten eine Spur der Verwüstung. »Crack fegte durch die armen schwarzen Viertel, als hätten die vier apokalytischen Reiter ihre Rösser gegen frisierte Bulldozer eingetauscht«, beschrieb es der Soziologe David Kennedy.[75]

In Form von Crack hat Kokain das höchste Abhängigkeitspotenzial. Dopamin flutet das Hirn und macht blitzschnell extrem euphorisch und selbstbewusst. Doch dem High folgt bald ein tiefer Absturz ins Bodenlose. Crack ruft Wahnvorstellungen, Paranoia und das verzweifelte körperliche Verlangen nach mehr hervor. Im New York der 1980er-Jahre brach diese Katastrophe über bereits marginalisierte Bevölkerungsgruppen herein und führte zu extremer Gewalt. 1990 wurden in New York 2245 Morde dokumentiert, mehr als fünfmal so viele wie 2022.[76] Als unser Schiff in New York ankam, wütete dort eine regelrechte Crackepidemie, deren gewalttätige Exzesse sich in finanzschwachen, von People of Color bewohnten Gegenden manifestierten.[77] Das Ausmaß dieser Gewalt kann in weiten Teilen erklären, warum die amerikanische Drogenpolitik derart verschärft wurde und warum bei Crackbesitz im Vergleich zu pulversisiertem Kokain hundertfach höhere Mindeststrafen vorgeschrieben wurden.[78]

Ganz sicher war Crack in New York der Grund für die steigende Zahl an Festnahmen und Inhaftierungen. Der stellvertretende Bürgermeister Stanley Brezenoff erklärte, Crack und Kriminalität mit all ihren schlimmen Folgen stünden »ganz oben auf der Prioritätenliste der Politik«.[79] Die Polizei nahm die Crackabhängigen speziell ins Visier, und diese füllten dann wegen Drogenvergehen und Landstreicherei die New Yorker Gerichtssäle und Gefängnisse.

Unser Schiff an Pier 36 vor der Lower East Side von Manhattan.

Die Strafvollzugsbehörde schätzte, dass mindestens 60 Prozent der Häftlinge »drogen- und/oder alkoholabhängig« waren, aber großteils keine wirkliche Gefahr für sich und andere darstellten, weswegen man davon ausging, dass es Kosten sparen würde, sie in einem Drogentherapiezentrum statt in einem Gefängnis mit schärferen Sicherheitsvorschriften unterzubringen. Man glaubte, auf der *Bibby Resolution* weniger Wachpersonal zu brauchen als in einem typischen Gefängnis, trotz der speziellen baulichen Eigenschaften und modernen europäischen Duschköpfe.[80]

Die DOC-Leitung fand die Eröffnung eines Drogentherapiezentrums an Bord des Schiffs noch aus einem anderen Grund erstrebenswert: Die Behörde hatte ein Imageproblem, sie sei zu hart, zu grausam und zu wenig mitfühlend. Mit der *Bibby Resolution* konnte sie an einem prominenten Ort ein neues modifiziertes Rehabilitationsmodell im Strafvollzug vorführen. In den Protokollen des Aufsichtsgremiums BOC klang das so:

> Comissioner Koehler sagte, er wolle, dass die *Bibby Resolution* im südlichen Manhattan liege, weil das mitten in New York sei. Die Einrichtung wird das sichtbare Beispiel eines Drogentherapieprogramms, ein Ort, an dem das Department of Corrections zeigen kann, dass Drogentherapie wirkt und ein Häftling in Therapie sich ändern kann.[81]

Das Unternehmen Bibby Line blies ins gleiche Horn. Laut Werbematerial war die *Bibby Resolution* ideal geeignet, »weil der Bau der Anlage es ermöglicht, dass Gruppen von etwa vierzig Insassen wie in einer ›Familie‹ gemeinsam arbeiten, essen und schlafen«. Bibby setzte das Wort »Familie« zu Recht in Anführungszeichen. Das Schiff war nach wie vor ein Gefängnis und Instrument des Zwangs. Wie Bibby es formulierte, erwies es sich als »mächtige Waffe im Krieg gegen den Drogenkonsum«.[82]

Das DOC entschied sich bei der *Bibby Resolution* für einen altbekannten Standort: Pier 36 an der Lower East Side, was den örtlichen Abgeordneten des Bundesstaats Sheldon Silver sehr empörte, der Behördenchef Koehler »Arglist« vorwarf, da er schon wieder ein Gefängnisschiff in sein Viertel brachte. Silver und seine Unterstützer hatten Klage eingereicht, um die *Bibby Venture* im East River zu verhindern, sie jedoch zurückgezogen, nachdem die Stadt das Schiff nach Brooklyn verlegt und angekündigt hatte, der zukünftige Liegeplatz würde sich im Hudson River befinden. Und nun schleppte man die *Resolution* an denselben Liegeplatz. Aufgrund der Notlage der Überbelegung konnte die Stadt viele vorgeschriebenen Prüfungen und Genehmigungen umgehen. Wie zuvor bei der *Venture* kam das langwierige ULURP-Verfahren bei der *Resolution* – eben weil sie ein Schiff und damit offshore war – nicht zum Tragen. Die neue Einrichtung an Bord der *Bibby Resolution* wurde im Mai eröffnet.[83]

Die DOC bot dort ein dreistufiges Therapieprogramm für bis zu 348 Drogenabhängige an, was große öffentliche Zustimmung fand.

Die *New York Times* beschrieb das Projekt geradezu als Erlösung der Betroffenen und zitierte den »imponierenden Hünen« John Lowe mit seinen »Narben von einer Messerstecherei und zwei Schießereien«, der mit seiner »überraschend knabenhaften Stimme« von seiner Zeit auf dem Schiff erzählte.

> »Wir alle sind Teil einer einzigen Familie«, sagte Lowe … »Ich habe gesehen, wie die Jungs ihre Herzen öffneten und Dinge offenbarten, die sie zum Weinen brachten. Ich habe auch geweint«, gestand er ganz ohne Scheu.[84]

Aus dem Artikel der *New York Times* sprach der alte liberale Wunsch nach Rehabilitation. Doch auch wenn das Therapieprogramm auf der *Bibby Resolution* schon vor Chuck Schumers Visite sehr bekannt war, war es zugleich äußerst ungewöhnlich – die Ausnahme, die die neue Regel des strengen Vollzugs bestätigte. Die überwiegende Mehrheit der Menschen in den New Yorker Gefängnissen – auch in den schwimmenden – wurde bestraft, nicht therapiert. Man sollte nicht vergessen, dass auch diejenigen, die auf unserem Schiff ein Drogentherapieprogramm durchliefen, dazu von einem Gericht verurteilt worden waren. Wie ein Bericht der New York State Commission of Correction außerdem festhielt, reichten die auf dem Schiff Inhaftierten deutlich häufiger offizielle Beschwerden bei der Strafvollzugsbehörde ein als die Insassen der meisten anderen New Yorker Haftanstalten. Im Dezember 1989 lagen pro hundert Häftlinge an Bord der *Resolution* zwölf Beschwerden vor: die zweithöchste Rate von allen fünfzehn Haftanstalten der Stadt.[85] Welchen Grund die Beschwerden hatten, ist heute nicht mehr zu eruieren, da das DOC die entsprechenden Dokumente nach zehn Jahren vernichtet.[86]

Die Beschwerden hielten die Politik allerdings kaum davon ab, das Ziel Therapie statt Bestrafung auf der *Bibby Resolution* in den höchsten Tönen zu loben. Das war sicher auch Chuck Schumers Botschaft, damals Vorsitzender des Unterausschusses zur Strafjustiz des Repräsentantenhauses, als er 1990 das Schiff besuchte. Tatsächlich pries er das Konzept bei der Anhörung an Bord mit warmen Worten. »Drogentherapie für drogenabhängige Straftäter«, wie sie auf der *Bibby Resolution* angeboten werde, »ist die größte Chance, die wir haben, sie aus dem System der Strafverfolgung herauszubekommen«, erklärte er.[87]

Die Bestrafung schien auf den Gefängnisschiffen tatsächlich weniger streng zu sein als in den Gefängnissen an Land. Das St. Vincent's Hospital in Greenwich Village stellte eine umfassende und hochwertige Gesundheitsversorgung sicher, zu der auch Drogentherapie und HIV-Tests gehörten. »Es gab durchaus einige HIV-positive Männer«, erinnert sich Maureen Powell, die Anfang der 1990er-Jahre als Betreuerin auf den beiden Schiffen arbeitete. Die beiden »Bibbies«, wie sie genannt wurden, waren sowohl von der für die Gesundheitsversorgung im Strafvollzug zuständigen National Commission on Correctional Health Care als auch der Joint Commission on Accreditation of Healthcare Organizations (eine Non-Profit-Organisation, die die Qualtität von Gesundheitsdienstleistungen bewertet) zertifiziert worden, eine Seltenheit im Bundesstaat New York.[88]

Manche der Männer, die auf der *Bibby Venture* inhaftiert waren oder arbeiteten, bezeichneten sie scherzhaft als »Love Boat«.[89] Der Häftling Angel Velazquez berichtete Reportern, es sei sehr »kommod auf dem Boot«, und ein anderer erkärte, die Stimmung sei dort weniger angespannt. »Es liegt weniger Reibung in der Luft.« Laut Bruce Wilson, der auf der *Bibby Venture* inhaftiert war und auch einen Monat in einem Gefängnis auf Rikers Island verbracht hatte, war es ein Riesenunterschied. »Hier funktioniert das System. Hier kriegen wir die Mahlzeiten, wenn sie noch warm sind.«[90] Diese Anmerkung von Wilson deutet auf extrem niedrige Standards auf Rikers Island hin. Wie ein Sprecher des DOC später zusammenfasste: »Wir betrachten es als eine der humaneren Optionen der Unterbringung.«[91] Britische Zeitungen wiesen umgehend darauf hin, dass die New Yorker Strafvollzugsbehörde entschieden weniger Menschen auf dem Schiff unterbrachte als die 900 Militärangehörigen, die das Verteidigungsministerium in Port Stanley darin einquartiert hatte.[92] Ein wahrlich humaner Zustand.

* * *

Strafgefangene auszulagern stand im Einklang mit dem wichtigsten Ziel der Stadtverwaltung unter Ed Koch: New York zu einer »global city« zu machen, einem attraktiven Ort für Konzernzentralen und die Angehörigen der Mittel- und Oberschicht, die in diesen Konzernen arbeiteten.[93] Lange Zeit betrachteten die New Yorker ihre Stadt als Zuflucht: »Gebt mir eure Müden, eure Armen, eure geknechteten Massen, die frei zu atmen begehren«, wie es die Dichterin Emma Lazarus formulierte – so immerhin steht es auf dem Podest der Freiheitsstatue auf Liberty Island im New Yorker Hafen. Ende der 1970er sollte New York dann stattdessen ins Ausland schauen und sagen: »Gebt mir eure Reichen!«, meinte jedenfalls Felix Rohatyn, ein ehemaliger Investmentbanker, der die Stadt bei ihrer Finanzplanung unterstützte.[94] Noch als eine Finanzkrise die Stadt dazu zwang, ihre Sozialdienste radikal zurückzufahren (das Budget dafür sank zwischen 1975 und 1981 um 20 Prozent), finanzierte die Verwaltung weiterhin alle Einrichtungen, die den Tourismus förderten und den Wohlhabenden nützten. New Yorks Status als Hauptstadt der globalen Finanz- und Geschäftswelt hing demnach davon ab, auf den Straßen »aufzuräumen« und Menschen aus dem Blickfeld zu schaffen, die die »Lebensqualität« der Wohlhabenden beeinträchtigten. In einer Phase, in der US-Hilfen für den sozialen Wohnungsbau zusammengestrichen wurden, gewährte die Stadt massive Steuervorteile für den Bau neuer Luxusapartments und hochpreisiger Gewerbeflächen. Von 1974 bis 1994 senkte die Stadt sogar die Körperschaftssteuer von 10,1 Prozent auf 8,85 Prozent. »Wir waren in der Amtszeit von Ed Koch sehr auf die Stadtentwicklung bedacht«, so der stellvertretende Bürgermeister Brezenoff.[95]

In den 1980er-Jahren wurde die Kluft zwischen den New Yorker Reichen und Armen immer tiefer, und dies machte sich nirgendwo deutlicher bemerkbar als in Lower Manhattan. Die Arbeitslosigkeit sank zwar vom höchsten Stand mit 9,3 Prozent Anfang 1983 nach und nach wieder, doch die Wohnungslosigkeit nahm ebenso zu wie die Drogenabhängigkeit. Beides zeigte sich deutlich im Tompkins Square Park im East Village, der zum sichtbarsten Brennpunkt der Obdachlosigkeit in New York wurde und wiederholt mit Schlagstockgewalt von der New Yorker Polizei geräumt wurde.[96] Gleichzeitig boomte das Geschäft mit Finanzdienstleistungen. In New York befanden sich das Schiff und sein Schwesterschiff in der goldenen Welt der internationalen Hochfinanz.

Nur gute drei Kilometer von Pier 36 am East River entfernt hatten in New Yorks Finanzdistrikt die gleichen Kräfte der Globalisierung, die die Lower East Side ruiniert hatten, eine völlig andere Transformation bewirkt, eine, die nicht auf physischen Gütern, sondern finanziellen Abstraktionen beruhte. 1987 wurde nicht nur das erste Gefängnisschiff der Stadt eröffnet, es kam auch der Hollywood-Blockbuster *Wall Street* in die Kinos, in dem Michael Douglas die fiese Heuschrecke Gordon Gekko verkörperte. Gekko erklärte in einem berühmt gewordenen Zitat Gier zu etwas Gutem. Der Filmplot drehte sich um Insiderhandel und Betrug; Gekkos Plan bestand darin, eine florierende Airline zu kaufen, sie dann zu zerschlagen und alle ihre Angestellten zu feuern, um an den Firmenpensionsfonds zu gelangen. *Wall Street* war ein Lehrstück über die Gefahren der Finanzabstraktion. In der Abschlussszene bekommt der von Charlie Sheen gespielte Held von seinem Vater einen eindringlichen Rat: »Schaffe etwas, statt davon zu leben, was andere kaufen und verkaufen.« Es war die Zeit finanzieller »Innovationen«, die weit über Parley Augustssons Geschäfte mit Kapitalgesellschaften hinausgingen. Eine Zeit, in der die amerikanische Finanzwelt die grundlegende kulturelle Transformation durchlief, die die gesamte Weltwirtschaft umformte.

Der enorme Erfolg der Wall Street war maßgebliches Verdienst der bewussten Deregulierung durch die US-Regierung. 1980 hob das Finanzministerium die *Regulation Q* auf, eine Maßnahme aus der Zeit des New Deals, die die Zinsen für Spar- und Termineinlagen beschränkte. Als die Vorschrift 1933 auf dem Höhepunkt der Depression erlassen wurde, sollte sie (durch die niedrigen Zinssätze, die sie festlegte) waghalsige Kreditvergaben unterbinden, die als Ursache finanzieller Instabilität galten. Mit der Zeit entwickelte sich die Regulation Q zu einem automatischen Warnhinweis auf ökonomische Überhitzung. Wenn Wachstum von Inflation abgelöst wurde, stiegen die Zinssätze für Unternehmensanleihen und Schatzwechsel (kurzfristige Staatsanleihen). Wenn die Wirtschaft zu übermütig wurde und die Zinssätze die von der Regulation Q vorgegebene Deckelung überschritten, zogen Investoren ihr Geld aus den sicheren Geschäftsbanken und Sparkassen ab und legten es in Aktien oder anderen Investitionsformen am Kapitalmarkt an, wo sie höhere Renditen bekamen. Weil die Geschäftsbanken und Sparkassen dann weniger Geld zur Verfügung hatten, waren sie gezwungen, die Vergabe von Geschäftskrediten und Hypotheken einzuschränken. Weniger Hypotheken führten zu einer Abkühlung auf dem in den USA extrem relevanten Häusermarkt, und dies wiederum sorgte für eine allgemeine ökonomische Beruhigung.[97]

Die Regulierung mit diesem sozusagen ökonomischen Thermostat funktionierte mehr als drei Jahrzehnte lang und begann in den 1970er-Jahren seine Wirkung zu verlieren. Das Problem war das Ende des langanhaltenden Nachkriegsbooms, das zu einer hohen und hartnäckigen Inflation führte. Tatsächlich hielt die Inflation die Zinssätze auf dem Kapitalmarkt dauerhaft über der von der Regulation Q vorgesehenen Deckelung, was Investoren von den Geschäftsbanken weg und in den Kapitalmarkt lockte. Zuerst schränkten die Banken die

Kreditvergabe ein, wie sie es in ähnlichen Situationen früher bereits getan hatten, doch die Abkühlung blieb aus, und die Zinssätze blieben unverändert hoch – deutlich über den Grenzen der Regulation Q. Nachdem die Geschäftsbanken über Monate und Jahre Einlagen an den Kapitalmarkt verloren hatten, geriet ihr Geschäftsmodell unter immensen Druck. Ohne Einlagen konnten sie keine Kredite vergeben, und ohne Kredite verdienten sie kein Geld. Die lang anhaltende Inflation zwang die Banken also dazu, Gelder anzulocken. Viele hätten gerne einfach hohe Zinsen angeboten, was ihnen die Regulation Q aber verwehrte. Sie brauchten also dringend eine Geldquelle, die nicht unter diese Vorschriften fiel.[98] Fündig wurden sie in Europa, speziell auf dem rasant expandierenden Eurodollarmarkt.

Eurodollar waren ein Nischenprodukt des Finanzmarkts, das Banker für andere Banker geschaffen hatten. Es gab sie seit den 1950er-Jahren, als europäische Banken auf beiden Seiten des Eisernen Vorhangs begannen, große Mengen US-Dollar zu horten.[99] Da es sich um Konten außerhalb der USA handelte, waren sie effektiv offshore. Viele darunter wurden rechtlich von Niederlassungen in Steueroasen wie den Kaimaninseln aus verwaltet und waren damit faktisch unreguliert.[100] Natürlich stand es den europäischen Banken, die sie kontrollierten, frei, die Zinssätze auf Kredite (in US-Dollar) weit über die Regulation-Q-Deckelung zu heben, die in den Vereinigten Staaten galt. Die hohen Raten schreckten allerdings die verzweifelt um Kapital ringenden amerikanischen Banken nicht ab. In den 1970er-Jahren stürzte sich eine rekordverdächtige Zahl amerikanischer Banken auf den Euromarkt, lieh sich über ihre dortigen Filialen Dollar und schickte das Geld in die USA.[101] Doch kleinere Banken und Bausparkassen hatten nur indirekt Zugriff auf den Euromarkt. Da die großen Player geschickter darin waren, die Vorschriften der Regulation Q zu umgehen, kamen sie in der amerikanischen Bankenlandschaft sehr ungleichmäßig zur Anwendung. Während die (üblicherweise von kleinen Banken und Bausparkassen angebotenen) Hypotheken immer schwieriger zu bekommen waren, hatten die Großbanken praktisch unbegrenzten Zugriff auf Kredite. Vor allem denjenigen, die Mitleid mit den Kleinen hatten, erschien die Regulation Q extrem ungerecht. Vor diesem Hintergrund wurde die Abschaffung dieser Vorschriften, wie die Sozialhistorikerin Greta Krippner erklärt hat, zu einer verlockenden politischen Option.[102] Also begann der Staat zu deregulieren und schaffte 1980 die Regulation Q komplett ab.

Die Deregulierung führte zu einer noch stärkeren Globalisierung New Yorks, wobei Nationales und Internationales, *onshore* und *offshore* immer weiter verschmolzen, wie bei unserem Schiff selbst auch. Zusammen mit den entschlossenen Maßnahmen, die die US-Zentralbank unter der Leitung von Paul Volcker zur Dämpfung der Inflation ergriff, führte die Abschaffung der Regulation Q zu einem rapiden Anstieg der US-amerikanischen Zinssätze, die Anfang des Jahrzehnts 20 Prozent erreichten. Der Politik war klar, dass dies ein Dämpfer für die US-Wirtschaft sein würde, da die Kredit- und Investitionskosten anstiegen. Doch während der sogenannte Volcker-Schock in den Jahren 1981 und 1982 zu einem Höchststand der Arbeitslosenzahlen führte, bewirkten die hohen Zinsen keinen so starken wirtschaftlichen Rückgang wie erwartet. Stattdessen lockten sie ausländisches Kapital in die Vereinigten Staaten. Allein 1986 waren es 221 Milliarden Dollar, eine Summe, die das US-Haushaltsdefizit in jenem Jahr übertraf. Statt die Inflation oder das Wachstum der amerikanischen Wirtschaft zu dämpfen, machten die hohen Zinsen die USA in den 1980er-Jahren zu einem Magneten für ausländisches Geld, insbesondere aus Japan und anderen asiatischen Ländern. Dieser massive Kapitalzufluss verhinderte eine amerikanische Finanzkrise und die harten politischen Konsequenzen, die sie nach sich gezogen hätte. Andererseits stieg der Dollar an Wert (zwischen 1980 und 1985 um etwa 63 Prozent), was katastrophale Folgen für die Industrieproduktion des Landes hatte.[103]

Während die Basis des amerikanischen Nachkriegswohlstands in den 1970er- und 1980er-Jahren erodierte, wuchs der Finanzsektor, sowohl was die Profite als auch was seinen politischen Einfluss anging.[104] Nirgends ließ sich diese Entwicklung besser beobachten als in Lower Manhattan, dem Standort alter Hafenanlagen, in denen unser Schiff und sein Schwesterschiff lagen. Schließlich floss das Kapital über New York in die USA.[105] Zugleich lobbyierten in New York ansässige Banken in Albany und Washington aggressiv (und erfolgreich) für eine Deregulierung – mit dem Argument, dass weniger Vorschriften und niedrigere Steuern die amerikanische Finanzwirtschaft in eine bessere Ausgangsposition brächten, um internationale Firmen anzulocken. 1981 gab die Federal Reserve, nachdem sie jahrelang für eine internationale Regulierung des Eurodollarmarkts plädiert hatte, nach und erlaubte New Yorker Banken die Eröffnung spezieller Konten für Geschäfte mit ausländischen Kunden, »als wären diese ›im Ausland‹«.[106] Dank dieses Politikwechsels konnten sich amerikanische Banken an der Seite ihrer ausländischen Konkurrenten am Eurodollarmarkt beteiligen.[107] 1985 gestattete das Finanzministerium Ausländern, anonym Staatsanleihen zu kaufen,[108] und mit nachlassender Staatssouveränität kam das globale Kapital. Laut der Historikerin Vanessa Ogle dienten diese Maßnahmen dazu, »etwas von den Auslandsgeschäften auf den Bahamas, den Kaimaninseln, in London, Panama und Singapur zurück ins Land zu holen«. Letztlich boten New Yorker Banken nun das zu tun an, »was sie in einem gewissen Maß und auf Umwegen ›offshore‹ seit Jahrzehnten taten«. New York, früher das globale Zentrum des »Onshore«-Bankings, verwandelte sich unauffällig in einen deregulierten Freihafen – die Art von Standort, an dem unser auf den Bahamas registriertes und in Privateigentum befindliches Schiff zu einem städtischen Gefängnis werden konnte. Die *New York Times* kommentierte damals, »New York zur freien Bankenzone zu machen, wird kein Ereignis sein, bei dem Grundsteine gelegt oder Fähnchen geschwungen werden … Die Banken werden großteils nur ein paar Schilder an ihren Bürotüren anbringen, auf denen ›International Banking Facility‹ steht.« Die

Schaffung solcher »IBF« (internationaler Bankdienstleister) innerhalb bestehender New Yorker Banken schaffe keine Arbeitsplätze und führe nicht einmal zur Errichtung neuer Gebäude. Die Banken selbst sähen darin jedoch »die großartige Gelegenheit, endlich ihre Angelruten in einen lange verbotenen Fluss auszuwerfen«, einen Markt, der 1,34 Billionen Dollar (heute ein Vielfaches davon) wert war.[109] Sie hatten im südlichen Teil Manhattans eine freie Bankenzone geschaffen, in der sie von staatlichen und lokalen Steuern auf Gewinne befreit waren und in der städtische Steuervorschriften nicht galten. Innerhalb eines Jahres entstanden dreihundert IBFs in New York.[110]

In den 1980er-Jahren hielt also die undurchsichtige Offshore-Welt Einzug in New York und verankerte sich im Onshore-System der amerikanischen Finanzindustrie. Es war zwar ursprünglich die Finanzindustrie, die IBFs verfochten und gepriesen hatte, doch hatten sie von Beginn an auch für die Politik der Bundesstaaten und des gesamten Landes ihren Nutzen. Da sie jede Menge Geld in die USA lockten, waren sie eine gute Möglichkeit, sich im Angesicht einer Finanzkrise kurzfristig Kapital zu besorgen. Letztlich ging man mit dem Schuldenmachen politisch schwierigen Entscheidungen aus dem Weg. Die Parallelen zwischen den IBFs und den beiden Bibby-Schiffen sind tatsächlich verblüffend. Auch die Schiffe wurden aus dem Ausland importiert. Auch sie waren Schöpfungen der undurchsichtigen Offshore-Welt, ausländische Vermögenswerte, auf den Bahamas registriert und der örtlichen Kontrolle entzogen. Auch sie wurden von ihren Verfechtern als kurzfristige Lösungen für ein finanzielles Problem gepriesen. Sie waren sogar Produkte derselben politischen Makroökonomie: dem Trend zur Globalisierung von Handel und Finanzen, denen Fabriken und konventionelle Häfen geopfert wurden. Darüber hinaus war der Boom des New Yorker Finanzsektors eng und unmittelbar mit dem rasanten Anstieg der Inhaftierungszahlen verbunden, denn dass New York mit seiner »Global City«-Strategie um die Reichen dieser Welt warb, hatte das Wegsperren einer Rekordzahl von Armen zur Konsequenz.[111] Nur in diesem Zusammenhang ergaben die zwei Kähne als Gefängnisschiffe einen Sinn. Wenn Plätze in Haftanstalten ständig knapp waren, konnten sie zur vorübergehenden Unterbringung immer da eingesetzt werden, wo man sie brauchte. Und genau das passierte auch. Im August 1989 machte man das Schwesterschiff *Bibby Venture*, nachdem es ein Jahr ungenutzt in Brooklyn verbracht hatte, wieder zu einem Gefängnis, diesmal am Pier 40, der sich am Ende der Houston Street am Hudson River befand.[112]

* * *

Pier 40 lag in Sichtweite der Wolkenkratzer der Wall Street, nur eine kurze Taxifahrt auf dem West Side Highway entfernt. Er hätte sich jedoch auch am anderen Ende der Welt befinden können. Der Pier wurde von 1958 bis 1962 als neues großes Terminal für die Holland America Line gebaut. In vielerlei Hinsicht gleicht seine Geschichte der von Pier 36 auf der anderen Seite Manhattans. Die Stadt hatte dafür fast 20 Millionen Dollar (heute ein Wert von über 150 Millionen) ausgegeben in der Hoffnung, er trage dazu bei, Schiffsverkehr von New Jersey abzuziehen. Seit dem 19. Jahrhundert hatte die Holland America Line sowohl Passagiere als auch Fracht in Hoboken abgefertigt. In den 1950er-Jahren hätten die New Yorker Stadtplaner beide nur zu gerne zu sich auf die andere Hudson-Seite geholt. Sie wollten dem jahrzehntelangen Trend, immer mehr Hafenanlagen auf Kosten New Yorks nach New Jersey zu verlegen, ein Ende setzen. Als Pier 40 gebaut wurde, war er technisch auf dem neuesten Stand: ein mächtiger mehrgeschossiger Quader, der gut 120 Meter in den Hudson hineinragte. Doch in den 1970er-Jahren wurde seine Größe, einst Grund für Stolz, nicht mehr als beeindruckend, sondern als trivial wahrgenommen, klein im Vergleich zu den Containerhäfen von Elizabeth und Newark. 1974 verlegte die Holland America Line die

Passagierabfertigung an das Passagierschiffterminal in Midtown. Anfang der 1980er-Jahre stand Pier 40 leer und wurde zum Mahnmal einer ehrgeizigeren Vision der Nutzung von New Yorks Uferzone. Zu diesem Mahnmal schleppte man das Schwesterschiff.

Trotz des Leerstands von Pier 40 war die *Bibby Venture* dort nie wirklich willkommen. Schon als sie in den Hudson geschleppt wurde, ging man davon aus, dass sie dort nur vorübergehend liegen würde, da vom Army Corps of Engineers nur eine einjährige Genehmigung vorlag. An der Stelle dauerhaft ein schwimmendes Gefängnis zu installieren, widersprach laut dem Corps »dem Schutz und der Nutzung dieses öffentlichen Orts«. Dumm nur, dass nach fast zwei Jahren des Einsatzes von Gefängnisschiffen und einem weiteren, das bereits bestellt war, noch immer »ein Masterplan für einen Liegeplatz dieser Schiffe« fehlte.[113] Es gab ernste und berechtigte Sorgen der West-Village-Bewohnerschaft, aus der Kurzzeitgenehmigung könnte still und heimlich ein Dauerzustand werden. »Das ist ein Dammbruch«, erklärte ein Verantwortlicher des Stadtviertels der *New York Times*.[114]

Das Schiff und sein Schwesterschiff waren modular und flexibel und befanden sich nicht auf festem Grund. Noch heute erinnert sich Rob Peaco, der als frischgebackener Gefängniswärter drei Jahre auf den zwei Schiffen arbeitete, wie er auf dem Weg zur Arbeit immer den (acht Jahre zuvor in Göteborg entworfenen) Aluminiumsteg entlanggehen musste, der die Schiffe mit dem Pier verband. Maureen Powell, die dort HIV-Infizierte betreute, weiß noch, wie die Schiffe an ihrem Liegeplatz hin- und herschaukelten.[115] Die Kähne schwammen auf dem Wasser, sie lagen nicht in einem bestimmten Stadtviertel oder Zuständigkeitsbereich. Dass sie sich somit in einem rechtlichen Schlupfloch befanden, erzürnte ihre Kritiker. Die Non-Profit-Organisation Federation to Preserve Greenwich Village Waterfront bezeichnete den Plan, die *Bibby Venture* an Pier 40 ankern zu lassen, als »klar illegal«. Ted Weiss, in Manhattan ansässiger Abgeordneter des Bundesstaats im Repräsentantenhaus, erklärte, dass das Vorhaben, selbst wenn es legal wäre, »ganz eindeutig unangebracht« sei.[116] Die lautstarken Einwände gegen die Stationierung in Manhattan waren wirkungslos, da die Gefängnisse durch ihren Status als Schiffe dem DOC ermöglichten, örtliche Planungs- und Nutzungseinschränkungen zu umgehen, und genau das machte sie für die Stadtverwaltung so attraktiv. Dass sie nur ein Provisorium waren, diente der Strafvollzugsbehörde und Stadtregierung unter Koch als Vorwand, die Anliegen des Stadtviertels zu übergehen.[117] »Niemand will irgendwo Gefängnisse«, teilte ein Sprecher Kochs 1989 Reportern mit. Doch die Stadt sei gezwungen, ihre Haftkapazitäten auszubauen, und schwimmende Gefängnisse seien »die schnellste und sicherste« Lösung. Das DOC behauptete, die *Bibby Venture* brauche ausschließlich eine Genehmigung der Küstenwache, da sie nur vorübergehend am Ufer von Greenwich Village liegen würde. Was allerdings vorübergehend genau heißen sollte, war völlig unklar. Auch wenn es sich um einen vorübergehenden Liegeplatz handelte, so ein stellvertretender DOC-Leiter, war die *Bibby Venture* »permanent« als Gefängnis gedacht. Der gleiche Beamte erklärte auch, die Behörde »betrachte dies als dauerhaften Ort der maritimen Anlage für die Dauer ihrer Nutzbarkeit« – das bedeutete fünfundzwanzig Jahre. »Selten habe ich eine so unklare Situation erlebt«, sagte der Senator des Bundesstaats Manfred Ohrenstein, »und ich glaube, das ist Absicht.«[118] Letzlich blieb der Kahn dann drei Jahre an Ort und Stelle, was deutlich kürzer als fünfundzwanzig Jahre, aber auch deutlich länger als das ursprünglich genehmigte eine Jahr war.

Die Bibby-Schiffe waren nicht einfach Schiffe, sondern ausländische Schiffe, auf den Bahamas registriertes Eigentum einer britischen Firma. Beide hatten britische Kapitäne, Angestellte der Bibby Line, die das Kommando über sie hatten, wenn sie bewegt wurden.[119] Der für unser Schiff in New York zuständige Kapitän war ein Brite namens Connell, der das Schiff bereits seit der Zeit auf den Falklandinseln begleitete.[120] Auf den Fluren waren die schwedischen Wörter *utgang* und *notutgang* neben ihren englischen Übersetzungen *exit* und *emergency exit* zu lesen.

Dass die Schiffe einen ausländischen Eigentümer hatten, verlieh ihnen einen besonderen rechtlichen Status. Als das DOC die Brandschutztüren verriegeln wollte, fragte es die Bibby Line und nicht die New Yorker Feuerwehr um Erlaubnis. Überhaupt waren keine Genehmigungen der Feuerwehr nötig, »da die *Bibby Venture* als internationales Schiff entsprechend den Vorschriften des SOLAS (Safety of Lives at Sea) genehmigt wurde«.[121] Bei SOLAS handelt es sich um einen 1980 in Kraft getretenen internationalen Vertrag, der Minimalstandards für die Ausstattung und den Unterhalt internationaler Schiffe definierte. Brandschutz, Brandmeldeanlagen und Feuerlöscher waren in Abschnitt II der Vereinbarung geregelt. In den USA wurde die Einhaltung der Vorschriften nicht von den lokalen Behörden, sondern von der Küstenwache sichergestellt, die vierteljährliche Inspektionen durchführte.[122] Wie die New Yorker Finanzdienstleistungsindustrie waren die zwei Kähne in gewisser Weise onshore und offshore, an Land und auf See, ausländisch und inländisch zugleich.

Für David Dinkins, der damals als Bürgermeister kandidierte, war der provisorische und flexible Zustand weniger ein Gewinn als vielmehr eine Belastung. »Die Nutzung solcher Plattformen«, erklärte er, »hat aus der Planung neuer Gefängnisse eine Ad-hoc-Angelegenheit gemacht. Ich mache mir ernsthaft Sorgen, dass wir damit einen teuren und unproduktiven Weg beschreiten und kein Ende in Sicht ist.«[123] Dinkins war ein entschiedener Gegner des kontinuierlichen Baus neuer Gefängnisse in New York. Als er 1990 zum Bürgermeister gewählt wurde, setzte er Allyn Sielaff als neuen Leiter der Strafvollzugsbehörde ein, der sich für Alternativen zur Inhaftierung einsetzte. Wie Sielaff in seiner ersten Mitteilung an die Beschäftigten im Strafvollzug schrieb, bedeute seine Ernennung »eine neue Richtung«: »Alternativen zu Festnahmen und Haft« seien ihm ein großes Anliegen.[124] Die Ernennung eines neuen Stellvertreters, der sich speziell damit befassen sollte, war eine von Sielaffs ersten Amtshandlungen.

Dennoch blieben die Schiffe. Und trotz Dinkins' und Sielaffs Ehrgeiz wuchs New Yorks Gefängnispopulation weiter und überschritt 1990 die Zahl von 20.000. Tötungsdelikte in Gefängnissen stiegen sprunghaft an, und mehr als 500 Zellen konnten wegen Verwahrlosung nicht mehr genutzt werden. Nach wie vor herrschte eine entsetzliche Enge in den Haftanstalten, und die Krise flaute nicht etwa ab, sondern verschärfte sich eher noch. Sielaff fand sich vor Gericht wieder, weil seine Behörde weiterhin Häftlinge in unhygienischen Verschlägen in Turnhallen unterbrachte, und der Bundesrichter Morris Lasker verurteilte die Stadt zu Entschädigungszahlungen von 150 Dollar für jeden Tag, den Strafgefangene unter solch unangemessenen Bedingungen verbringen mussten.[125] Die hohen Geldstrafen für ständige Überbelegung führten dazu, dass die städtischen Behörden geradezu sehnsüchtig auf die Ankunft des neuen spezialgefertigten 800-Betten-Schiffs warteten, das *Vernon C. Bain* getauft wurde zu Ehren eines Gefängniswärters, der kurz zuvor bei einem Autounfall ums Leben gekommen war.[126]

Die *Vernon C. Bain* erwies sich bedauerlicherweise als kolossale Geldverschwendung. Die Stadt hatte sie bei Avondale Industries geordert, einer in Louisiana ansässigen Werft, die üblicherweise im Auftrag des Militärs arbeitete.[127] Der Preis war beträchtlich: etwa 125 Millionen Dollar (und da waren die mehr als 10 Millionen für ein neues Dock in der Bronx und Beratungshonorare noch nicht eingerechnet). Umgerechnet waren das 171.000 Dollar pro Haftplatz, das Dreifache der Summe, die die Stadt für die zwei Schiffe der Bibby Line zahlte und etwa ebenso viel, wie sie pro Platz für ihre letzten drei konventionellen Gefängnisbauten gezahlt hatte. Der einzige echte Vorteil des Schiffs im Vergleich zu einem Neubau auf Rikers Island war die Hoffnung, dass es in einem Drittel der Zeit zur Verfügung stehen würde.[128] Aber selbst diese Hoffnungen wurden zunichtegemacht. Als das neue Schiff schließlich im Februar 1992 eintraf, lag es eineinhalb Jahre hinter dem Zeitplan und 35 Millionen über dem ursprünglichen Budget. Aufgrund des Personalmangels im DOC konnten viele Bereiche gar nicht genutzt werden, so der große Speisesaal und mehrere Unterrichtsräume.[129]

Zu diesem Zeitpunkt waren die Argumente für die Gefängnisschiffe bereits obsolet geworden. In Gracie Mansion residierte als Bürgermeister ihr langjähriger Kritiker Dinkins, und auch wegen seines Einsatzes gegen die Masseninhaftierung war die Gefängnispopulation endlich unter die Zahl der in New York vorhandenen Haftplätze gefallen. Auch das Aufsichtsgremium BOC hatte sich schließlich gegen die Schiffe positioniert. Sein neuer Vorsitzender William Booth forderte, die *Vernon C. Bain* müsse das letzte sein: »Sie sind zu teuer und zu unsicher.«[130] Die Wahrheit dieser Worte bestätigte sich täglich. Auf der vor Hunts Point in der Bronx, direkt gegenüber Rikers Island, ankernden *Vernon C. Bain* lag der Fluch der Verzögerungen, sie konnte erst im November 1992 eröffnet werden. Geschlossen wurde sie im November 2023, und im Juni 2025 machte Bürgermeister Eric Adams den Plan öffentlich, sie endgültig von ihrem Liegeplatz zu entfernen, um Platz für ein neues Terminal zu schaffen.[131]

Jedenfalls überraschte es nur wenige, dass die Stadt im März 1992 ankündigte, dass die zwei von der Bibby Line geleasten Schiffe als Haftanstalten geschlossen würden. Anfang der 1990er-Jahre schritt die Gentrifizierung von Greenwich Village in rasantem Tempo voran, und die Häuserpreise explodierten.[132] Für Pier 40, an dem die *Bibby Venture* lag, war eine große Entwicklungsmaßnahme vorgesehen: ein Park, der laut einer damaligen Planungsstudie »das Wohnviertel Chelsea zu einem attraktiveren Lebensort machen und die Immobilienwerte steigen lassen würde und dazu beitragen könnte, den Verdrängungsdruck zu beschleunigen«.[133] Eine Stadtviertelzeitung merkte an, dass die (meist schwarzen) Schiffsinsassen bei der Bewohnerschaft des Villages und Sohos, die überwiegend aus weißer Mittelschicht bestand, Sorgen und Ängste ausgelöst hätten. Obwohl es »keine Vorfälle« gegeben habe, »herrschte in dem Viertel generell die Auffassung, dass das Schiff nach Rikers Island gehöre, nicht nach Downtown Manhattan«. Die Insassen der *Venture* waren vielleicht nicht durch Manhattan spaziert, aber ihre Freunde und Angehörigen, die sie besuchten, durchaus.[134] Wie in anderen Städten Amerikas war in New York die Rhetorik der Segretation, des »Bloß nicht in meinem Viertel« noch immer – und lange vor der kompletten Gentrifizierung von Greenwich Village – quicklebendig.[135]

* * *

Die Pläne, New York zu einer »globalen Stadt« zu machen, hatten Mitte der 1980er-Jahre die Ausweitung der Haftkapazitäten nach sich gezogen, wozu auch die Stationierung der zwei Bibby-Schiffe im südlichen Teil Manhattans gehörte. Die Global-City-Strategie war umgekehrt auch in erheblichem Maß dafür verantwortlich, die zwei Schiffe wieder von ihren Liegeplätzen zu verdrängen. Die Stadtentwicklungsmaßnahmen in Chelsea und Greenwich Village ließen keinen Raum für Gefängniskolosse. Nicht ohne Grund lag die *Vernon C. Bain* am Ufer eines Industriegebiets in der South Bronx und nicht in Lower Manhattan. Kurzum, der große Erfolg der Global-City-Strategie beförderte zugleich die Schließung der Gefängnisschiffe.

Unmittelbarer Grund dafür war allerdings weder die Gentrifizierung noch die Zunahme von Schreibtischjobs, sondern ein drohendes Strafverfahren des Bundes. Das Army Corps of Engineers hatte die dauerhafte Stationierung der Schiffe in Lower Manhattan nie genehmigt und das DOC mehr oder weniger zwei Jahre lang gedrängt, die Schiffe zu verlegen. Mit dem Verweis auf »gebrochene Vereinbarungen« informierte der für New York verantwortliche Kommandant am 7. Februar 1992 Bürgermeister Dinkins, dass er der Rechtsabteilung eine Klage gegen die Stadt nahelegen würde, sollten die Schiffe nicht entfernt werden.[136] Selbst für den entgrenzten Status der Schiffe gab es also Grenzen, und die zwei Gefängnisse wurden innerhalb weniger Monate geschlossen.

Am Ende des fünfjährigen Leasingvertrags mit der Bibby Line nahm die Stadt ihr Recht in Anspruch, die Schiffe formell zu erwerben, um sie weiterzuverkaufen. So gelangten die beiden erstmals in das Eigentum der öffentlichen Hand. Zu der Zeit machte man sich keine Sorgen, Käufer zu finden. Das gesamte US-Gefängnissystem stand nach wie vor unter Druck, und das Federal Bureau of Prisons (die Verwaltung der Bundesgefängnisse) hatte bereits sein Interesse signalisiert, eines der Schiffe von der Stadt New York zu leasen.[137] Die Bibby Line hatte jahrelang Vertreter »mit einem Modell einer der zwei Haftanstalten, der *Bibby Venture*« zu den Konferenzen der American Correctional Association (eine private Organisation zur Akkreditierung von Strafvollzugsanstalten) entsandt, um das Geschäft anzukurbeln, und war damit »auf großes Interesse vieler Strafvollzugsbehörden« gestoßen.[138] Bibby arbeitete sogar mit Schaubildern, die zeigten, wie ein als schwimmendes Hotel genutzter Kahn ohne großen Aufwand in eine Hafteinrichtung umfunktioniert werden konnte.[139] Für New York allerdings erwies sich der Verkauf der Schiffe schwieriger als erwartet. Innerhalb einiger Monate erhielt die Stadt mehrere Gebote, das höchste über 3,25 Millionen Dollar. Die Verwaltungs- und Haushaltsbehörde OMB lehnte es jedoch ab, da sie mit einem Verkaufspreis von 20 Millionen Dollar für die Schiffe kalkuliert hatte.[140] In der Folge standen die *Bibby Venture* und die *Bibby Resolution* zwei Jahre lang leer und kosteten die Stadt 1,6 Millionen Dollar Unterhalt pro Jahr. Man überlegte, eines davon in ein Hotel umzuwandeln, um Einkünfte zu generieren, aber die Idee verlief im Sande.[141] Mit wachsender Verzweiflung bot die Strafvollzugsbehörde »die zwei Schiffe jeder Agentur an, die auch nur entfernt Interesse daran haben könnte. Keine einzige war tatsächlich interessiert.« Beamte aus Norfolk, Virginia, die qua Gerichtsbeschluss verpflichtet waren, aufgrund von Überbelegung ihre Haftkapazitäten rasch auszubauen, besichtigten die New Yorker Gefängnisschiffe, kamen aber zu dem Schluss, dass es sich um Beispiele handele, »wie man es nicht machen sollte«.[142] Mitte 1994 wurden die zwei Schiffe erneut zum Kauf angeboten, diesmal zu einem Schnäppchenpreis. Der mit dürftigen 1,8 Millionen Dollar Höchstbietende war laut Berichten eine nicht genannte europäische Firma, die von der amerikanischen Agentur A. L. Burbank vertreten wurde.[143] Doch obwohl die Stadt New York das Schiff und sein Schwesterschiff in jenem Jahr tatsächlich verkaufte, würde es noch drei weitere Jahre dauern, bis sie den Hafen verließen.

* * *

Aus der Distanz könnte man die Zeit, die unser Schiff in New York verbrachte, als einfaches Beispiel für die Logik von Angebot und Nachfrage betrachten. Als die Kriminalitätsbekämpfung im Sinne der strengen »neuen Pönologie« auf die Realität der Crackepidemie traf, stieg die Zahl der Inhaftierungen steil an. Mit der Zunahme der städtischen Gefängnispopulation wurde das verfügbare Angebot an Haftplätzen knapp, und damit wuchs die Nachfrage. Ende der 1980er-Jahre hatte sich die Krise so zugespitzt, dass die Verwaltung bereit war, Dutzende Millionen Dollar für Notlösungen auszugeben. Denn genau das waren das Schiff und sein Schwesterschiff: Für diese Provisorien zahlte eine immer verzweifelter agierende Behörde Höchstsummen. Nichts ist verblüffend an der Tatsache, dass eine Stadt zur Bewältigung einer akuten Notlage zu viel Geld ausgibt. Verblüffend und zugleich bezeichnend ist vielmehr, dass die Stadt sich zur Lösung ihrer Probleme an das internationale Ausland wandte, ebenso wie die Führungen des britischen Verteidigungsministeriums und des Volkswagenkonzerns es zuvor schon getan hatten. Es lohnt sich, kurz über die simple Tatsache nachzudenken, dass die New Yorker Stadtverwaltung dies überhaupt tun *konnte*.

Dass New York sein Gefängnisproblem auslagern konnte, beruhte in erster Linie auf der juristischen Grenzziehung zwischen In- und Ausland. Flächennutzungsrechte galten nur an Land, nicht auf dem Wasser. Einen kurzen Steg hinaufzugehen, bedeutete, einen ganz anderen Rechtskreis zu betreten. Außerdem hing die Möglichkeit des Leasings der zwei Plattformen von deren Existenz an sich ab: Es handelte sich um Schiffe, die für multinationale Ölkonzerne gebaut worden waren, die viele Meilen weit draußen auf dem Meer agierten. Drittens brauchte es ein Privatunternehmen, dessen Geschäftmodell darin bestand, multifunktionale Unterbringungsmöglichkeiten nicht für einen bestimmten Industriezweig oder ein spezielles Land, sondern für alle und überall anzubieten. Es spielte durchaus eine Rolle, dass Bibby eine ausländische Firma war, denn für die galten andere Gesetze. Dank dieser juristischen Auslagerung konnten die städtischen Beamten Vorschriften und den lokalen demokratischen Widerstand gegen die Schiffe ignorieren. Und schließlich bot sich der Stadt nur deshalb die Option, Gefängnisse auf dem Wasser zu betreiben, weil die städtischen Uferzonen weitgehend aufgegeben worden waren. Aufgrund der Containerisierung und des folgenden Niedergangs des Abfertigungsgeschäfts konnte New York frei wählen, an welchem der vielen ungenutzten Piers es die Schiffe platzierte.

Insofern mag es wie ein glücklicher Zufall wirken, dass die New Yorker Verwaltung gewillt und in der Lage war, zwei ihrer Gefängnisse aufs Wasser zu verlegen – was nicht zutreffend ist. Es war vielmehr das Ergebnis einer Reihe zusammenhängender globaler Transformationen. Es handelte sich dabei um dieselben Transformationen, die New York zu einem Onshore-Zentrum für die Offshore-Finanz machte, zu einer globalen Stadt, die nach »Lebensqualität« strebte. Es waren Transformationen, die weltweit stattfanden: in der Stadt, die niemals schläft, und in einem verschlafenen Nest an der englischen Küste.

# 7

# ÄRMELKANAL

| | Das Schiff | Das Schwesterschiff |
|---|---|---|
| **1997** | Das Schiff wird vom britischen Staat erworben und zur Isle of Portland in England transportiert, wo es unter dem neuen Namen HMP [Her Majesty's Prison] *The Weare* als Haftanstalt dient. | |
| **2005** | HMP *The Weare* schließt. Das Schiff heißt nun nur noch *The Weare.* | |

England 1997: Manchester-United-Fußballstar David Beckham trifft Victoria Adams, damals besser bekannt als Posh Spice. Die BBC sendet die erste Folge der *Teletubbies.* Harry Potter betritt die Weltbühne. Prinzessin Diana stirbt. Es ist ein Jahr des Übergangs in Großbritannien. Die letzten Kilometer des staatlichen Eisenbahnnetzes werden privatisiert, sozusagen ein Postscriptum zu Margaret Thatchers zentralen Politikversprechen. Hongkong wird an China übergeben, worin zumindest einige das endgültige Ende des britischen Weltreichs sehen. Und nach achtzehn Jahren konservativ dominierter Politik kommt nach einem Erdrutschsieg bei den Wahlen eine Mitte-Links-Regierung unter Tony Blair an die Macht. Und auch wenn natürlich nicht sämtliche Entwicklungen der letzten Zeit über Bord geworfen werden, befindet sich das Land doch an einem Wendepunkt.

Anfang 1997 kehrte unser Schiff nach Großbritannien zurück. In New York war es wieder von einem Schwerlastschiff an Bord genommen worden, das es an einen malerischen Ort am Meer transportiert hatte: die Isle of Portland, eine Felszunge aus Kalkstein vor der englischen Südküste, die durch einen langen Damm mit dem Festland verbunden ist. Dort sollte das Schiff erneut als Haftanstalt genutzt werden. Die Zeitung *The Independent* schrieb, »dem schwimmenden Gefängnis … aus Amerika« habe man einen unfreundlichen Empfang bereitet. Es sei »nicht hübsch … und nicht willkommen«.[1] Die Aussicht, es im Hafen liegen zu haben, war in Portland auf entschiedenen Widerstand gestoßen. Und wie die Regionalzeitung *Dorset Echo* berichtete, »erreichte der Widerstand dagegen eine neue Intensität, als klar wurde, dass … der Neuankömmling mitnichten ein hochmodernes Schiff, sondern vielmehr ein rostender Kahn sein würde«.[2]

Der Import eines Gefängnisses aus den Vereinigten Staaten wurde im Großbritannien der 1990er-Jahre als Akt mit Symbolkraft wahrgenommen. Es war der physische Beweis, dass die britische Politik die Ausbreitung einer Ideologie der gnadenlosen Kriminalitätsbekämpfung und des Gefängnisstaats über den Atlantik hinweg hinnahm.[3] Der Kahn stand zugleich für die Globalisierung eines amerikanischen Ansatzes, der vom systematischen Abarbeiten von Checklisten geprägt war. Es war die Herangehensweise von Unternehmen, die »Benchmarks« erreichen wollten und dafür »Schlüsselkennzahlen des Erfolgs« definierten. Denn schon wenige Jahre nach seiner Ankunft in Großbritannien würde das Schiff fest in eine ganz neue Art supranationaler Ordnung eingebettet sein: die »Wissensökonomie«. Die Fußsoldaten dieser Ordnung waren global agierende Beratungsfirmen und internationale Geschäftsleute. Ihre Apostel waren Politiker des »Dritten Wegs« (in Deutschland auch als »Neue Mitte« bezeichnet), vor allem Bill Clinton in den USA und Tony Blair im Vereinigten

Königreich. Auf Portland würde das Schiff sowohl zum Zeugen als auch zum Beteiligten dieser Bewegung, die offenbarte, wie angespannt das Verhältnis zwischen Globalisierung und liberaler Demokratie war.

* * *

All das lag für unser Schiff noch in der Zukunft. 1997 wurde es aus demselben einfachen Grund nach Portland gebracht, wie es nach New York gekommen war: Überbelegung der Gefängnisse. Die Inhaftierungszahlen in Großbritannien waren in den 1990ern unter dem konservativen Premier und Thatcher-Nachfolger John Major in die Höhe geschossen. 1990 bewegte sich die Gefängnispopulation von England und Wales bei etwa 45.000. Im neuen Jahrtausend waren es fast 65.000 Personen.[4] Anfang 1990 instrumentalisierte Blair, damals Labours Schatteninnenminister, die Ängste der Bevölkerung und verfocht die Devise »Hart gegen das Verbrechen und die Ursachen von Verbrechen«.[5] Die Konservativen sangen das gleiche Lied, und mit der Ernennung von Michael Howard zum Innenminister übernahm Großbritannien 1993 die maximale Strenge in der Strafjustiz aus den USA. Howard läutete eine neue Ära der Law-and-Order-Politik ein. Beim Parteitag der Torys 1993 konstatierte er nüchtern, dass »Gefängnis wirkt«, und präsentierte daraufhin siebenundzwanzig neue Maßnahmen gegen Kriminalität, von denen die meisten in den folgenden Jahren in Gesetze gegossen wurden. Wie in New York zielte diese Politik auf mehr »Lebensqualität« ab, indem sie Raver, Hausbesetzerinnen oder Obdachlose ins Visier nahm, also Menschen, die außerhalb geltender sozialer Normen lebten. Auch das Prinzip der angemessenen Bestrafung wurde durch verpflichtende Mindeststrafen und die verstärkte Einbeziehung des Vorstrafenregisters ersetzt.[6] Die Auswirkungen zeigten sich besonders im südöstlichen London, wo große öffentliche Infrastrukturprojekte (darunter der Millennium Dome, heute The $O_2$) ökonomisches Wachstum fördern und eine zahlungskräftigere Bewohnerschaft anziehen sollten. Was für die eine »globale Stadt« gut war, musste doch auch für die andere gut sein.

Doch die britische Strafvollzugspolitik erstreckte sich weit über London hinaus. Die Haftanstalten, zumindest in England und Wales, wurden landesweit verwaltet, was bedeutete, dass Verurteilte oft in weit entfernte Gefängnisse gebracht wurden. In ganz Großbritannien bewegte sich die öffentliche Meinung hin zu einer Strategie härterer Bestrafung. Die Regierungen Thatcher und Major schränkten präventive Maßnahmen des Nachkriegswohlfahrtsstaats immer weiter ein und versuchten, Sicherheit und Ordnung stattdessen mithilfe strenger Strafen durchzusetzen.[7] Wie in den Vereinigten Staaten bedeutete dies auch eine Hinwendung zu privat finanzierten und verwalteten Haftanstalten.[8] Und wie in den Vereinigten Staaten wurden deutlich strengere Urteile gefällt. 1997 wurde ein Gesetz beschlossen, das für bestimmte Vergehen bei der dritten Verurteilung zwingend bestimmte Mindeststrafen vorschrieb. Zwischen 1997 und 2007 definierte der britische Staat 446 neue Vergehen, auf die Haftstrafen standen.[9] Das Ergebnis konnte kaum überraschen: Die Inhaftierungsrate Großbritanniens bewegte sich steil nach oben.

Für Ann Widdecombe, Staatsministerin für Gefängnisse, war dies eine absolut notwendige Folge. Widdecombe, später eine prominente Brexitverfechterin, war bereits fünfundzwanzig Jahre vor dem Referendum 2016 eine konservative Hardlinerin. In den 1990er-Jahren wandte sie sich gegen eine Legalisierung von Schwangerschaftsabbrüchen und konvertierte, als die Kirche von England die Ordination von Frauen zu Priesterinnen zuließ, zum Katholizismus.[10] Später befürwortete sie eine Wiedereinführung der Todesstrafe. Als zuständige Tory-Ministerin stand sie für das Mantra »Gefängnis wirkt«.[11] Doch nicht alle stimmten die sich rasch füllenden britischen Gefängnisse so hoffnungsfroh wie Ann Widdecombe. So zeigte sich der Berufsverband Prison Governors' Association (PGA) »zutiefst besorgt über ihre Meinung, eine wachsene Gefängnispopulation würde die Kriminalitätsraten senken ... Ihre Sicht ist simplizistisch und wirkt sich potenziell negativ auf die Organisation des Strafvollzugs aus.«[12]

Im Widerspruch zu Widdecombes öffentlich geäußerten Postulaten wurde die Überbelegung zu einer immer größeren Sorge der Gefängnisverwaltung, deren Vorgesetzte sie war. Wie ihre New Yorker Kollegen sahen die britischen Strafverfolgungsbehörden die Schiffe als vorübergehende Lösung für ein dauerhaftes Problem. Man konnte sie schnell beschaffen, sie standen mehr oder weniger sofort zur Verfügung und waren praktisch überall entlang der Tausende Kilometer langen britischen Küste einzusetzen. Darüber hinaus sorgten sie für aufsehenerregende Schlagzeilen. Während die Verwaltung die Beschaffung sehr skeptisch sah, gefiel der Regierung die öffentlich sichtbare und schnelle Ausweitung der Haftplätze sehr gut.[13] So einen Kahn herbeischleppen zu lassen, war ein plakatives Zeichen der Handlungsfähigkeit. Und wenn dieser gar aus New York kam, wirkte das Vorgehen noch entschlossener.

1993 hatte das Innenministerium mit dem Gedanken gespielt, zwei von Bibby geleaste Kähne nach Barrow-in-Furness, einer Stadt in der Grafschaft Cumbria im Nordwesten Englands, zu bringen. Wie andere frühere Zentren des Schiffsbaus hatte Barrow harte Zeiten durchgemacht, insbesondere seit das Ende des Kalten Kriegs die Nachfrage nach Kriegsschiffen sinken ließ. Mit einer Arbeitslosenquote von über 10 Prozent, so befand das Innenministerium, sei Barrow doch ein besonders geeigneter Kandidat für ein neues Gefängnis und die Hunderte Jobs, die dadurch geschaffen würden. Die Verwaltung schickte sogar Beamte nach New York, die die Haftbedingungen an Bord der *Bibby Venture* und *Bibby Resolution* erkunden sollten.[14]

Als das Innenministerium das Schiff 1996, also drei Jahre später, kaufte, hatte die britische Gefängnisverwaltung somit bereits lange über eine derartige Lösung nachgedacht. Zu dieser Zeit schienen die Kosten sicherlich vertretbar. Mit 5,3 Millionen Pfund war der Preis für den sofortigen Kauf deutlich niedriger als der, den das New Yorker

DOC gezahlt hatte, auch wenn er deutlich über den 1,8 Millionen Dollar lag, die das DOC schließlich für die zwei Schiffe erlöst hatte. Immer wieder hatte die *Bibby Resolution* bisher privaten Zwischenhändlern ordentliche Profite beschert. Und wie in der Vergangenheit erwiesen sich die Gesamtkosten für ein schwimmendes Gefängnis als deutlich höher, als zuvor veranschlagt. Die Gefängnisverwaltung würde 11 Millionen Pfund in den ersten Monaten der Nutzung investieren und weitere 10 Millionen Pfund in den darauffolgenden zehn Jahren in den Unterhalt stecken.[15] Dennoch war das Konstrukt zur Überbrückung sehr nützlich, zumindest aus Sicht der Ministerien, die an einer sofortigen und sichtbaren Ausweitung der Haftkapazitäten interessiert waren. Die fünfhundert Plätze der niedrigsten Sicherheitsstufe an Bord unseres Schiffs (etwa hundertzwanzig mehr als in New York) würden die wachsende Not im britischen Strafvollzug lindern. Und so präsentierte die Gefängnisverwaltung die *Bibby Resolution* auch als »Notunterkunft … infolge des Drucks durch steigende Inhaftierungszahlen«.[16] Dieser Druck war in London aufgrund der raschen Gentrifizierung besonders hoch, doch war es weder politisch durchsetzbar noch kosteneffizient, in der Hauptstadt eine neue Haftanstalt zu eröffnen. Ebenso ineffizient war es zwar, Häftlinge auf die dreieinhalb Stunden entfernte Isle of Portland zu transportieren, doch der Liegeplatz des Schiffs ließ sich ebenfalls mit einer Notlage entschuldigen. Letztlich war die Maßnahme nie als Dauerlösung gedacht. Allein die Tatsache, dass es sich um ein bewegliches Schiff handelte, sollte der Öffentlichkeit vermitteln, dass man es mit einer akuten Krise zu tun hatte. Wie die Verwaltung in New York betonte auch Ann Widdecombe, es handele sich um ein Provisorium: Das Schiff werde nur drei Jahre in Portland bleiben, bis eine weitere, dauerhafte Einrichtung geschaffen sei.[17] Sie hielt sich damit ganz eng an Ed Kochs New Yorker Strategie.

* * *

Großbritannien selbst hat eine lange und komplexe Geschichte der Auslagerung von Gefängnisproblemen aufzuweisen. Als die amerikanische Unabhängigkeitserklärung 1776 unterzeichnet wurde, hatte der britische Staat Zehntausende politische Gefangene und Menschen, die wegen verschiedener, oft geringfügiger Vergehen verurteilt worden waren, in seine dreizehn nordamerikanischen Kolonien abgeschoben.[18] Georgia war in den 1730er-Jahren ausdrücklich so organisiert worden, dass man die aus Londons verwahrlosten Gefängnissen Entlassenen dorthin verbringen konnte. Verwaltet wurde Georgia von einer durch das Königshaus gestützten Gesellschaft, die dazu beitragen sollte, »die Jammergestalten … als Kolonie gemeinsam anzusiedeln«.[19] Auch Australien war von deportierten Häftlingen bevölkert. Als die sogenannte First Fleet 1788 die frühesten britischen Siedler in Australien absetzte, waren mehr als die Hälfte der 1373 Neuankömmlinge verurteilte Straftäter – die ersten von etwa 168.000, die in den nächsten acht Jahrzehnten auf dem Kontinent landen würden.[20] Der »Transport« von Gefangenen in weit entfernte Strafkolonien in Amerika, New South Wales oder Tasmanien war ein großes Geschäft. Händler verdienten gut daran, wenn sie bereit waren, dem Staat ein paar Häftlinge abzunehmen, die wiederum billige, oft auch unbezahlte Arbeitskräfte darstellten. Die Deportation half den Herrschenden unter anderem dabei, renitente Bevölkerungsanteile in Schach zu halten. Es geschah im Namen der öffentlichen Ordnung, dass der Staat Hunderte der maschinenstürmenden Ludditen (vgl. S. 163) nach Australien schaffte, wo sie wenig Schaden anrichten konnten. Während des gesamten 18. und 19. Jahrhunderts wurden britische Straftäter dazu verurteilt, Dienst in der Royal Navy zu tun, und ausgediente Schiffe in finstere, überfüllte Kerker verwandelt, um die aus allen Nähten platzenden englischen Gefängnisse an Land zu entlasten. Pip, der Held in Charles Dickens' Roman *Große Erwartungen*, erblickt im Schein einer Fackel eine »schwarze Hulk nicht weit vom Schlamm des Ufers im Wasser liegend wie eine verruchte Arche

Noah«.[21] Diese Geschichte schien also wieder lebendig zu werden, als der Kahn im März 1997 in den Hafen gezogen wurde. Als das Schiff Dorset erreichte, so die *Times*, »fiel der Schatten des viktorianischen Englands auf den Hafen von Portland ... Seit dem 19. Jahrhundert waren keine Häftlinge mehr in ›Hulken‹ vor der Küste Großbritanniens untergebracht worden.«[22]

Unser Schiff stellte somit einen Rückfall in die Vergangenheit eines gewaltgeprägten Strafvollzugs dar.[23] Sträflingsarbeit hatte die englische Südküste geprägt. Die Felsbrocken für die langen Wellenbrecher vor Portlands Hafen hatten viktorianische Gefangene aus den umliegenden Steinbrüchen geschlagen. Über der Stadt thront eine Zitadelle aus dem 19. Jahrhundert, die nach dem Zweiten Weltkrieg in ein Gefängnis umgewidmet worden war.

* * *

Portland liegt vor der Küste Großbritanniens. Es handelt sich um eine »landgebundene Insel« von 11,5 Quadratkilometern Fläche, die durch eine einzige Straße an das Festland von Dorset angeschlossen ist. Die nur gut 14.000 Einwohnerinnen und Einwohner bilden eine eng verbundende Gemeinschaft. Auch in anderer Hinsicht handelt es sich um einen besonderen Ort: eine befestigte Insel, die über einen der größten Häfen Europas verfügt. Wie viele bekannte Festungen – Gibraltar, Malta oder Alcatraz – ist auch die Isle of Portland ein Felsbrocken, dessen blasser Kalkstein seit Jahrhunderten in Steinbrüchen abgebaut wird. Viele stattliche Residenzen der zentralen Plätze Londons sind aus Portland-Stein gebaut, auch die Ostfassade des Buckingham-Palasts wurde 1913 damit verkleidet. Die Häuser auf Portland sind weniger prächtig. Die der Dörfer am Nordende sind aufs Meer ausgerichtet. Viktorianische Reihenhäuser und die Doppelhäuser der Nachkriegszeit gruppieren sich um den Hügel in der Mitte. Die meisten überblicken den Chesil Beach, eine Kiesbank, die sich ohne Unterbrechung knapp dreißig Kilometer an der Küste Dorsets erstreckt. Einige gehen auch Richtung Hafen auf der anderen Seite der Kiesbank. Auch dort ist der Blick spektakulär: sanft geschwungene Hügel, die auf weiße, aus dem Meer aufragende Klippen zulaufen. Doch in dieser Richtung zeigt die britische Südküste auch ihr wirtschaftliches Gesicht: Piere, Lagerhäuser und Frachter, die von Wellenbrechern und Küstenbefestigungen des Hafens geschützt werden.

Portland 2019. Der Damm auf die Insel verläuft links am Strand entlang. Der Hafen befindet sich in der Bildmitte. Das Schiff lag direkt hinter dem Hügel rechts, auf dem die alte Zitadelle steht.

Aufgrund seiner Geografie war Portland jahrhundertelang ein Militärstandort. Das Dorf am nördlichen Ende (wo auch unser Schiff stationiert war) heißt Castletown, und alle, die die einzige auf die Insel führende Straße entlangfahren, haben die alte Zitadelle aus dem 19. Jahrhundert im Blick, die über der Stadt und einem Friedhof der Royal Navy thront. Nicht weit entfernt davon stößt man auf andere Monumente militärischer Aktivitäten. In Ufernähe steht ein unter Heinrich VIII. erbautes Artilleriefort, nur ein paar Häuser weiter ein D-Day-Museum. In Portland sammelten sich die amerikanischen Streitkräfte, die während der Operation Overlord am Omaha Beach in der Normandie landeten, weswegen zwischen Juni 1944 und Mai 1945 etwa 418.000 Amerikaner den Ort passierten. Zwei »Mulberry caissons«, riesige modulare Betonklötze, liegen nach wie vor direkt vor dem Hafen im Wasser. In England gebaut und nach Frankreich transportiert, waren sie Bestandteil der provisorischen Mulberry-Häfen, die bei der Landung der Alliierten für Schutz und Nachschub sorgten.

Als unser Schiff ankam, war der Ort noch deutlicher militärisch geprägt als heute. Die Royal Navy hatte dort mehr als ein Jahrhundert lang einen Standort unterhalten, der mit dem Ende des Kalten Kriegs 1995 geschlossen worden war – er hatte der Kommune jährlich geschätzt 7 Millionen Pfund eingebracht.[24] Das Schiff traf zwei Jahre nach der Schließung ein, als der früher von der Militärbasis belegte Hafen noch immer verlassen dalag und sehr nachdrücklich an das Fehlen der Marine erinnerte. Eine im Hafen angebrachte Tafel weist ein wenig euphemistisch darauf hin, dass der Abzug der Marine »ein großes Areal, bereit für eine zivile Nutzung« hinterließ.[25] Den Einheimischen wollten die Londoner Behörden das Gefängnisschiff in ihrem Ort als Zeichen der Kontinuität schmackhaft machen und betonten, es werde Arbeitsplätze ersetzen, die durch den Abzug der Marine verlorengegangen waren. Gab es einen geeigneteren Ort für ein Gefängnisschiff als einen ehemaligen Marinestützpunkt? Vielleicht wollte man dem Schiff ein Gefühl für seinen Liegeort vermitteln, indem man es wieder einmal umbenannte, diesmal nach einem Fluss in der Region. Es wurde zu HMP (Her Majesty's Prison) *The Weare*.[26]

* * *

Obwohl sich die Behörden redlich bemühten zu betonen, wie gut das Schiff doch in die Geschichte Portlands passe, interpretierten es die Einheimischen, als es im März 1997 in ihren Hafen geschleppt wurde, sofort als einen amerikanischen Import und die Aufzwingung einer brutalen, beinahe dystopischen Gefängniskultur. Das Schiff sei »unser eigenes kleines Alcatraz«, wie es ein Bewohner formulierte.[27] Der

Platz für den Hofgang oben auf dem Dach erregte besondere Aufmerksamkeit. Einer der Einheimischen, den man mit Renovierungsarbeiten im Inneren des Schiffs beauftragte, sagte: »So was haben wir noch nie vorher gesehen … außer in amerikanischen Filmen.«[28]

Die *Bibby Resolution* 1997 bei ihrer Ankunft in Portland an Bord eines Schwerlastschiffs.

Das Schiff war in Portland ein Fremdkörper. Abgesehen davon, dass es sich um einen Inselhafen handelte, war auch sonst nichts wie in New York. Ein schwimmendes Gefängnis wirkte schon im urbanen Dschungel höchst ungewöhnlich, aber in einem ruhigen Küstenstädtchen schien es völlig fehl am Platz. Doch obwohl New York City und Portland ein Weltmeer an Unterschieden trennte, waren die Reaktionen an beiden Orten durchaus vergleichbar. Wie die Bewohnerschaft in Lower Manhattan wehrten sich auch in Portland die Einheimischen heftig gegen das Schiff. Und wie ihre Amtskollegen in New York setzte sich auch die Staatsministerin für Gefängnisse Ann Widdecombe über die lokalen Proteste hinweg. »Ich verstehe schon, warum sich die Leute über die dauerhafte Präsenz von Gefängnissen in ihrer Nähe Sorgen machen, doch seltsamerweise beschweren sie sich später immer, wenn wir sie wieder dichtmachen.« Die Bewohnerinnen und Bewohner Portlands, die jetzt gegen das schwimmende Gefängnis waren, »werden bestimmt protestieren, wenn wir sagen, dass wir es nicht mehr brauchen«.[29] Widdecombes Äußerungen konnten nicht verhindern, dass der Bezirk Weymouth and Portland dem Schiff die Planungsgenehmigung verweigerte. Allerdings war der Druck aus London aufgrund der steigenden Inhaftierungszahlen einfach zu groß. Selbst der Schatteninnenminister der Labour Party, Jack Straw, unterstützte das Vorhaben, *The Weare* im Hafen von Portland zu stationieren, nachdem ihn die Gefängnisbehörde gewarnt hatte, die ständig wachsende Gefängnispopulation könne zu einem »Kontrollverlust« führen. Generell stand New Labour dem Broken-Windows-Ansatz und vermehrten Verhaftungen durchaus positiv gegenüber. Straw selbst meinte: »Wenn es mehr Kriminalität gibt, muss die Gefängnispopulation ja steigen.«[30] Ein Satz, der aus dem Repertoire von Nelson Rockefeller oder Ed Koch hätte stammen können. Die Masseninhaftierung schien eine einfache und allgemeingültige Frage von Ursache und Wirkung: Kriminalität führte zu Bestrafung. Die Gründe für die Krimininalität waren offensichtlich sowohl in den Vereinigten Staaten als auch in Großbritannien nebensächlich.

Im Ergebnis wurden die vielen Einwände aus Portland vom konservativen Umweltminister John Gummer beiseitegewischt.[31] Wie in New York hatte die Bezirksverwaltung vor Ort nur begrenzt die Macht, sich gegen das Schiff in ihrem Hafen zu wehren. Rechtlich unterstand es nicht ihrer Kontrolle, und so basierte ihr Einspruch faktisch darauf, den Bau einer fünf Meter hohen Umzäunung an Land rund um das Schiff zu untersagen.[32] Doch selbst dieser Widerstand war wenig wirkungsvoll. Die Hafenanlagen wurden privat von Langham Industries verwaltet, einer Schiffsbaufirma, die die Anlagen früher in jenem Jahr von der Royal Navy erworben hatte.[33]

Währenddessen bereitete man das Schiff langsam, aber sicher auf seine neue Funktion vor. Ein »Trupp Jungs aus dem Ort« wurde engagiert, um die heruntergekommenen Innenräume zu renovieren und neu zu streichen. Einer von ihnen erinnert sich insbesondere an »ein paar Zentimeter grünes Wasser«, die in dem lange ungenutzten Hallenbad standen, Brutstätte unzähliger Bakterienstämme. Der Pool wurde trockengelegt und als Lagerraum genutzt.[34]

Die ersten einundzwanzig Häftlinge gingen am 11. Juni 1997 an Bord unseres nun HMP *The Weare* genannten Schiffs. Keine zwei Wochen später musste man sie vorübergehend ausquartieren, weil man feststellte, dass die Sprinkleranlage defekt war und zu lecken begann. Fachleute der Feuerwehr vor Ort hatten bereits vor Brandrisiken gewarnt, waren aber mehr oder weniger ignoriert worden. Wie in New York hatten sie auf einem internationalen Schiff nichts zu sagen. Und *The Weare* war immer noch ein internationales Schiff, denn obwohl es inzwischen dem britischen Staat gehörte, war es nach wie vor auf den Bahamas registriert.[35] Auch andere Verbindungen zur Vergangenheit waren noch vorhanden. Einige der Vollzugsbeamten an Bord hatten bereits während ihres Militärdienstes auf den Falklandinseln auf dem Schiff gewohnt. Die Metallstockbetten trugen noch Einritzungen aus den 1980ern, als die Bewohner ihre Regimenter und ihre Zeit in Port Stanley so verewigten.[36] Zwei zivile Techniker hatten abwechselnd Dienst auf *The Weare*, wo ihnen in der ganzen Zeit eine kleine Wohnung zur Verfügung stand. In Zwölfstundenschichten warteten sie Toiletten, Generatoren und die Warmwasseranlage. Beide waren bei Denholm's angestellt, einer Firma, die auf Dienstleistungen für Schiffe im »internationalen Energiesektor« spezialisiert war und die Bibby-Schiffe mit neuem Personal versorgt hatte, nachdem sie in den 1980er-Jahren die Flagge gewechselt hatten.[37] Zwar war unser Schiff nun Staatseigentum, doch bei seiner Instandhaltung ging es noch immer nicht ohne private Expertise.

* * *

Neben einigen Parallelen beim Empfang des Schiffs in New York und Portland gab es auch einen entscheidenden Unterschied. Im Gegensatz zu New York und entsprechend der Vorhersage von Widdecombe integrierte sich *The Weare* recht rasch in das Inselleben. Mochte ihr Status auch provisorisch und ihr Äußeres schmucklos sein, wurde sie doch bald als Teil des Ortsbilds akzeptiert.[38] Ein Grund dafür war eine große Rekrutierungskampagne, die die Gefängnisbehörde in der Region startete, was zu Dutzenden neuen Arbeitsplätzen führte, eine Praxis, die im Anschluss in der britischen Strafjustiz eingestellt wurde.[39] Ende 2001 hatte das Schiff sogar die gewählten Vertreterinnen und Vertreter des Orts hinter sich, die ihm bis 2003 eine Planungsgenehmigung erteilten – mit der Möglichkeit der Verlängerung. Viele Einwohnerinnen und Einwohner, insbesondere die 250 Beschäftigten des Gefängnisses, hatten großes Interesse daran, dass es blieb. Wie das *Dorset Echo* es darstellte,

> … erwies sich die Realität als weniger bedrohlich, als von einigen Leuten befürchtet, und selbst Touristinnen und Touristen waren ganz begierig darauf, einen Blick auf das neue Schiff zu werfen … Die Zeit verging, und HMP *The Weare* wurde zu einem Bestandteil des Stadtbilds. Sie gewann sogar Preise für die Verpflegung, außerdem äußerten sich Gefängnisinspektoren in ihren Berichten ganz begeistert.[40]

Touristenboote fuhren möglichst nah daran vorbei, es gab einen schwunghaften örtlichen Handel mit Souvenirs und Erinnerungs-T-Shirts, darüber hinaus Verträge mit neuen Agenturen, Taxiunternehmen, Verpflegungsbetrieben und örtlichen Dienstleistern.[41] Das Schiff war sogar Schauplatz einer surrealen Szene, in der ukrainische Kinder aus der Region um Tschernobyl, die auf einer organisierten Reise Dorset besuchten, einen »wilden Nachmittag mit Spaß und Spiel unter den wachsamen Augen des Gefängnispersonals« erlebten.

Die Gefängnisbesichtigung war laut einem Zeitungsartikel das »Highlight« in dem Monat, den die Kinder in England verbrachten.[42]

Wie in den Vereinigten Staaten waren auch einige Bewohner von HMP *The Weare* der Ansicht, das Schiff biete gegenüber einem konventionellen Gefängnis bestimmte Vorteile. Schon dass es ein Schiff war, hatte einen gewissen Reiz. Als Ray Bishop überlegte, sich vom Gefängnis Belmarsh im Südosten Londons ins HMP *The Weare* verlegen zu lassen, fand er, das klinge »nach Abwechslung und viel Spaß«. Viele derer, die man von London an die Küste umquartierte, waren begeistert von der Idee, auch wenn die Zellen des Schiffs als »klaustrophobisch« galten.[43] Sie hatten immerhin Teppichboden, Fernseher und Stereoanlage, und obwohl die Gefängnisbehörde eigentlich vorgehabt hatte, bis zu fünfhundert Personen aufzunehmen, waren es 2001 nur etwa dreihundertsechzig. »Es ist ein gutes Gefängnis, es geht in Ordnung«, befand ein Häftling 2001. »Ich war auch schon in London in Haft und kann Ihnen sagen, es ist angenehmer, jeden Tag das Meer zu sehen als Betonsilos.«[44] Einer erklärte dem Inspektionsteam, das Essen an Bord sei »das beste, das er je bekommen habe«, und andere lobten die Versorgung mit frischen Lebensmitteln während des Ramadans.[45]

Anfängliche Inspektionen stießen auf ein »überraschend gut gemanagtes und positives System«.[46] Die Leiterin des Gefängnisses, Susan McCormick, war eine hoch angesehene Beamtin. Sie hatte sich für Gefängnistheatergruppen eingesetzt, bereits in einer Non-Profit-Organisation für soziale Gerechtigkeit gekämpft und arbeitete schon lange bei der Gefängnisbehörde. 1973 war sie mit achtundzwanzig Jahren die damals jüngste Frau auf dem Posten einer Gefängnisdirektorin gewesen.[47] Unter McCormick und ihren Nachfolgern heimste *The Weare* weiter Lob ein. 2006 erinnerte sich ein ehemaliger Insasse – der Post-Punk-Rocker Dan Treacy –, dass die Verlegung von einer Einrichtung in Brixton (Südlondon) auf das, was er das »Good Ship Lollipop« (eine Anspielung auf einen von Shirley Temple interpretierten Song) nannte, »das Beste war, was passieren konnte. Ich war nicht in einer Zelle, sondern in einer Kajüte, und konnte aus dem Fenster über die Weymouth Bay blicken. Die Gefängniswärter waren ziemlich cool, und es gab Computer.«[48]

Ein Häftling bewertete HMP *The Weare* als »eines der besten Gefängnisse im Vereinigten Königreich« mit einem »absolut fantastischen« Drogentherapieprogramm.[49] In offiziellen Beurteilungen wurden die Haftbedingungen an Bord insgesamt gelobt. Das Negativste, was der Chefinspektor der Gefängnisse in einem Bericht im Dezember 2001 zu bemängeln hatte, waren zu lange Wartezeiten für Zahnarzttermine.[50]

Einmal führten die relativ komfortablen Haftbedingungen zu Unmut beim Gefängnispersonal. 2002 beschwerten sich einige Beamte, dass die Leitung beschlossen hatte, kleine Weihnachtsgeschenke an die Kinder zu verteilen, die ihre auf dem Schiff inhaftierten Väter besuchten. Der Berufsverband Prison Officers Association (POA) befand die Geschenke für »ziemlich krank«, »ein hohes Sicherheitsrisiko« und »eine groteske Idee«. Der Vorsitzende der POA behauptete, derartige Gesten vermittelten den Eindruck, die Beamten würden »in einem Hotel und nicht in einem Gefängnis arbeiten«. Die Wortwahl der Beschwerde offenbart wieder einmal den bemerkenswert flexiblen Status dieses Schiffs: Als es Hotel war, klagte man, es sei wie ein Gefängnis, und als es ein Gefängnis war, fanden es einige zu hotelmäßig.

Doch im Allgemeinen war die Stimmung beim Personal sehr gut. Portland galt durchaus als Wunscheinsatzort für Gefängnisbeamte. Da viele Beschäftigte an Bord aus dem Ort stammten, herrschte ein ausgeprägter Korpsgeist und die allgemeine Bereitschaft, sich für das neue Projekt einzusetzen. Viele waren im Sommer 1997 daran beteiligt, das Schiff auf die Insassen vorzubereiten, und ein Wärter erinnert sich: »Es gab ein starkes Kameradschaftsgefühl auf der *Weare*, und viele meiner Kollegen haben seither nichts Vergleichbares mehr

Eine Zelle an Bord der HMP *The Weare*. Die Haftbedingungen waren nicht unbedingt luxuriös, aber im Allgemeinen besser als für die Häftlinge, die in New York auf dem Schiff einsaßen. Durch die vergitterten Fenster blickte man aufs Meer.

Der Besuchsraum auf der HMP *The Weare*. Man beachte die am Boden verschraubten Tische und Stühle, die Überwachungskameras und die klaustrophobisch niedrige Decke.

Ein Gefängniswärter überwacht Häftlinge beim Volleyball in der Sporthalle des Schiffs.

erlebt.« Das Personal traf sich zum Fischen und Golfen. Mehrere Jahre lang gab es unter den Gefängnisbeamten eine Drachenbootmannschaft. Zugleich war vielen der dort Beschäftigten bewusst, dass die Position des Schiffs zumindest anfangs noch nicht wirklich gefestigt war. Die Beamten bekamen eine Unterweisung, in der betont wurde, »dass *The Weare* ein politisch hochsensibles Thema war und wir dafür sorgen müssten, sie auf die richtige Weise zu repräsentieren«.[51]

* * *

Zu Beginn der Nullerjahre hatte sich das Verhältnis zwischen den Einwohnerinnen und Einwohnern Portlands und dem Gefängnis deutlich verbessert, und doch zögerte man, die Genehmigung für den Liegeplatz in der Stadt zu verlängern. Ein Bezirksrat verwies darauf, dass der Antrag von 2001 auf eine Verlängerung gleich um mehrere Jahre die Ängste nährte, es könne daraus ein Dauerzustand werden.[52] Und dass alles mit dem Schiff glattlief, konnte man auch nicht behaupten. 2001 gab es massive Vorwürfe, Personal habe einen Häftling misshandelt. Ein Bericht des Board of Visitors, eines unabhängigen Aufsichtsgremiums des Gefängnisses, listete neun Fälle von Selbstverletzungen auf, darunter auch Suizidversuche, und zwei Vorfälle, bei denen Häftlinge »kochendes Wasser mit einem hohen Zuckeranteil über andere Häftlinge gegossen« hätten. Es war zu einem Ausbruchsversuch gekommen, außerdem zu Spannungen, nachdem afrokaribische Häftlinge »wegen Nichteinhaltung der Hygienevorschriften« vom Küchendienst ausgeschlossen worden waren.[53] Die Häftlinge auf dem Schiff waren überwiegend weiß (laut einem Bericht von 2004 zu 69 Prozent), doch waren wie in den USA auch in Großbritannien schwarze Staatsangehörige in der Gefängnispopulation extrem überrepräsentiert. 22 Prozent der Inhaftierten auf der *Weare* waren laut Zählung schwarz, während schwarze Menschen in der britischen Gesamtbevölkerung nur 3 Prozent ausmachten.[54]

Außerdem zeigte die Infrastruktur des Schiffs mit der Zeit immer mehr Verschleißerscheinungen. Die Klimaanlage musste häufig repariert werden, und selbst wenn sie funktionierte, war sie nicht besonders leistungsfähig. Im Sommer sei es gewesen »wie in einer Sauna, man triefte vor Schweiß«. Und »wenn jemand eine Erkältung oder Grippe bekam … wurde der ganze Flügel krank. Man hatte das Gefühl zu ersticken.«[55] Einmal funktionierte keine einzige Toilette, ein andermal wurde ein großer Abschnitt des Sporthallendachs weggeweht. Eine Beamtin erinnert sich, wie sie beim Blick aus dem Fenster Dachteile über den Steg segeln sah.[56]

Die baulichen Mängel führten in einem Inspektionsbericht aus dem Jahr 2004 zu einer vernichtenden Beurteilung. Die neue unabhängige Gefängnisinspektorin Ann Owers war der Ansicht, das Schiff sei »buchstäblich und bildlich ein Container … In die Schlafräume der Häftlinge gelangt keine Frischluft und in einigen Fällen nur wenig Tageslicht.«[57] Die Einschätzung des Schiffs als »gänzlich ungeeignet für seine gegenwärtige Funktion als Ausbildungsgefängnis des 21. Jahrhunderts« bedeutete im Vergleich zu den vorigen sieben Jahren eine Kehrtwende.[58] Wenn der britische Staat nicht bereit sei, viele Millionen Pfund in die Renovierung des Schiffs zu stecken, so Owers' Schlussfolgerung, müsse das Gefängnis geschlossen werden.

Warum dieser Politikwechsel? Der Druck, *The Weare* zu schließen, rührte jedenfalls nicht von einer sinkenden Gefängnispopulation her. 2005 war landesweit eine Rekordzahl von 76.000 Personen inhaftiert. Aufgrund des von amerikanischen Städten wie New York inspirierten Bestrebens, die Lebensqualität in urbanen Zentren zu verbessern, waren die Strafvollzugsanstalten in London so überfüllt, dass die Metropolitan Police bereits mit dem Gedanken spielte, die *Weare* der Gefängnisbehörde zu einem sofortigen kurzfristigen Einsatz abzukaufen. In der Tat gab es großen Bedarf an Wohnschiffen: Seit die Stadt Hamburg darin Geflüchtete unterbrachte, spielte auch der britische Staat mit dem Gedanken, zum gleichen Zweck eines oder meh-

Die HMP *The Weare* 2008 im Hafen von Portland.

rere der Bibby-Schiffe in die nordöstlich von London gelegene Grafschaft Essex bringen zu lassen.[59] 2023 wurde wieder ein Bibby-Schiff, die *Bibby Stockholm*, als Asylunterkunft nach Portland gebracht, was zu einem öffentlichen Aufschrei der Entrüstung führte. (Die Einrichtung wurde Ende 2024 wieder geschlossen, die *Bibby Stockholm* Anfang 2025 aus dem Hafen entfernt.)

Kurzum, dass unser Schiff verschwinden sollte, hatte nichts mit dem tatsächlichen Bedarf an Haftplätzen im Vereinigten Königreich zu tun. Vielmehr waren die Haftbedingungen an Bord schlicht nicht mehr mit dem Reformimage zu vereinbaren, das die Verantwortlichen unter Tony Blairs New-Labour-Regierung vermitteln wollten. Ein solcher Schiffskörper war in den Worten des neuen Staatsministers für Gefängnisse Paul Goggins »unangemessen«, denn er bot »kaum Spielraum für Aktivitäten, die die Rückfallwahrscheinlichkeit reduzieren«.[60] Mit Aktivitäten waren Arbeit und Unterricht gemeint, und das Schiff war zu klein, um darin die für andere Haftanstalten üblichen Werkstätten oder sonstigen Einrichtungen unterzubringen, in denen die Häftlinge beschäftigt wurden.[61] Aus demselben Grund mangelte es auch an Unterrichtsräumen und Gelegenheit zu sportlicher Betätigung. Schon in New York hatte die zu kleine juristische Bibliothek anhaltend für Bedenken gesorgt.

Die Kritik reflektierte die Korrekturen, die New Labour in den 2000er-Jahren im Strafvollzug vornahm: Zentrales Prinzip war die Unterfütterung der Bestrafung mit Rehabilitationsangeboten und die Androhung von strengen Strafen bei Rückfällen. Das Parteiprogramm von New Labour betonte die individuelle Verantwortung: der Minderjährigen, die Straftaten begingen, der Drogenabhängigen und natürlich auch der Inhaftierten. In diesem Weltbild waren Rehabilitation und Bestrafung zwei Seiten derselben Medaille und Sozialfürsorge der verlängerte Arm des Gefängnisstaats.[62] Man kombinierte die genaue Erfüllung der Vorgaben für staatliche Sozialleistungen mit strengen Strafen für Vergehen. Die Zeit im Gefängnis sollte eine Grundlage für eine spätere nutzbringende Beschäftigung schaffen. New Labour wollte so im neuen Jahrtausend das abmildern, was die britische Strafpolitik in den 1990ern von den USA an Strenge im Sinne der »neuen Pönologie« übernommen hatte. Entsprechend ihrem Fokus auf individuelle Verantwortung investierte die Regierung Hunderte Millionen Pfund in »ein starkes Programm zur Verbesserung des Bildungsstands und der Fähigkeiten der Straftäter, um so ihre Erfolgschancen auf dem Arbeitsmarkt zu sichern«.[63] Dieser Ansatz machte *The Weare* so »gänzlich ungeeignet für die gegenwärtige Funktion als Ausbildungsgefängnis des 21. Jahrhunderts«.[64] New Labour war das neue fürsorgliche Gesicht des individualistischen kapitalischen Wachstums, und das Gefängnisschiff war weder individualistisch noch fürsorglich genug, um darin noch einen Platz zu finden. Es war ein leeres, austauschbares Produkt des globalen Kapitalismus, ein Relikt des brachialen amerikanischen Kampfs gegen die Drogen. Es passte einfach nicht zu der Errettungsvision der politischen Entscheidungsträger in London.

* * *

Als Tony Blair 1997 gewählt wurde, trug ihn eine Welle namens »Dritter Weg«, eine Synthese aus Sozialdemokratie und Marktliberalismus, ins Amt. Es war eine Politik der linken Mitte, die – je nach Perspektive – Thatchers orthodoxen Wirtschaftsliberalismus aufweichte oder den sozialistischen Kollektivismus der Jahrhundertmitte entkrampfte. Der Zusammenbruch der Sowjetunion 1991 sorgte kurzzeitig für weltweiten Optimismus, was die Zukunft liberaler demokratischer Gesellschaften betraf. Das Ende des Kalten Kriegs, prophezeite der Politologe Francis Fukuyama, markiere die endgültige und unumkehrbare Durchsetzung des westlichen liberalen Demokratiemodells als universales demokratisches System und bedeute »das Ende der Geschichte«.[65] Der marktbasierte Kapitalismus triumphierte weltweit und eröffnete dem eher linken politischen Spektrum die Chance neuer Sozialprogramme, die auf der transformativen Kraft von Bildung gründeten. Blair gehörte zu einer Gruppe politischer Führungsfiguren – darunter Bill Clinton in den USA, Romano Prodi in Italien und Gerhard Schröder in Deutschland –, die den Glauben an die Kräfte des Marktes und den Individualismus mit der Bereitschaft zu konstruktiver Sozialpolitik kombinierten.

Der Dritte Weg entstand am Ende des Kalten Kriegs, als sich der alte Gegensatz zwischen Links und Rechts aufzulösen begann. Ohne die Sowjetunion hatten westliche Staaten wie die USA oder das Vereinigte Königreich ihren Erzfeind verloren. Anthony Giddens, der prominenteste Theoretiker des Dritten Wegs, formulierte es 1998 so: »Um ihre Legitimität zu bewahren oder wiederzugewinnen, müssen feindlose Staaten die Leistungsfähigkeit ihrer Verwaltung steigern.«[66] Das bedeutete, sich an der Geschäftswelt zu orientieren. Verwaltungen könnten sich eine Menge von bewährten Businessmodellen abschauen, konstatierte Giddens. Ein starker und legitimer Staat müsse so effizient und produktiv sein wie die erfolgreichsten Unternehmen. Wie diese müsse ein Staat geschickt in einer immer stärker globalisierten Welt agieren. Ein starker Staat sei »eine Nation, die selbstbewusst genug ist, um die neuen Einschränkungen der Souveränität zu akzeptieren«.[67]

Unser Schiff passte in mancherlei Hinsicht zur Sichtweise des Dritten Wegs auf die Welt. Es war schließlich ein Werkzeug des Offshore-Kapitalismus, der auf die Prinzipien der Effizienz und Profitmaximierung setzte. Der Zweck des Schiffs war es, möglichst viele Anforderungen so billig wie möglich zu erfüllen. Es war – ebenso wie der Dritte Weg selbst – ein Produkt der Globalisierung. In einem gemeinsam verfassten Manifest des Dritten Wegs erklärten Blair und Schröder, »Anpassungsfähigkeit und Flexibilität stehen in der wissensgestützten Dienstleistungsgesellschaft in Zukunft immer höher im Kurs ... Wir brauchen nicht weniger, sondern mehr Flexibilität.«[68] Und das Schiff war definitiv anpassungsfähig und flexibel.

Die Schlüsselwörter des Textes waren allerdings nicht »anpassungsfähig« oder »flexibel«, sondern »wissensgestützte Dienstleistungsgesellschaft«. Blair und Schröder hatten wie Bill Clinton und Al Gore die Vision von hoch qualifizierten und hoch bezahlten Arbeitskräften. Sie träumten von einer Ökonomie, in der das Wachstum von wissensintensiven Branchen wie Biotechnologie, IT, Hightechfertigung und Telekommunikation getrieben wurde.[69] Es war das Zeitalter des Personal Computers und des Aufstiegs von Steve Jobs und Bill Gates, ein goldenes Zeitalter der Chancen und des weltweiten Zusammenwachsens, ermöglicht durch das gerade erblühende World Wide Web.[70]

Das Ideal der Wissensgesellschaft bot dem industriellen Niedergang des globalen Nordens einen möglichen Ausweg: die Chance für Länder wie Großbritannien und Deutschland, durch Effizienz und »Leistungsdenken« mit Niedriglohnländern zu konkurrieren.[71] Im Grunde bestand die Vorstellung darin, reiche Länder könnten sich aus der Stagnation ihrer Industrien »herausdenken«. Und in dieser Vorstellung waren Menschen wandelnde Reservoire von Kompetenzen und Ideen. Je mehr Kompetenzen sie hatten, desto besser, weswegen Bildung im Zentrum der Maßnahmen des Dritten Wegs stand. In einer berühmten Rede Blairs nannte er die drei Prioritäten seiner Regierung »Bildung, Bildung und Bildung«.[72] Letztlich war HMP *The Weare* mit seinem Mangel an Werkstätten und Unterrichtsräumen nicht mehr kompatibel mit New Labours Bekenntnis zur Wissensgesellschaft und musste folgerichtig geschlossen werden.

Zu einem bestimmten Zeitpunkt war das Schiff reif für die Abrissbirne, wie man es im Business-Sprech ausgedrückt hätte, dem Lieblingsdialekt der Anhängerschaft des Dritten Wegs. Für die Verwaltung musste ein modernes Gefängnis »Benchmarks« erreichen, wie das von der Gefängnisbehörde propagierte Ziel, in ihren Einrichtungen eine Teilnahme am Unterricht von 80 Prozent sicherzustellen. Ob diese Benchmarks tatsächlich zu einer erfolgreichen Rehabilitation führten, war fraglich. Das 80-Prozent-Ziel beispielsweise resultierte schlicht darin, dass die Behörde den Unterricht mit den Bereitwilligen füllte statt mit denjenigen, die ihn am nötigsten hatten.[73]

Wie die Kriminologie aufgezeigt hat, ging es Ende des 20. und Anfang des 21. Jahrhunderts in den Gefängnissen weniger um echte Rehabilitation und mehr um das Management der Inhaftierten (wofür schon John DiIulio plädiert hatte). Dafür konzentrierten sich die Behörden immer mehr auf die Erreichung von »Zielen«, die man sich aus der internationalen Geschäftswelt abgeschaut hatte. Die Jahresberichte der britischen Gefängnisbehörde lasen sich wie die von börsennotierten Konzernen und wiesen »Leistung im Vergleich zu Leistungsindikatoren« aus (siehe Abbildung).[74] Im Jahr 2000 stellte ein Kriminologe fest, dass Gefängnisleitungen »sich mehr und mehr mit Prozessoptimierung, dem Abarbeiten von Checklisten, Effizienz und Wirtschaftlichkeit beschäftigen. Die Herangehensweise besteht darin, über die administrativen und bürokratischen Prozesse sicherzustellen, dass die Einrichtung so reibungslos und kosteneffizient wie möglich funktioniert.«[75]

Auf der *Weare* konnte man offensichtlich zu viele Punkte der Checkliste nicht abhaken. In der Kategorie C (Gefängnisse mit nied-

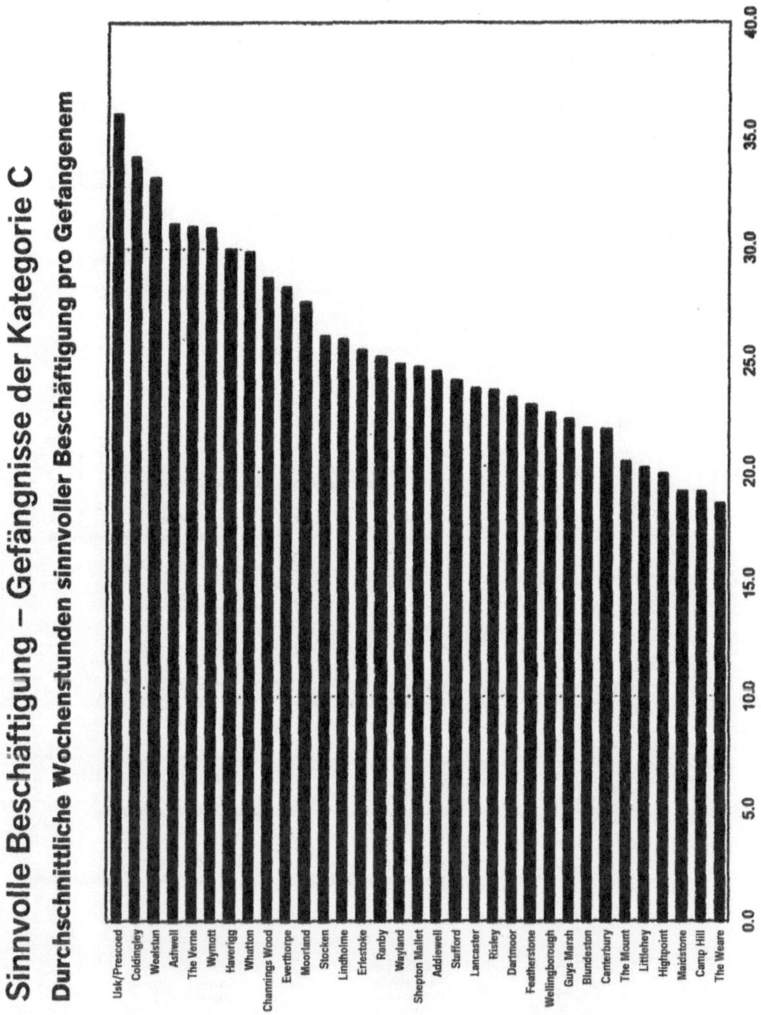


In einem Ranking zum Thema »sinnvolle Beschäftigung« in Gefängnissen mit niedriger Sicherheitsstufe landete die HMP *The Weare* auf dem letzten Platz.

riger Sicherheitsstufe) rangierte das Schiff insbesondere beim Kriterium »sinnvolle Beschäftigung«, zu der berufliche Bildung gehörte, auf dem allerletzten Platz.[76] Diese Kennzahl brachte *The Weare* in große Gefahr. Bildung und Weiterqualifizierung waren nicht nur ein

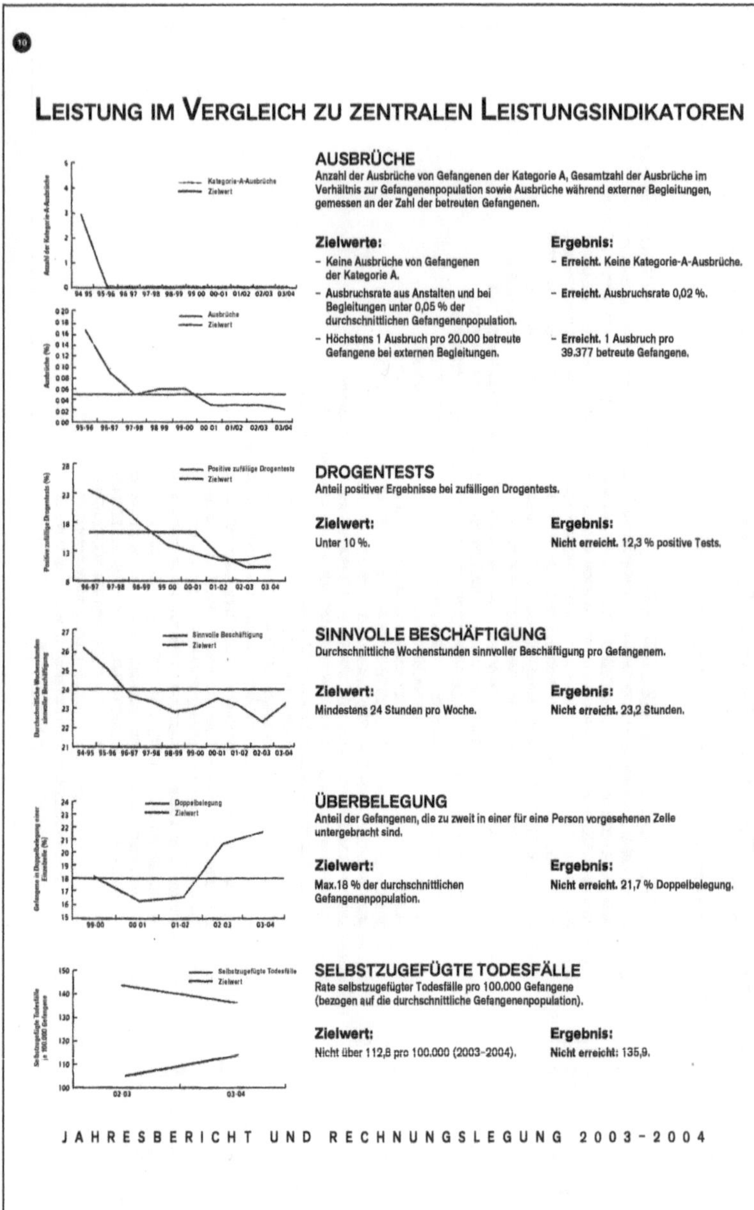

10

# Leistung im Vergleich zu zentralen Leistungsindikatoren

## AUSBRÜCHE

Anzahl der Ausbrüche von Gefangenen der Kategorie A, Gesamtzahl der Ausbrüche im Verhältnis zur Gefangenenpopulation sowie Ausbrüche während externer Begleitungen, gemessen an der Zahl der betreuten Gefangenen.

**Zielwerte:**
- Keine Ausbrüche von Gefangenen der Kategorie A.
- Ausbruchsrate aus Anstalten und bei Begleitungen unter 0,05 % der durchschnittlichen Gefangenenpopulation.
- Höchstens 1 Ausbruch pro 20.000 betreute Gefangene bei externen Begleitungen.

**Ergebnis:**
- Erreicht. Keine Kategorie-A-Ausbrüche.
- Erreicht. Ausbruchsrate 0,02 %.
- Erreicht. 1 Ausbruch pro 39.377 betreute Gefangene.

## DROGENTESTS

Anteil positiver Ergebnisse bei zufälligen Drogentests.

**Zielwert:** Unter 10 %.

**Ergebnis:** Nicht erreicht. 12,3 % positive Tests.

## SINNVOLLE BESCHÄFTIGUNG

Durchschnittliche Wochenstunden sinnvoller Beschäftigung pro Gefangenem.

**Zielwert:** Mindestens 24 Stunden pro Woche.

**Ergebnis:** Nicht erreicht. 23,2 Stunden.

## ÜBERBELEGUNG

Anteil der Gefangenen, die zu zweit in einer für eine Person vorgesehenen Zelle untergebracht sind.

**Zielwert:** Max.18 % der durchschnittlichen Gefangenenpopulation.

**Ergebnis:** Nicht erreicht. 21,7 % Doppelbelegung.

## SELBSTZUGEFÜGTE TODESFÄLLE

Rate selbstzugefügter Todesfälle pro 100.000 Gefangene (bezogen auf die durchschnittliche Gefangenenpopulation).

**Zielwert:** Nicht über 112,8 pro 100.000 (2003-2004).

**Ergebnis:** Nicht erreicht: 135,9.

JAHRESBERICHT UND RECHNUNGSLEGUNG 2003-2004

Das Abschneiden hinsichtlich bestimmter Leistungskennzahlen wurde bei der Bewertung von Gefängnissen immer wichtiger.

# Indikatoren 2003–2004

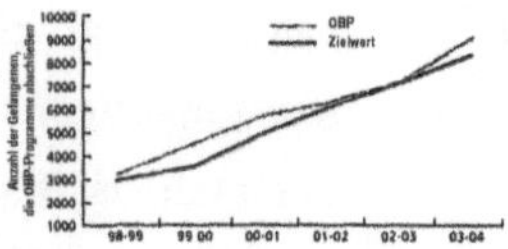


## OFFENDING BEHAVIOR PROGRAMM (OBP))

(dt.: BEHANDLUNGSPROGRAMME ZUR RÜCKFALLPRÄVENTION)

Anzahl der Gefangenen, die Programme zur Verringerung von Rückfälligkeit abschließen.

| **OBP-Zielwert:** | **Ergebnis:** |
|---|---|
| 8.444 Gefangene sollen OBP abschließen. | **Erreicht.** 9.169 OBP abgeschlossen. |

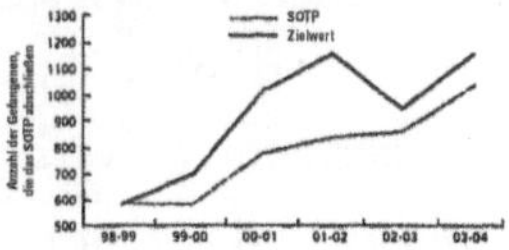


| **OTP-Zielwert:** | **Ergebnis:** |
|---|---|
| Mindestens 1.168 Gefangene sollen das Sex Offender Treatment Programme (SOTP) abschließen. | **Nicht erreicht.** 1.046 SOTP abgeschlossen. |

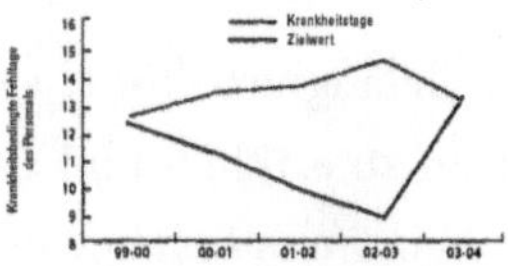


## KRANKHEITSBEDINGTE FEHLZEITEN DES PERSONALS

Durchschnittliche Zahl krankheitsbedingter Fehltage.

| **Zielwert:** | **Ergebnis:** |
|---|---|
| Maximal 13,5 Fehltage pro Person. | **Erreicht.** 13,3 Fehltage pro Person. |

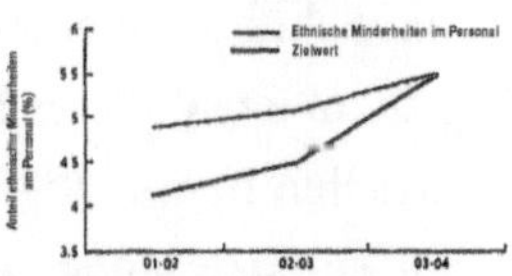


## GLEICHSTELLUNG ETHNISCHER GRUPPEN

Anteil von Beschäftigten aus ethnischen Minderheiten.

| **Zielwert:** | **Ergebnis:** |
|---|---|
| Mindestens 5,5 % bis April 2004. | **Erreicht.** 5,5 %. |

| | **Zielwert:** | **Ergebnis:** |
|---|---|---|
| **SCHWERE ÜBERGRIFFE**<br>Schwere Übergriffe auf Personal, Gefangene oder andere Personen, als Anteil der durchschnittlichen Gefangenenpopulation. | Nicht höher als im Jahr 2002–2003. | **Nicht erreicht.** 1,54 %. |
| | **Zielwerte:** | **Ergebnis:** |
| **BILDUNG**<br>Von Gefangenen erreichte Bildungsabschlüsse. | 7.174 Abschlüsse auf Grundniveau<br>13.660 Abschlüsse auf Niveau 1<br>13.648 Abschlüsse auf Niveau 2<br>52.672 Abschlüsse in Schlüsselkompetenzen | **Erreicht:** 12.529 Abschlüsse auf Grundniveau<br>**Erreicht:** 17.592 Abschlüsse auf Niveau 1<br>**Erreicht:** 16.803 Abschlüsse auf Niveau 2<br>**Erreicht:** 72.152 Abschlüsse in Schlüsselkompetenzen |
| | **Zielwert:** | **Ergebnis:** |
| **RESOZIALISIERUNG**<br>Gefangene, die bei der Entlassung über eine gesicherte Arbeitsstelle oder Ausbildungsmaßnahme verfügen. | 28.200 Gefangene sollen bei der Entlassung eine gesicherte Arbeitsstelle oder Ausbildungsmaßnahme haben. | **Erreicht.** 31.109 Gefangene. |
| | **Zielwert:** | **Ergebnis:** |
| **GEFANGENTRANSPORTE**<br>Anteil der pünktlich durchgeführten Gefangenentransporte. | Mindestens 95 % der Gefangenentransporte sollen pünktlich durchgeführt werden. | **Erreicht.** 99,8 %. |

J A H R E S B E R I C H T   U N D   R E C H N U N G S L E G U N G   2 0 0 3 – 2 0 0 4 zentrales Element des Ideals der Rehabilitation, sondern auch der gesamten New-Labour-Vision einer Wissensgesellschaft.

Bildung – oder Humankapital, wie man es nun immer häufiger nannte – stand im Mittelpunkt der liberalen Verpflichtung des Dritten Wegs zu positiven sozialen Investitionen.[77] Es war vor allem ein Schlüsselelement, das diese Liberalen von der vorausgegangenen hemmungslosen Deregulierung und Privatisierung unterschied. Blair und Schröder drückten es so aus: »Moderne Sozialdemokraten sind keine Laisser-faire-Neoliberalen. Flexible Märkte müssen mit einer neu definierten Rolle für einen aktiven Staat kombiniert werden. Erste Priorität muß die Investition in menschliches und soziales Kapital sein.«[78]

Gemäß den Kriterien und Kennzahlen der Gefängnisbehörde war das Schiff nicht geeignet, diese Anforderungen zu erfüllen und das soziale und menschliche Kapital zu mehren. Man muss sich bewusst machen, was das bedeutete: Es stimmte, dass das Schiff nicht genug Platz bot, um die Art von beruflicher Bildung anzubieten, die es in anderen Haftanstalten gab – das war in den offiziellen Bewertungen der Hauptkritikpunkt an *The Weare*. In anderen Punkten jedoch erhielt das Schiff vom Personal und den Inhaftierten begeisterte Bewertungen, die ein rosigeres Bild von einem Ort malen, sodass es durchaus »soziales Kapital« hätte generieren können.

* * *

Im März 2005 kündigte die Gefängnisbehörde an, die Haftanstalt bis zum Ende des Jahres zu schließen. Als die Nachricht nach Portland durchsickerte, bewahrheitete sich Ann Widdecombes Prophezeiung. Der örtliche Groll über HMP *The Weare* wurde vom lautstarken Schimpfen über die mögliche Schließung übertönt. Der Bürgermeister des Orts hatte zwar keine eindeutige Meinung – »Ich kann nicht sagen, ob ich traurig oder froh war, dass das Schiff verschwand« –, doch viele andere waren angesichts des Abzugs des Schiffs ausgesprochen besorgt.[79] Der Sprecher der Torys von Süd-Dorset betonte die wirtschaftlichen Nachteile, indem er darauf hinwies, dass »die unbedachte Entscheidung, das Schiff zu schließen, negativen Einfluss auf die Arbeitsplätze und die fragile wirtschaftliche Situation« haben werde. Ähnlich äußerte sich ein örtliches Ratsmitglied, das auf dem Schiff unterrichtete. Der Leiter des Hafens sagte bereits im Dezember des Vorjahres, es gebe »keinen Grund, warum das Schiff nicht über 2006 hinaus bleiben kann«.[80] Mit dem Abzug des Schiffs werde der Hafen 250.000 Pfund jährliche Liegegebühr und die Stadt 250 Arbeitsplätze verlieren.[81] Die Werft spürte gerade eine wirtschaftliche Erholung, woran der mit dem Schiff zusammenhängende Verkehr keinen geringen Anteil hatte. Die Gefängniswärter wollten selbstverständlich auch, dass *The Weare* blieb.[82]

Die lokalen Bemühungen, das Gefängnisschiff zu behalten, liefen ebenso ins Leere wie acht Jahre früher der Widerstand dagegen. Es war von Beginn an ein Provisorium und ankerte darum nur so lange vor Portland, wie sein politischer Nutzen die wirtschaftlichen Kosten überstieg. Und 2005 überstiegen die Kosten (viele Millionen Pfund an Unterhalt und Personal) den Nutzen. Die Einrichtung wurde im August 2005 als letztes Gefängnisschiff Europas geschlossen. Als »Ende einer Ära« bezeichnete es Portlands Bürgermeister.[83] Doch auch für Portland war es nur eine kurze Ära des Übergangs. *The Weare* war eine vorübergehende Notlösung nicht nur für die britische Gefängnisbehörde, sondern auch für die Insel. Als die Haftanstalt eröffnete, füllte sie die wirtschaftliche Lücke, die die Schließung des Marinestützpunkts hinterlassen hatte. Die schwindende Präsenz des britischen Militärs wurde durch die Präsenz von Gefängnissen ersetzt. Am Ende der 2000er-Jahre allerdings wuchs Dorsets Wirtschaft wieder – vor allem durch den Tourismus.[84] Angesichts dessen gab es sogar kurz einmal den Plan, den alten Kahn vor der Küste Portlands zu versenken, um den Tauchsport in der Region zu fördern.[85]

Unser Schiff wurde dann aber doch nicht versenkt und zum Riff gemacht. Es sollte nach drei Jahrzehnten nun endlich seinem ursprünglichen Zweck zugeführt werden und als Wohnschiff für Arbeiter der Offshore-Ölförderung dienen. Dazu würde es Portland verlassen und sich auf eine weitere lange Reise begeben. Man würde es Tausende Meilen nach Süden in das erdölreiche Nigerdelta schleppen. Doch bevor es den Hafen von Portland verließ, wurde es in London zum Gegenstand einer heftigen juristischen Auseinandersetzung zwischen zwei ausländischen Konzernen.

# 8

# THEMSE

| | Das Schiff | Das Schwesterschiff |
|---|---|---|
| **2005** | HMP *The Weare* schließt. Das Schiff heißt nun nur noch *The Weare.* | |
| **2006** | *The Weare* wird erst von Pacific Maritime (Asia) Ltd., dann von Holystone Overseas Ltd. erworben. Der Vertrag ist Gegenstand einer gerichtlichen Auseinandersetzung in England. | |
| **2008** | Das noch immer im Hafen von Portland liegende Schiff wird in *Jascon 27* umbenannt und von der Sea Trucks Group (STG), der Konzernmutter von Holystone, in St. Vincent und den Grenadinen registriert. | |

Der London Court of International Arbitration (LCIA, Internationaler Schiedsgerichtshof London) ist eine der meistbeschäftigten und renommiertesten Schiedsorganisationen weltweit. Unter Einhaltung strenger Vertraulichkeit entscheidet der LCIA jedes Jahr diskret Tausende von Streitfällen, in die die Chefetagen großer Konzerne auf der ganzen Welt verwickelt sind. 2007 jedoch betraten mehrere Anwälte, die eine in Hongkong ansässige Firma vertraten, die Royal Courts of

Justice am *Strand* im Zentrum von London und beschwerten sich lauthals und öffentlich über das aus Sicht ihres Klienten höchst unfaire Schiedsverfahren. Sie agierten an einem Ort voller Geschichte und Traditionen: In dem prächtigen neugotischen Gebäude trugen selbst 2007 noch manche Anwältinnen und Richter Perücken und Talare. Zugleich standen die »Königlichen Gerichtshöfe« bereits damals im Schatten der glänzenden neuen Glastürme der City of London, dem hypermodernen Herz des internationalen Handels- und Finanzgeschäfts, das sich nur wenige Häuserblöcke entfernt befand. Es war insofern der perfekte Ort für einen Fall, in dem die Grenzlinie zwischen traditionellem britischem Handelsrecht und den internationalen Schiedsverfahren, die globale Konzerne im 21. Jahrhundert vorziehen, ausgelotet werden sollten.

Die Anwälte der Hongkonger Firma erwiesen sich vor Gericht als sehr überzeugend: Ihr Klient erreichte letztlich nicht nur eine klare Entscheidung, das englische Gericht fällte zugleich ein Präzedenzurteil, das die Kompetenzen der Londoner Handelsschiedsgerichte einschränken würde. In dem 2007 verhandelten Fall Pacific Maritime (Asia) Ltd. v. Holystone Overseas Ltd. ging es um unser Schiff. Das Urteil würde nicht nur die Grenzen der sogenannten Fungibilität (d. h. Standardisierung und Austauschbarkeit) dieses Schiffs aufzeigen, sondern auch die Grenzen des von nationalen Hoheitsrechten abgekoppelten globalen Kapitalismus.

Unser Schiff war von Anfang an eine internationale Geldanlage – das Ausmaß dieser Internationalisierung offenbarten die juristischen Auseinandersetzungen der Jahre 2006 und 2007. Zwei Unternehmen mit Sitz an entgegengesetzten Enden der Welt stritten sich in London darum und führten dabei unter anderem Wertgutachten aus China und Schottland an. Der wohl verwirrendste und strittigste Punkt in dem Kaufvertrag, um den es ging, betraf die garantierte Lieferung der modularen Wohncontainer (oder eines Ersatzes dafür) nach Batam, Indonesien, Tausende Kilometer entfernt sowohl vom Schiff als auch

Die Royal Courts of Justice, ein imposantes neugotisches Bauwerk am *Strand* in London, in dem über das Schicksal des Schiffs entschieden wurde.

von der Gerichtsverhandlung. Die komplizierten Vertragsdetails und der verwickelte Ablauf des Rechtsstreits sind nur deshalb der Öffentlichkeit zugänglich, weil Pacific Maritime die gegnerische Partei vor ein (englisches) Gericht brachte. Hätten die beiden Firmen ihre Auseinandersetzung vor einem Handelsschiedsgericht ausgefochten – wie es ihr Vertrag vorsah und wie Tausende solcher Fälle jedes Jahr geregelt werden –, hätte die Diskretion des LCIA dafür gesorgt, dass dieses Kapitel der Geschichte unseres Schiffs ungeschrieben bliebe. So jedoch hilft uns die Verhandlung vor einem englischen Handelsgericht nachzuvollziehen, was mit dem Schiff geschah. Sie liefert zugleich einen seltenen Einblick in die geheimnisvollen Aktivitäten der Schiedsgerichtsbarkeit und internationalen Geschäftswelt in den überdrehten Monaten vor dem großen Crash 2008.

* * *

Das Vorspiel zum Fall Pacific Maritime gegen Holystone begann Anfang 2006, als der britische Staat den britischen Schiffsmakler Babcock Disposal Services anheuerte, um das nach wie vor im Hafen von Portland liegende Schiff zu verkaufen. Babcock arbeitete sehr rasch einen detaillierten Vertrag mit Pacific Maritime aus, einer in Hongkong ansässigen Firma, die das Schiff für 1,5 Millionen Pfund, umgerechnet 2,8 Millionen Dollar, kaufen wollte. Das waren etwa 3 Millionen Dollar weniger, als der britische Staat dafür ausgegeben hatte. Pacific Maritime leistete eine zehnprozentige Anzahlung von 150.000 Pfund und sagte zu, die Gesamtsumme bis Ende Juli zu bezahlen.[1]

Kurz vor Ablauf dieser Zahlungsfrist verkaufte Pacific Maritime das Schiff (nun nicht mehr HMP, sondern nur noch *The Weare*) an Holystone Overseas Ltd. weiter, eine Briefkastenfirma, die extra für dieses Geschäft in der Steueroase Britische Jungferninseln gegründet worden war.[2] Bereits 2006 war diese Art der Auslandsregistrierung gängige Praxis, auch wenn sich der Trend in den zurückliegenden rund fünfzehn Jahren noch verstärkt hat. Der Verkaufspreis betrug ebenfalls 1,5 Millionen Pfund. Die beiden Firmen unterzeichneten einen Vertrag, in dem die Verkaufsbedingungen festgehalten wurden. Im Fall einer Auseinandersetzung würden laut Vertrag beide Parteien ein dem englischen Recht verpflichtetes Schiedsverfahren in London anstreben. Zu diesem Zeitpunkt nahm Holystone das Schiff im Hafen von Portland in Besitz.

Auch wenn Holystone auf den Britischen Jungferninseln registriert war und einen britisch klingenden Namen trug, war sie eine hundertprozentige Tochter der Sea Trucks Group, eines nigerianischen Unternehmens, dessen Hauptgeschäft in Dienstleistungen für Offshore-Ölförderanlagen bestand. Der Holystone-Chef Jacques Roomans war zugleich auch Chef von Sea Trucks. *The Weare* war Holystones einziger Aktivposten, worin die Firma der ersten Eigentümerin des Schiffs glich, nämlich Balder Lekter I, der vom norwegischen Tycoon Parley Augustsson 1979 gegründeten Gesellschaft mit beschränkter Haftung. Es gab allerdings auch Unterschiede: Mit ihrer Registrierung in einer Offshore-Steueroase war die Haftung und Verantwortung der Firma Holystone noch stärker beschränkt als die von Balder Lekter I. Selbst der »König der beschränkten Haftung« Augustsson spricht angesichts solcher Offshore-Konstrukte von einem »schmutzigen Geschäft«.[3]

Nach drei Jahrzehnten als Truppenunterkunft und Gefängnisschiff und mehreren Umbenennungen, Verkäufen und Weiterverkäufen kehrte das Schiff, mit Hypotheken belastet und mit Fremdkapital finanziert, nun zu seinem Ausgangspunkt zurück. Wieder gehörte es einer Briefkastenfirma und wurde nach und nach umgerüstet, damit man es wie ursprünglich intendiert als Serviceschiff für Offshore-Öl- und Gasarbeiter nutzen konnte. Sea Trucks begann 2007, es im Hafen von Portland zu renovieren, fügte zusätzliche Betten und Küchen hinzu und demontierte Absperrvorrichtungen. Seit das Innenministerium das Schiff übernommen hatte, waren die von der Klassifizierungsgesellschaft DNV ausgestellten IMO-Zertifikate abgelaufen. Wenn das Schiff wieder auf See eingesetzt werden sollte, brauchte es eine grundlegende Überholung.

Also waren diverse Auftragnehmer aus Hampshire knapp zwei Jahre lang damit beschäftigt, es von einem Gefängnis wieder in ein hochseetüchtiges Schiff und die zweihundert Zellen wieder in Kajüten zu verwandeln, das heißt die Lüftungspaneele wieder zu öffnen, die die Gefängnisbehörde hatte verschließen lassen, Brandschutzvorrichtungen zu verbessern und beschädigte Decken auszubessern. Die Freizeiträume und Toiletten wurden modernisiert. Der alte Besuchsbereich wurde zu einer neuen Kantine mit Essensausgabe.[4] Ein auffälliges Detail rührten die Handwerker allerdings nicht an: die Gitter vor den Fenstern. Wo auch immer man das Schiff in Zukunft einsetzte, würde Sicherheit wohl nach wie vor ein Thema sein. Es waren umfangreiche Arbeiten im Wert von fast 2 Millionen Pfund, und doch hatte die Aufhübschung ihre Grenzen. »Es war ein altes

Schiff«, erinnert sich der Bauleiter, »eben schon ein bisschen runtergekommen.«[5]

Die Veränderungen im Unterkunftsbereich waren nur die Spitze des Eisbergs. Der größte geplante Eingriff war der Abbau von fünfzig Kajüten vorne am Schiff, um sie durch einen großen Kran zu ersetzen.[6] Der neue Eigentümer wollte einen Zustand, in dem das Schiff nicht nur in Küstennähe, sondern auch auf hoher See von der internationalen Öl- und Gasindustrie genutzt werden konnte. Kostenvoranschläge dafür gingen von 7,76 Millionen Dollar aus, ein Vielfaches des Anschaffungspreises.[7] Das Schiff sollte erneut »geleert« werden und eine neue Rolle ausfüllen, neue Bewohner und eine neue Bedeutung bekommen.

Das Geschäft zwischen Pacific Maritime und Holystone war ein Beispiel für die globalisierte, finanzialisierte und immer abstraktere Geschäftswelt des frühen 21. Jahrhunderts. Der britische Staat verkaufte einen physischen Gegenstand an eine Holding in Hongkong (Pacific Maritime), die ihn praktisch umgehend an eine Holding auf den Britischen Jungferninseln (Holystone) weiterverkaufte, die ihn in Nigeria zu nutzen gedachte. Die Vereinbarung, die diesen zweiten Verkauf regelte, war allerdings relativ kompliziert. Eine Besonderheit bestand darin, dass Holystone den vorderen Unterbringungsblock aus fünfundzwanzig »Wohnmodulen (im Aussehen fünf aufeinandergestapelten Portakabins mit jeweils 5 Fenstern ähnlich)« kostenlos an Pacific Maritime zurückliefern sollte.[8] Nur aus diesem Grund war Pacific Maritime bereit, das Schiff zum selben Preis weiterzuverkaufen, den es dafür gezahlt hatte. Holystone kaufte zwar das Schiff an sich, war aber verpflichtet, Wohnmodule an Pacific Maritime zurückzugeben. Diese Module waren zentraler Bestandteil dessen, was Consafe 25 Jahre zuvor dem schlichten Kahn hinzugefügt hatte. Vor allem sollte Holystone die Teile an einen bestimmten Ort liefern.

Und genau das war der Haken. Dieser Ort lag buchstäblich am anderen Ende der Welt: das indonesische Batam. Diese Insel mit ihrer

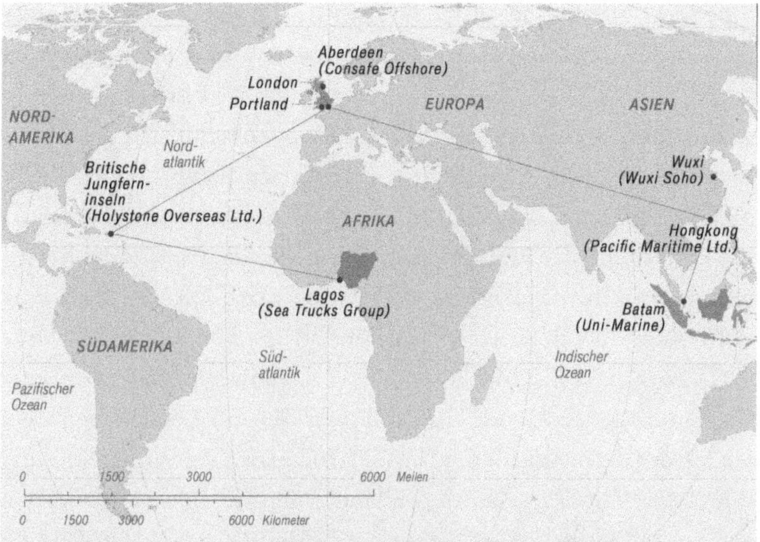


An dem Londoner Gerichtsstreit zwischen Pacific Maritime Ltd. und Holystone Overseas Ltd. waren Akteure in aller Welt beteiligt. Ein in Hongkong ansässiges Unternehmen kaufte das Schiff, um es umgehend an eine Firma weiterzuverkaufen, die zwar auf den Britischen Jungferninseln eingetragen war, deren Mutterunternehmen aber seinen Sitz in Nigeria hatte. Bestimmte Teile des Schiffs sollten nach Indonesien geliefert werden. Zur Beurteilung ihres Werts zog ein Gericht in London Gutachten aus Schottland, Indonesien und China heran.

gleichnamigen Millionenstadt erlebte zu der Zeit einen Wirtschaftsboom und war eine nur etwa zwanzig Kilometer vom Finanz- und Handelszentrum Singapur entfernte Freihandelszone. Wie Jersey, die Bahamas und Singapur war Batam eine Inselsteueroase, ein Knotenpunkt nicht nur im Archipel des Offshore-Kapitalismus,[9] sondern auch in der eng vernetzten Welt des Petrokapitalismus. Zusammen mit amerikanischen und japanischen Ingenieurfirmen hatte Indonesiens staatseigener Öl- und Gaskonzern Pertamina die Stadt Batam seit den 1970er-Jahren zu einem Zentrum der Ölförderung ausgebaut. Nachdem in den späten 1990er-Jahren die nicht gewählte Entwicklungsbehörde, die mit der Verwaltung der Stadt betraut war, ihren Fokus verlagerte, zog die Region produzierendes Gewerbe an, insbesondere Werften in ausländischem Besitz, die entlang der Meerenge zu Singapur aus dem Boden sprossen.[10] In den 2000er-Jahren konnte Batam Wachstumsraten von jährlich 15 Prozent vorweisen, während die Bevölkerungszahl der Metropolregion sich der Millionenmarke näherte. Im äußerst lax regulierten Batam residierte Uni-Marine, eine von Pacific Maritimes Schwesterfirmen, die bereitstand, die Entfernung der Wohnmodule vorzunehmen. Gemäß der Vereinbarung zwischen Holystone und Pacific Maritime war Holystone, wenn es das Schiff an einen anderen Ort als Batam bringen würde, verpflichtet, Pacific Maritime »einen Unterkunftsblock ähnlicher Größe und Kapazität wie die Wohnmodule« zur Verfügung zu stellen.[11] Der letzte Verkauf der *Weare* stand also ganz unmittelbar mit ihrer Modularität in Zusammenhang – der Möglichkeit, sie als Gegenstand in Form von »Blöcken« oder »Modulen« zu definieren, die auseinandergenommen und einzeln veräußert werden konnten. Das Schiff war somit physisch und abstrahierbar zugleich. Seine Blöcke konnte man sich ganz leicht als abstrakten Raum vorstellen: standardisiert und austauschbar wie Kapital an sich.

* * *

Wie unser Schiff basiert auch der moderne Kapitalismus auf einer speziellen Mischung aus Dinglichkeit und Abstraktion. Mindestens seit Aristoteles unterscheidet die ökonomische Theorie zwischen dem Wert, einen Gegenstand nutzen, und dem Wert, mit ihm handeln zu können. Ein Schuh hat einen Wert, so Aristoteles, weil er dem konkreten Zweck dient, den Fuß zu schützen. Er hat aber auch einen abstrakteren Wert: weil irgendwo irgendwer bereit ist, ihn zu kaufen. Der Schuh war für Aristoteles sowohl Schuh als auch Handelsgut.[12]

Im Lauf der Zeit verkomplizierte sich das Verhältnis zwischen physischem und abstraktem Wert, und bis zum 19. Jahrhundert hatten Händler und Finanziers umfassende neue Instrumentarien der Abstraktion geschaffen. So konnte ein Getreidehändler in Chicago beispielsweise einem Landwirt einen tatsächlichen Scheffel Weizen abkaufen. Ebenso gut konnte er unbesehen einen standardisierten Scheffel kaufen, der in irgendeinem riesigen Getreidesilo im Hinterland von Chicago lagerte. Ohne ihn je inspiziert oder an sich genommen zu haben, konnte ihn der Händler weiterverkaufen; wenn er Glück hatte, mit Profit. Noch abstrakter konnte dieser Händler die Option auf den Kauf des Weizens zu einem Zeitpunkt in der Zukunft und einem festgelegten Preis erwerben oder einen Vertrag über den Verkauf von Weizen zu einem Zeitpunkt in der Zukunft zu einem anderen Preis abschließen. Das heißt, der Händler konnte auf den Anstieg oder das Fallen des Preises dieses Weizens spekulieren. Auf dem Future- oder Terminkontraktmarkt war Weizen nicht einfach nur ein Nahrungsmittel, das man verzehren konnte, sondern die Basis einer ganzen Reihe von Handelsgütern, deren Preise auf Mutmaßungen über die Zukunft beruhten: ob die Ernte gut oder schlecht sein würde, ob die Nachfrage nach Brot im Land anziehen oder nachlassen würde. An der Wende zum 20. Jahrhundert war der Weizen zu einem abstrakten Gut geworden. Und zur Bestürzung von Bauern, Konsumentinnen und Politikern sorgte die Spekulation mit Weizen dafür, dass der tatsächliche Weizenpreis extrem schwankte.[13]

Eine ähnlich dramatische Abstraktion fand in New York und London genau zu dem Zeitpunkt statt, als Pacific Maritime und Holystone sich wegen des Schiffs stritten. In den zehn Jahren vor 2007 hatten sich die Preise für Häuser in den USA beinahe verdoppelt. Befeuert von niedrigen Zinsen und einfacher Finanzierung vergaben die Banken in den 2000er-Jahren Unmengen von Hypothekenkrediten. Eine Hypothek ist Geld, das die Käuferinnen und Käufer der Eigenheime den Banken und Bausparkassen schulden – abstrakte Finanzprodukte, deren Wert vom physischen Wert eines Hauses abhängt. Eine Hypothek berechtigt die Bank zur Einziehung von Zinsen auf ein Darlehen. 2007 hatten die Banken Hypotheken zur Grundlage neuer, komplexer

Finanzderivate gemacht. Es gab Versicherungspolicen auf Hypotheken, neue Finanzinstrumente, mit denen viele Tausend Hypotheken gebündelt und in riskantere und weniger riskante Tranchen aufgeteilt wurden, sowie Versicherungspolicen auf jede dieser Tranchen. Auf den echten, real existierenden amerikanischen Häusern, dem Zuhause Dutzender Millionen echter Menschen, türmte sich ein schwankender Stapel immer abstrakterer Finanzprodukte.

In gewisser Hinsicht war das Schiff ein physisches Objekt wie ein Haus oder ein Scheffel Weizen. Es bestand immerhin aus einer beträchtlichen Menge Stahl. Sein Wert beruhte in erster Linie auf der Nutzbarkeit als Unterkunft auf hoher See. Das wussten alle. Aus der Kaufvereinbarung zwischen Pacific Maritime und Holystone geht hervor, dass Pacific Maritime vorhatte (oder zumindest bereit war), den vorderen Unterkunftsblock in seiner Werft in Indonesien zu entfernen. Laut Vertrag kaufte Holystone einen physisch vorhandenen Kahn in England und sagte zu, einen physisch vorhandenen Unterkunftsblock nach Indonesien zu liefern. Zugleich jedoch war eine Grundvoraussetzung der Einigung, dass der Block austauschbar war, dass er durch einen »Unterkunftsblock ähnlicher Größe und Kapazität wie die Wohnmodule« ersetzt werden konnte. Schließlich war dies ein Grundprinzip der Containerisierung, und das Schiff war in allererster Linie ein schlichtes Containerschiff. Kurzum, der Vertrag beruhte auf einem Verständnis des Schiffs als abstraktem oder abstrahiertem Gut: einer Ware, für die es Ersatz gab. Es war ein Gut, das je nach Situation und Umständen ausgetauscht oder im Wert ersetzt werden konnte.

* * *

Kaum hatte Holystone den Kahn im Hafen von Portland übernommen, kühlte sich die Beziehung zu Pacific Maritime merklich ab. Die Vereinbarung sah vor, dass »bei Lieferung des Schiffs« durch Pacific

Maritime der Käufer Holystone es zu einem Ort seiner Wahl bringen konnte. Wenn Holystone das Schiff nach Batam brächte, müsste Pacific Maritime die Wohnmodule auf eigene Kosten entfernen. Wenn Holystone es jedoch »an einen anderen Ort als Batam bringt, stimmen die Käufer hiermit zu, für die Verkäufer und auf Kosten der Käufer einen Unterkunftsblock ähnlicher Größe und Kapazität wie die Wohnmodule zu bauen und nach Batam, Indonesien, zu liefern«.[14] Wenn Holystone das Schiff bewegte, hatte es also eine Wahl: es entweder nach Indonesien zu schaffen oder die Unterbringungseinheit zu ersetzen.

Doch selbst Monate nach dem Kauf hatte Holystone das Schiff nirgendwohin geschafft. Wie der Urteilstext referiert, versprach Holystone-Chef Jacques Roomans, »entweder in China oder Batam für Pacific einen Unterkunftsblock gleicher Größe bauen zu lassen«. Doch im Herbst »wurde immer deutlicher, dass Holystone nicht vorhatte, das Schiff nach Batam zu schaffen und Pacific daher eine finanzielle Einigung anstrebte«.[15] Roomans stimmte theoretisch einer Zahlung zu und gab an, »die Summe mit unseren Ausrüstern in China zu besprechen«. Ohne darauf zu warten, überbrachte Robert Vogel, Geschäftsführer von Pacific Maritime, einen Kostenvoranschlag von Uni-Marine über 4,08 Millionen Dollar für den Bau »eines neuen vorderen Unterkunftsblocks«.[16] Anders ausgedrückt, Pacific Maritime wollte Geld sehen, und zwar nicht zu knapp. »Der Block an sich ist für Uni-Marine nutzlos«, und obwohl Pacific Maritime (offensichtlich) vorhatte, einen Unterkunftsblock zu kaufen, war Zeit Geld – Cash war also vorteilhafter, als lange auf den Bau neuer Wohnmodule zu warten. Roomans und seine Leute bei Holystone schienen zur Zahlung bereit, sperrten sich allerdings gegen die im Raum stehende Summe von 4 Millionen und boten stattdessen einige Monate später eine Million, was Pacific Maritime als nicht angemessen zurückwies. Im Frühjahr 2007 begann das Hin und Her Pacific Maritime nervös zu machen. Insbesondere fürchtete das Unternehmen, Holystone könnte das Schiff aus britischen Hoheitsgewässern entfernen. Holystone war eine auf den Britischen Jungferninseln registrierte Firma, »von der angenommen wurde, keine anderen Vermögenswerte als das Schiff zu besitzen«, weswegen »erwartet« wurde, dass das Schiff »Ende Mai oder Anfang Juni den britischen Rechtsraum verlassen wird, um für fünf Jahre in Westafrika eingesetzt zu werden«.[17] In diesem Fall war es höchst fraglich, ob Pacific Maritime seine Ansprüche gegen Holystone überhaupt noch würde durchsetzen können.

* * *

Der Vertrag zwischen den Unternehmen legte fest, dass Streitigkeiten über die Erfüllung der Verkaufsbedingungen am LCIA verhandelt werden sollten, das heißt außerhalb der offiziellen britischen Rechtsordnung, was sowohl Diskretion als auch Effizienz sicherstellen sollte. Die Parteien waren sich also einig, gegebenenfalls eine große private Gerichtsinstanz heranzuziehen, die seit mehr als einem Jahrhundert parallel zum traditionellen staatlichen System operierte. Die Unternehmen würden auf Schiedsverfahren spezialisierte internationale Anwaltskanzleien engagieren, die von London, Paris, New York oder einer anderen Weltmetropole aus agierten. Sie würden den Fall einem unabhängigen Schiedsrichter vorlegen (in der Regel ein ehemaliger Schiedsanwalt), der nach gründlicher Abwägung eine bindende Vereinbarung vorlegen würde. Zwar sind Schiedsverfahren Privatangelegenheiten, doch hat die große Mehrheit der Staaten weltweit internationale Abkommen zur Durchsetzung von deren Urteilen unterzeichnet. Und obwohl Unterlagen zu derartigen Urteilen nicht öffentlich zugänglich sind, lässt sich mit einiger Sicherheit sagen, dass die meisten Unternehmen sich daran halten, ohne dass die staatliche Autorität hinzugezogen werden muss.

Beim Verkauf unseres Schiffs hätte ein internationaler Schiedsspruch es beiden Unternehmen ermöglicht, ihr Geschäft unbehelligt im Ausland abzuwickeln, ohne staatliche Aufsicht und ohne langwierige und teure juristische Auseinandersetzungen vor den Augen der Öffentlichkeit zu riskieren. Private Einigungen waren normalerweise effizienter und brachten weniger Nachteile mit sich. Anfang 2007 wählte Pacific Maritime jedoch die Öffentlichkeit, beantragte eine Verfügung bei einem englischen Gericht und ermöglichte damit einen Blick nicht nur in die Gerichtsakten, sondern auch in eine ansonsten hermetisch abgeschottete Sphäre. Dieser kostspielige Schritt war eine schwierige, aber strategische Entscheidung. Bis zu diesem Punkt hatten Pacific Maritime und Holystone direkt miteinander verhandelt, ein offizieller Schiedsrichter am LCIA war noch nicht bestellt. Erst als die Führungsetage von Pacific Maritime sich zunehmend sorgte, Holystone könnte das Schiff einfach vor Beilegung des Streits von Großbritannien nach Nigeria bringen, wandte sie sich an ein englisches Gericht, um seinen Verbleib in Portland sicherzustellen. Nur ein englisches Gericht, nicht aber ein Schiedsrichter, konnte mit dem Einsatz der Polizei drohen. Nur eine offizielle Autorität verfügte über den Hebel staatlicher Gewalt, um Holystone daran zu hindern, das Schiff wegzuschaffen. Im April 2007, während das Schiff in Portland noch renoviert wurde und keine Einigung in Sicht war, erwirkte Pacific Maritime an einem englischen Gericht einen Sicherungsbeschluss, der Holystone die Entfernung des Schiffs untersagte.[18] Diesen Umstand nutzte die Hafenverwaltung von Portland und erhöhte die Liegegebühr pro Tag fast um das Dreifache, so der Schiffsmeister der *Weare*. Holystone blieb nichts anderes übrig, als zu zahlen.[19]

Holystone beantragte umgehend, den Sicherungsbeschluss rückgängig zu machen oder zumindest abzuändern. Laut Gerichtsakten äußerte Roomans »die Vermutung, dass Pacific nicht nach Treu und Glauben handelte, als es die überzogene Summe von 4,08 Millionen Dollar für den kleinen Teil des Schiffs forderte, das für 1,5 Millionen Pfund verkauft wurde«. Der von Uni-Marine gelieferte Kostenvoranschlag sei schlicht »ein armseliges und durchsichtiges, von Gier getriebenes Manöver, um ohne Leistung und Risiko an sehr viel Geld zu kommen«. Wuxi Soho, eine der chinesischen Firmen, mit denen Roomans zusammenarbeitete, habe ihm den Betrag von nur 405.650 Dollar für den Unterkunftsblock genannt, »sogar für einen höheren Standard als der des bereits existierenden Unterkunftsblocks«.[20] Roomans behauptete sogar, der vordere Unterkunftsblock habe nur noch Schrottwert. Noble Denton, eine große internationale Beratungsfirma für die Öl- und Gasbranche, hatte den reinen Materialwert mit 69.750 Pfund beziffert, weniger als 2 Prozent der Summe, die Pacific Maritime von Holystone forderte.

Kurzum, bei dem Fall, der 2007 vor der Queen's Bench Division, eine der drei Kammern des High Court of England and Wales, verhandelt wurde, ging es um den monetären Wert des Schiffs. Pacific Maritime setzte ihn sehr hoch an, damit *The Weare* weiter in Portland festgehalten werden konnte, bis Holystone gezahlt hatte. Holystone war umgekehrt an einem möglichst niedrigen Wert gelegen, um die Aufhebung des Sicherungsbeschlusses zu rechtfertigen. Zu diesem Zeitpunkt war am LCIA endlich ein Schiedsrichter bestellt worden, und Holystone forderte eine Änderung des Sicherungsbeschlusses – »die Entscheidung über Rechtsmittel soll dem Schiedsgericht übergeben werden«.[21]

In jedem Fall vertraten Holystones Anwälte den Standpunkt, dass von Holystone nicht mehr verlangt werden könne, als den Vertrag auf die für die Firma günstigste Art und Weise zu erfüllen, da er ihr freistelle, das Schiff entweder nach Batam oder an einen anderen Ort zu bringen. Im zweiten Fall war Holystone nur verpflichtet, an Pacific Maritime »einen Unterkunftsblock ähnlicher Größe und Kapazität wie die vorderen Wohnmodule« zu liefern. Doch, so die Holystone-Rechtsabteilung, »tatsächlich hat Holystone das Schiff gar nicht bewegt«.[22] Anders gesagt, Holystone habe weder die eine noch die andere Option gewählt, um den Vertrag zu erfüllen. Insofern, so die Holystone-Argumentation, sei das Unternehmen nur für Schäden verantwortlich zu machen, die aus der theoretischen Erfüllung des Vertrags auf die preisgünstigste Weise entstanden wären.

* * *

Mit diesem Argument wandten die Anwälte von Holystone eine juristische Strategie an, die ihnen vor einem Schiedsgericht verwehrt geblieben wäre: die Berufung auf einen Präzedenzfall. Dabei handelt es sich um einen grundlegenden Bestandteil des allgemeinen Rechtssystems in den meisten Ländern der englischsprachigen Welt. Der Grundsatz *stare decisis* (nach geltender Rechtsprechung) besagt, dass Gerichte verpflichtet sind, Gesetze in der gleichen Weise auszulegen wie in vorausgehenden Fällen mit vergleichbarer Faktenlage. Das bedeutet, ein Gerichtsurteil schafft bindende oder maßgebliche Richtlinien für nachfolgende Urteile. Im Gegensatz dazu orientieren sich internationale Schiedsgerichte nicht an Präzedenzfällen bzw. geltender Rechtslage. Die Schiedsrichter sind nicht an Entscheidungen gebunden, die andere Schiedsrichter getroffen haben.[23] De facto wäre es auch aufgrund der Vertraulichkeit vieler Schiedsverfahren sehr schwierig, die Orientierung an Präzedenzfällen vorzuschreiben oder gar in der Praxis danach zu entscheiden. Indem Pacific Maritime seine Auseinandersetzung mit Holystone vor ein englisches Gericht brachte, ermöglichte es jedoch den Rückgriff auf die geltende Rechtslage, was Holystones Rechtsabteilung zu nutzen wusste. Sie berief sich auf ein mehr als hundertfünfzig Jahre altes Urteil: den Fall Robinson gegen Robinson aus dem Jahr 1851. Und so mussten sich die zwei Streithähne vor dem englischen Gericht mit den Altlasten der Geschichte befassen.

Wie bei Pacific Maritime gegen Holystone Overseas ging es auch bei Robinson gegen Robinson um den Wert von Handelsgütern im zeitlichen Verlauf. Beide Fälle wurden jeweils in einer Epoche verhandelt, in der rasante finanzielle Innovationen und Abstraktionen sich von physischen Gütern und Maßstäben zur Bemessung ihres Werts entfernten. Als Matthew Robinson 1837 starb, hinterließ er seinen Testamentsvollstreckern die Aufgabe, seinen ansehnlichen persönlichen Besitz entweder in Staatsanleihen oder Immobilienwertpapiere zu verwandeln. Die Testamentsvollstrecker sollten dann treuhänderisch die daraus entstehenden Zinsen und Dividenden lebenslang an Robinsons Sohn Augustin auszahlen. Dummerweise wandelten die Treuhänder bestimmte Vermögenswerte – fast 11.000 Pfund in Aktien der Bank of England und des Londoner Hafens – nicht sofort in Staatsanleihen oder Immobilienwertpapiere um, sondern warteten acht Jahre, bis sie dafür »3 per cents« kauften: Anleihen, die auf unbegrenzte Zeit jährlich 3 Prozent ihres Ausgabewerts einbrachten. In diesen acht Jahren war der Preis dieser Anleihen stark gestiegen. Wenn die Testamentsvollstrecker also ihre Pflicht erfüllt und Matthew Robinsons gesamtes Vermögen umgehend in »3 per cents« angelegt hätten, statt acht Jahre herumzutrödeln, wäre dieses Vermögen deutlich größer gewesen. Was daran lag, dass die 1840er- ebenso wie die 2000er-Jahre für die britischen Finanzmärkte eine sehr volatile Phase waren. Diese Jahrzehnte waren zu einem großen Teil geprägt von wirtschaftlicher Erholung und einem boomenden Markt, der vor allem von einem Eisenbahninvestitionsfieber befeuert wurde. In dieser Zeit war der Preis der 3-Prozent-Anleihen gestiegen. 1847 jedoch platzte die Spekulationsblase, und eine Finanzpanik folgte. Der Aktienmarkt brach zusammen, und viele Menschen waren ruiniert.[24] Matthew Robinsons Testamentsvollstrecker hatten Finanzprodukte zum genau falschen Zeitpunkt erworben: als der Markt boomte, kurz bevor alles zusammenbrach.

Als dies aufflog, verklagten Anwälte im Namen von Augustins »drei minderjährigen Kindern«, die das Vermögen ihres Großvaters nach dem Tod ihres Vaters einmal erben würden, die Testamentsvollstrecker.[25] Die Anwälte der Enkel argumentierten, die Testamentsvollstrecker schuldeten ihnen den gegenwärtigen Wert der Drei-Prozent-

Anleihen, die sie zum Zeitpunkt von Matthew Robinsons Tod hätten kaufen können. Der 1849 mit dem Fall befasste Richter stimmte ihnen zu. Doch in der Berufungsverhandlung Ende 1851 urteilte das Gericht, dass man die Treuhänder, obwohl sie ihre Pflicht verletzt hatten, indem sie die Anleihen nicht sofort nach Robinsons Tod erwarben, nicht für eine spezifische Marktentwicklung verantwortlich machen könne. Eine Entschädigung schuldeten sie den Erben durchaus, doch diese konnten den Treuhändern nicht vorwerfen, »wenn Sie Ihre Pflicht getan hätten … würde der Treuhandfonds nun aus einer bestimmten Menge an Drei-Prozent-Anleihen bestehen«, da die Treuhänder ihre Pflicht auch erfüllt hätten, wenn sie andere Arten von Geldanlagen erworben hätten.[26] Das Kernargument war die Komplexität der Finanzmärkte, die aus einer ganzen Reihe unterschiedlicher Güter bestanden. Kapital an sich war eine austauschbare, wandelbare Abstraktion und nicht an den Wert eines bestimmten Guts gebunden, nicht einmal an den Wert eines bestimmten *Finanz*produkts.

Deshalb, so das Urteil des Gerichts 1851, hatten die Begünstigten des Treuhandfonds einen Anspruch auf die Dividenden, die sie bekommen hätten, wenn die Treuhänder die Anleihen 1837 zum Zeitpunkt von Matthew Robinsons Tod erworben hätten, nicht aber auf den Wertzuwachs, der entstanden wäre, wenn die Treuhänder die Staatsanleihen zu dem niedrigen Preis 1837 statt zu dem hohen 1845 gekauft hätten.

Der Fall Robinson gegen Robinson wurde vor dem Hintergrund tiefgreifender finanzieller Turbulenzen und Innovationen verhandelt: in einer Zeit, die immer komplexere juristische Regelungen für den Umgang mit Geldanlagen nötig machte. Und der Robinson-Fall führte zu einer solchen Regelung. Lord Cranworth, der Vorsitzende Richter, formulierte in seinem Urteil ein neues Prinzip:

> Wenn jemand durch eine Vereinbarung verpflichtet ist, eine von zwei Optionen zu ergreifen, und keine davon ergreift, wird in

> einer Klage des Begünstigten der Vereinbarung der Schaden im Allgemeinen daran bemessen, welcher Verlust daraus entstanden ist, dass der Verpflichtete das nicht getan hat, was dem Begünstigten den geringsten und nicht, was ihm den größten Vorteil gebracht hätte.[27]

Zusammenfassend lässt sich sagen, dass es den Testamentsvollstreckern bei Matthew Robinsons Tod freistand, entweder Immobilienwertpapiere oder Staatsanleihen zu kaufen. Sie taten nichts von beidem. Das Gericht urteilte, dass sie nur für die minimale Summe verantwortlich gemacht werden konnten, um die Robinsons Vermögen gewachsen wäre, hätten sie eine der beiden Optionen gewählt.

Auf dieses Prinzip berief sich Holystone bei der Verhandlung 2007, inmitten einer weiteren Phase finanzieller Volatilität, Innovation und Abstraktion. *The Weare* war ein Anlagegut. Die Vereinbarung, das Schiff oder einen Teil davon zu liefern, betraf die Lieferung des finanziellen Werts. Und um diesen Wert wurde gestritten. Die Anwälte von Holystone beriefen sich nun auf das aus dem Fall Robinson hervorgegangene Prinzip, wenn sie argumentierten, dass Holystone im Falle einer Beilegung des Konflikts mit Pacific Maritime nur zur Zahlung des Werts des Unterkunftsblocks verpflichtet wäre, nicht aber zur Übernahme der Kosten für Neubau und Lieferung eines vergleichbaren Blocks. Und hier enthielt die Holystone-Logik einen interessanten Twist: Der Wert der Wohneinheit bemesse sich an ihrem physischen, also dem Schrottwert – was der bescheidenen Summe von 69.750 Pfund entspreche.

* * *

Für Pacific Maritime stellte sich die Sache natürlich ganz anders dar: Holystone war verpflichtet, entweder das Schiff nach Batam zu bringen oder einen neuen Unterkunftsblock zu liefern. Nachdem Ersteres nicht passiert war, musste der neue Block her, aber auch der kam nicht. Die Schlussfolgerung: »Der Kläger ist berechtigt, Schadensersatz zu fordern, weil der Beklagte den neuen Unterkunftsblock nicht gebaut und geliefert hat – das heißt den Marktwert dessen, was er hätte erhalten sollen, zu dem Zeitpunkt, an dem er es hätte erhalten sollen.«[28] Während Holystone behauptete, der Wert des Unterkunftsblocks bestehe lediglich im Material (also dem Schrottwert), ging Pacific Maritime von seinem Nutzen aus, nämlich diesen Unterkunftsblock im indonesischen Batam einsetzen zu können. Was zähle, sei der abstrakte, nicht der physische Wert.

Dieser Auffassung entsprach die Tatsache, dass das Schiff ein »Container« *und* ein Produkt der Containerisierung war. Sein Aufbau war von Consafe aus Frachtcontainern zusammengesetzt worden, deren Vorteil die Standardisierung war, denn Zwanzig- oder Vierzig-Fuß-Container waren identische und damit austauschbare Einheiten.[29] Sie ermöglichten es, sehr unterschiedliche Waren zu einheitlichen Volumina zu abstrahieren, und ließen vormals sehr schwer zu transportierende und zu lagernde Handelsgüter durch Raum und Zeit fliegen.[30] Die Container selbst waren unglaublich billig zu produzieren, sie kosteten nur wenig mehr als ihren Materialwert, und zugleich überstieg ihr Wert den ihrer Produktionskosten bei Weitem. Es waren ihr Inhalt und ihre Fähigkeit, etwas zu beinhalten, was ihnen Wert und Bedeutung verlieh. Darüber hinaus war es der Status des Schiffs als Container, als leerer Behälter, der es definierte und der bestimmte, was die Menschen damit machten. Das einzige nicht Austauschbare an diesem Schiff war sein Status als Behälter.

Die Auseinandersetzung zwischen Pacific Maritime und Holystone macht deutlich, wie stark der Wert von Containern von der Perspektive abhängt. Einerseits bestanden sie aus sehr billigem Material. Andererseits ermöglichten sie extrem nützliche und lukrative wirtschaftliche Aktivitäten. Der Verlust, den es bedeutete, in Batam *nicht* über die Wohneinheit verfügen zu können, überstieg den Wert des Stahls, aus dem sie gemacht war, um das Zehnfache. Insofern war der vorsitzende Richter Christopher Clarke hinsichtlich der Darstellung von Holystone skeptisch. »Mir scheint«, schrieb er in der Urteilsbegründung, »dass ich Mr. Roomans Aussagen zum Wert des vorderen Blocks oder eines Äquivalents mit Vorsicht genießen sollte.«[31]

Pacific Maritime konnte ihn umgekehrt davon überzeugen, dass dem Unternehmen »prinzipiell der Sicherungsbeschluss für die höchste Summe zusteht, die es glaubhaft darlegen kann«.[32] Clarke folgte damit der Sicht von Pacific Maritime, der Vertrag falle unter die Kategorie eines »simplen Vertrags darüber, A oder B zu erfüllen«: entweder den vorhandenen vorderen Unterkunftsblock der *Weare* nach Batam zu bringen oder einen neuen Unterkunftsblock zu liefern. Nachdem Holystone A nicht erfüllt habe, war es zu B verpflichtet. Option B stellte sich allerdings als recht kostspielig heraus. London Offshore Consultants, eine Firma, die Pacific Maritime kurz vor dem Verkauf des Schiffs engagiert hatte, hatte eine Reihe von Angeboten für »ähnliche Wohneinheiten mit 96 Kabinen« eingeholt. Das niedrigste lag bei 4,7 Millionen Dollar. Der Kostenvoranschlag der in Aberdeen befindlichen Niederlassung von Consafe Offshore, einem Nachfolger des schwedischen Unternehmens, dem das Schiff Anfang der 1990er-Jahre gehört hatte, veranschlagte deutlich höhere rund 7,5 Millionen Dollar.[33] Angesichts dieser Beträge wies Clarke Holystones Behauptung, die Aufbauten der *Weare* seien »alt, abgenutzt und ganz offensichtlich von begrenztem Wert«, zurück. Der tatsächliche Wert des vorderen Blocks lag ganz sicher über dem Materialwert.[34]

Er lag vielmehr in seiner Nutzbarkeit – »in den Mieteinnahmen, die man damit erwirtschaften kann«. Er hing also vom Markt für seine Nutzung ab. Und der Markt für Wohneinheiten hatte in den vorangehenden zwei Jahren einen Boom erlebt. Es bestand weitgehende Einigkeit darin, dass der Verkaufspreis von 1,5 Millionen Pfund, den der britische Staat für HMP *The Weare* erzielt hatte, sehr niedrig gewesen war: für die Käufer definitiv ein Schnäppchen. Wie Christopher Clarke anmerkte, »ist bereits die Sorge ausgedrückt worden, ob der Staat überhaupt einen fairen Preis erhalten hat«. Denn kurz nachdem dieser das Schiff 2006 verkauft hatte, wollte er es »für 10.000 Pfund pro Tag zurückleasen, eine Summe, die Herr Roomans als unangemessen ablehnte«. Holystone verlangte stattdessen 25.000 Pfund pro Tag. Angesichts solcher Leasinggebühren hätte der britische Staat die 1,5 Millionen Pfund, die er erlöst hatte, innerhalb von nur zwei Monaten zurücküberwiesen.[35]

Ausgehend von der Überzeugung, dass die Kosten für die Beschaffung eines funktionsfähigen Ersatzes aussagekräftiger waren als der Schrottwert, machte das Gericht sich an die Bewertung des Unterkunftsblocks. Zur Bestimmung des mit der Sicherungsanordnung verbundenen Betrags zog der Richter Marktpreise für das Leasing einer vergleichbar großen modularen Wohneinheit heran und setzte 2.750.000 Dollar an. Er schlug 10 Prozent Zinsen und 180.000 Dollar Kosten, darunter auch die Gerichtskosten, auf,[36] hinzu kamen noch die von Pacific Maritime wegen der Nichtnutzung geltend gemachten Verluste. Hierfür griff der Richter wiederum auf eine Schätzung von Consafe in Aberdeen zurück, die den Mietwert des vorderen Unterkunftsblocks mit 5 Millionen Dollar pro Jahr kalkulierte. Clarke hielt ein Jahr für eine »moderate Schätzung der verlorenen Zeit, in der das Schiff hätte vermietet werden können«. Als Roomans die 5 Millionen Dollar jährlich als überzogen zurückwies, berief sich das Gericht darauf, dass er selbst das Angebot des britischen Staats von 10.000 Pfund (über 20.000 Dollar) pro Tag als zu wenig abgelehnt habe. Dies lasse eine Summe von 5 Millionen durchaus realistisch erscheinen.[37]

Pacific Maritime hatte Holystone nur deshalb vor Gericht gebracht, um zu verhindern, dass das Schiff aus dem Hafen von Portland verschwand, bevor die Wohneinheit bezahlt war. Dass Pacific Maritime den Prozess gewann, bedeutete faktisch, dass die Sicherungsanordnung bestehen blieb. Sie würde nur aufgehoben, wenn Holystone sich mit Pacific Maritime einigte oder (falls das nicht gelang) 8,2 Millionen Dollar (3,2 Millionen für die Wohneinheit und 5 Millionen für entgangene Einkünfte) berappte. Dieses Urteil war für Holystone und sein Mutterunternehmen Sea Trucks Group zwar ein Rückschlag, aber keine Katastrophe. Die Firma hatte bereits zwischen 10 und 15 Millionen Pfund in die Renovierung des Schiffs gesteckt, und Sea Trucks »hatte bereits in der Vergangenheit gezeigt, dass es in der Lage war, kurzfristig beträchtliche Summen aufzubringen«.[38] Abgesehen davon war völlig unklar, ob Holystone wirklich den gesamten Betrag zahlen musste, schließlich hatte Pacific Maritime zuvor nur knapp über 4 Millionen Dollar gefordert.

Die folgende Verhandlung über eine angemessene Kompensation für die Wohneinheit würde nicht vor einem öffentlichen Gericht stattfinden, sondern – wie ursprünglich vertraglich vereinbart – vor einem Handelsschiedsgericht. Auch wenn zwischenzeitlich englische Gerichte eingegriffen hatten, hing das weitere Schicksal des Schiffs von einem Schiedsspruch ab, einem weiteren unpersönlichen System der Offshore-Welt, so wie Billigflaggen, ausländische Steueroasen oder das Seerecht an sich. »Das angemessene Vorgehen für die Beteiligten«, so der Richter, »ist die Anrufung eines Schiedsrichters zur schnellen Beilegung.«[39] Damit endete der Fall vor den Royal Courts of Justice. Nachdem der souveräne Staat Stellung genommen hatte, lag der Ball nun wieder im Feld eines internationalen Gerichts.

* * *

Der Fall Pacific Maritime (Asia) Ltd. gegen Holystone Overseas Ltd. war zwar gerichtlich abgeschlossen, hinterließ aber ein Erbe, das nachwirkte. Was die Grenzziehung zwischen den Zuständigkeiten von Handelschiedsgerichten und Justizbehörden betraf, sollte er sich als ausgesprochen bedeutsam erweisen. Nach englischem Recht – insbesondere dem Arbitration Act von 1996 – konnten Gerichte nur dann einschreiten, »wenn oder soweit das Schiedsgericht … zu einem bestimmten Zeitpunkt nicht die Macht oder die Möglichkeit hat, wirksam zu agieren«.[40] Als Pacific Maritime sich an die englische Justiz wandte, um eine Sicherungsanordnung zu erwirken, damit das Schiff nicht entfernt werden konnte, war noch kein Schiedsrichter zur Verhandlung des Falls bestellt. In dieser Situation – in Abwesenheit eines Schiedsrichters – waren die staatlichen Gerichte eindeutig berechtigt einzuspringen, um über den Antrag zu entscheiden. Als jedoch der Richter Christopher Clarke sein Urteil fällte, war ein Schiedsrichter bestellt und von beiden Parteien akzeptiert worden. Das Kernargument von Holystones Antrag, die Sicherungsanordnung aufzuheben oder abzuändern, lautete, dass zum Zeitpunkt der Verhandlung in London bereits ein Schiedsrichter feststand. Das staatliche Gericht habe somit keine Entscheidungsbefugnis mehr und solle sich aus dem Fall zurückziehen.

Aus Holystones Sicht konnte und sollte nun dem Schiedsrichter die Entscheidung über die weitere Festhaltung des Schiffs zukommen. Schließlich handelte es sich um einen Streit zwischen zwei Unternehmen über die Auslegung eines Kaufvertrags, der ausdrücklich vorsah, in diesem Fall ein Schiedsgericht und kein öffentliches Gericht anzurufen. Und, so die Holystone-Anwälte, auch ein Schiedsrichter konnte eine der Sicherungsanordnung entsprechende Regelung treffen. In den Gesetzen des Vereinigten Königreichs sei diese Befugnis ausdrücklich festgehalten.[41]

Das Problem an der Holystone-Argumentation bestand darin, dass der Schiedsrichter zwar den Verbleib des Schiffs im Hafen von Portland verfügen konnte, aber kaum eine Möglichkeit hatte, diese Verfügung auch durchzusetzen. Auch Richter Christopher Clarke wies darauf hin, dass ein Schiedsgericht keine wirksamen Mittel zur Einbehaltung von Gütern besitze. Anders gesagt, was immer der Schiedsrichter auch entschied, nichts konnte Holystone daran hindern, jemanden zu beauftragen, das Schiff aus dem Hafen von Portland und der Zuständigkeit englischer Behörden zu entfernen. Die Verärgerung klang deutlich durch, wenn Clarke betonte, »an der Auseinandersetzung sind nicht zwei große und renommierte Unternehmen beteiligt, bei denen man voraussetzen kann, dass sie sich an die Anweisungen eines Schiedsrichters halten«. Das bezog sich wohl mehr auf Holystone. »Das Gericht geht inzwischen davon aus, dass vonseiten Holystones eine Risiko der Verschleppung besteht ... einem Unternehmen auf den Britischen Jungferninseln, das offensichtlich über keine anderen Vermögenswerte verfügt.«[42] Deshalb war eine offizielle gerichtliche Verfügung wichtig. Eine Anweisung des englischen High Court würde Dritte (wie die Hafenbehörde Portlands) davon abhalten, bei der Entfernung des Schiffs aus dem Hafen Beihilfe zu leisten. Dies war der Grund, warum das staatliche Gericht es ablehnte, die Angelegenheit einem privaten Schiedsrichter zu überlassen.[43] Deutlicher ausgedrückt schritt es sogar aktiv ein, um das Schiff in Portland festzuhalten.

Der letzte Teil von Christopher Clarkes Urteil, der die Befugnisse des Schiedsrichters betraf, war juristisch am bedeutsamsten. Vor allem deswegen wird der Fall nach wie vor zitiert, wenn es um die Handlungsspielräume von Schiedsgerichten und deren Grenzen geht.[44] Denn darin wird in der Tat eine Bedingung festgelegt, unter der ein nationales Gericht bei der Durchsetzung eines Kaufvertrags aktiv werden kann. Wie in der Fachzeitschrift *Arbitration Law Reports and Review* nachzulesen, war die Entscheidung relevant, weil darin festgehalten wurde, dass ein »Schiedsrichter keine wirksamen Möglichkeiten hat, Vermögenswerte sicherzustellen«.[45] In dieser Situation könne ein englisches Handelsgericht sehr wohl einschreiten.

Pacific Maritime gegen Holystone illustrierte die Tatsache, dass selbst in der Geschichte eines Schiffs wie dem unseren der tatsächliche Aufenthaltsort und die nationale Souveränität noch eine Rolle spielten. Schlussendlich entschied der Richter in diesem Fall, dass der britische Staat dafür verantwortlich war, die vertraglichen Vereinbarungen zwischen zwei Firmen, die beide Interesse an dem Schiff hatten, durchzusetzen. Die globale Sphäre der Schifffahrtsgeschäfte mit ihren in Steueroasen gemeldeten Briefkastenfirmen war undurchsichtig oder unsichtbar. Großteils regelten diese Schattenfirmen ihre Auseinandersetzungen unbemerkt von der Öffentlichkeit mithilfe von Schiedsgerichten. Das Urteil im Fall Pacific Maritime gegen Holystone fußte auf der Erfahrung, dass Schiedsentscheidungen – auch wenn sie in England bereits seit dem Arbitration Act von 1889 üblich waren – häufig schwer durchzusetzen waren.[46] Wenn dem Schiedsrichter die tatsächliche Macht fehlte, fiel dem Staat die Aufgabe zu, sich einzuschalten und sicherzustellen, dass ein unter englischem Recht geschlossener Vertrag über ein Schiff in einem englischen Hafen auch umgesetzt wurde.

Zugleich belegen die in dem Fall präsentierten Beweise, dass das Schiff von Beginn an in einer Sphäre des Handels und der internationalen Geschäfte verankert war und damit weit außerhalb der Kompetenzen einzelner nationaler Rechtssysteme. Obwohl bereits im Vereinigten Königreich als Haftanstalt genutzt und zwischenzeitlich Eigentum des britischen Staats, hisste die *Weare* nach wie vor die Billigflagge der Bahamas. Sie wurde von einem Hongkonger Unternehmen gekauft, das sie dann an eine Firma weiterverkaufte, deren Muttergesellschaft sich zwar in Nigeria befand, die handelsrechtlich aber auf den Britischen Jungferninseln eingetragen war. Das Schiff oder zumindest ein Teil davon sollte nach Indonesien geliefert werden, und die Sicherungsanordnung beruhte auf der Befürchtung, es könnte nach Westafrika geschleppt werden. Zur Festlegung des Werts des Schiffs und seiner vorderen Wohneinheit zog ein Gericht in London die Schätzungen für vergleichbare modulare Wohnblöcke aus Schottland, Indonesien und China heran.

Der ganze Streitfall beruhte darauf, dass es sich bei dem Schiff um ein modulares Objekt handelte: dass man die vordere Wohneinheit getrennt vom restlichen Schiff mit geringem Kostenaufwand entfernen und sie genauso gut in Südostasien wie in Großbritannien nutzen konnte. Zusammengefasst lässt sich die Auseinandersetzung auf den eigentlichen Ursprung der *Weare* als Containerschiff zurückführen, das aus standardisierten, vergleichbaren und beweglichen Bauteilen bestand. Der Wert dieser Bauteile bestand gerade in ihrer Fungibilität und lag deutlich höher als ihr reiner Materialwert. Der Preis der Wohneinheit spiegelte vielmehr ihre Nutzbarkeit als Behälter für menschliche Wesen, und zwar überall auf der Welt. Indem die Queen's Bench Division des High Court die Kosten einer solchen Wohneinheit in Batam als Maßstab für den Wert des auf dem Schiff befindlichen Unterkunftsblocks heranzog, bestätigte sie den Status des Schiffs als austauschbares Gefäß mit standardisiertem Rauminhalt. Damit bekräftigte das Gerichtsurteil den ursprünglichen Kaufvertrag zwischen Holystone und Pacific Maritime. Auch wenn es sich bei dem Schiff um ein physisches Objekt handelte, konnte es ebenso gut als abstrakte Finanzanlage verstanden und definiert werden. Sein Wert hing im konkreten Fall weniger davon ab, was man damit machen konnte, als davon, was es kostete, sie zu ersetzen.

* * *

Der Zeitpunkt der Auseinandersetzung zwischen Pacific Maritime (Asia) Ltd. und Holystone Overseas Ltd. lässt das Urteil, zumindest im Rückblick, wirklich bemerkenswert erscheinen. In jenem Jahr 2007 hatte die Kreativität bei der Schaffung finanzieller Abstraktionen aus physischen Gütern ein extremes Ausmaß angenommen. Banken in aller Welt – vor allem in den Vereinigten Staaten – hatten Fremdkapital in nie dagewesenen Höhen aufgenommen, um in neue Wertpapiere zu investieren, die wenig Bezug zur physischen Realität hatten. So wie das Schiff zu einer finanziellen Fiktion wurde, geschah es mit Häusern rund um den Globus. Mit Hypotheken belastet, gebündelt, versichert und rückversichert, wurden sie zur Grundlage neuer finanzieller Derivate, zu genau den abstrakten Gütern, die im Zentrum der Finanzkrise von 2008 standen. Häuser sind unabänderlich etwas Gegenständliches, nicht weniger als ein 94 Meter langer Kahn. Ihr vornehmster Zweck ist es, die Bewohner vor Wetterphänomenen wie Regen, Kälte oder Hitze zu schützen. Doch von cleveren Finanzjongleuren in Lower Manhattan (nur wenige Häuserblocks von dem Ort entfernt, an dem unser Schiff vor Anker gelegen hatte) wurden die Hypotheken auf diese Häuser verkauft und weiterverkauft, zu riesigen Portfolios geschnürt und dann wieder in »Tranchen« aufgeteilt, gegen Zahlungsausfall versichert und rückversichert. Bis zum Jahr 2007 waren es dann nicht mehr einfach Häuser, sie waren vielmehr zur Basis von »hypothekenbesicherten Wertpapieren« (*mortgage-backed securities*) geworden, für die sie selbst das Sicherungspfand waren.[47] Die Grenzen dieses abstrakten Denkens wurden im Folgejahr auf verheerende Weise spürbar. Als der Markt für die tatsächlichen Häuser ins Stottern geriet, brach das gesamte System der darauf aufgebauten Finanzabstraktionen wie ein Kartenhaus in sich zusammen und verursachte die größte Finanzkrise seit der Weltwirtschaftskrise in den 1930er-Jahren. Finanzkrisen haben – so abstrakt sie auch scheinen mögen – sehr konkrete und anhaltende Folgen: Millionen von Zwangsvollstreckungen, zig Millionen Beschäftigte, die weltweit ihre Jobs verlieren, einen spürbaren Anstieg der Suizidraten. Abstraktionen sind nicht ohne Risiko zu haben.

Schwer zu sagen, was genau Pacific Maritime und Holystone aushandelten, nachdem das englische Handelsgericht die Sicherungsanordnung bestätigt hatte. Denn von da an lag die Angelegenheit in den Händen eines Londoner Schiedsgerichts, und das schmale Fenster, das kurzzeitig einen Blick in die geheime und undurchdringliche Welt solcher Handelsvereinbarungen erlaubt hatte, schloss sich wieder. Einer der »Hauptvorteile« für Firmen, die sich für ein Verfahren vor dem LCIA entscheiden – statt für ein Schiedsverfahren beispielsweise in den USA oder Australien –, besteht darin, dass »die LCIA-

Regelungen hinsichtlich Ablauf und Ergebnis absolute Geheimhaltung garantieren«.[48]

Fest steht jedoch, dass unser Schiff erst kurz vor Weihnachten 2009 den Hafen von Portland verließ, fast fünf Jahre nach Schließung des Gefängnisses Ihrer Majestät *The Weare*. Zu dem Zeitpunkt fehlte der vordere Unterkunftsblock. Die Module, um die sich der Rechtsstreit gedreht hatte, waren entfernt und als Schrott verkauft worden, um einem Kran Platz zu machen. Das Schiff gehörte nach wie vor Holystone bzw. deren Muttergesellschaft, der Sea Trucks Group. Vermutlich hatten Pacific Maritime und Holystone ihre Auseinandersetzung am Ende durch eine Geldzahlung beigelegt, wenn auch die genaue Höhe nie öffentlich wurde. Ins indonesische Batam gelangte das Schiff allerdings nie, es wurde stattdessen nach Onne in die Nähe von Port Harcourt, Nigeria, geschleppt. Als die AHT *Independence*, der Schlepper einer italienischen Reederei, es langsam außer Sichtweite der englischen Küste zog, »war das Team des Hafens von Portland sehr betrübt, das Schiff nach so vielen Jahren verschwinden zu sehen«. »Zwischen Eigentümern, Crew und Hafen hatte sich eine lange und enge Beziehung entwickelt«, war im Newsletter der Hafenbehörde zu lesen.[49] Diese Beziehung war damit beendet.

# 9

# GOLF VON GUINEA

| | Das Schiff | Das Schwesterschiff |
|---|---|---|
| **2010** | Die *Jascon 27* wird nach Onne (Nigeria) geschleppt, wo sie Offshore-Ölarbeitern als Unterkunft dient. | |
| **bis 2013** | | Das Schwesterschiff wird in *Venture* umgetauft und in St. Vincent und den Grenadinen registriert. Es gehört nun der britischen Reederei Intership und dient vor der nigerianischen Küste als Unterkunftsschiff. |
| **2016** | | Die *Venture* wird vom indischen Schifffahrtsunternehmen Halani erworben. |
| **2018** | Die Sea Trucks Group wird aufgespalten. Das Eigentum an der *Jascon 27* geht an den unter dem Namen West African Ventures (WAV) firmierenden Teil über. | Die *Venture* befindet sich vor der nigerianischen Küste, als die Crew von ihrem Arbeitgeber Halani im Stich gelassen wird, was die International Maritime Organization und die International Labour Organization auf den Plan ruft. Die *Venture* wird aus dem Schiffsregister von St. Vincent und den Grenadinen gelöscht. |

2009 wurde unser Schiff aus dem Hafen von Portland geschleppt, und während die englische Küste langsam aus dem Blick geriet, tauschte es die eine Offshore-Welt gegen eine andere ein. Hinter der *Weare* lag der Gefängniskapitalismus,[1] vor ihr der Petrokapitalismus. Sie befand sich auf dem Weg nach Nigeria, wo sie als Unterkunft für Offshore-Ölarbeiter mit drei Jahrzehnten Verspätung ihre ursprünglich vorgesehene Rolle spielen sollte. Es war in mehrfacher Hinsicht ein Weg zurück zu den Wurzeln. Ihr neuer Eigentümer war die Sea Trucks Group (STG), die nigerianische Muttergesellschaft von Holystone Overseas Ltd. Das Unternehmen hatte ein paar wichtige Dinge mit Consafe, dem schwedischen Unternehmen, das das Schiff vor fast dreißig Jahren in Göteborg generalüberholt hatte, gemein. STG war 1977 in Nigeria von dem niederländischen Einwanderer Jacques Roomans gegründet worden. Wie Christer Ericsson in Schweden hatte Roomans seine berufliche Laufbahn im internationalen Frachtgeschäft begonnen, in seinem Fall als Versicherungsmakler. Wie Ericsson gründete Roomans seine eigene Firma in den 1970er-Jahren, als das Offshore-Öl zu boomen begann.[2] Und mit dem Boom der westafrikanischen Offshore-Ölindustrie – die von den großen multinationalen Öl- und Gaskonzernen dominiert wurde – boomte auch STG.[3] Der Firmenerfolg spiegelte sich in dem neuen Namen, den unser Schiff mit Eintritt in die STG-Flotte bekam. Wie bei Consafe und Bibby hatten auch die Schiffe von STG einen gemeinsamen Namensbestandteil, nämlich »Jascon«, gefolgt von einer Zahl. Das Schiff wurde zur *Jascon 27*. Dieser neue offizielle Name war bereits sein siebter.

Roomans vergrößerte sein Unternehmen zu einer Zeit, in der Öl sowohl für die nigerianische Wirtschaft als auch den nigerianischen Staat immer wichtiger wurde. Nigeria steht mit seinen Ölvorkommen weltweit an zehnter Stelle. Während der 1990er- und 2000er-Jahre stieg die Ölproduktion des Landes und darunter vor allem die Offshore-Produktion an: von etwa 1,8 Millionen Barrel pro Tag auf

2,4 Millionen, etwa so viel, wie Großbritannien auf dem Höhepunkt seines Ölbooms in den 1980ern produzierte. Wie heute funktionierte das nigerianische Ölgeschäft bereits damals nach dem Prinzip der öffentlich-privaten Partnerschaft. Rein formal hat nur die staatseigene Nigerian National Petroleum Company (NNPC) eine Lizenz für das Ölgeschäft, doch schon seit ihrer Gründung Ende der 1970er-Jahre hat sich die NNPC mit großen amerikanischen und europäischen Ölmultis, vor allem Shell, Mobil und Chevron, zusammengetan.[4] Obwohl Nigerias Ölproduktion also offiziell verstaatlicht ist (eine Bedingung für den Beitritt zur OPEC 1971), hat das Land das operative Geschäft weitgehend privatisiert und ausgelagert.

Wer Nigerias Öl kontrolliert und davon profitiert, sind entscheidende Fragen, nicht zuletzt, weil es für die Wirtschaft und Politik des Landes eine so zentrale Rolle spielt. Es sind Fragen, die Aktionäre, Regionen und ethnische Gruppen im Land seit seiner Unabhängigkeit spalten, und sie waren auch der Grund für den verheerenden Biafra-Krieg, der zwischen 1967 und 1970 weit über eine halbe Million Leben kostete.[5] Seither hat das Öl volkswirtschaftlich noch an Bedeutung gewonnen. An der Wende zum 21. Jahrhundert war Nigeria unzweifelhaft zum Ölstaat geworden, seine Politik war Ölpolitik.[6] Als STG 2006 die *Weare* vom britischen Staat kaufte, bestand das Bruttoinlandsprodukt des Landes zu etwa einem Sechstel aus Öleinnahmen (der Wert des Rohöls abzüglich Produktionskosten).[7] Ebenso relevant war, dass der Ölverkauf praktisch den gesamten nigerianischen Export ausmachte. Und trotz überhandnehmender Korruption (die laut Schätzungen 2004 etwa 40 Prozent der Öleinnahmen auffraß) steuerte er den größten Teil zum Staatshaushalt bei – 2006 beinahe 90 Prozent.[8] Das Offshore-Öl spielte für die nigerianische Bundesregierung eine besonders wichtige Rolle. Denn laut Gesetz hatten die einzelnen Bundesstaaten Anspruch auf einen bestimmten Anteil des auf ihrem Gebiet geförderten Öls.[9] Doch das Öl, das Dutzende oder gar Hunderte Seemeilen entfernt vor der nigerianischen Küste gefördert wurde, fiel nicht darunter; dessen Erlöse standen nach allgemeinem Verständnis der Bundesregierung zu.[10]

Somit stützte das Offshore-Öl den Staat. Und Nigeria hatte – mit allen Vor- und Nachteilen – davon jede Menge, sowohl küstennah als auch weiter draußen. Im Dezember 1982, nach einem Jahrzehnt der Debatten und Verhandlungen, verkündeten die Vereinten Nationen ein neues Seerechtsübereinkommen, um die 1964 beschlossenen Bestimmungen zu aktualisieren, die das Gerangel um das Nordseeöl und -gas ausgelöst hatten.[11]

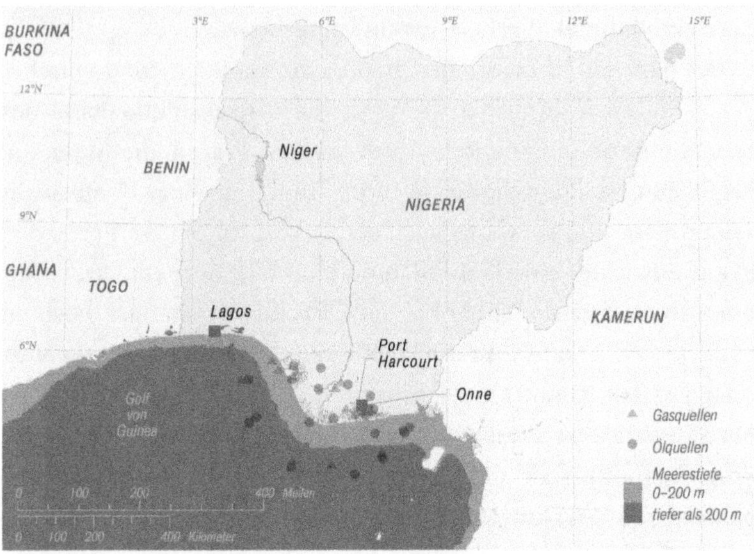


Eine Karte der Öl- und Gasvorkommen Nigerias. Als die Definition des Kontinentalsockels revidiert wurde, um auch Meerestiefen über 200 Meter zu erfassen, bekam Nigeria Zugriff auf riesige neue Öl- und Gasvorkommen.

Besonders einschneidend und schicksalhaft erwiesen sich die Veränderungen von 1982 für die Länder an der westafrikanischen Küste. In der Fassung der Seerechtskonvention von 1964 hatten die Staaten die eindeutige Hoheit über den Meeresboden bis zum Rand des Kontinentalsockels ihrer Küste. Der wiederum wird geologisch anhand der Tiefe definiert, nämlich als der an eine Küstenlinie grenzende Meeresboden bis zu einer Tiefe von 200 Metern. Das änderte sich 1982. Statt nach der Meerestiefe definierte die UN-Seerechtskonvention von 1982 (UNCLOS) den Kontinentalsockel (und damit das Gebiet staatlicher Souveränität) als die Zone bis zu 200 Seemeilen Abstand von der Küste, egal wie tief der Meeresboden dort unter den Wellen lag.

Diese Definitionsänderung war getrieben von geopolitischen Verschiebungen in den internationalen Institutionen. Während Nordeuropa und die nordamerikanische Atlantikküste nach der geologischen Definition über große Kontinentalsockel verfügen, trifft das auf den Rest der Welt nicht zu. Als die erste Konvention beschlossen wurde, hatten die europäischen und nordamerikanischen Staaten genügend Stimmen und Einfluss, um das internationale Seerecht nach ihren Interessen zu gestalten. Das war bei der Festlegung des Sockels nach Meerestiefe der Fall. Länder wie die Vereinigten Staaten, Großbritannien und Norwegen hatten sich damit den Zugriff auf Hunderte Seemeilen Ozeanboden vor ihren Küsten gesichert. Ländern wie Nigeria dagegen standen nur relativ schmale Streifen zu, in Nigerias Fall waren es etwa fünfzig Seemeilen. Nigeria war sechs Tage nach seiner Unabhängigkeit im Oktober 1960 den Vereinten Nationen beigetreten und hatte beim Beschluss der Seerechtskonvention von 1964 mitstimmen dürfen, eine Chance, die Dutzende von gerade erst dekolonisierten Staaten in Afrika nicht gehabt hatten. Als die UN dann in den 1970er-Jahren über das schließlich 1982 beschlossene UNCLOS zu debattieren begannen, gehörten ihr deutlich mehr postkoloniale Staaten an als noch zwanzig Jahre früher. Viele dieser Staaten (Samoa, Nauru, Tonga und Fidschi beispielsweise) und viele weitere vor allem in Lateinamerika hatten Küstenlinien mit geologisch sehr schmalen Kontinentalsockeln. Für all diese Staaten war die Definition mittels Abstand von der Küste anstelle der Meerestiefe extrem nützlich. Wie in karibischen Steueroasen wirkte sich auch bei den Vereinten Nationen die Dekolonisierung ganz fundamental auf die Ausdehnung der Offshore-Welt aus.

Bei der UN hat jedes Land unabhängig von seiner Größe oder Höhe seiner Militärausgaben eine einzige Stimme. Diese organisatorische Besonderheit hat gegenwärtig einigen tief liegenden Inseln Einfluss beim globalen Kampf gegen den Klimawandel verschafft. In den 1970er-Jahren nutzten dieselben Staaten die UN-Abstimmungsregeln, um selbst Zugang zu fossilen Energiequellen vor ihren Küsten zu bekommen. Damals bündelten Staaten mit geologisch schmalen Kontinentalsockeln ihre immense Macht in der UN, um eine Änderung der Kontinentalsockeldefinition zu erwirken. Besonders wichtig war dies gerade für Nigeria, dessen Kontinentalsockel sich dank der neuen Definition beinahe vervierfachte. Nach 1982 hatten Nigeria und andere westafrikanische Staaten die Hoheit über riesige zusätzliche Areale des Meeresbodens und besaßen plötzlich viel mehr Offshore-Öl als wenige Monate früher. Praktisch über Nacht explodierte in der Region die Ölförderung im Meer, und damit waren weit über die Biafra-Bucht und den Golf von Guinea hinaus schwindelerregende Profite zu erzielen.

* * *

Seit der Unabhängigkeit 1960 hatte man in der nigerianischen Politik darauf gehofft, der Ölreichtum würde ökonomisches Wachstum generieren. Nach einem Jahrhundert unter britischer Kolonialregierung war Nigeria ein armes Land, in dem ein Großteil der Bevölkerung unterhalb der Armutsgrenze lebte. Die Ölindustrie hielt man geradezu für ein Zaubermittel zur Lösung des Armutsproblems. Doch das Öl erwies sich nicht als der erhoffte Impulsgeber. Mehr als drei Jahrzehnte lang machte es 80 Prozent der nigerianischen Handelsexporte aus. Das könnte man nun so interpretieren, dass zwar die Ölindustrie boomte, nicht aber andere Branchen. Wirtschaftswissenschaftlich ausgedrückt gibt es keine positive Korrelation zwischen der Ölproduktion und dem Wachstum des Bruttoinlandsprodukts.[12] Vielmehr wird Nigeria gerne als Beispiel für den sogenannten Ressourcenfluch oder das »Paradox des Überflusses« herangezogen, die kontraintuitive Korrelation zwischen dem Reichtum an wertvollen Rohstoffen in einem Land und seinem niedrigen Wirtschaftswachstum.[13]

Für das Phänomen gibt es mehrere Erklärungen. Wenn ein Land vom Preis einer einzigen Ware abhängig ist – der im Fall des Öls auch noch außerordentlich schwankt –, kann das instabile Wachstumsraten nach sich ziehen. Darüber hinaus dämpft die unmittelbare Aussicht auf riesige Erträge aus dem Öl auch die Motivation für Investitionen in nachhaltigere, arbeitsintensivere Aktivitäten wie die Industrieproduktion. Während die Einnahmen aus der Ölförderung in Großbritannien zumindest dazu beitrugen, die Auswirkungen des industriellen Niedergangs in den 1970er- und 1980er-Jahren ein wenig abzumildern, würgten sie in Nigeria den Aufbau einer Industrieproduktion von vornherein ab. Und schließlich sieht die Wirtschaftswissenschaft in einem großen Überfluss an hochwertigen Handelsgütern wie Öl, Gold oder Diamanten auch den Grundstein für institutionalisierte Korruption, die wiederum ein enormer Hemmschuh für Wirtschaftswachstum ist. Letzteres traf definitiv auf Nigeria zu, als unser Schiff dort eintraf. In der staateigenen Nigerian National Petroleum Corporation, der Verrechnungsstelle für sämtliche Öl- und Gasgeschäfte des Landes, herrscht schon lange Korruption. In einer Untersuchung aus dem Jahr 2011 bekam dieses Konglomerat auf einer Transparenzskala verblüffende null von hundert Punkten, den allerletzten Platz unter den ausgewerteten vierundvierzig größten globalen Öl- und Gasunternehmen.[14]

Parallel zur nigerianischen Ölindustrie wuchsen immer auch Korruption und Intransparenz, Produkte der strategischen Nichtkommunikation und des Lobbyismus ausländischer Ölgesellschaften, die jegliche Form der Regulierung oder öffentlichen Kontrolle scheuen.

Von Anfang an war Öl in Nigeria ein großes Schattengeschäft, das den westlichen Ölmultis wie Shell, Chevron, Mobil und Gulf riesige Profite einbrachte.[15] Da Öl so wertvoll ist und mit relativ wenigen Arbeitskräften zu fördern ist (beispielsweise im Vergleich zur Kohle), konzentrieren sich der Reichtum und die Macht des Öls tendenziell in den Händen einiger weniger unternehmerischer und staatlicher Akteure.[16]

So verstärkt Öl sehr häufig bereits existierende Ungleichheiten. Dem überwiegenden Teil der nigerianischen Bevölkerung von 160 Millionen (im Jahr 2010) nutzte der immense Rohstoffreichtum ihres Landes wenig bis nichts, ein Muster, das sich in vielen ölproduzierenden Ländern mit einer Geschichte imperialer Herrschaft wiederholt. Oder wie es 2008 ein Tischler und vierfacher Vater aus dem ölreichen Osten des Landes ausdrückte: »In Abuja [seit 1991 Hauptstadt Nigerias] feiern sie tagtäglich die Ölförderung, aber was haben wir davon? Absolute Missachtung, Umweltzerstörung, Elend, Armut, Arbeitslosigkeit, keine Straßen, keine Krankenhäuser, keine Schulen.«[17] Ein Bericht von 2006 kam zu dem Schluss, dass 85 Prozent der Ölerträge in den Händen von einem Prozent der nigerianischen Bevölkerung landeten.[18] Im ölreichen Nigerdelta beträgt die durchschnittliche Lebenserwartung nur vierzig Jahre im Vergleich zu fünfundfünfzig in Nigeria insgesamt.[19] Der Geograph Michael Watts urteilte: »Aus der Perspektive des Nigerdeltas … sind Entwicklung und Ölreichtum ein zynischer Witz.«

* * *

Ein zynischer Witz, den man sich auch in dem kleinen Ort Onne erlaubt: Onne befindet sich inmitten des Nigerdeltas, umgeben von einer fruchtbaren Ebene am Bonny River, der sich gute dreißig Kilometer weiter südlich in den Atlantik ergießt. Flussabwärts der quirligen Stadt Port Harcourt gelegen, ist Onne ein betriebsamer Knotenpunkt des riesigen nigerianischen Offshore-Sektors, mit Werften,

Handwerksbetrieben, Öl- und Gasterminals und einer vielsprachigen internationalen Gemeinschaft, die für den Betrieb Dutzender Ölbohrinseln fernab der Küste zuständig ist.

Die Öl- und Gasfreihandelszone am Bonny River, wo das Schiff 2010 ankam.

Als das Schiff nach einer langen Reise von Portland 2010 in Onne eintraf, kehrte es in die vertraute Welt des Petrokapitalismus zurück.[20] Einunddreißig Jahre zuvor war dasselbe Schiff von Norwegen über die Nordsee nach Montrose in Schottland geschleppt worden. Ganz anders als Onne war Montrose kalt und stürmisch, hügelig statt flach. Onne war definitiv größer und neuer. Doch beide Städte waren Orte des Ölbooms: international, neureich und voller Machismo. Und beide waren Tore zur Offshore-Welt. Ein Wahrzeichen Onnes ist sein riesiger Hafen, der zweitgrößte Nigerias, der vor allem dem Öl- und Gasexport dient. In seinem Zentrum erstreckt sich über zwanzig Quadratkilometer die größte Öl- und Gasfreihandelszone der Welt. Eingerichtet durch ein Bundesgesetz von 1996 ermöglicht sie es den Ölgesellschaften, die Ölbohrinseln vor der Küste betreiben, das nötige Material zu importieren und Öl zu exportieren, ohne dafür Zoll an Nigeria entrichten zu müssen. Darüber hinaus zahlen die dort tätigen ausländischen Unternehmen und Beschäftigten keine Mehrwert-, Quellen-, Körperschafts- oder Kapitalertragssteuer.

Eben da landete unser Schiff. Als Sea Trucks es über Holystone gekauft hatte, wollte die Unternehmensleitung es als Offshore-Unterkunftsschiff ausrüsten. Mit dieser Absicht hatten sie es in Portland renovieren und den vorderen Unterkunftsblock durch einen hydraulischen Kran ersetzen lassen. Doch sehr schnell tauchten Probleme auf. Der Makler, der den Kauf für Sea Trucks abgewickelt hatte, war bei der Abnahme des Schiffs nachlässig gewesen. In Onne stellte sich heraus, dass an der Stelle, wo sich der Pool und die Squashcourts befunden hatten, tragende Teile entfernt worden waren. Das störte nicht, solange das Schiff in der Mole lag, war aber ein Hindernis für einen meilenweit von der Küste entfernten Einsatz.[21] Darüber hinaus hatte der Kahn während seiner zweimonatigen Reise nach Afrika erheblichen Schaden genommen. Die modularen Wohneinheiten waren so konstruiert, dass sie sich bei Verwindung durch starken Wellengang leicht neigten – auf die Sprinkleranlage traf das allerdings nicht zu. Die umgebauten Frachtcontainer hatten sich auf der 5000-Meilen-Reise in ihren gummierten Halterungen hin- und herbewegt, die steifen Röhren der Sprinkleranlage aber waren an Ort und Stelle geblieben und dadurch aus den Wänden gerissen worden. Als das Schiff schließlich Nigeria erreichte, waren die Rohre geplatzt und hatten einen nicht unerheblichen Wasserschaden verursacht.

Und dann war da noch die Klimatisierung. Wie überall in Onne ist es auch in der Freihandelszone inmitten des tief gelegenen Nigerdeltas heiß und enorm feucht. Jahrhundertelang war die Gegend berüchtigt für ihre Moskitoschwärme und das erbarmungslose Klima. In New York und Portland war das Schiff an ein Stromnetz an Land angeschlossen. In Onne jedoch war es auf seine alten Volvo-Generatoren angewiesen. Diese waren aber nicht auf den Energiebedarf ausgelegt, den die riesigen Klimaanlagen der Marke Carrier benötigten, um das Schiff in der afrikanischen Hitze herunterzukühlen. Zwei komplette Ebenen der Unterkunftseinheit mussten wegen Strommangels geschlossen werden, es war darin viel zu heiß zum Wohnen.

Das Schiff, das sich eigentlich an jeden Ort und jede Situation anpassen sollte, hatte sich der physischen Realität vor Ort zu beugen. Es funktionierte in Onne nicht so wie in Portland. Letztlich konnte es zur großen Verärgerung von Jacques Roomans und seiner Sea-Trucks-Vorstandskollegen das Ufer nicht verlassen, sondern musste in der Öl- und Gasfreihandelszone bleiben – als provisorische Unterkunft für etwa hundertzwanzig Sea-Trucks-Beschäftigte vor allem aus Indonesien, den Philippinen und Nigeria. Die Crew war ähnlich divers: acht nigerianische Deckarbeiter, zwei philippinische Elektriker und zwei britische Bootsmeister. Einer von ihnen, James Wild, stammte von Portland und gehörte bereits seit 2001 zur Crew des Schiffs.[22]

Das Leben an Bord konnte einsam machen. Es dauerte Stunden, bis man aus Onne heraus und in andere Gegenden Nigerias kam, selbst ins nahe gelegene Port Harcourt. Man brauchte zwei Tage nach Europa und noch länger nach Ostasien. Die Essensqualität schwankte, auch nachdem STG einen Caterer engagiert hatte. Einmal musste der Bootsmeister feststellen, dass eine festliche »Obstplatte« vor allem aus hartgekochten, bunt gefärbten Eiern bestand. Alkohol war knapp. STG verstand sich als abstinentes Unternehmen, das Alkoholkonsum untersagte, obwohl man ihn leicht bekam, weil Frauen aus der Umgebung mit kleinen Booten an das Schiff heranfuhren und Bier verkauften.

Die Öl- und Gasfreihandelszone Onne ist eine Enklave, die mit Stacheldraht vom Rest des Hafenkomplexes abgegrenzt ist – eine notwendige Maßnahme. Für die Steuerbehörden befindet sie sich juristisch außerhalb des nigerianischen Staatsgebiets, ebenso wie Dutzende andere »Freihandels«- und »Sonderwirtschaftszonen«, die über das ganze Land verteilt eingerichtet und abgetrennt sind.[23] Es war, als wäre diese Zone gar nicht in Nigeria, sondern eine Erweiterung der ganz und gar internationalen und multiethnischen Welt der Ölbohrinseln, wo Beschäftigte aus Dutzenden Staaten von China über Großbritannien und Indonesien bis zu den Philippinen in klaustrophobischer Enge zusammenleben.[24] Auch Menschen aus Nigeria wohnen dort, haben aber einen anderen Status. In der Freihandelszone werden die Beschäftigten üblicherweise mit ihrer Nationalität bezeichnet – amerikanisch, französisch oder philippinisch –, doch Nigerianer sind einfach »nationals«, was zeigt, wie international die Bewohnerschaft ist.

Die Zone selbst ist bestenfalls in einem sehr schwammigen Sinn national. Im Gegensatz zum staatlich verwalteten Hafen von Onne wird die angrenzende Freihandelszone von der Oil and Gas Free Zones Authority, einer unabhängigen halb staatlichen, halb privaten Administration geführt. Sie wurde mit dem Ziel der Korruptionsbekämpfung gegründet, kann aber in dieser Hinsicht bisher kaum Erfolge vorweisen. In der Freihandelszone hat diese Instanz und nicht der Staat das Sagen und beschäftigt sogar einen eigenen Sicherheitsdienst. Wie der Anthropologe Omolade Adunbi über eine ähnliche Zone geschrieben hat, »ist die Präsenz … nigerianischer Beamter vor allem symbolisch, weil [solche Zonen] ihre eigenen Regeln haben und durchsetzen«.[25]

Insofern war die Öl- und Gasfreihandelszone ein weiterer Außenposten der größeren Offshore-Welt, wie die Bahamas, die Britischen Jungferninseln oder die City of London. Anders als jene sollte die Zone in Onne aber sowohl Industrie als auch Kapital anlocken. Ihre Gründung 1996 war Ausdruck der Hoffnungen Nigerias, das Öl würde die Entwicklung nachhaltigerer Exportsektoren ankurbeln. In der Theorie sollte sie die Investitionen multinationaler Riesen wie Shell, Chevron oder die französische Total-Firmengruppe anlocken, die innerhalb der Zone und abgeschottet von den kompromittierten nigerianischen Institutionen arbeiten könnten.[26] Tatsächlich wurde die Freihandelszone in einer Zeit geschaffen, in der viele afrikanische Staaten eine als »Industrialisierung durch Einladung« bezeichnete Strategie verfolgten.[27] Auf dem Höhepunkt einer Privatisierungs- und Deregulierungswelle in den 1980er- und 1990er-Jahren herrschte die

Überzeugung, dass afrikanische Länder nicht in der Lage seien, selbst eine industrielle Entwicklung anzustoßen, und man sich deshalb besser zurückhalte und dies privatem Unternehmertum überlasse. Solche Vorstellungen waren Kern der Politik von Weltbank und Internationalem Währungsfonds zur »strukturellen Anpassung«, die noch während der 1990er- und 2000er-Jahre vorherrschte. Um das Wirtschaftswachstum zu stimulieren, setzten die internationalen Organisationen auf Kredite, die eine Liberalisierung der Wirtschaft und Beseitigung von Hürden für den Außenhandel zur Bedingung hatten.

Bis Mitte der 2000er-Jahre hatte sich die Einsicht durchgesetzt, dass dieses Vorgehen sein Ziel verfehlt hatte.[28] Dennoch glaubt man nach wie vor fest daran, Ölfreihandelszonen könnten eine breitere ökonomische Entwicklung durch Investitionen in Infrastruktur in Gang setzen. In den letzten fünfundzwanzig Jahren hat sich die Zone in Onne von knapp einem auf gut zwanzig Quadratkilometer ausgedehnt. 2020 brüstete sich die Oil and Gas Free Zones Authority damit, dass »acht wichtige Ölgesellschaften und mehr als 220 Serviceunternehmen in den Terminals ansässig« seien.[29] Industriebetriebe waren Fehlanzeige.

Als unser Schiff 2010 eintraf, gab es wirklich kaum Anzeichen, dass sich die Freihandelszone doch noch zum industriellen Kraftzentrum entwickeln würde. 2007 waren 112 Firmen dort tätig, doch, wie ein Wirtschaftswissenschaftler betonte, »mit Ausnahme einer Zementfabrik und einer für Fertigpaneele sowie einer Rohrbeschichtungs- und Maschinenwerkstatt handelte es sich vor allem um Tätigkeiten rund um die Lagerhaltung für Ölgesellschaften … Hauptprofiteure sind die Ölgesellschaften, die über ein freies und sicheres Areal mit gut zugänglichen Lagerhallen verfügen.«[30]

Die Einrichtung solcher Zonen hat auch ihre Nachteile, Krankheiten und Todesfälle eingeschlossen. Wenn sie sich ausdehnen, wird die eingesessene Bevölkerung verdrängt, traditionelle Tätigkeiten behindert, die Wirtschaft und die Ökologie gestört. Durch das Ausbaggern wurden Fischgründe ruiniert und Palmenwälder geschädigt. Schwefeldioxid und andere Gifte, die beim Raffinieren von Rohöl entstehen, verursachen Kopfschmerzen, Übelkeit und Erbrechen, und da sie länger in der Luft verbleiben, auch Asthma und Lungenkrankheiten. Sie fallen als saurer Regen auf Nigeria.[31] Die Luft riecht toxisch, und das Wasser des Flusses wird von mehr als nur von Schlick getrübt.

Freihandelszonen gibt es überall. 2022 zählte das Kiel Institut für Weltwirtschaft mehr als fünftausend weltweit.[32] Alle funktionieren unter der Prämisse der Ausnahme: Sie unterscheiden sich gesetzlich, gerichtlich oder kulturell von dem Land, in dem sie sich befinden. Aber nicht alle sind Wirtschaftsmotoren, und man muss sagen, dass gerade die in Nigeria recht durchwachsen abschneiden. Viele davon mögen ja lebhafte Geschäftszentren sein, aber wie die Ölindustrie an sich enttäuschen auch die nigerianischen Freihandelszonen hinsichtlich ihrer Fähigkeit, neue ökonomische Aktivitäten anzustoßen. Eine Studie von 2011 hat ergeben, dass solche Zonen die Zusammensetzung von Nigerias Exporten kaum beeinflusst haben, bei denen nach wie vor allein das Öl an der Spitze steht.[33] Eine Umfrage des Jahres 2018 unter vierundfünfzig Unternehmen, die in vier Freihandelszonen tätig sind, ergab ein »sehr niedriges Niveau an Mehrwert in den nigerianischen Freihandelszonen«. Die Niederlassungen dort nutzten intensiv nigerianische Niedriglohnarbeitskräfte, aber keine Materialien oder Technik aus Nigeria.[34] Die gut bezahlten Ölarbeiter waren überwiegend Briten, Franzosen, Amerikaner, Italiener und immer öfter Chinesen. In den letzten zehn Jahren waren China und Firmen mit chinesischem Hintergrund die Haupttreiber und -financiers neuer nigerianischer Freihandelszonen, die vage nach dem Muster des sagenhaft erfolgreichen Shenzhen funktionieren, der »Sonderwirtschaftszone« nördlich von Hongkong, die reformorientierte chinesische Behörden in den 1980er-Jahren ins Leben gerufen hatten.[35] Welche Nationalität das Geld und die Expertise aus dem Ausland auch haben, der Aufbau des Offshore-Ölhandels durch die großen Ölkonzerne ist nur das letzte Kapitel einer langen und schmutzigen Geschichte der Ausbeutung dieser Region. Letztlich wird auf Betreiben europäischer und amerikanischer Unternehmen Arbeitskraft rund um Onne schon seit Jahrhunderten zur Ware (oder Schlimmerem) gemacht.[36]

Onne liegt an einem Nebenfluss des Bonny River, nur ein paar Kilometer nördlich von Bonny Island, einem der größten westafrikanischen Umschlagplätze für Versklavte in der Geschichte. Von den 1730er-Jahren bis zum Ende des Sklavenhandels fast ein Jahrhundert später war Bonny Island der Haupthafen und -ort des afrikanisch-europäischen Handelskontakts entlang der Bucht von Biafra, ein Zentrum, in dem Händler der Aro, die für einen flussnahen Nachschub von Gefangenen sorgten, mit portugiesischen und dann britischen Sklavenhändlern zusammentrafen. Bei der Insel handelt es sich um eine Handelsenklave im Wasser. Sie liegt inmitten von Mangrovensümpfen, verfügt über wenig urbares Land und wimmelt nur so vor Moskitos. Unter den Europäern galt das Gebiet als »grauenvolles Loch«. Unter den afrikanischen Versklavten hatte es einen noch viel schlimmeren Ruf.[37] Wie Historiker zeigen konnten, unterschied sich Bonny von anderen Sklavenhäfen durch eine skrupellose Effizienz, der Ort tat sich dadurch hervor, dass »er die Ladezeiten niedrig hielt«.[38] Nach wissenschaftlichen Schätzungen wurden im späten 18. Jahrhundert in Bonny täglich im Durchschnitt fünfeinhalb Gefangene auf jedes wartende Sklavenschiffe gebracht, bis zu dreimal mehr als an anderen Orten dieses Gebiets, das in europäischen Karten unter dem grauenvollen Namen »Sklavenküste« verzeichnet war.[39] Dies lockte die profitorientierten europäischen Sklavenhändler immer wieder in den Hafen. Wie ein Schiffsmeister 1790 schrieb, bauten sie so ein nachhaltiges Geschäft und vertrauensvolle Beziehungen mit »kundigen Händlern« auf, den Herrschern von Bonny inklusive. Ergebnis des effizienten Handels war menschliches Elend. Laut der Trans-Atlantic Slave Trade Database wurden in Bonny 407.422 Afrikanerinnen und Afrikaner auf Sklavenschiffe gezwungen. Nur 347.688 dieser Menschen verließen die Schiffe am Ankunftsort wieder.[40]

G. Ugo Nwokeji und andere Forschende haben auf die verblüffenden Parallelen zwischen dem Sklavenhandel und dem Handel mit nigerianischem Öl im 20. und 21. Jahrhundert hingewiesen. Die Vorteile und Gewinne flossen in beiden Fällen »praktisch ausschließlich den politischen Klassen« zu. Und beide Geschäftsfelder fußten auf einem intransparenten Handelsnetzwerk, »den oft undurchschaubaren Operationen in der Welt der Joint Ventures und Geschäftsallianzen«, wie Nwokeji es ausdrückt.[41] Doch es gibt noch weitere strukturelle Ähnlichkeiten zwischen Sklaverei und Öl. Wie die Sonderwirtschaftszonen und unser Schiff selbst waren Sklavenhäfen Offshore-Gebiete. Sie befanden sich auf Inseln oder sogenannten schwimmenden Fabriken, zusammengebundenen Schiffen, die an den Ufern der Flüsse ankerten, wo diese ins Meer münden.[42] Wie der Freihandel oder Gewerbefreizonen waren sie Räume in der Schwebe, die buchstäblich an den Rändern behördlicher Autorität existierten. Öl und Sklaverei hingen beide von offenen Küsten ab, sie beide brauchten befüllbare Schiffe.

* * *

Solche Schiffe zu betreiben, war lukrativ. Die Sea Trucks Group (STG), neuer Eigentümer unseres Schiffs, war von der Welle der in den 1980ern und 1990ern rasch ansteigenden Erdölproduktion nach oben getragen worden. Anfang der 2000er-Jahre war STG von einer relativ kleinen nigerianischen Firma zu einem hochprofitablen globalen Unternehmen geworden. Die Firmengruppe hatte ihr Hauptquartier in Lagos und war vor allem in Westafrika tätig. Doch von 2002 an verschob sie ihren Besitz in eine neue Firmenholding, die Sea Trucks Group Ltd., die handelsrechtlich in Road Town, Hauptstadt der Britischen Jungferninseln und natürlich eine Steueroase, eingetragen war.[43] Sea Trucks unterhielt – wie viele im Ausland tätige Unternehmen – Geschäftsbeziehungen zu Mossack Fonseca, jener berühmt-berüchtigten Kanzlei in Panama, deren geleakte Akten unter dem Begriff »Panama Papers« bekannt wurden.[44] Die wachsende Sea-Trucks-Unternehmensgruppe umfasste Tochterfirmen wie Holystone, von denen viele in der Steueroase Guernsey registiert waren, andere in Ghana, Australien, den Niederlanden sowie in den Vereinigten Arabischen Emiraten, wo STG sich acht Hektar im Hafengebiet der Freihandelszone Hamriyah in Sharjah (Schardscha) zulegte.[45] Laut einem Bericht der internationalen Wirtschaftsprüfungsgesellschaft PricewaterhouseCoopers (PwC) war keine einzige Firma der STG in Nigeria selbst gemeldet. Nicht nur Unternehmen des globalen Nordens nutzen also die Vorteile des Offshorings.

Anfang der 2010er-Jahre lief es für Sea Trucks prächtig. Die STG bekam umfangreiche Aufträge von der französischen Total-Gruppe, der amerikanischen Firma Hess und von British Petroleum, dem ehemals staatseigenen Unternehmen, das Margaret Thatcher nach dem Sieg im Falklandkrieg privatisiert hatte.[46] Laut PwC-Prüfbericht von 2012 besaß Sea Trucks ein Vermögen von mehr als 1,2 Milliarden Dollar und hatte im Jahr zuvor einen Gewinn nach Steuern von 25 Millionen Dollar gemacht. Das Unternehmen expandierte rasch und erweiterte seine Flotte um größere und technisch fortschrittliche Schiffe mit einem sogenannten dynamischen Positionierungssystem der Klasse 3 (DP3), einer Computersteuerung, mit der die Schiffe auch bei starkem Wellengang auf hoher See in großer Entfernung von der Küste automatisch ihre genaue Position halten können. Damit lassen sich bis zu Tausende Meter tief unter der Oberfläche Pipelines verlegen und Bohrlöcher anlegen. »Vier unserer neuen Schife können in dieser großen Tiefe arbeiten«, erklärte Roomans der Zeitschrift *Foreign Affairs* 2009, »was sonst niemand in Afrika kann.«[47] Der Wert dieser Flotte wuchs von 635 Millionen Dollar im Jahr 2010 auf mehr als 760 Millionen im Jahr darauf, wobei drei weitere Schiffe im Wert von 277 Millionen Dollar noch im Bau waren.[48] 2012 eröffnete das Unternehmen ein Europabüro in Rotterdam mit fünfzig Angestellten und bestellte ein großes neues DP3-Schiff bei einer Werft in Singapur.[49] Dieses sehr schnelle Wachstum war schuldenfinanziert. 2007 lieh sich das Unternehmen 20 Millionen Dollar bei der First Bank of Nigeria, die fünf Jahre später zurückgezahlt waren. 2010 nahm es einen Kredit in Höhe von 311 Millionen Dollar bei der Bank of Scotland auf, der mit Raten von 14,5 Millionen Dollar pro Quartal bedient wurde.[50] Noch relevanter waren die 575 Millionen Dollar, die STG 2012 in Unternehmensanleihen über die Nordic Trustee ASA herausgab, einem großen Anbieter von Anleihen- und Kreditdienstleistungen in Oslo, der viel für die Öl- und Gasindustrie tätig war.[51] Es war ein erheblicher Schuldenberg, doch die Expansion erschien sinnvoll. Selbst als die Finanzmärkte in Folge der Krise von 2008 ins Taumeln gerieten, boomte der Ölmarkt.

* * *

Doch Mitte der 2010er-Jahre brach der Ölpreis weltweit ein, und STG stand vor den gleichen Schwierigkeiten wie Consafe dreißig Jahre zuvor. Wie in jedem Kapitel der Geschichte unseres Schiffs hing sein Schicksal wieder einmal von einer Laune der globalen Märkte, vor allem des Energiemarkts, ab. Der Hauptgrund für den Verfall des Ölpreises war die rasante Zunahme der amerikanischen Schieferöl- und -gasproduktion. 2007 produzierten die Vereinigten Staaten fast 37 Milliarden Kubikmeter Schiefergas, 2015 war es schon die zehnfache Menge. Im Jahr 2020 erreichte die Produktion mit rund 737 Milliarden Kubikmetern einen Höchststand.[52] Die boomende kontinentale Förderung in den USA von Pennsylvania bis North Dakota erschütterte die politische Ökonomie des globalen Energiesektors. In nur wenigen Jahren reduzierten die USA ihre Abhängigkeit von ausländischem Öl drastisch (seit dem Irakkrieg ein Kernthema politischer

Diskussion) und verwandelten sich in eines der größten Gasexportländer.[53] Die Ausbeutung der umfangreichen amerikanischen Gasvorkommen stürzte die Ölmärkte ins Chaos. Von 2014 bis 2015 fiel der durchschnittliche Preis für Rohöl auf dem Weltmarkt von 124 Dollar pro Barrel auf ein Tief von nur 42 Dollar. Plötzlich mussten sich die Ölproduzenten in anderen Teilen der Welt einem Käufermarkt stellen. Die Folge war ein Verlust von Geld und Macht.

Für STG war der Kollaps des Ölpreises – wie schon vorher für Consafe oder die Balder-Gruppe – eine Katastrophe. Niedrigere Preise bedeuteten weniger Ölförderbohrungen – und in der Folge weniger Nachfrage nach den damit verbundenen Dienstleistungen. Als die Aufträge ausblieben, geriet STG ins Straucheln. Um die Liquidität zu sichern, verkaufte das Unternehmen ein neu gebautes DP3-Schiff zur Verlegung von Pipelines (die *Jascon 18*) über einen Vermittler zu einem nicht genannten Preis an den staatlichen russischen Energieriesen Gazprom. In der Auslandspresse wurde der Kauf als geopolitisch sinnvoll für Gazprom dargestellt. Es ermöglichte der Firmengruppe, Unterwasserpipelines, insbesondere die umstrittene Nord Stream 2, die Russland unter der Ostsee mit Deutschland verbinden sollte, zu bauen, ohne »sich Gedanken über internationale Sanktionen machen zu müssen« – sechs Jahre vor der Invasion der Ukraine eine weise Voraussicht.[54]

Doch trotz des Verkaufs, der vermutlich Dutzende Millionen Dollar einbrachte, stieg der finanzielle Druck auf Sea Trucks. Ende 2016 kulminierte dieser Druck in der Vorstandsetage in einem dramatischen Kampf um die Firmenleitung. Als STG gewachsen war, hatte Jacques Roomans eine Reihe europäischer Manager – alles Männer, viele mit Erfahrung im Öl- und Gasgeschäft – rekrutiert, die nicht nur in der Unternehmensleitung in Nigeria tätig waren, sondern auch im fernen Europa im Vorstand saßen. 2016 waren sich diese Führungskräfte dann nicht mehr einig, ob Jacques Roomans noch der geeignete Präsident und CEO war. Als STG im Oktober keine Zahlungen an den

Finanzdienstleister Nordic Trustee mehr leisten konnte, spitzte sich die Auseinandersetzung zu. Die Konsequenzen folgten auf dem Fuß. Bei der Restrukturierung des Unternehmens zwei Monate später wurden Roomans und das restliche Führungspersonal durch ein neues »unabhängiges« Vorstandsgremium ersetzt. Für diejenigen, die auf Roomans' Seite standen, war dies nichts weniger als ein aus Europa orchestrierter Putsch: Verärgerte Vorstandsmitglieder hätten sich mit (von Nordic Trustee vertretenen) Anlegern und Sea-Trucks-Managern zusammengetan, um Roomans aus einem Unternehmen zu drängen, das er selbst gegründet und vierzig Jahre lang geleitet hatte. Widerstand kam, zumindest scheinbar, aus vielen Ecken. Roomans behauptete, die Sea-Trucks-Manager hätten sich »mithilfe einer komplexen Geschäftsvereinbarung mit Dritten« gegen ihn verbündet und ihn »widerrechtlich« aus dem Vorstand gedrängt.[55]

Dass Roomans aus der Vorstandsetage heraus war, hieß noch lange nicht, dass er komplett von der Bildfläche verschwand. Laut einem Bericht, der im Namen der Manager an die Gläubiger ging, war Roomans, auch wenn er nicht mehr den Vorsitz innehatte, über einen Trust noch immer Haupteigner von STG. Im März 2017 versuchte er den neuen Vorstand zu entmachten und wieder selbst ans Ruder zu gelangen,[56] was am Widerstand der Gläubiger scheiterte. Doch Roomans hatte noch nicht alle Trümpfe ausgespielt. 1995 hatte er ein zweites Unternehmen aufgebaut, die West African Ventures (WAV), die unter anderem Schiffe von Sea Trucks leaste und betrieb. Wie genau die Geschäftsbeziehungen zwischen den beiden Unternehmen beschaffen waren, blieb im Dunkeln und umstritten, doch dies änderte nichts daran, dass Roomans zwar formal STG verlassen hatte, aber nach wie vor WAV leitete. Und WAV war offenbar im Besitz eines Großteils der STG-Flotte, wohl dreiunddreißig Schiffe, darunter auch die *Jascon 27*. Eine wichtige Rolle spielte die Tatsache, dass STG auf den Britischen Jungferninseln registriert war, das unabhängige Unternehmen WAV aber in Nigeria selbst.[57]

Von 2017 an lieferten sich die bis dahin kooperierenden Unternehmen einen erbitterten Streit, der vor Gericht ausgefochten wurde und seinen Niederschlag auch in den nigerianischen Zeitungen fand. In den eher nationalistisch geprägten Berichten wurde Roomans' ehemaligen Partnern Heimtücke vorgeworfen: »Ausländer« hätten Roomans, dem rechtmäßigen nigerianischen Eigentümer, seine Firma geraubt, ein Muster, das die lange Geschichte imperialer Ausbeutung in Nigeria heraufbeschwor.[58] Das Schreckgespenst des raffgierigen Imperialismus spielte in dem Zusammenhang eine große Rolle. In einem Roomans gewogenen Artikel hieß es: »WAV verlautbarte, dieser Klüngel, an dem einige Briten beteiligt seien, könne doch nicht ernten, was er nicht gesät hat, einfach indem er das Geld und Vermögen einer Firma raubt, die ein Nigerianer mit nigerianischem Geld und zum Nutzen von Millionen Nigerianern aufgebaut hat.«[59] Mehrere Medien berichteten, dass die niederländischen und britischen Sea-Trucks-Manager einen »pensionierten Marineadmiral angeheuert hatten, der eines der WAV-Schiffe, die *Jascon 55*, gewaltsam aus Nigeria herausschaffen sollte. Die nigerianische Marine reagierte jedoch sofort und unterband den versuchten Diebstahl.« Der »Klüngel« habe angeblich auch beabsichtigt, »das WAV-Schiff *Jascon 30* zu stehlen ... Dabei war so viel Gewalt im Spiel, dass die nigerianischen Crews von WAV und STG alle verhaftet und ihre Handys konfisziert wurden.« Wieder hatte laut Berichten das zeitige Einschreiten der nigerianischen Marine das Schlimmste verhindert.[60] Aus WAV-Sicht wollte die Sea Trucks Group und ihr neues Management WAV – oder schlimmer noch, dem Land Nigeria – dreiunddreißig Schiffe stehlen.

* * *

Unrechtmäßige Aneignung und Einschüchterung waren in Nigerias Ölindustrie nichts Ungewöhnliches, insbesondere im östlichen Teil des Landes rund um das Nigerdelta. Von 1970 bis 2006 versickerten irgendwo auf einer Skala zwischen Korruption und handfestem Diebstahl etwa ein Viertel der nigerianischen Ölerträge.[61] Für die Ölgewinnung braucht man zwar nicht große Massen an Arbeitskräften, doch sie beruht auf einem riesigen geographisch ausgedehnten Netzwerk von Quellen, Pipelines, Raffinerien und Transitzentren. Den Ölfluss zu unterbrechen oder anzuzapfen, ist relativ einfach. Der Politologe Timothy Mitchell weist darauf hin, dass solche Störungen und die Profite, die damit einhergehen, auch eine Machtquelle sind, insbesondere in Regionen, wo der Staat nicht konsequent für Sicherheit sorgt.[62] Zu diesen Regionen gehört auch das Nigerdelta.

Sicherheit war ein Dauerproblem, auch innerhalb der streng bewachten Freihandelszone. Ausländische STG-Angestellte lebten wie in einem Kloster, beschränkt auf Schiffe oder spezielle Anwesen. Außerhalb bewegten sie sich nur mit bewaffneten Begleitern, die häufig die nigerianische Armee zur Verfügung stellte. An Bord unseres Schiffs sorgte ein Trupp der nigerianischen Marine für Sicherheit.[63] Die Bedrohung durch militante Gruppen in der Region brachte Shell dazu, über eine Verlegung sämtlicher Aktivitäten auf hohe See nachzudenken.[64] Doch selbst Offshore-Bohrinseln waren nicht sicher vor bewaffneten Überfällen, vor allem vonseiten militanter Ijaw, die im östlichen Nigeria aktiv waren. Und Rettungsversuche konnten extrem gefährlich werden. 2006 führte das nigerianische Militär eine Operation zur Befreiung von sieben ausländischen Arbeitern durch, die auf einer von der italienischen Agip-Gruppe betriebenen Ölplattform als Geiseln genommen worden waren. Eine Geisel starb während des Einsatzes, außerdem zwei Geiselnehmer und ein Mitglied des Rettungsteams. Der Leiter der Sicherheitsabteilung einer der großen Ölanlagenbetreiber bezeichnete die Operation als »Fiasko«, nicht nur wegen der Art der Durchführung, sondern auch weil man es überhaupt versucht hatte. Mit heiterer Gelassenheit stellte er fest, dass Geiselnahmen zum nigerianischen Ölgeschäft einfach dazugehörten. »Es spricht nichts gegen Verhandlungen mit den Geiselnehmern, wie wir es in der Vergangenheit gefahrlos und mit großem Erfolg gemacht haben«, wurde er zitiert. »Immer wenn man Gewalt einsetzt, passieren praktisch zwangsläufig solche Dinge [das heißt Todesfälle].«[65]

Auch die Sea Trucks Group kam nicht ohne Kidnapping davon. James Wild, der Schiffsmeister auf unserem Schiff, entging 2012 nur knapp einem Piratenüberfall. Nachdem er monatelang auf hoher See den Generator eines anderen Schiffs repariert hatte, flog er zurück zur *Jascon 27* nach Onne. Nur wenige Tage später stürmten Piraten das auf dem Meer befindliche Schiff, töteten zwei nigerianische Mitglieder des Schiffspersonals und nahmen vier Männer, darunter Wilds Nachfolger, als Geiseln.[66]

Selbst unter optimalen Umständen ist die Offshore-Ölindustrie ein ziemlich raues Geschäft, voller Machismo und beiläufiger Gewalt. Sie zieht Männer aus armen, vernachlässigten Gegenden an, und über dem Alltag schwebt immer das Damoklesschwert von Explosionen und Katastrophen. Wie die Anthropologin Hannah Appel darlegt, sind Ölbohrinseln hermetische Räume, wo Sicherheitsroutinen oberste Priorität genießen.[67] Oder wie ein Ölarbeiter einer Journalistin sagte: »Das große ›S‹ in ›Sicherheit‹ ist eigentlich ein Dollarzeichen.«[68] Und im nigerianischen Offshore-Geschäft gehören Verhandlungen mit Geiselnehmern schlicht und einfach zu den Betriebskosten – genau wie ein schockierendes Ausmaß an Gewalt. Ende der 2000er-Jahre schätzte man die Todesfälle in Zusammenhang mit Ölgeschäften auf mehr als tausend pro Jahr, wobei es sich um individuelle, privatwirtschaftliche oder staatliche Akteure handeln konnte.[69]

Die Geschichte des angeblichen Diebstahls von WAV-Schiffen, wie sie viele nigerianische Nachrichtenmedien verbreiteten, muss man vor dem Hintergrund dieser weitverbreiteten Gewalt sehen. Die gewaltsame Aneignung von Öl und damit in Zusammenhang stehendem Eigentum war eine allgegenwärtige Erfahrung. Darüber hinaus bediente der angebliche Diebstahl durch STG antikoloniale Narrative, in denen es um die unrechtmäßige Enteignung durch ausländische

Firmen ging, die in dem Land anders, aber noch systematischer Gewalt ausübten. Letzlich ist Nigeria eine frühere britische Kolonie mit einer dunklen, brutalen Geschichte. Die ökonomische Globalisierung durch multinationale Konzerne, die offshore in steuerbefreiten Sonderzonen operieren, kam da nicht gut an. Für viele war dies nur eine Verlängerung der kolonialen Raffgier Europas, die man juristisch anders verpackte und der man einen neuen Namen verpasste. Die Versuche, unser Schiff und andere von WAV konfiszieren zu lassen, hatten den Beigeschmack einer seit Langem praktizierten Ausbeutung. Das WAV-Narrativ traf so gesehen einen Nerv.

Aus der Perspektive der WAV-Kritiker war das natürlich Unsinn, nichts als ein Märchen, mit dem die Firma eine unkritische nationalistische Presse fütterte. In einer Pressemitteilung erklärten STG und ihre britische Beratungsfirma FTI Consulting, sie seien »die eingetragenen rechtmäßigen Eigentümer der 33 Schiffe … die sich alle in Nigeria befinden. West African Ventures Limited (›WAV‹) hat mit Unwahrheiten eine Pressekampagne gestartet, um diese Position zu unterminieren.«[70] In London sah man die Geschichte völlig anders als in Lagos, Port Harcourt oder der Öl- und Gasfreihandelszone Onne. Laut ihrer neuen Führung hatte Sea Trucks die meisten Schiffe an WAV verchartert, als Roomans noch beide Unternehmen leitete. Doch die Charterverträge änderten nichts an der Tatsache, dass die Schiffe nach wie vor STG-Eigentum waren. Darüber hinaus dienten sie als Kreditsicherheit für die von Nordic Trustee ausgegebenen STG-Anleihen in Höhe von 575 Millionen Pfund. Aus Sicht der STG-Manager stellte sich die Angelegenheit ganz einfach dar: Als STG seinen Zahlungsverpflichtungen an Nordic Trustee nicht mehr nachkommen konnte, forderten diese den Austausch der Führungsebene, und damit war Roomans raus. Aber es war kein diskreter Abgang. Ende 2016 brachte sein gescheiterter Versuch, die Kontrolle zurückzugewinnen und wieder ins Management von STG zu gelangen, Nordic Trustee dazu, »die Begleichung der Gesamtsumme von etwa

482 Millionen US-Dollar« zu fordern, die STG den Anlegern schuldete.[71] Die Gläubiger wollten sich die Schiffe sichern, doch diese befanden sich gerade in der Hand der von Roomans geleiteten WAV, die sich weigerte, sie herauszugeben. So stellte STG es dar:

> Die Wahrheit ist, dass die Sea Trucks Group unter der Leitung von Mr. Roomans es versäumte, ihre Schulden zu begleichen, und dass WAV, ebenfalls unter der Leitung von Mr. Roomans, es versäumte, die Schiffe zurückzugeben, die ihnen nicht gehörten und die als Kreditsicherung mit Hypotheken belastet sind.[72]

STG hatte demgemäß »keine andere Wahl, als rechtliche Mittel zu ergreifen«, um seine Schiffe zurückzubekommen, wozu auch ein Schiedsverfahren in London gehörte.[73] Eines dieser nach wie vor im Besitz von WAV befindlichen Schiffe war die *Jascon 27*.

Anfang Mai 2017 wurde die Sea Trucks Group Ltd. auf Anordnung des Eastern Caribbean Supreme Court auf den Britischen Jungferninseln, wo das Unternehmen nach wie vor eingetragen war, liquidiert. In gewisser Hinsicht war die Auffassung, es handele sich um ein nigerianisches Unternehmen, eine lange aufrechterhaltene Fiktion. Es war von einem niederländischen Expat gegründet und zumindest in den letzten Jahren vorwiegend von Europäern geleitet worden. Seine wichtigsten Vermögenswerte gehörten offiziell einer auf den Jungferninseln registrierten Firma. Dennoch war es vor allem von Nigeria aus geleitet worden. Mit der Insolvenz hatte sich das Nigerianische an dem Unternehmen wenn schon nicht als reine Fassade, so doch als relativ dürftig und eher verzwickt erwiesen. Nach internationalem Recht und Finanzwesen hatte STG mit Nigeria überhaupt nichts zu tun.

Die Entscheidung, STG auf den Britischen Jungferninseln zu liquidieren, war sorgfältig durchdacht. Die Unternehmensleitung wusste, dass Roomans so endgültig daran gehindert wurde, weiter Einfluss auf die Geschäfte zu nehmen. Bei den vom Gericht auf den Jungferninseln bestellten Insolvenzverwaltern handelte es sich um das Führungspersonal von FTI Consulting, der von STG engagierten Londoner Beratungsfirma,[74] was in der Praxis bedeutete, dass sie Hand in Hand mit Sea Trucks' europäischem »Management zusammenarbeitete, um die Gruppe finanziell neu aufzustellen«.[75] Wie der Vorstandsvorsitzende von STG in einer Pressemitteilung erklärte, »hat die Bestellung von vorläufigen Insolvenzverwaltern keinen Einfluss auf das operative Geschäft der Gruppe. Das Management ist nach wie vor am Steuer und freut sich auf die weitere Zusammenarbeit mit unseren Kunden vor Ort, um unsere erfolgreichen Handelsbeziehungen weiter auszubauen.«[76]

Das Insolvenzverfahren auf den Jungferninseln abzuwickeln, war eine strategische Entscheidung, mit der sichergestellt werden sollte, dass die europäische Führungsetage alles unter ihrer Kontrolle behielt. Nach außen hin wurde es aber so dargestellt, als sollte dieser Schritt die internationalen Anleger beruhigen.

Sobald die Liquidation in die Wege geleitet war, machte sich FTI Consulting daran, die Vermögenswerte und Zahlungsverpflichtungen von STG zu sichten. Das Unternehmen verfügte gerade noch über etwa 3 Millionen Dollar Liquidität und verfügbares Kapital in Tochtergesellschaften – ein Tropfen auf den heißen Stein angesichts von 481.737.037 Dollar, die es den von Nordic Trustee vertretenen Anlegern schuldete. Der einzige Weg, STG finanziell zu konsolidieren, war der Einsatz seiner wertvollsten Vermögenswerte: die Schiffe, von denen die meisten »zur Absicherung der Unternehmensanleihen mit Hypotheken belastet« waren.[77] Bedauerlicherweise befanden sich die meisten der siebenunddreißig Schiffe, die bei STG in den Büchern standen, physisch im Besitz von WAV, und zwar in Nigeria, außerhalb des Einflussbereichs des Eastern Caribbean Supreme Court auf den Britischen Jungferninseln. STG verfügte lediglich über vier Schiffe, die zum Zeitpunkt des Bruchs zwischen den beiden Unternehmen außerhalb nigerianischer Gewässer unterwegs gewesen waren. Die STG-Manager hatten das Glück, dass diese vier zu den fünf DP3-Schiffen gehörten, den wertvollsten Schiffen der Unternehmensflotte. Das fünfte DP3-Schiff war in Nigeria im Einsatz, und WAV beanspruchte ein Miteigentum daran, was die nigerianischen Gerichte als nicht zutreffend abwiesen.[78]

In Zusammenarbeit mit den Insolvenzverwaltern übertrug STG das Eigentum an den vier Schiffen einer Firma namens Telford Offshore, die die Unternehmensleitung neu gründete und auf den Kaimaninseln eintragen ließ.[79] Der »Verkauf« der Schiffe an Telford »reduzierte die Schulden der Sea Trucks Group in Form der besicherten Anleihen um 215 Millionen Dollar«. Die Restrukturierung ermöglichte der neuen Firma Telford Offshore (die ihren Sitz seit 2023 in Dubai hat) im Wesentlichen, die vier DP3-Schiffe zu übernehmen und neu zu finanzieren.[80] Doch im Oktober 2017 befanden sich die restlichen dreiunddreißig Schiffe inklusive des fünften DP3-Schiffs und unseres Schiffs, der *Jascon 27*, nach wie vor in Nigeria in der

Unser Schiff in Onne, aufgenommen 2017 von seinem Schiffsmeister James Wild.

Hand von WAV. Sie waren Gegenstand eines noch laufenden Schiedsverfahrens zwischen STG und WAV, das wieder einmal vor dem London Court of International Arbitration stattfand.[81] Der physische Besitz, so stellte sich heraus, mochte rein rechtlich nicht alles bedeuten, aber er spielte eine große Rolle – ebenso wie juristische Zuständigkeit. Das Offshoring brachte Flexibilität und finanzielle Vorteile, doch die Durchsetzung von Recht fußte auf einer eher diffusen Art von Macht, nämlich eher der des Markts als der konkreten Macht eines Staats.

* * *

Ein Schiedsverfahren in London, die Registrierung auf den Kaimaninseln, gerichtliche Verfügungen von den Jungferninseln: ein Paradebeispiel für die Ausübung internationalen Rechts. Und zugleich ein Paradebeispiel für den internationalen Kapitalismus. Doch das internationale Kapital musste sich nach wie vor mit nationalen nigerianischen Behörden herumschlagen. Wie in Norwegen, New York und Großbritannien existierte die *Jascon 27* nicht nur als abstraktes Werkzeug des globalen Kapitalismus, sondern auch als konkretes Objekt, das für Zwecke vor Ort eingesetzt werden konnte. WAV war ein nigerianisches Unternehmen mit wenigen internationalen Vermögenswerten und weigerte sich, die dreiunddreißig von STG geforderten Schiffe herauszugeben. Aus Sicht von STG brach WAV schlicht einen Vertrag und verletzte eine internationale Vereinbarung. In einem wohlmeinenden nigerianischen Artikel von Ende 2017 hieß es: »Es ist für Firmen, die in Nigeria tätig sind, angezeigt … nach den Regeln zu spielen und Verträge zu erfüllen. Das ist umso wichtiger, wenn man bedenkt, dass Nigeria auf dem internationalen *Ease of Doing Business Index* [ein Ranking zur Geschäftsfreundlichkeit] sehr weit unten steht.« Der Artikel deutete sogar an, dass WAV mit Beihilfe des nigerianischen Staats in korruptive Praktiken verwickelt sei.[82]

Die Sea Trucks Group und West African Ventures einigten sich im November 2018 in Lagos »nach längeren Verhandlungen« und durch Vermittlung von Vertretern des nigerianischen Staats. Die Vereinbarung, in der die Schiffe zwischen den beiden Konfliktparteien aufgeteilt wurden, bezeichnete ein ranghoher Verantwortlicher des Staats als »Win-win-Situation«:

> Die Einigung und Entscheidung, wieder einvernehmlich zusammenzuarbeiten … dient der Korrektur des Eindrucks, der im Ausland entstanden ist, wo Menschen glauben, in Nigeria könne man als ausländisches Unternehmen seine Investitionen und sein Vermögen nur verlieren.[83]

Aus Sicht nigerianischer Behörden war STG ein »internationales Unternehmen« und WAV ein »einheimisches Unternehmen« und die Einigung ein Beweis für die Neutralität des nigerianischen Staats bei der Lösung von Handelskonflikten zwischen in- und ausländischen Firmen. Sie zeige, dass ein Land, das im Ruf von Amigogeschaften und Korruption stand, Gesetze durchsetze und Privateigentum schütze.[84]

Bei der vereinbarten Aufteilung der dreiunddreißig umstrittenen Schiffe fiel unser Schiff WAV zu. Die *Jascon 27* wurde damit gewissermaßen nigerianisch: Sie gehörte nun mit dem Segen des nigerianischen Staats einer nigerianischen Firma. In einem Flyer, mit dem sie beworben wurde, bezeichnete sich WAV als »Your 100 % Nigerian Partner«.[85] Während des heftigen Streits mit STG um Vermögenswerte hatte WAV die wirkmächtige nationalistische Rhetorik gezielt eingesetzt (oder zumindest davon profitiert), um dem Globalismus von STG etwas entgegenzusetzen. Dazu bekam unser Schiff eine nationale Identität verpasst, die es bis dato nicht im Mindesten gehabt hatte. In den zurückliegenden vier Jahrzehnten wurde es in der Regel immer als ausländisch wahrgenommen. In New York war es der »Falkland-

Kahn«, in England »Little Alcatraz«. In Schweden trug es einen schottischen Namen.

Und selbst in Nigeria blieb die *Jascon 27* ein Werkzeug des globalen Kapitalismus. Der Mann, der bei WAV am Ruder war, war ein niederländischer Expat, wenn auch mit nigerianischem Pass.[86] Irgendwann Anfang der 2000er-Jahre hatte das Schiff eine neue Flagge bekommen, statt der der Bahamas nun die von St. Vincent und den Grenadinen, eine weitere postkoloniale karibische Steueroase. Und deren Register wird wiederum in zwei altehrwürdigen Steuerparadiesen verwaltet: Genf und Monaco.[87]

Zufällig war etwa zur gleichen Zeit auch das Schwesterschiff, die *Bibby Venture*, die damals nur noch *Venture* hieß, dort registriert worden. Mitte der 2010er-Jahre gehörte die langjährige Gefährtin unseres Schiffs einem Londoner Frachtunternehmen namens Intership. Auch die *Venture* wurde in der westafrikanischen Offshore-Ölindustrie eingesetzt und lag ganz in der Nähe vor der Küste Nigerias.[88] Nach Jahren der Trennung waren die beiden Schiffe damit wieder vereint, beide in nigerianischen Gewässern und beide unter der Flagge von St. Vincent und den Grenadinen.

* * *

Letzteres muss betont werden. Denn nach einem ausgiebigen und kostspieligen Streit, in dem es das Schiff glaubwürdig als nigerianisches zu präsentieren galt, war es doch nicht weniger ein globales Objekt als sein lange von ihm getrenntes Schwesterschiff. Trotz der nachdrücklichen Betonung seiner nigerianischen Identität gehörte es doch mehr denn je zu St. Vincent. Seit dem Bau im Jahr 1979 war es immer ein Werkzeug der Offshore-Welt gewesen, auch wenn es in den vierzig Jahren einen langen Weg hinter sich gebracht hatte. Es war nicht nur Zehntausende Seemeilen gereist, es hatte sich auch im übertragenen Sinne immer weiter offshore bewegt. Dieses Schiff hatten

Menschen gebaut, die letztlich vom schwedischen Staat bezahlt wurden. Eine Zeitlang war es unter schwedischer Flagge unterwegs und Eigentum eines schwedischen Unternehmens. In Nigeria hisste es die Flagge von St. Vincent und den Grenadinen, gehörte einer auf den Jungferninseln gemeldeten Firma und diente als Kreditsicherheit einer Gruppe internationaler Investoren, deren Finanzdienstleister sich in Norwegen befand. Es wurde in einer Offshore-Freihandelszone betrieben, die nicht zum nigerianischen Staatsgebiet gehörte, und von multinationalen Konzernen zur Förderung von Öl vor der Küste genutzt.

Das Schiff hatte sich immer weiter offshore bewegt, weil die Welt insgesamt es auch tat. Man hatte es für die buchstäblichen Wellen des Ozeans gebaut, aber im übertragenen Sinn auch für die Welle des boomenden Offshore-Ölmarkts – und möglicherweise unbeabsichtigt war es so konstruiert, dass es auch auf der noch viel größeren Welle des Offshorings an sich reiten konnte. Als Menschen, Unternehmen und sogar Staaten anfingen, den weltweiten Meeresraum zu kolonisieren, brauchten sie dazu geeignete Mittel. Und genau das war unser Schiff: ein Werkzeug des multinationalen Strebens, die Grenzen nationaler Souveränität zu überschreiten und an einer neuen, postimperialen globalen Grenzlinie Profite zu machen.

# CODA

# WALFISCHBUCHT

| | **Das Schiff** | **Das Schwesterschiff** |
|---|---|---|
| **bis 2013** | | Das Schwesterschiff wird in *Venture* umgetauft und in St. Vincent und den Grenadinen registriert. Es gehört nun der britischen Reederei Intership und dient vor der nigerianischen Küste als Unterkunftsschiff. |
| **2016** | Der Status der *Jascon 27* lautet »stillgelegt«. | Die *Venture* wird vom indischen Schifffahrtsunternehmen Halani erworben. |
| **2018** | Die Sea Trucks Group wird aufgespalten. Das Eigentum an der *Jascon 27* geht an den unter dem Namen West African Ventures (WAV) firmierenden Teil über. | Die *Venture* befindet sich vor der nigerianischen Küste, als die Crew von ihrem Arbeitgeber Halani im Stich gelassen wird, was die International Maritime Organization und die International Labour Organization auf den Plan ruft. Die *Venture* wird aus dem Schiffsregister von St. Vincent und den Grenadinen gelöscht. |

| | Das Schiff | Das Schwesterschiff |
|---|---|---|
| **2021** | | Das Schwesterschiff wird in *High Ocean IV* umbenannt und in St. Kitts und Nevis registriert. Es wird über Port Louis (Mauritius) in den indischen Bundesstaat Gujarat geschleppt. |
| **2022** | | In Alang (Gujarat) wird die *High Ocean IV* abgewrackt. |

Das globale Offshore-Business gründet auf unklaren juristischen Zuständigkeiten. Der Kampf um die Sea Trucks Group war nicht einfach ein Konflikt zwischen zwei Lagern innerhalb einer Firma oder zwei Nachfolgefirmen, sondern vielmehr eine Auseinandersetzung zwischen verschiedenen juristischen Autoritäten: dem nigerianischen Staat, einem Gericht auf den Britischen Jungferninseln und Schiedsrichtern in London. Offshore ist ein Ort jenseits legaler Grenzen, ein Ort mit undurchsichtigen Regeln, eine Grauzone, und in Grauzonen passieren beunruhigende Dinge.[1] Macht geht dort mit einer ganz eigenen Form der Straflosigkeit einher, vor dem Gesetz zählt vor allem der Besitz, und es gilt das Recht des Stärkeren. Angesichts mangelhafter Kontrolle oder Möglichkeiten, internationale Gesetze zu vollziehen, lässt sich gegen Diebstahl oder Missbrauch wenig tun.

Die Lasten des Offshore-Geschäfts tragen die, die am verwundbarsten sind. Und Offshore-Arbeiter sind sehr viel verwundbarer als Offshore-Finanziers, denn ihnen droht nicht der Verlust ihres Eigentums, sondern ihrer Freiheit. So geschah es den Seeleuten an Bord des Schwesterschiffs, der *Venture*. Während nämlich vor der nigerianischen Küste um unser Schiff und die restliche Sea-Trucks-Flotte gerungen wurde, traf die Crew des Schwesterschiffs etwa 3200 Kilometer südöstlich, in der Walfischbucht in Namibia, ein deutlich schwereres Los.

* * *

Die gut 100.000 Einwohner zählende Stadt Walvis Bay liegt an der Walfischbucht, in der rauen Landschaft zwischen Atlantik und der Wüste Namib. Der Wind, die Trockenheit und die schwefelhaltige Luft lassen Metall erstaunlich schnell korrodieren. In der Region leben seit 2000 Jahren die Topnaar und ihre Vorfahren, während Walvis Bay selbst erst im späten 18. Jahrhundert als Zwischenstopp für die zwischen Holland und Kapstadt verkehrenden Schiffe der niederländischen Ostindien-Kompanie gegründet wurde. Seither ist die Stadt ein sicherer Hafen, der durch eine natürliche Sandbank vom Südatlantik abgeschirmt wird, aktuell die drittgrößte Stadt des Landes.

In den vergangenen hundertfünfzig Jahren war Walvis Bay darüber hinaus meist eine Enklave. Während des sogenannten Wettlaufs um Afrika, der Kolonisierung des Kontinents in den 1880er-Jahren, geriet die Siedlung unter britische Herrschaft, während sich in einem Umkreis von Hunderten Kilometern um sie herum die Kolonie Deutsch-Südwestafrika erstreckte. Seit 1884 wurde die Enklave von Südafrika verwaltet. Selbst als Namibia 1990 vollständig unabhängig vom Apartheidstaat Südafrika wurde, blieb Walvis Bay südafrikanisch. Der südafrikanischen Regierung widerstrebte es, die strategisch vorteilhafte Kontrolle über Namibias einzigen Tiefwasserhafen abzugeben.

Eine Zeitlang wurde die Stadt im Parlament Südafrikas als Teil eines Distrikts des etwa 1200 Kilometer entfernten Kapstadt vertreten. Erst 1994 kam sie formal zu Namibia, und auch dann wurde die Stadt nicht vollständig dekolonisiert und in das Land integriert. Noch jahrelang wurden die Hafenanlagen von Portnet, einem staatseigenen südafrikanischen Hafenbetreiber, verwaltet.[2] Und es ist der Hafen, der die Stadt definiert. Sie ist ein Tor, eine Übergangszone zwischen Meer und Wüste, zwischen Namibia und der Welt.

Die *Venture* gelangte Anfang 2018 nach Walvis Bay. Doch obwohl der Ort ein typischer Hafen für so ein Schiff war, war er alles andere als ein *sicherer*. Seit 2016 gehörte die *Venture* der in Mumbai ansässigen Halani Shipping Ltd., einem Unternehmen, das wie Sea Trucks

Das vom Hafen dominierte Walvis Bay im Jahr 2017 aus der Luft. In der Ferne erstreckt sich die Wüste Namib.

auf Dienstleistungen für die Offshore-Öl- und Gasindustrie spezialisiert war. Als Mitte der 2010er-Jahre die Energiepreise weltweit fielen, blieben bei Halani wie bei Sea Trucks die Kunden aus. Anfang 2018 lag das Schwesterschiff dann zusammen mit drei anderen Schiffen des Unternehmens – einem weiteren Unterkunftsschiff, einem Schleppschiff und einem DP3-Schiff namens *Halani1* – ungenutzt ein oder zwei Meilen vor Walvis Bay vor Anker.[3]

Halani Shipping steckte in Schwierigkeiten, und das Geld war so knapp, dass die Firma bereits die Heuer der Offiziere und Crew ihrer vier Schiffe in Namibia zurückhielt.[4] Ohne Bezahlung konnten die Crewmitglieder seit Mitte März 2018 nur noch »Dal mit blankem Reis, ohne Zwiebeln oder Tomaten« essen, wie Amarjit Singh Bajwa, Kapitän des größten Schiffs *Halani 1*, der britischen NGO Human Rights at Sea berichtete. »Es war die Absicht der Eigentümer, uns auszuhungern und zu demoralisieren, damit wir ohne Lohn nach Hause zurückkehrten.«[5]

Das hieß, Halani Shipping hatte die Crews der vier Schiffe im Stich gelassen. Das Imstichlassen (*abandonment*) bedeutet laut der offiziellen Definition der International Maritime Organization (IMO), »dass der Schiffseigner bestimmten grundlegenden Verpflichtungen seinen Seeleuten gegenüber wie die rechtzeitige Heimschaffung, Bezahlung ausstehender Heuer sowie die Erfüllung der Grundbedürfnisse nicht nachkommt«.[6] Bedauerlicherweise häufen sich diese schon zuvor nicht seltenen Vorkommnisse seit der letzten von der Covid-19-Pandemie verursachten Ölkrise. Laut Mission to Seafarers, einer Non-Profit-Organisation mit Hauptsitz im Vereinigten Königreich, ist das Imstichlassen ein »überraschend häufiges Ereignis«.[7] Die *Halani 1* war einer von vierunddreißig Fällen, die der International Labour Organization (ILO, Internationale Arbeitsorganisation), einer mit solchen Problemen befassten UN-Organisation, 2018 berichtet wurden. Seither sind die Zahlen in die Höhe geschnellt. 2023 verzeichnete die ILO 132 verlassene Schiffe.[8]

Das Phänomen ist ein Symptom der laxen Regulierung der internationalen Schifffahrt und der gesamten Offshore-Welt.[9] Die Anziehungskraft der offenen Register und Billigflaggen besteht zum Teil darin, dass Reedereien durch sie die gesetzlichen Bestimmungen zum Schutz der Seeleute umgehen können, die in den wohlhabenden Ländern des globalen Nordens gelten. Die einzig relevante Bedingung, die Halani erfüllen musste, um die *Venture* und ihre anderen Schiffe auf St. Vincent und den Grenadinen zu registrieren, war der Abschluss einer Versicherung. Doch auch wenn Versicherungen dazu beitragen, Risiken zu senken, schaffen sie zugleich auch welche. Falls Halani seine Schulden nicht begleichen konnte, würde letztlich die Versicherung die Löhne der Seeleute bezahlen, während dem indischen Unternehmen kurzfristig kaum finanzielle oder juristische Konsequenzen durch das Imstichlassen seiner Beschäftigten drohten. Daraus wird ersichtlich, wie ungleich die Risiken in der Offshore-Welt verteilt sind. Läuft etwas schief, haben die oft über Briefkastenfirmen finanzierten und geschützten Schiffseigner wenig zu verlieren, wenn sie ihre Schiffe im Stich lassen, ganz im Gegensatz zu den Crews. Dieses Ungleichgewicht ist den Eignern durchaus bewusst. David Hammond, Gründer von Human Rights at Sea, sieht es so: »Jeder Schiffseigner sollte einen eigenen Fonds haben, mit dem im Fall finanzieller Schwierigkeiten die Crew versorgt werden kann. Doch skupellose Reeder loten die Grenzen des Rechts aus, und ihnen geht der Profit vor ihren Leuten.«[10]

* * *

Nachdem die *Halani 1* monatelang neben der *Venture* im Hafen von Walvis Bay gelegen hatte, kontaktierte ihre Crew die International Transport Workers' Federation (ITWF), einen weltweiten Zusammenschluss von Gewerkschaften für Seeleute, die schon länger gegen die Billigflaggen zu Felde zog. Doch laut Kapitän Bajwa kapitulierte auch die ITWF, »nachdem sie lange versucht hatte, den Eigentümer zu bewegen, unsere Heuer zu zahlen und uns nach Hause zu bringen«. Die ITWF setzte sich mit den Zuständigen des Schiffsregisters von St. Vincent und den Grenadinen in Verbindung, wo die vier im Stich gelassenen Schiffe registriert waren, bekam jedoch offenbar keine Antwort.[11]

Zwei Monate später, im Mai, verklagten Crewmitglieder den Eigentümer von Halani Shipping. Ihr schlichtes Ziel war die Bezahlung ausstehender Löhne und die Heimschaffung nach Indien. Doch selbst als ihr Fall in Walvis Bay verhandelt wurde, war unklar, was namibische Gerichte würden durchsetzen können. Zu den wenigen Handlungsoptionen der Behörden des Landes gehörte das Festhalten der in der Walfischbucht im Stich gelassenen Schiffe, was sie auch taten. Im Anschluss begannen sie endlich, die Crew mit Lebensmitteln zur Ergänzung von Reis und Linsen zu versorgen. Etwa zur gleichen Zeit intervenierte auch die IMO und forderte von der Regierung von St. Vincent und den Grenadinen, einen Inspektor zu den im Stich gelassenen Schiffen zu entsenden.[12] Damit schienen internationale Verfahren zu greifen.

Der Inspektor traf am 8. Juni, mitten im subsaharischen Winter, in Walvis Bay ein. In der Zwischenzeit hatte Halani Shipping sogar zugesagt, den Crewmitgliedern die ausstehende Heuer zu überweisen und sie nach Indien zurückzubringen. Doch als es dann Juli wurde, erwiesen sich diese Versprechen als illusorisch. Schließlich verkündete das Unternehmen, dass Navigators, die Versicherung des Schiffs und eine Tochter des amerikanischen Versicherungsriesen The Hartford, rückwirkend vier Monatslöhne und die Heimschaffung übernehmen werde.[13] Das klang wie ein großer Sieg, doch die vier Monate waren das vorgeschriebene Minimum – zu dem waren Versicherungen durch eine Ergänzung der Maritime Labour Convention (Seearbeitsübereinkommen der Internationalen Arbeitsorganisation), die 2017 in Kraft getreten war und die auch St. Vincent und die Grenadinen unterzeichnet hatte, verpflichtet.[14] Und tatsächlich schuldete man den meisten Crewmitgliedern weit mehr – schon als man sie vier Monate zuvor in der Walfischbucht hatte sitzenlassen, war man mit den Lohnzahlungen im Rückstand. Doch für die Offiziellen des Karibikstaats schien die Angelegenheit, nachdem Navigators der Zahlung von vier Monatslöhnen zugestimmt hatte, ordnungsgemäß geregelt. Dafür waren die P-&-I-Versicherungen (*Protection & Indemnity*, Schutz und Entschädigung, eine Transportversicherung gegen Risiken) schließlich da. Wenn einer Reederei das Geld für die Heuer ihrer Seeleute ausging, hatte eben die Versicherung einzuspringen. Ein in Genf ansässiger »technischer Manager« des Schiffsregisters von St. Vincent schrieb: »Diese Behörde geht davon aus, dass der Vorgang damit abgeschlossen ist.«[15]

Zum Teil war die Angelegenheit auch geregelt. Mehrere Crewmitglieder, darunter die Mannschaft der *Venture*, flogen zurück nach Indien. Doch eine Kerntruppe von acht Seeleuten saß fest. Die namibische Hafenbehörde untersagte ihnen, die Schiffe unbeaufsichtigt im

Hafen zurückzulassen, und niemand hatte für eine Ablösung gesorgt. Bajwa sagte, der Schiffseigner »lieferte mir fortwährend Ausreden, warum unsere Heimschaffung sich verzögerte, bis er Ende Dezember nicht mehr erreichbar war«.[16]

Die in der Walfischbucht zurückgelassene und vor sich hin rostende *Venture* neben der *Halani 1*. Die Schiffe vewandelten sich im Lauf der Zeit in Geisterschiffe.

Ende des Jahres 2018 hingen die acht Crewmitglieder der *Halani 1*, die sich um die vier nach wie vor in Walvis Bay liegenden Schiffe kümmerten, bereits über neun Monate unbezahlt vor Namibia fest, in der Grauzone zwischen den strengen Regeln vor Ort und den Grenzen internationalen Seerechts. Man hatte sie in einer Welt mit wenig Kontrolle und noch weniger Verantwortungsbewusstsein im Stich gelassen. Sowohl auf dem Papier als auch in der Realität wurden die vier Schiffe recht schnell zu Geisterschiffen: unheimliche Orte, an denen es knirschte und knarzte, ohne Dokumente, Versicherung oder rechtlichen Schutz. Wie Crewmitglied Chandra Rakesh Singh Negi es ausdrückte: »Wir haben an Bord keine Sicherheit, und wegen der ganzen Situtation mache ich mir ständig Gedanken darüber, falls mir an Bord etwas passiert, wer dann die Verantwortung übernimmt. Ich stamme aus einer armen Familie, um die ich mich außer meinem Job auch noch kümmern muss.« Der Koch Santosh Singh Negi gab an, dass sein Reisepass bald ablaufen werde. »Meine mentale Verfassung ist nicht gut. Ich fühle mich ständig sehr gestresst.« Ein weiteres Crewmitglied wies darauf hin, dass keine Medikamente an Bord seien. »Ich habe deshalb große Angst, dass ich an Bord krank werden könnte.«[17] Selbst in dieser emotionalen Ausnahmesituation blieb die Crew höflich und entgegenkommend. John Guard, Schiffsinspektor und Vorsitzender der Walvis-Bay-Ortsgruppe der Mission to Seafarers, erinnert sich, dass die Crew ihn immer herzlich empfing, sodass es »durchaus eine Freude war, an Bord zu gehen«.[18]

Im Januar 2019 attestierte die International Chamber of Shipping (Internationale Schifffahrtskammer) den acht verbliebenen Seeleuten »extreme Erschöpfung, Stress, psychische Probleme und ausstehende Heuer«. Zum Teil veranlasst durch den öffentlichen Druck, den die Organisation Human Rights at Sea aufbaute, drängte die International Chamber of Shipping und die IMO »den Flaggenstaat [St. Vincent und die Grenadinen], diesen Fall im Stich gelassener Seeleute schnellstmöglich zu lösen«.[19] Die Verantwortlichen beim Schiffsregister von St. Vincent wiederum waren »erstaunt zu erfahren, dass sich nach wie vor acht Seeleute an Bord des Schiffs« befanden, nachdem die Versicherung bereits im vergangenen Oktober die Heimreise der Crews zu organisieren versprochen hatte.

Dass der Fall doch noch nicht abgeschlossen war, sorgte nun für juristisches Kopfzerbrechen. Halani Shipping hatte es abgelehnt, die Versicherungspolicen für die *Halani 1* und wohl auch für die *Venture* zu verlängern, doch für die Registrierung musste eine gültige Versicherung nachgewiesen werden – selbst in einem so offenen Register wie dem von St. Vincent und den Grenadinen. Wenn diese auslief, erlosch auch die Registrierung. Selbst bei Billigflaggen hatte die Nachsicht ihre Grenzen.

Damit waren die *Halani 1* und die *Venture* mit Auslaufen der Versicherung Ende 2018 nicht mehr registriert. Hätte die Registrierung Bestand gehabt, wäre es laut der Fassung der Maritime Labour Convention von 2006 dem Karibikstaat zugefallen, die Heimschaffung der im Stich gelassenen Seeleute zu organisieren und zu bezahlen.[20] Mit der Löschung aus dem Register jedoch waren diese nicht mehr das Problem von St. Vincent und den Grenadinen, und da der Staat die Verantwortung los war, plädierte man von offizieller Seite dafür, »die zuständigen namibischen Behörden zu kontaktieren und zu fordern, dass der Hafenstaat die Heimschaffung der Crew organisiert«.[21] Die Crewmitglieder wurden also gleich doppelt im Stich gelassen: zuerst von ihrem Arbeitgeber, dann vom Flaggenstaat ihrer Schiffe. Das war die Kehrseite der Billigflaggen: Es gab keine tatsächliche Beziehung zwischen Schiff oder Seeleuten und dem jeweiligen Staat, keine »echte Bindung«.

Der Ball lag nun wieder bei Namibia, wo die Hafenbehörde die Seeleute nach wie vor daran hinderte, nach Indien zurückzukehren, solange dies bedeutete, dass die vier Schiffe ohne Aufsicht in Walvis Bay blieben. Die Lösung hätte im Anheuern einer Nachfolgebesatzung bestanden, doch die namibischen Beamten – vor allem im Arbeitsministerium, das seit Längerem mit Korruptionsvorwürfen konfrontiert war – verschleppten die Angelegenheit weiter.[22] Die im Stich gelassenen Seeleute hatten insofern Glück, als Namibia aufgrund internationaler Verträge ihnen gegenüber bestimmte Verpflichtungen hatte. Ende März schrieb Jan de Boer, ein leitender IMO-Rechtsreferent, einen Brief an Willem Goeiemann, Staatssekretär im namibischen Arbeitsministerium, in dem er die Pflichten betonte, die die Maritime Labour Convention von 2006 Namibia auferlegte.

7. Jedes Mitglied hat die Heimschaffung von Seeleuten, die auf Schiffen tätig sind, die seine Häfen anlaufen oder seine Ho-

heits- oder Binnengewässer durchfahren, sowie ihre Ersetzung an Bord zu erleichtern.

8. Insbesondere darf ein Mitglied Seeleuten das Recht auf Heimschaffung nicht wegen der finanziellen Verhältnisse eines Reeders oder wegen dessen Unfähigkeit oder Unwilligkeit, die Seeleute zu ersetzen, verweigern.[23]

De Boer wies darauf hin, dass die beiden Klauseln »sehr deutlich machen, dass die namibische Hafenbehörde den Seeleuten unter den gegebenen Umständen die Rückreise in ihre Heimat nicht verweigern kann«. Das Schiff wurde bereits vom Obersten Gericht Namibias festgehalten, sodass die entsprechenden Reisekosten »durch den möglichen Verkauf des Schiffs gedeckt« wären.[24] Ein Vertreter der Gewerkschaft der Seeleute ITWF, der nach wie vor mit Bajwa in Kontakt stand, formulierte es in seinem Brief an Goeiemann dramatischer:

> Bitte nehmen Sie sich die Zeit, sich einmal in die Lage der Crew zu versetzen. Sie wollen nicht dort sein. Sie arbeiten gegen den Willen auf diesem Schiff … Diese Seeleute werden missbraucht und ausgebeutet. Es liegt in der Macht derer, die diesen Brief lesen, dem ein Ende zu setzen. Ich ersuche sie, dies unverzüglich zu tun.[25]

Trotz der Eindringlichkeit handelte es sich dabei eher um Bitten als um Forderungen. Internationale Organisationen, die vordergründig die weltweite Schifffahrt regelten, waren von der Kooperationsbereitschaft lokaler Behörden abhängig, wenn es um die Inkraftsetzung oder den Vollzug von Vorschriften ging. Wieder einmal spielte die tatsächliche Souveränität eine entscheidende Rolle. Monatelang hatten die Behörden von Namibia und St. Vincent die IMO-Vorschriften nur oberflächlich befolgt oder ganz ignoriert. Und als nach Auslaufen der Versicherung die Schiffe aus dem Schiffsregister von St. Vincent und den Grenadinen gelöscht wurden, erlosch zugleich die effektive Verantwortung des Karibikstaats für das Wohlergehen der Seeleute. Und obwohl es nach internationalem Recht unzulässig war, dass Namibia deren Heimschaffung blockierte, war keineswegs klar, wer den Schwarzen Peter stattdessen und ob ihn überhaupt jemand bekam.

* * *

Derart unklare rechtliche Zuständigkeiten sind geradezu ein Charakteristikum der internationalen Schifffahrt des 21. Jahrhunderts. Die immer zahlreicheren Billigflaggen und offenen Register sind Folge des Bestrebens der Reedereien, jeglicher Verantwortung aus dem Weg zu gehen: der Verantwortung, Steuern zu zahlen, kostspielige Instandhaltungsstandards einzuhalten oder das Wohl von Offizieren und Crew sicherzustellen. Reeder und die Anbieter der kooperativen offenen Register suchen gezielt nach Schlupflöchern im internationalen Recht, nach Grauzonen außerhalb der etablierten Rechtsdurchsetzung. In diesen Grauzonen steht das Leben von Seeleuten auf dem Spiel. Seeleute waren seit jeher in umkämpften oder marginalen Gebieten unterwegs, doch heute laufen sie immer häufiger Gefahr, durch das rechtliche Raster zu fallen. Genau das passierte der indischen Crew der *Halani 1*.

Im April 2019 konnten schließlich sechs der acht Seeleute in ihr Heimatland Indien zurückfliegen, nachdem sie durch eine örtliche Crew ersetzt worden waren, die mithilfe von John Guard von der Mission to Seafarers zusammengestellt worden war.[26] Die restlichen beiden, Bajwa und ein weiterer Seemann, blieben bis Mai bei den Schiffen, zu denen die *Venture* gehörte.[27] Ab da übernahm die neue Crew die noch immer in Walvis Bay festgehaltenen vier Schiffe. Auch diese würde lange auf ihre Bezahlung warten müssen.[28] Halani hatte die finanziellen Probleme noch nicht überwunden, und erst im Jahr darauf versteigerte der namibische Staat die *Halani 1* und das Schleppschiff *Ima Atisi*, um die Personalkosten zu decken. Während die Welt im Covid-Lockdown versank, machte sich die *Halani 1* von Namibia aus auf eine wochenlange Reise zu ihrem letzten Ziel. Ende 2020 erreichte sie das an Indiens Westküste gelegene Alang, wo sich das weltgrößte und bekannteste Zentrum der Schiffsverschrottung und zugleich der weltgrößte Schiffsfriedhof befinden.[29] Dort wurde sie Stück für Stück in Einzelteile zerlegt. Arbeiter, deren Lohn kaum zum Überleben reichte, entfernten zuerst Inventar und Kabinen, Türen und Glühbirnen und zerschnitten anschließend den stählernen Schiffsrumpf, damit er recycelt und verkauft werden konnte.

Satellitenaufnahme ausgemusterter Schiffe in Alang im indischen Bundesstaat Gujarat im April 2017.

Das Abwracken von Schiffen ist ein enorm gefährlicher Prozess und ökologisch hoch problematisch, weil dabei Öl, Quecksilber und Asbest in die Umwelt gelangen. Meist übernehmen diese Arbeit Migranten, die für deutlich weniger als 10 Dollar pro Tag riskieren, »dass Gas explodiert, sie aus großer Höhe stürzen oder von riesigen

Stahlplatten erschlagen werden«. Es sind prekär Beschäftigte an den Rändern einer extrem profitablen und wichtigen internationalen Branche, die unter verheerenden Arbeitsbedingungen die Schiffe dieser Welt auseinandernehmen, damit die Schrottteile wiederverwertet werden können. Laut einer Studie von 2019 wurden mehr als die Hälfte aller in der Abwrackindustrie arbeitenden Personen Opfer von Arbeitsunfällen.[30] Angesichts der Tatsache, dass die Betroffenen überwiegend jung, manche fast noch Kinder sind, ist diese Statistik besonders alarmierend.

Derweil lagen die zwei Unterkunftsschiffe, die immer noch Halani Shipping Ltd. gehörten – die *Venture* und die *DSH 1* –, nach wie vor festgezurrt in der Walfischbucht und wurden von der vor Ort angeheuerten Crew bewacht, die auf der *DSH 1* wohnte. Es erwies sich als schwierig, für die nicht registrierten rostenden Schiffe einen Käufer zu finden. Laut dem Schiffsinspektor John Guard »kamen und gingen interessierte Käufer«.[31] Im April kaufte dann endlich eine andere indische Firma die zwei Schiffe zur Verschrottung und installierte eine eigene Crew. Die Leute reinigten die zwei Schiffe sorgfältig, während sie auf ein Schwerlastschiff warteten, das sie zum Abwracken nach Indien bringen sollte. Die Bedingungen an Bord der *Venture* hatten sich seit ihrer Ankunft in der Walfischbucht stark verschlechtert. Selbst in ihren besten Zeiten war die Ausstattung nicht gerade luxuriös gewesen, und nach Monaten der Vernachlässigung hatte sie weiteren Schaden genommen. Mitte 2021 nutzten die Crewmitglieder dann einen tragbaren Generator für die Stromversorgung und ein Stroboskoplicht, um anderen Schiffen Signale zu geben. »Die Annehmlichkeiten hielten sich in Grenzen«, umriss John Guard die Situation vornehm zurückhaltend.[32] Das Schwesterschiff unseres Schiffs verwandelte sich nach und nach zurück in den abstrakten Vermögenswert, der es immer gewesen war.

Noch mehrere Monate verbrachte die *Venture* in diesem Schwebezustand in der Walfischbucht und wartete auf ihre letzte Reise zu einer Abwrackwerft in Gujarat, wo sie ihre physische Gestalt endgültig verlieren würde.[33] Irgendwann im Jahr 2021 benannte der neue Eigentümer, der von Dubai aus operierte, die *Venture* in *High Ocean IV* um und registrierte sie neu in St. Kitts and Nevis, einer anderen ehemaligen britischen Kolonie. Deren offenes Register wird häufig von Unternehmen für zu verschrottende Schiffe genutzt.[34]

Ende 2021 wurde die *High Ocean IV* – wie schon so oft – auf ein Schwerlastschiff geladen, das sich daraufhin langsam aus den Gewässern Namibias hinaus Richtung Süden bewegte, um das Kap der Guten Hoffnung herum, die Ostküste Südafrikas hinauf, an Madagaskar vorbei hin zur kleinen Insel Mauritius. Laut Schiffstracking-Websites verließ die *High Ocean IV* im Januar 2022 Port Louis, die Hauptstadt von Mauritius, um sich auf eine einmonatige Fahrt durch die Weiten des Indischen Ozeans zu begeben. Mitte Februar kam sie in Alang an der Küste Gujarats an, Ziel einer etwa 5600 Kilometer langen Reise. Die letzten Informationen auf den Tracking-Websites stammen vom Valentinstag 2022, an dem das Schiff als »stopped«, seine Lage an Land, Bug landeinwärts, verzeichnet ist.[35] In den darauffolgenden Wochen und Monaten wurde das Schwesterschiff unseres Schiffs in seine Einzelteile zerlegt. Was schließlich blieb, war ein gestrandetes Skelett, das rein gar nichts mehr aufzunehmen vermochte.

* * *

Vielleicht erwartet unser Schiff ein ähnliches Schicksal. 2019 bewarb West African Ventures die *Jascon 27* als »geeignet zur Unterbringung von Angestellten und Arbeitern in Offshore-/Bauprojekten«. Die *Jascon 27* verfüge über eine Kombüse, eine Messe, vier Freizeit- und vier Pausenräume sowie einen Fitnessraum. Von den früheren Leben des Schiffs war in dem Werbematerial kaum etwas zu lesen. Der Platz oben auf dem Schiff, auf dem Männer am East River Basketball gespielt hatten, war noch vorhanden, doch die Innenräume waren aufwendig renoviert worden. Laut WAV war Platz für 304 Personen, weit weniger, als das Schiff in Stanley, New York oder Portland beherbergt hatte. Auf einem Foto, das später auch auf der WAV-Website auftauchte, ist unser Schiff gut sichtbar: Es liegt offensichtlich bezugsfertig in der Versorgungsbasis des Unternehmens in der Freihandelszone Onne.[36]

Zum jetzigen Zeitpunkt ist das Schiff jedoch bereits seit einigen Jahren außer Betrieb. 2016 war es vorübergehend in Onne auf dem Fluss gegenüber der Freihandelszone stillgelegt, jedoch ohne instandgehalten zu werden. Kabinen und Gemeinschaftseinrichtungen waren demontiert und alle Türen bis auf eine zugeschweißt. Zwei ortsansässige Männer bekamen den Auftrag, sich um das Schiff zu kümmern, doch an Bord waren die Wohnbedingungen so katastrophal, dass sie draußen unter einer Zeltplane schliefen. Im Jahr darauf gab es Überlegungen, das Schiff in Brasilien in ein Gefängnis umzuwandeln – »etwas wie das *Vernon C. Bain* Correctional Center«. Pläne sahen achthundert Haftplätze vor, weit mehr als in New York oder Portland. Doch da war es bereits von Schimmel befallen, der fast jede Fläche überzog. Eine Instandsetzung wäre schlicht zu teuer gekommen. Irgendwann wurde unser Schiff an einen anderen Liegeplatz in der Nähe von Onne geschleppt.[37]

Das Schiff, das heute den Namen *Jascon 27* trägt, wurde in Folge des weltweiten Absturzes der Ölpreise in den 2010er-Jahren außer Dienst gestellt. Booms und Flauten haben in seiner Geschichte eine Schlüsselrolle gespielt. Als *Safe Esperia* war es 1983 zum Einsatz gekommen, als die Offshore-Ölindustrie in der Nordsee boomte und der globale Schiffsmarkt einbrach. Es wäre ein eleganter Schluss, wenn das Schiff letztlich einem großen Zusammenbruch des internationalen Ölmarkts zum Opfer fiele. Doch angesichts seiner Geschichte sind Zweifel angebracht, ob wir uns tatsächlich bereits im letzten Akt befinden. Immer wieder wandelten sich die beiden Schiffe, die 1979 in der Finnboda-Werft für Balder gebaut wurden, und bekamen neue Aufgaben und Bedeutungen. Mit minimalen Anpassungen wurde unser Schiff von der Kaserne zum Gefängnis und vom »Hotel« zur Versorgungsplattform für Ölbohrinseln. Es wechselte dabei ebenso geschmeidig Namen, Spitznamen und soziale Rollen, wie es immer wieder bereitwillig neue Passagiere aufnahm. Vielleicht wartet ja auf unser Schiff noch eine weitere Aufgabe.

# FAZIT

# INTERNATIONALE GEWÄSSER

Unser Schiff und sein Schwesterschiff waren immer als etwas Provisorisches, Bewegliches, Anpassungsfähiges, Veränderliches gedacht. Es war ihre Fähigkeit, neue Rollen und Bedeutungen anzunehmen – ihre Fähigkeit zum Code-Switching –, die sie so wertvoll machte. Sie konnten mit praktisch allem befüllt und zu allem Möglichen genutzt werden. Die Schiffe waren an dramatischen Ereignissen und Vorgängen beteiligt, befanden sich dabei aber selten im Fokus der Aufmerksamkeit, sondern fast immer im Hintergrund – Geschöpfe in der Schattenzone des internationalen Offshorings. Rein materiell blieben die beiden nach der einzigen großen Generalüberholung durch Consafe in den frühen 1980er-Jahren so gut wie unverändert, Konstanten in einer Welt, die um sie herum rotierte und dabei immer neue, kaum wiederzuerkennende Formen annahm.

Die Orte am Festland, zu denen die Schiffe in Bezug standen, waren währenddessen der neoliberalen Transformation der Weltwirtschaft im späten 20. Jahrhundert unterworfen. Die Finnboda Varv am Stadtrand Stockholms, in der sie gebaut wurden, schloss 1991. Ihre Schweißhalle wurde im Lauf der 1990er-Jahre zu einem Rave-Dance-Club, und am Kai wurde ab 2004 ein nobler Wohnkomplex errichtet.[1] Nun parken dort Teslas zwischen Glasfassaden und poliertem Beton. Der Club ist inzwischen ein funkelnagelneuer Supermarkt, und ein Designmöbelhersteller nutzt die alte Finnboda-Motorenwerkstatt als Showroom für Sofas, die zigtausend Euro kosten.[2] Auch wenn viele Tafeln auf die industriellen Wurzeln der Gegend verweisen, hat man die Relikte dieser Industrie inzwischen in gepflegte Dekoelemente verwandelt.

An Schwedens anderer Küste, in Göteborg, hat die Werft, in der Consafe aus den zwei einfachen Kähnen »Coastels« machen ließ, eine vergleichbare Umgestaltung erfahren. Rund um Sannegårdshamnen, dem Hafen, in dem einst Von Tell Nicos Betriebshof untergebracht war, stehen neue Luxuswohnanlagen mit Uferpromenade. Wo früher Kräne die umgebauten Transportcontainer auf das Deck der beiden Schiffe hievten, sieht man nun Segelboote und Speedboats an privaten Anlegeplätzen.

Die Schweißhalle von Finnboda im Stadtviertel Nacka ist inzwischen ein hochpreisiger Supermarkt mit einer breiten Palette an Biolebensmitteln. Rund herum stehen neue Wohngebäude.

Die Nordsee selbst ist Schauplatz einer größeren Umwälzung im globalen Energiemarkt, auf dem die Preise für Öl und Gas in den letzten Jahren stetig fielen, weil sie durch immer mehr amerikanisches Schiefergas und erneuerbare Energien ersetzt werden. Und während Norwegen die Einnahmen aus der Ölförderung in den weltweit größten Staatsfonds einzahlte, der etwa 1,2 Billionen Dollar wert ist (mit 1,4 Prozent Anteil an sämtlichen weltweit gelisteten Unternehmen), ist das Ende von Großbritanniens ölbasiertem Wohlstand abzusehen, wenn nicht bereits erreicht.[3] Nach Margaret Thatchers Privatisierungsprogramm hat Großbritannien seinen Ölreichtum nicht wie Norwegen angespart. In den vergangenen Jahren erlebte der britische Öl- und Gassektor eine Entlassungswelle, weil große multinationale Konzerne britische Arbeitskräfte durch schlechter bezahlte ausländische ersetzten. Diese Transformationen spiegeln auch die wachsende Angst angesichts des Klimawandels. Ende 2020 beschloss aus diesem Grund Dänemark, größter Ölproduzent in der EU, die Öl- und Gasproduktion in seinem Sektor der Nordsee bis 2050 zu beenden.[4] Heute ragen mehr Windräder als Ölbohrplattformen aus den Wellen.

Ein nagelneues Wohnviertel auf dem Gebiet der ehemaligen Finnboda-Werft im Jahr 2019. Das lange Gebäude zwischen den beiden Piers in der Bildmitte war die Motorenschlosserei. Die Schweißhalle, die nun als Supermarkt genutzt wird, befindet sich ein Stück weit in der Verlängerung des kürzeren der beiden Piers.

Auf der anderen Seite des Globus hat sich auch die Wirtschaft der Falklandinseln weiterentwickelt, wenn auch in eine weniger verheißungsvolle Richtung. Dort setzt man zwar nach wie vor auf Fischfang und Landwirtschaft, und zugleich wird der Tourismus – insbesondere der Ökotourismus – immer relevanter. Bis 2009 waren die Besucherzahlen auf fast 70.000 pro Jahr gestiegen. Doch der neue Wohlstand stammt auch aus einer anderen, weniger zukunftsträchtigen Industrie: 2010 wurde vor der Küste der Inseln Öl entdeckt.[5] Während man sich in der Nordsee den erneuerbaren Energien zuwendet, erleben im Südatlantik die fossilen Energiequellen ein Revival.

* * *

Das VW-Werk in Emden wird nach wie vor als exportorientierter Standort betrieben, nun für die Elektromodelle ID.4 und ID.7 sowie für den Passat.[6] Die letzten Veränderungen in der Emder Autoproduktion kann man durchaus als dramatisch bezeichnen. Die Anpassung des Werks an die Produktion von Elektroautos erforderte den Bau riesiger neuer Hallen, die 2022 eröffnet wurden, sowie die Weiterbildung Tausender Beschäftigter, ähnlich wie in den 1980er-Jahren.

Als der Autor das VW-Werk in Emden besichtigte, wurde er in diesem brandneuen Elektroauto, einem frisch vom Band gerollten ID.4, herumgefahren.

Wie damals sorgten die Veränderungen durchaus für Unmut, auch wenn sie neues Wachstum ermöglichten. Für rund eine Milliarde Euro wurde Emden zu einem der Vorzeigestandorte für die Produktion einer neuen Generation von Elektrofahrzeugen. Die Stadt ist ein plakatives Umfeld für Investitionen des Konzerns in eine grünere Zukunft: Rund um die praktisch auf Meereshöhe gelegene VW-Fabrik dominieren riesige Windräder den Horizont.

2019 nutzte das VW-Werk in Emden wieder ein »Hotelschiff«, um darin achtzig Aushilfsarbeitskräfte aus dem slowakischen Bratislava unterzubringen, die bei Škoda angestellt waren, dem tschechischen Autobauer, den der VW-Konzern kurz nach dem Mauerfall übernommen hatte. Diese beschwerten sich über die Wohnbedingungen. Ein »Hotelschiff« sei einfach etwas anderes als das ihnen versprochene Hotel. Als das Werk einige Jahre später mit der Produktion neuer Elektroautomodelle begann und dazu mehr als tausend Beschäftigte mit Zeitverträgen anheuerte, sorgte man lieber für Unterkünfte an Land.[7]

* * *

In New York kündigen sich tiefgreifende Veränderungen an. Die *Vernon C. Bain,* die unser Schiff und sein Schwesterschiff ersetzt hat, wurde inzwischen als letztes US-amerikanisches Gefängnisschiff geschlossen. Das Vorhaben, Rikers Island komplett zu schließen, wurde dagegen wiederholt verschoben. Die New Yorker Gefängnispopulation war stark von der Covid-19-Pandemie betroffen, und darüber hinaus führte der als »Great Resignation« bezeichnete Trend, unbefriedigende Jobs aufzugeben, in den städtischen Gefängnissen zu massiven Personalengpässen. Ebenso oft ist zu hören, dass die Bedingungen in den Haftanstalten so schlecht seien, dass die Bundesbehörden kurz davor stünden, die Verwaltung der Einrichtungen zu übernehmen. Doch Rikers Island wird nach wie vor genutzt, und Anfang 2024 warf am

Ufer des Viertels Hunts Point in der South Bronx auch die leere *Vernon C. Bain* noch ihren Schatten, am Ende einer stacheldrahtgesäumten Zufahrtsstraße.

Ihre Nachbarn dort sind andere Bestandteile der versteckten materiellen Infrastruktur New Yorks wie Lebensmittelgroßhändler, Recyclinghöfe und ein großer Betrieb des Amts für Abwasserentsorgung. Die Aussicht vom Dach des Gefängnisses illustriert die Geschichte des Offshorings in dieser Stadt, und wie von vielen Offshore-Orten aus ist dieser Blick Richtung Festland geradezu bizarr schön. Direkt vor einem im East River liegt Rikers Island, auf der seit 1932 Häftlinge der Stadt untergebracht werden. Rechts, etwas weiter westlich, befindet sich North Brother Island, Standort eines inzwischen geräumten Quarantänekrankenhauses, in dem »Typhoid Mary« Mallon, die Typhusbakterien verbreitete, ohne je daran zu erkranken, Anfang des 20. Jahrhunderts mehr als zwei Jahrzehnte verbrachte. Noch weiter westlich am Ufer der Bronx zeigt sich eine neuere Ergänzung der Offshore-Welt, ein kristallblaues Leuchtzeichen, das nicht so recht zu dem schlammigen Wasser des East River passen will: Nur wenige Blocks von der *Vernon C. Bain* entfernt befindet sich auf einem Schiff im Retrolook ein Schwimmbad, das seit 2008 von der New Yorker Parkverwaltung betrieben wird.[8] Hinter diesem Gesamtpanorama erheben sich die Türme von Manhattan.

Dort gehen die Veränderungen, die die *Bibby Resolution* und die *Bibby Venture* von einem Liegeplatz zum nächsten getrieben haben, in schwindelerregendem Tempo weiter. Die Lower East Side wird seither intensiv gentrifiziert (vor der Pandemie betrug die Durchschnittsmiete für Wohnungen mit einem Schlafzimmer mehr als 4500 Dollar). Das Gleiche gilt für das West Village und die Ufergebiete von Brooklyn. Lower Manhattan ist weißer und reicher als je zuvor. Nachdem unser Schiff nach Dorset zurückgekehrt war, wurde sein früherer Liegeplatz Pier 36 zum Startpunkt von Sightseeingbooten und potenziellem Anleger für Megajachten.[9] Inzwischen ist er »NYC's premier event space«, der für spannende Kunstausstellungen, Sportveranstaltungen und Konzerte genutzt wird. 2022 wurde dort eine große Kryptowährungskonferenz veranstaltet.[10] Pier 40, wo die *Bibby Resolution* lag, ist heute ein weitläufiger Freizeitkomplex, den der Hudson River Park Trust verwaltet. In dieser Mischung aus altem und neuem New York sind eine Feldstation für Meeresbiologie und eine Akrobatikschule untergebracht, und in der Mitte erstreckt sich ein riesiger Sportplatz mit Kunstrasen. Doch überall blättert die Farbe und breitet sich Rost aus. Ein großer Teil des Piers, einst Stolz des Viertels, wurde inzwischen zum Parkhaus umgewidmet.[11] Pier 1 in Brooklyn Heights, wo die *Bibby Venture* 1988 kurze Zeit verbrachte, wurde Teil von Brooklyn Park, einem Stadtentwicklungsprojekt, das unter Michael Bloomberg als Stadtoberhaupt die Lebensqualität des Stadtteils verbessern sollte. Wie Pier 40 wird der Park nicht von der Stadt, sondern von einer Non-Profit-Organisation verwaltet.

* * *

Die ökonomischen Entwicklungen, die die Ausweitung des Dienstleistungssektors begünstigten, erfassten auch England. In Liverpool zog die Bibby Line von ihrem Altbau in Ufernähe in ein neues, größeres Gebäude im Geschäftsviertel der Stadt.[12] Zu dieser Zeit war die Bibby Line nur noch ein kleiner Teil der Bibby Line Group, einem großen Konglomerat mit umfangreichem Immobilienbesitz, Finanzdienstleistungen und Beteiligungen an Unternehmen wie der englischen Discounterkette Costcutter.[13] Mit der entschlossenen Diversifizierung krempelte Derek Bibby seine Firma völlig um. Es erinnert heute kaum noch etwas an die alte Schifffahrtsgesellschaft des imperialen Zeitalters.

In London befindet sich das Handelsgericht auch nicht mehr in den traditionsreichen Royal Courts of Justice am *Strand*, sondern ein paar Ecken weiter in einem eigens dafür errichteten und 2011 eingeweihten Gebäude. Mit seiner Glasfassade und dem Kalkstein aus Portland gehörte das 300 Millionen Pfund teure Rolls Building zu den gezielten Bemühungen der konservativ-liberalen Regierung unter David Cameron, renommierte Unternehmen aus aller Welt mit ihren Streitfällen nach London zu locken. Laut Justizminister Kenneth Clarke handelte es sich um den »weltweit modernsten Hightech-Gerichtskomplex, der auf Streitfälle im Bereich Finanzen, Unternehmen und Eigentum spezialisiert ist«.[14] Das Rolls Building sollte Londons Status nicht nur als globale Hauptstadt der Finanzen, sondern auch des Rechts zementieren.

Wie New York und die Falklandinseln orientierte sich die Grafschaft Dorset hin zu Freizeit und Tourismus. Auf der Isle of Portland schossen an der Stelle der alten Marinebasis neue Luxusferienhäuser aus dem Boden. Teile von Portlands Hafen sind nun ein Sportboothafen, der bei den Olympischen Sommerspielen 2012 Austragungsort der Segelwettbewerbe war. Dennoch ist die kleine Insel nach wie vor Standort zweier Gefängnisse, und die Region kämpft noch immer mit ökonomischen Problemen. HMP *The Weare* wirft noch immer einen langen Schatten. Im April 2023 verkündete die britische Regierung zum Entsetzen vieler Einwohnerinnen und Einwohner ihre Pläne, vorübergehend Asylsuchende auf einem 500-Betten-Schiff in Portlands Hafen unterzubringen.[15] Das neue Schiff hatte eine verblüffende Ähnlichkeit mit HMP *The Weare*. »Um die örtlichen Sozialdienste nicht übermäßig zu belasten«, sollten nur »alleinstehende erwachsene Männer« einquartiert werden. Die konservative Regierung wusste natürlich um die Befürchtungen hinsichtlich eines Anstiegs der Kriminalität und betonte, »der gesamte Bereich wird rund um die Uhr überwacht«, außerdem werde ein »Sicherheitsexperte« bereitgestellt.[16] Wieder einmal wurde die Bibby Line beauftragt, die daraufhin die *Bibby Stockholm* lieferte.

Wie in der Vergangenheit verwiesen die Verantwortlichen darauf, wie kostenintensiv die Unterbringung von Geflüchteten an Land sei

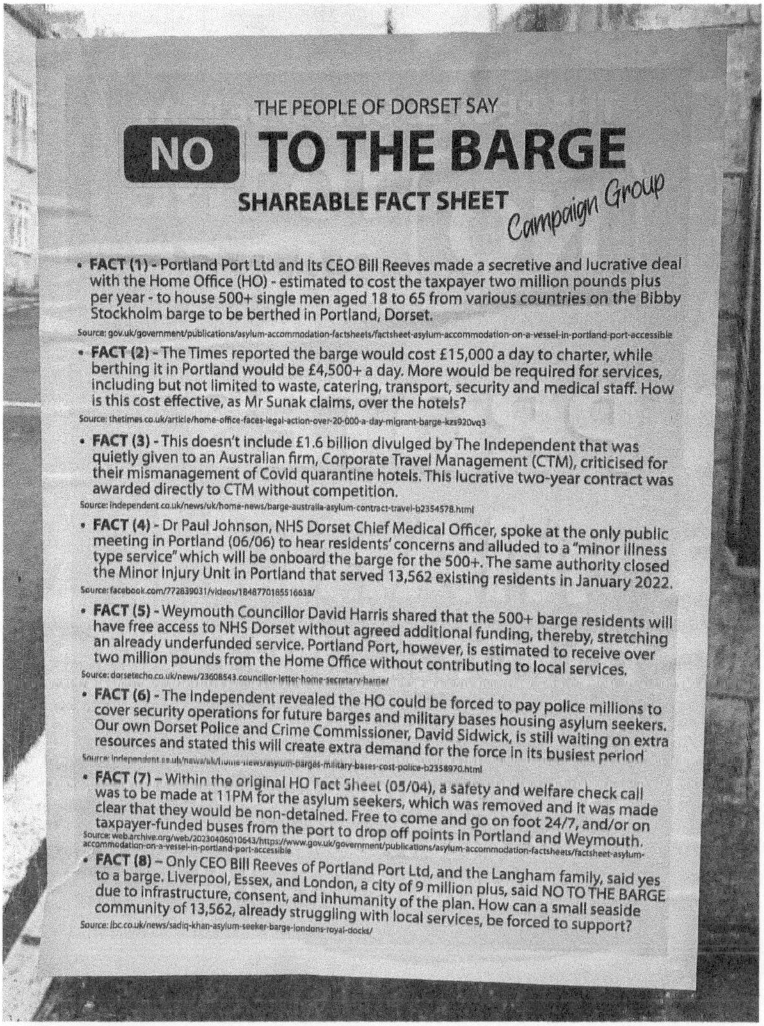


Ein Protestplakat gegen die Stationierung der *Bibby Stockholm* an einem Bushäuschen auf Portland.

(rund 6 Millionen Pfund pro Tag), dass es sich bei dem Schiff nur um ein Provisorium handele und dass damit auch Arbeitsplätze in der Region geschaffen würden. Und wie in der Vergangenheit widersetzten sich die Menschen vor Ort den Plänen. Die einen empörte die

Vorstellung, Geflüchtete wie Häftlinge zu behandeln, anderen missfiel grundsätzlich, dass Fremde auf die Insel kommen sollten. Eine der größten Facebook-Gruppen zur Organisation des Widerstands gegen das Schiff strotzte vor rassistischer und nationalistischer Rhetorik.[17] Im Juli 2023 wurden »Factsheets« und Flyer, die zu Protesten aufriefen, an Bushäuschen und ausgediente Telefonzellen geklebt.

Die sogenannten Factsheets unterstellten, es habe einen »lukrativen Geheimdeal« zwischen der Hafenleitung und dem Innenministerium gegeben und die Migranten würden nach Belieben mit »vom Steuerzahler finanzierten Bussen« ins Stadtzentrum gefahren. Die Präsenz von Geflüchteten sei insbesondere angesichts der Unterbringungskosten völlig inakzeptabel, das Schiff sei teuer, und die Migranten würden den öffentlichen Dienst, insbesondere den NHS (die staatliche Gesundheitsversorgung) und die Polizei überlasten.[18]

Nur wenige Tage nach Eröffnung des Schiffs im August 2023 musste es evakuiert werden, weil die Wasserleitungen mit Legionellen befallen waren. Die 39 Asylsuchenden an Bord wurden in ein Hotel auf dem Festland umquartiert.[19] Das Gastspiel der *Bibby Stockholm* fiel letztlich erheblich kürzer aus als das ihrer Vorgängerin. Im Juli 2024, kurz nachdem Keir Starmer mit seiner Labour-Partei bei den Wahlen einen Erdrutschsieg errungen hatte, verkündete die Regierung die Schließung der Asylunterkunft.

* * *

So sehr sich das jeweilige Umfeld auf das Schiff im Zentrum dieser Geschichte auswirkte, befand es sich doch immer auch zwischen oder außerhalb formaler rechtlicher Zuständigkeiten. Örtliche Vorgaben oder Einschränkungen durch Baugesetze waren nicht anwendbar, und Sicherheitsstandards, die in konventionelleren Einrichtungen in Stanley, New York oder Portland gegolten hätten, blieben unbeachtet. In Nigeria endete die Auseinandersetzung über das Eigentum an unserem Schiff letztlich damit, dass nigerianische Behörden die Beschlüsse von Gerichten der Britischen Jungferninseln oder die Entscheidungen von Schiedsgerichten in London umsetzten. Dieses Schiff ist ein Geschöpf der Offshore-Welt selbst, einer »kapitalistischen Wunschträumen entsprungenen Fantasiewelt«, wie es die Anthropologin Hannah Appel formulierte.[20] Zugleich war das Schiff mehrfach in sehr spezifische Kontexte eingebettet. Im Lauf seiner Existenz war es stets ein Objekt in der Schwebe, gefangen zwischen örtlichen und globalen Systemen und Machtstrukturen. Kurzum, es war immer Teil der globalen Offshore-Welt.

»Offshore« ist eine relationale Kategorie: In einem gewissen Sinn definiert sich die Bedeutung des Worts negativ, im Gegensatz zum soliden, trockenen »Onshore«, dem Festland. Während die Welt an Land etabliert, sicher, anständig und verlässlich ist, ein Ort, an dem starke Staaten Recht und Ordnung durchsetzen, gilt die Offshore-Welt, die Welt vor den Küsten, auf hoher See, als riskant, gefährlich, gesetzlos und wild, als Gebiet mit sehr diffusen Machtverhältnissen. Die Beziehung zwischen »onshore« und »offshore« ist unterschwellig hierarchisch: Wenn vom Offshoring von Kapital oder Arbeitsplätzen die Rede ist, vergleicht man anhand des Begriffs zwei unterschiedliche Schauplätze: einen mit mehr, einen mit weniger Machtausübung.

Doch »offshore« ist auch ein sehr realer Raum – mit seinen eigenen Normen und Gepflogenheiten, eigenen Sprachen, Logiken und Grenzen. Er hat seine eigene Geschichte, die im europäischen Imperialismus und dem Triumph des Nationalstaats im 20. Jahrhundert wurzelt.[21] In diesem Raum gibt es Institutionen wie Schiedsgerichte, Klassifizierungsgesellschaften und eine polyglotte Bürgerschaft aus Expatriates und Seeleuten. Und er verfügt über seine eigene Infrastruktur, zu der auch unser Schiff gehörte. Man muss die Offshore-Welt als einen realen, physischen Ort auffassen, um zu verstehen, wie die Welt heute funktioniert und über die letzten fünfzig Jahre funktioniert hat. Das Offshoring hat nicht nur bei der Globalisierung eine immens wichtige Rolle gespielt, es hat auch die Onshore-Welt schleichend und unaufhaltsam verändert. Es hat Arbeitsschutzgesetze unterminiert und die Regulierung der Finanzmärkte revolutioniert. Es hat die Welt mittels Handel, Geld und Energie verflochten und damit gleichförmiger, modularer und austauschbarer gemacht. Letztlich haben die physischen Realitäten der Offshore-Welt die scharfe Trennung zwischen onshore und offshore nach und nach aufgelöst.

Unserem Schiff und seinem Schwesterschiff kamen in diesem globalen Drama immer nur passive Rollen zu. Auch wenn sie sich aufgrund ihrer Bauart und konkreten Beschaffenheit bestimmten Einsatzmöglichkeiten oder Veränderungen widersetzten, waren die Schiffe selbst nie Handelnde. In diesem Buch wurden sie überwiegend im Passiv und nicht im Aktiv beschrieben: Sie wurden geschleppt, gehievt, renoviert, umgenutzt … Als Schiffe wurden sie beladen. Aus diesem Grund änderten sich ihr Zweck und ihre Bedeutung mit den Dingen oder Menschen, die sie aufnahmen. Gewissermaßen waren sie unbelebte Chamäleons, die sich den Kontexten und Menschen vor Ort anpassten. Passive Aufnahmefähigkeit und Wandlungsfähigkeit sind die zentralen Eigenschaften, die diese beiden schlichten Kähne definieren. Es ist ihr Leersein, ihre Fähigkeit, sich befüllen zu lassen, die sie zu Behältern für die großen sozialen und ökonomischen Wandlungsprozesse des späten 20. und frühen 21. Jahrhunderts machten. Als »Pflaster« hatte der damalige New Yorker Bürgermeister David Dinkins sie abwertend bezeichnet. Doch Pflaster sind nützlich und vielseitig einsetzbar. Sie bedecken alle möglichen Kratzer, Schnitte und Wunden. Sie schützen vor allerlei Arten von Reibung. Und die Welt ist voller Reibung. Weil jeder lokale Kontext anders ist, entsteht immer, wenn sich Menschen, Waren oder Ideen zwischen unterschiedlichen Kontexten hin- und herbewegen, Reibung bei der Verständigung, Fortbewegung und Nutzung.

Tatsächlich haben sich die Schiffe in dieser Geschichte vor allem deshalb als wertvoll erwiesen, weil solche Reibungen existieren. Ihr

Wert bestand darin, in sehr unterschiedlichen lokalen Kontexten zu funktionieren und eine ganze Reihe sehr spezifischer Probleme an unterschiedlichsten Orten der Welt lösen zu helfen. Sie waren ein vielseitiges Pflaster, keine maßgeschneiderte Spezialtherapie. Darum war unser Schiff gerade in Krisensituationen so wertvoll. Insofern war es fast egal, um welche Art Krise es sich handelte, Ölpreisschock oder Gefängnisüberbelegung, Krieg im Südatlantik oder der knallharte Wettbewerb in der Autoindustrie. Über vierzig Jahre hinweg betrachtet, hing die Nachfrage nach dem Schiff nicht von *einem* Markt oder Sektor ab, sondern von der Annahme, dass es auf der Welt immer irgendeine Krise geben würde, in der es gebraucht würde.

Wenn zwischen unterschiedlichen lokalen Kontexten immer Reibung entsteht, könnte man die Globalisierung als die schrittweise globale Reduzierung solcher Reibungen betrachten. Die Globalisierung macht Reden und Handeln, Kaufen und Verkaufen, Scherzen und Trauern über Entfernung und kulturelle Grenzen hinweg einfacher. Das Schiff ist ein Werkzeug der Globalisierung: Es bewegte sich als Vehikel zur Umgehung oder Neutralisierung von Reibung zwischen verschiedenen Kontexten rund um die Welt. Darüber hinaus war es auch Teil eines umfassenden Systems, das Verschiedenheit an sich standardisierte, einebnete, verschwinden ließ. Die Offshore-Welt, die aus Oslo, New York, Portland, Onne und Nassau gleichermaßen erreichbar ist, hat diese unterschiedlichen Orte nicht nur näher zusammengebracht, sie hat sie auch auf eine ganz fundamentale Weise gleicher gemacht und sie dabei zugleich ausgehöhlt.

So wurde das Schiff auch zum wichtigen Player bei der Einführung und Verankerung dieser neuen globalen Ordnung mit ihrem ganz eigenen Code, ihrer ganz eigenen Logik. Historikerinnen und Analysten haben für diesen Komplex globaler wirtschaftlicher und politischer Verstrickung einen Namen: *Neoliberalismus.* Der Begriff, ursprünglich zur Beschreibung einer bestimmten wirtschaftstheoretischen Sichtweise genutzt, umfasst inzwischen eine große Bandbreite von Kräften und Ideen. Neoliberalismus hat heute eine sehr diffuse Bedeutung, was auch führende Theoretiker und Verfechterinnen einer relativ engen Definition einräumen. Im populären Sprachgebrauch ist er zum Schlagwort für alle möglichen Triebkräfte und Vorstellungen geworden, die die breite Masse zugunsten einiger weniger Privilegierter entmachtet und marginalisiert haben. Manchmal wird der Begriff auch synonym mit dem globalen Kapitalismus des 21. Jahrhunderts verwendet, manchmal mit dem marktgetriebenen Abbau von Gesetzen und Normen oder dem *homo oeconomicus.*[22] Es handelt sich um ein System mit vielen Gesichtern, eine Hydra mit vielen Köpfen. Die Finanzialisierung, der freie Handel, die Globalisierung, die Macht von Konzernen, ökonomische Ungleichheit, Gentrifizierung, Masseninhaftierung, Geltungskonsum, Naturzerstörung. Es finden sich leicht Argumente, sogar Beweise, dass diese abstrakten Begriffe alle miteinander in Zusammenhang stehen. Doch wie genau, und was bedeutet das? Letztlich muss man nur lange oder genau genug hinsehen, damit klar wird, dass alles mit allem zusammenhängt.

Ein gemeinsamer Nenner all der »-ismen« und »-ierungen«, die unter die gängige Kategorie Neoliberalismus fallen, ist, dass sie gerne verdammt werden. Insbesondere verbindet sie das Faktum, dass sie als Treiber von Entmachtung, Ungleichheit und Dominanz gesehen werden. Doch selbst diese negativen Auswirkungen treten in vielerlei Formen in Erscheinung. Die Auswirkungen hängen davon ab, welche »-ismen« konkret zum Tragen kommen, aber auch vom jeweiligen lokalen Kontext und den Menschen selbst. Damit will ich sagen, dass Neoliberalismus schwer positiv abzugrenzen ist. So wie er verwendet wird, verweist der Begriff an sich häufig – und durchaus suggestiv – auf eine inkohärente Kategorie.[23]

Doch selbst wenn er mehr verdunkelt als erhellt, stehen die Trends und Kräfte, mit denen der Neoliberalismus in Verbindung gebracht wird, selbst miteinander in einer (Wechsel-)Beziehung. Das gilt auch für die Menschen, die davon betroffen sind. Unser Schiff hilft, diese

Verbindungen aufzudecken, nicht in der Theorie, sondern in der historischen Realität.[24] Seine Geschichte ist die materielle Mikrogeschichte eines Objekts, das in eine Abfolge sich überschneidender Makrotransformationen involviert war. Das Schiff ist eine dingliche Orientierungshilfe. Wie wir Menschen auch wurde es von den ökonomischen und politischen Umwälzungen der letzten fünfzig Jahre mitgerissen und gebeutelt. Seine Geschichte ist ein roter Faden, der eine Fülle abstrakter Prozesse anhand konkreter Orte und echter Menschen in aller Welt illustriert. Dieser rote Faden wurde aus den vielen Fasern der Geschichte des Neoliberalismus gewebt.

* * *

Im Lauf seiner Existenz hat unser Schiff bedeutsame Aktivitäten an den Rändern sozialer Ordnungen, Industrien und rechtlicher Zuständigkeiten ermöglicht. Arbeiter, Soldaten, Häftlinge – Menschen, die selten im Licht der Öffentlichkeit stehen – haben auf dem Schiff gewohnt und es durchlaufen, was dafür sorgte, dass der Staat funktionierte und die Industrie brummte. Zugleich wurde es auch mit Geld und Bedeutung gefüllt. Selbst in leerem Zustand bleibt es ein Behälter für die ökonomischen Kräfte und sozialen Systeme, die unsere Welt ausmachen. Diese Kräfte und Systeme sind abstrakt und dynamisch: Kapitalismus – Globalismus – Völkerrecht – Niedergang des Imperialismus – Gentrifizierung – Masseninhaftierung – Booms – Wirtschaftskrisen – Rassismus – Gier. Wie Wind und Gezeiten sind ihre Grenzen in Bewegung, ihre Wirkung funktional undefinierbar. Indem sie mal einzeln, mal konzertiert und mal gegeneinander wirkten, bestimmten sie den Kurs und die Fracht unseres Schiffs – beides war von Willkür und Zufällen bestimmt. Das Schiff hatte keinen Motor, keinen Kiel, kein Ruder. Es war Dynamiken außerhalb seiner Kontrolle ausgeliefert, wie Arthur Rimbauds trunkenes Schiff aus dem Motto dieses Buchs. Die Route unseres Schiffs ist mit »trunken« durchaus treffend beschrieben. Es bewegte sich kreuz und quer über den Atlantik und übernahm dabei eine Reihe ungewöhnlicher Aufgaben. Es wechselte ständig Eigentümer, Flagge, Name und Fracht. An Bord hielten sich sehr unterschiedliche Menschen auf. Aus der Vogelperspektive ist leicht zu erkennen, *wie* verschieden sie waren: nigerianische Ölarbeiter, amerikanische Häftlinge, britische Soldaten.

Aus der Perspektive des Schiffs sähe die Sache deutlich monotoner aus. Würde man für die Geschichte nur das Schiff selbst als Referenzrahmen wählen, wäre da ein ruhendes Vehikel, um das die Welt wild rotiert und in das Menschen hinein- und aus dem sie wieder heraushasten. Aus dieser Sicht wäre nicht das Schiff ersetzbar und modular, sondern eher die Leute darauf, und es würde noch mehr Rimbauds trunkenem Schiff ähneln: »Ich scherte mich wenig um all meine Frachten, / Flämisches Korn oder englischen Stoff, die ich trug.«[25] Die Menschen darin wären einfach nur eine austauschbare, bewegliche, in messbare Einheiten gegliederte Fracht. Sie würden von den gleichen Systemen und Kräften an Bord getrieben, die das Schiff rund um die Welt jagten, ob nun Kapitalismus, Globalismus, Recht, Politik oder Vorurteile. Eine der Grundideen meines Buchs lautet, dass der Charakter dieses Schiffs im Kern gänzlich uncharismatisch ist: ein schlichter Ponton ohne eigene Stimme, Persönlichkeit, Antrieb. Dieser Charakter – einer lebenden, atmenden Person diametral entgegengesetzt – definierte sich über seinen Status als leerer Behälter. Dennoch ist unser Schiff auch eine Metapher für andere Bedeutungsträger: die Menschen selbst. Seine Geschichte legt nahe, dass die Kräfte, die dieses eine Schiff durch die Welt bewegten und es mit Bedeutung und Wert füllten, auf uns alle einwirken.

# DANKSAGUNG

Wie alle Geschichten ist auch *Beliebige Fracht* das Produkt vieler Hände und Köpfe. Ich kann mich sehr glücklich schätzen, so viel großzügige Hilfe erfahren zu haben, um den Funken einer Idee in das Buch zu verwandeln, das Sie in Händen halten. Meine Agentin Katherine Flynn von Calligraph hat unerschütterlich und bravourös für dieses unkonventionelle Projekt gekämpft. An jeder Biegung bot Todd Portnowitz von Knopf seine wertvolle Hilfe an und lieferte brillante Anregungen, ebenso Joe Zigmond von John Murray, der wie Todd das volle Potenzial des Buchs verstanden hat, bevor ich selbst es tat. Amy Stackhouse und Kevin Bourke haben es mit scharfem Blick redigiert. Najya Gause war als Assistentin bei der Recherche von unschätzbarem Wert. Mein Dank gilt auch Sarah Khalil von Calligraph, Sandy Violette von Abner Stein, Ben Shields und Margot Lee von Knopf und Siam Hatzaw von John Murray – sie halfen mir über zahlreiche Hürden hinweg.

Freunde, Kolleginnen und Familienmitglieder spielten beim Feilen am Manuskript eine große Rolle. Emma Rothschild, Maya Jasanoff, Charlie Maier und Diana Kim haben die jeweiligen Versionen gelesen und sorgten neben den für sie typischen messerscharfen Einsichten auch für Ermutigung und Unterstützung. Shane Bobrycki erkannte den Erzählbogen der Geschichte bereits in einem frühen Entwurf. Viele andere haben Auszüge des Manuskripts gelesen oder die dahinterstehenden Thesen mit mir diskutiert. Dazu gehörten Wesley Antell, Matt Aucoin, Aditya Balasubramanian, Ian Beattie, Aaron Bekemeyer,

Jon Booth, John Brewer, Judith Brunton, Angus Burgin, Asa Bush, Sannoy Das, Elsa Génard, Victoria Gray, Michael und Patsy Kumekawa, Sabrina Gharib Lee, Dylan Matthews, Salmaan Mirza, Surabhi Ranganathan, Travers Rhodes, Mikaël Schinazi, David Todd und David Yang. Die Fehler gehen jedoch alle auf mein Konto.

Ich schrieb *Beliebige Fracht* in Harvard und am MIT. Die Unterstützung und Ressourcen, die beide Institutionen mir boten, waren entscheidend für die Fertigstellung. Am MIT waren das Unterrichten und das Nachdenken gemeinsam mit Anne McCants eine wichtige Inspirationsquelle. Zwei der Karten wurden von den Kartografiecracks Jeff Blossom und Gigi Sung am Center for Geographic Analysis erstellt, wobei die Harvard University Digital Scholarship Support Group wichtigen Input lieferte. Besonders wichtig war das Center for History and Economics in Harvard, mein ideales akademisches Zuhause der letzten Jahre. Lebhafte Diskussionen mit den EHP-Fellows, darunter Mallory Hope, Jacob Moscona, Michael O'Sullivan und Tara Suri, waren äußerst anregend und fruchtbar. Die Unterstützung von Emily Gauthier und Jennifer Nickerson war unverzichtbar. Ich danke auch dem Centre for History and Economics in Cambridge, ganz besonders Inga Huld Markan.

Dies ist ein Buch über ein Ding und zugleich über viele verschiedene Dinge. Beim Schreiben habe ich mich auf den Rat, die Expertise und die Erinnerungen vieler Menschen rund um die Welt gestützt. Diejenigen, die ich explizit interviewt habe, werden im Text auch zitiert – ich bin ihnen für ihre Hilfe und Unterstützung unendlich dankbar. Doch zugleich wirkten hinter den Kulissen viele andere mit, darunter Mikael Josephson, der seine Erinnerungen an die Finnboda-Werft mit mir teilte. Tobias Bernander Silseth, Bob Rust und Stig Tenold, die mir die norwegische Schifffahrt erklärten. Ashley Smith, die mich in die Geschichte Portlands einführte. Hugo Manson, der mit mir die Geschichten über das Offshore-Öl diskutierte. Sven van Krugten und Cilla Ingvarsson, die zu meinem Verständnis der Geschichte des schwedischen Schiffsbaus beitrugen. Der Verein Freunde der Seefahrt in Emden und Johann Alberts, die mir halfen, dem Schiff in Emden nachzuspüren. Mike Ricketts, der mich an seinen Geschichten und Erkenntnissen über das Schiff teilhaben ließ. Howard Stein danke ich für Einsichten zu Onne und Jade McClune, Gail Wearne und Mission to Seafarers für Erklärungen, was mit der *Venture* in der Walfischbucht passierte. Eine zufällige Begegnung mit Keith Davies vom MRC war vergnüglich und zugleich unglaublich hilfreich für das Verständnis des Niedergangs der britischen Handelsmarine. John Boston, Sandra Susan Smith, die Legal Aid Society in New York sowie Tom McCarthy halfen mir, in New York Kontakte zu knüpfen. Rachel Billington und *Inside Times* machten mich mit Leuten bekannt, die mit HMP *The Weare* zu tun hatten. Linda Hallwaß war eine außerordentlich zuvorkommende Gastgeberin bei VW in Emden. Ich danke ihr und vielen anderen bei Volkswagen für die Werksführung und die Informationen zur Geschichte des Firmenstandorts. Ich war immer wieder verblüfft, wie großzügig mir Menschen ihre Zeit, ihre Geschichten und ihr Wissen schenkten.

Archive und Bibliotheken, sowohl digital als auch vor Ort, sind das Zentrum meiner Forschung, und allen, die dort arbeiten, bin ich enorm dankbar. Ich danke der British Library Sound Collection, dem Columbia University Oral History Project, dem Föreningen Centrum för Näringslivhistoria, den Universitätsbibliotheken in Harvard, dem lokalhistorischen Archiv in Nacka, dem Nationalarchiv des Vereinigten Königreichs, der norwegischen Nationalbibliothek, den National Museums Liverpool, der *Nordwest-Zeitung*, dem Regionarkivet Västra Götalandregionen, dem Riksarkivet Göteborg, Sjöfartsverket, dem Stadtarchiv Emden, dem *Stavanger Aftenblad*, der Volkswagen AG und dem University of Warwick Modern Records Centre.

*Beliebige Fracht* wurde (großteils) während einer Pandemie verfasst. In Phasen, in denen man nicht reisen konnte, war ich auf die Hilfe von Archivaren und Forscherinnen angewiesen, die für mich unverzichtbare Quellen scannten und sammelten. Ich möchte besonders Charlotte Murray von den National Museums in Liverpool, Anna Bayard von der schwedischen Schifffahrtsbehörde, Helena Elisabeth Mattison vom Regionalarchiv Västra Götaland, Magnus Hansson vom Riksarkivet Göteborg und Ulrike Gutzmann und VW danken, die für mich immer wieder mehr als nur Dienst nach Vorschrift machten. Dank auch an John Winrow, der in Liverpool zusätzliche Dokumente für mich einscannte, und an Isobel Akerman, die in London Material für mich aufspürte. Ich danke Per Askergren, Rob Barnard, John Gale und meinem lieben Freund Christian Hampel für die Zustimmung zur Verwendung ihrer Fotos. Außerdem danke ich den Studierenden des Seminars 16B, das ich 2024 in Harvard hielt. Ihre Erkenntnisse, Einfälle sowie ihr kritisches Hinterfragen der Offshore-Welt verhalfen mir zu einer klareren Sicht auf mein Thema. Zu guter Letzt möchte ich mich bei den Menschen bedanken, die bei diesem Abenteuer für Bodenhaftung, Unterstützung und gute Laune sorgten: insbesondere meine Familie in Vancouver, das »Quaranteam« in Milton, der Woody Fan Club, alle zwei Wochen die TTR-Gruppe und, natürlich, Sabrina.

# ANMERKUNGEN

## ARCHIVQUELLEN UND ABKÜRZUNGEN

BL: British Library, London, Vereinigtes Königreich
BOCM: New York City Board of Correction Minutes, New York, USA
CfN: Centrum för Naringslivhistoria, Stockholm, Schweden LiG: Landarkivets i Göteborg (LiG), Göteborg, Schweden
MAL: Archives Centre at the Maritime Museum, Liverpool, Vereinigtes Königreich
MRCL: Modern Records Centre Library, University of Warwick, Coventry, Vereinigtes Königreich
Norwegian National Archives, Oslo, Norwegen
OHA: Oral History Archives, Columbia University, New York, USA
RVG: Regionarkivet Västra Götalandsregionen och Göteborgs Stad, Göteborg, Schweden
Sjöfartsverket: schwedische Behörde für See- und Binnenschifffahrt, Norrköping, Schweden
TNA: The National Archives, Kew, Vereinigtes Königreich

## MOTTO

1 Arthur Rimbaud, *Sämtliche Dichtungen*. Zweisprachige Ausgabe. Aus dem Französischen übersetzt und mit Anmerkungen und einem Nachwort herausgegeben von Thomas Eichhorn, 2. Aufl. (München: dtv, 2002), 157

## EINFÜHRUNG

1 David Brown, »Falklands Deadline Draws Near for Swedes«, *Financial Times*, 2. November 1982.

2 William Cronon, *Nature's Metropolis: Chicago and the Great West* (New York: W. W. Norton, 1991), Teil II; Jon Levy, *Freaks of Fortune: The Emerging World of Capitalism and Risk in America* (Cambridge: Harvard University Press, 2014), Kap. 7.

3 Vgl. Quinn Slobodian, *Globalists: The End of Empire and the Birth of Neoliberalism* (Cambridge: Harvard University Press, 2018).

4 Karen Hao, »Training a Single AI Model Can Emit as Much Carbon as Five Cars in Their Lifetimes«, *MIT Technology Review*, 6. Juni 2019.

5 Es ist ein Beispiel für das, was James Vernon als »emplaced history« bezeichnete, wenn auch eines, bei dem der *place* wechselt. James Vernon, »Heathrow and the Making of Neoliberal Britain«, *Past and Present* 252 (August 2021), 217.

6 Mit diesem Schiff, seiner Flexibilität und seiner Verbindung zum modernen Kapitalismus hat sich bereits Mike Ricketts beschäftigt. *The Vessel* ist auch der Titel seines Kurzfilms über das Schiff. Mike Ricketts, *The Vessel* (Film), 2013, auf YouTube. Vgl. auch Mike Ricketts, »Encounters and Spatial Controversies«, Dissertation, University of the Arts, 2015.

7 Maya Jasanoff, *The Dawn Watch: Joseph Conrad in a Global World* (New York: Penguin, 2017).

8 Wie andere globale Mikrogeschichten »folgt« mein Buch einem Gegenstand. Romain Bertrand und Guillaume Calafat, »Global Microhistory: A Case to Follow«, *Annales: Histoire, Sciences Sociales* (englische Ausgabe) 73, Nr. 1 (2018), 3–17. Doch mein Buch zeigt nicht nur »die Überschneidung von Kontexten« auf, sondern unternimmt den Versuch, ein Bild des supranationalen, umfassenden Offshore-Kontexts zu zeichnen. Zur globalen Mikrogeschichte vgl. auch John-Paul Ghobrial (Hg.), »Global History and Microhistory«, *Past and Present* 14, Supplement (2019), sowie Francesca Trivellato, »Is There a Future for Italian Microhistory in the Age of Global History?«, *California Italian Studies* 2, Nr. 1 (2011).

9 Edoardo Grendi, »Micro-analisi e storia sociale«, *Quaderni storici* 12, Nr. 35 (1977), 506–520. Vgl. auch Francesca Trivellato, »Microstoria/Microhistoire/Microhistory«, *French Politics, Culture & Society* 33, Nr. 1, Sonderausgabe, »The Politics of Empire in Post-Revolutionary France« (Frühjahr 2015), 122–134.

## 1 OSTSEE

1 Parley Augustsson (Management) an Finnboda (G. Lind) (Telex), 4. Dezember 1979, Verträge zu 409, Finnboda-Akten, Centrum för Naringslivhistoria, Stockholm, Schweden (im Folgenden CfN); Leif Kasteskog an Parley Augustsson, 4. März 1980, Verträge zu 409, Finnboda-Akten, CfN; Leif Kasteskog an Messrs Førsund, Knap, Rafen & Co., 4. März 1980, Verträge zu 409, Finnboda-Akten, CfN. Vgl. »Ny start for Parley Augustsson«, *Dagens Naeringsliv*, 22. März 2004, www.dn.no.

2 Gespräch des Autors mit Parley Augustsson am 12. Mai 2023.

3 Mike Ricketts, »Encounters and Spatial Controversies«, Dissertation, University of the Arts, 2015, 131; *Bibby Resolution* Registration, The National Archives, Kew, United Kingdom (im Folgenden TNA), BT 110/2075/32. Die Registrierung nennt als Standort der Finnboda Varv fälschlich Göteborg, wo sich die Werft Götaverken befand.

4 Leif Kasteskog an Parley Augustsson (Telex), 5. Dezember 1979, Verträge zu 409, Finnboda-Akten, CfN.

5 »Employment by Economic Sector, Sweden«, www.OurWorldInData.org.

6 Robert Rowthorn und Ramana Ramaswamy, *Deindustrialization: Its Causes and Implications* (Washington, D.C.: International Monetary Fund, 1997).

7 Marc Levinson, *The Box: How the Shipping Container Made the World Smaller and the World Economy Bigger* (Princeton: Princeton University Press, 2006), 14–15, 222.

8 Die Beschäftigtenzahl im Schiffsbau wuchs von 28.548 auf 37.276. Rikard H. Eriksson, Martin Henning und Anne Otto, »Industrial and Geographical Mobility of Workers During Industry Decline: The Swedish and German Shipbuilding Industries 1970–2000«, Geoforum 75 (2016), 89.

9 Zum Erdölkonsum als Mittel der Politik vgl. Timothy Mitchell, *Carbon Democracy: Political Power in the Age of Oil* (London: Verso, 2011), Kap. 7.

10 United Nations Conference on Trade and Development, *Handbook of International Trade and Development Statistics, 1981 Supplement* (New York: United Nations, 1982), 45.

11 Levinson, *The Box*, Kap. 11.

12 Es handelte sich um die Werft Lindholmen. Carl Hamilton, »Public Subsidies to Industry: The Case of Sweden and Its Shipbuilding Industry«, Seminar Paper Nr. 174, Institute for International Economic Studies, Stockholm, Schweden, Juni 1981, 6.

13 »Offshore Orders Generating Confidence for Shipbuilders«, *Financial Times*, 24. März 1982, 35.

14 »1981 Report on Swedish State-Owned Companies«, 8. Oktober 1981, 100, www.data.riksdagen.se; Mikael Josephson, *Finnboda varv och fartygen som byggdes där* (Stockholm: Trafik-Nostalgiska Förlaget, 2020), 89–90, 94.

15 Hamilton, »Public Subsidies to Industry«, 4a.

16 Ebd., 8a.

17 Alles in allem war die Arbeitslosigkeit in Schweden mit weniger als 4 Prozent sehr niedrig. Vgl. Anders Forslund, »Unemployment – Is Sweden Still Different?«, *Swedish Economic Policy Review* 2 (1995), 15–58.

18 Lars Bruno und Stig Tenold, »The Basis for South Korea's Ascent in the Shipbuilding Industry, 1970–1990«, The *Mariner's Mirror* 97, Nr. 3 (2011), 201–217; Gabriel Jonsson, *Shipbuilding in South Korea: A Comparative Study* (Stockholm: Institute of Oriental Languages, 1995). Vgl. auch Peter Stokes, *Ship Finance: Credit Expansion and the Boom-Bust Cycle* (London: Lloyds of London Press, 1992), Kap. 12.

19 Milton Friedman, »Nobel Lecture: Inflation and Unemployment«, *Journal of Political Economy* 85, Nr. 3 (Juni 1977), 470. Zu Friedman und der Politik vgl. Angus Burgin, *The Great Persuasion: Reinventing Free Markets Since the Depression* (Cambridge: Harvard University Press, 2015).

20 Fartygbevis (Schiffszertifikat) für Finnboda 12, 17. Dezmber 1980, Sjöfartsverket, Norrköping, Schweden, *Safe Esperia* SJZH.

21 Vgl. Gunnar Hedin, Svenska Varv – Världsledande (Göteborg: Tre Böcker, 1995); »Svenska Varv: From Rescuing Companies to Promoting Markets«, *The Motor Ship* 68, Nr. 802 (Mai 1987), 39; Josephson, Finnboda varv, 89–90.

22 Josephson, Finnboda varv, 107–14.

23 Ebd., 111. Vom Autor aus dem Schwedischen ins Englische übersetzt.

24 Ebd., 108, 115.

25 Zertifikate für NYB 408 und 409, Finnboda-Akten, CfN. Der einzige aus den Dokumenten ersichtliche Unterschied zwischen den beiden Schiffen war, dass NYB 408 mit einem 5270-Kilo-Anker und NYB 409 mit einem 5185-Kilo-Anker versehen war, die beide dasselbe Unternehmen gefertigt hatte.

26 Josephson, *Finnboda varv*, 94–98.

27 Rechnung von Öresundsvarvet, 7. Februar 1980, Verträge zu 409, Finnboda-Akten, CfN.

28 Zertifikate für NYB 408 und 409, Finnboda-Akten, CfN

29 Einzelne Zeichnungen zu Finnboda-Nummern 408 und 409, Finnboda-Akten, CfN

30 Zertifikate für NYB 409, Finnboda-Akten, CfN; Zertifikate für *Safe Esperia*, Sjöfartsverket, Sjöfartsinspektionen, Stockholms Distrikt, Landarkivets i Göteborg (im Folgenden LiG), Göteborg, Schweden, F2A:376.

31 Ernst Thälmann war bis 1933 Vorsitzender der Kommunistischen Partei Deutschlands.

32 Rechnung von Transocean Marine Paint, 10. September 1979, Verträge zu 409, Finnboda-Akten, CfN. Tor Martin Lein, »Selger hytteperle«, *Dagbladet*, 18. Juli 1999, www.dagbladet.no.

33 Zertifikate für NYB 409, Finnboda-Akten, CfN

34 Adam Smith, *Der Wohlstand der Nationen: Eine Untersuchung seiner Natur und seiner Ursachen.* Aus dem Englischen übertragen und mit einer umfassenden Würdigung des Gesamtwerkes von Horst Claus Recktenwald (München: dtv, 1982), 14–15.

35 Korrespondenz des Autors mit Parley Augustsson, 29. Mai 2023.

36 Vermerk vom 5. November 1979, Verträge zu 409, Finnboda-Akten, CfN. Vgl. auch die Rechnungen von Scandebo Shipping Co. S. A. Panama, Verträge zu 409, Finnboda-Akten, CfN. Eine weitere Firma, an der Dehlin beteiligt war, Biscayne Shipping, war in Florida eingetragen und erhielt ebenfalls Provisionen im Zusammenhang mit den Verträgen für die zwei Schiffe.

37 Korrespondenz des Autors mit Parley Augustsson, 8. Mai 2023.

38 Ebd.

39 Augustsson weist darauf hin, dass sein Unternehmen durch Dutzende Aufträge für neue Schiffe und Ausrüstung die norwegischen Werften in beträchtlichem Ausmaß unterstützte. Gespräch des Autors mit Augustsson am 12. Mai 2023.

40 »Top Marginal Personal Income Tax Rates, 1975–2013«, Tax Policy Center, 16. April 2014, www.taxpolicycenter.org; Korrespondenz des Autors mit Parley Augustsson, 8. Mai 2023.

41 Peter Stokes zitiert Schätzungen, wonach in den späten 1980er-Jahren für Reedereigeschäfte Investitionen mit beschränkter Haftung in Höhe von 3 Milliarden Dollar eingeworben wurden. Stokes, *Ship Finance*, 102–103.

42 »Severe Criticism of Augusstson's Management«, *Norway Times*, 13. März 1986, 1–3; »Parley Augustsson Faces Cliffhanger After Cliffhanger«, *Norway Times*, 25. April 1985, 9.

43 »Parley Augustsson to US«, *Norway Times*, 28. März 1985, 9; »Parley Augustsson Faces Cliffhanger«.

44 Korrespondenz des Autors mit Parley Augustsson, 8. Mai 2023.

45 Vertrag, Oslo, 6. April 1978, Verträge zu 409, Finnboda-Akten, CfN

46 Korrespondenz des Autors mit Parley Augustsson vom 8. Mai 2023; Gespräch mit Parley Augustsson am 12. Mai 2023.

47 Registrierung der *Balder Scapa*, Norwegisches Staatsarchiv, Skipsregisterkort, Serie IV Fartøy, RA/S-1627/H/Hd/L0003, online unter www.media.digitalarkivet.no; Svenska Varv Annual Report, 24. Juli 1980, www.data.riksdagen.se.

48 Gespräch des Autors mit Parley Augustsson am 12. Mai 2023. Augustsson erinnert sich, dass die von Moelven ausgeführte Konstruktion fast eine halbe Million norwegische Kronen kostete.

49 Rechnung von Stad Seaforth Shipping, 8. Juni 1979, Verträge zu 409, Finnboda-Akten, CfN. Vgl. auch Trond Presterud an Finnboda (Telex), 8. Juni 1979, Verträge zu 409, Finnboda-Akten, CfN. Rechnung von Haaland & Sønn, 1. Juni 1979, Verträge zu 409, Finnboda-Akten, CfN.

50 Augustsson erinnert sich, dass die *Balder Scapa* allein der Balder-Gruppe und keinen Mitgesellschaftern gehörte. Korrespondenz des Autors mit Parley Augustsson vom 8. Mai 2023.

51 »Severe Criticism of Augusstson's Management«; »Augustsson Bankruptcy Largest in History«, *Norway Times*, 22. Januar 1987, 1–2.

52 »Augustsson Sold Harkmark to His Children for 15 Cents«, *Norway Times*, 1. Mai 1986; »Severe Criticism of Augusstson's Management«; Stokes, *Ship Finance*, 103.

53 »Augustsson Bankruptcy Largest in History«; Augustsson v. Norway, Europäische Kommission für Menschenrechte (Zweite Kammer), 28. Februar 1996.

54 Vermerk von Sverker Albrektson, 1. November 1979, Verträge zu 409, Finnboda-Akten, CfN.

55 Gespräch des Autors mit Parley Augustsson, 12. Mai 2023.

56 »Havnen«, *Stavanger Aftenblad*, 10. November 1979, 4.

57 Augustsson teilte mit, dass der Vertag wegen der verspäteten Lieferung aufgelöst worden sei. Korrespondenz des Autors mit Parley Augustsson vom 8. Mai 2023.

58 Vertrag, Oslo, 6. April 1978, Verträge zu 409, Finnboda-Akten, CfN.

59 Leif Kasteskog an Parley Augustsson, 4. März 1980, Verträge zu 409, Finnboda-Akten, CfN; Leif Kasteskog an Messrs Førsund, Knap, Rafen & Co., 4. März 1980, Verträge zu 409, Finnboda-Akten, CfN. Vgl. auch Schuldschein (Skuldebrev), 23. Mai 1979, Verträge zu 409, Finnboda-Akten, CfN.

60 Vermerk von Sverker Albrektson, 1. November 1979, Verträge zu 409, Finnboda-Akten, CfN.

61 Leif Kasteskog an Parley Augustsson (Telex), 5. Dezember 1979, Verträge zu 409, Finnboda-Akten, CfN; Parley Augustsson (Management) an Finnboda (G. Lind) (Telex), 4. Dezember 1979, Verträge zu 409, Finnboda-Akten, CfN. Zu Norwegian Petroleum Consultants (NPC) vgl. Sachi Hatakenaka, Petter Westnes, Martin Gjelsvik und Richard K. Lester, »From ›Black Gold‹ to ›Human Gold‹: A Comparative Case Study of the Transition from a Resource-Based to a Knowledge Economy in Stavanger and Aberdeen«, Industrial Performance Center, MIT Working Paper Series, MIT-IPC-06-004, Juli 2006, 109, www.ipc.mit.edu; Parley Augustsson an Finnboda, 15. November 1980, Verträge zu 409, Finnboda-Akten, CfN.

62 Leif Kasteskog an Parley Augustsson (Telex), 5. Dezember 1979, Verträge zu 409, Finnboda-Akten, CfN.

63 Leif Kasteskog an Parley Augustsson (Management), 3. März 1980, Verträge zu 409, Finnboda-Akten, CfN.

64 Sven Sejersted Bødtker an Finnboda Varv, 10. März 1980, Verträge zu 409, Finnboda-Akten, CfN.

65 Parley Augustsson an Finnboda (Telex), 7. Mai 1980, Verträge zu 409, Finnboda-Akten, CfN.

66 Leif Kasteskog an Parley Augustsson (Telex), 7. Mai, 1980, Verträge zu 409, Finnboda-Akten, CfN.

67 Vgl. Versicherungspolice für die *Balder Scapa* von Gjensidige Norsk Skadeforsikring, 21. Mai 1980, Verträge zu 409, Finnboda-Akten, CfN.

68 Parley Augustsson an Finnboda (Telex), 23. Oktober 1980, Verträge zu 409, Finnboda-Akten, CfN.

69 »Under radande omständigheter kan vi med tanke på den låga dagsraten inte utlova att avstå från legal actions under perioden«: Leif Kasteskog an Parley Augustsson (Telex), 24. Oktober 1980, Verträge zu 409, Finnboda-Akten, CfN.

70 Gespräch des Autors mit Parley Augustsson, 12. Mai 2023.

71 Finnboda registrierte das Schiff in Schweden im Dezember 1980, kaufte es aber erst am 25. Februar 1981 offiziell von Balder Lekter I zurück. Vgl. Urkunde vom 25. Februar 1981, Sjöfartsverket, *Safe Esperia* SJZH.

72 Fartygbevis (Schiffszertifikat) für Finnboda 12, Sjöfartsverket, *Safe Esperia* SJZH.

73 Gösta Lind an Sjöfartsregistret, 9. Dezember 1980, Sjöfartsverket, *Safe Dominia* SJZA.

74 Registrierung der Balder Scapa, National Archives of Norway, Skipsregisterkort, Serie IV Fartøy, RA/S-1627/H/Hd/L0003; Fartygbevis (Schiffszertifikat) für Finnboda 12, Sjöfartsverket, *Safe Esperia* SJZH; Eric Hallberg, »Finnbodas historia i korthet«, *Länspumpen* 34, Nr. 139 (2007), 18.

75 Kaufurkunde (Köpebrev), 2. März 1981, Sjöfartsverket, *Safe Esperia* SJZH.

76 Consafe nahm eine Hypothek von 5,6 Millionen schwedischen Kronen auf die *Safe Esperia* auf und nutzte die Hypothek als Sicherheit.

77 »Consafe AB of Sweden Seeks Bankruptcy Protection«, *Wall Street Journal*, September 1985, 1.

78 Solche Kredite vergab Svenska Varv. Bibby Venture Registration, BT 110/2088, TNA; »Venture«, www.marinetraffic.com.

79 Vgl. Erklärung von Finnboda Varv, 2. März 1981, und Registerutdrag der *Safe Esperia*, 2. März 1981, Sjöfartsverket, *Safe Esperia* SJZH. Vgl. Erklärung von Swedyards, 25. März 1981, Sjöfartsverket, *Safe Esperia* SJZH. Kaufurkunde, Vertragsakte zu *Nyb. 409*, Finnboda-Akten, CfN.

80 Köpebrev (Kaufurkunde) zu Finnboda 11, 30. Januar 1981, Sjöfartsverket, *Safe Dominia* SJZA. Vereinbarung zwischen Finnboda Varv und Svenksa Varv, 2. März 1981, Verträge zu 408, Finnboda-Akten, CfN.

## 2 NORDSEE

1 »Offshore Floatel to Accommodate 600 Workers«, *Maritime Reporter* (September 1978), 58. »Offshore Orders Generating Confidence for Shipbuilders«, *Financial Times*, 24. März 1982, 35. J. Christer Ericsson, *Utan omsvep: Mitt berikande liv med Consafe* (Stockholm: Timbro, 1987), Kap. 4.

2 Marc Levinson, *The Box: How the Shipping Container Made the World Smaller and the World Economy Bigger* (Princeton: Princeton University Press, 2006).

3 James Surowiecki, »Turn of the Century«, *Wired*, 1. Januar 2002.

4 »How to Get 20 Million Tons of Grain Out of Ukraine«, *The Indicator from Planet Money*, NPR, 1. Juni 2022.

5 Vgl. »Planet Money Makes a T-Shirt: The World Behind a Simple Shirt, in Five Chapters«, *Planet Money*, NPR, 2013.

6 Adam Smith, *Der Wohlstand der Nationen: Eine Untersuchung seiner Natur und seiner Ursachen.* Aus dem Englischen übertragen und mit einer umfassenden Würdigung des Gesamtwerkes von Horst Claus Recktenwald (München: dtv, 1982), Buch I, Kap. I.

7 Vgl. Theo Notteboom, Athanasios Pallis und Jean-Paul Rodrigue, *Port Economics, Management and Policy* (New York: Routledge, 2021), Kap. 1.

8 Stefan Nilsson und Linette Israelsson, »Så blev Christer Ericsson miljardär«, *Expressen*, 28. Juni 2016, www.expressen.se.

9 Ericsson, *Utan omsvep*, Kap. 3, 151. Consafe übernahm 1981 einen Anteil von 17 Prozent an Transatlantic und von 10 Prozent an Broström, zwei schwedischen Schifffahrtsgesellschaften. Westerley Christner, »Consafe Buys Stake in Transatlantic«, *Financial Times*, 24. September 1981, 30.

10 Ericsson, *Utan omsvep*, 55.

11 Ebd., 5.

12 Ebd., 73.

13 A. Craig Copetas, »The Revolt of the Capitalists«, Inc. (September 1985), 92–95. Insbesondere wehrten sich die Firmenbosse gegen die geplanten Fonds für Beschäftigte, für die die Unternehmen 20 Prozent ihrer jährlichen Gewinne in Aktien für die Angestellten investieren sollten.

14 Ericsson, *Utan omsvep*, 239.

15 Robert Mabro u. a., *The Market for North Sea Crude Oil* (Oxford: Oxford University Press, 1986); Alexander Kemp, *The Official History of North Sea Oil and Gas, Bd. I: The Growing Dominance of the State* (London: Routledge, 2011).

16 Ericsson, *Utan omsvep*, 157. Vom Autor aus dem Schwedischen ins Englische übersetzt.

17 Convention on the Continental Shelf, 499 UNTS 311, Artikel 1. Deutscher Text zitiert nach: Internationales Übereinkommen über den Festlandsockel, Artikel 1, www.fedlex.admin.ch/eli/cc/1966/1003_1031_1020/de.

18 Ronald W. Ferrier und J. H. Bamberg, *The History of the British Petroleum Company* (Cambridge: Cambridge University Press, 1982), 201–203. Zu den Jurisdiktionen in der Nordsee vgl. Alex G. Oude Elferink, *The Delimitation of the Continental Shelf Between Denmark, Germany and the Netherlands: Arguing Law, Practicing Politics?* (Cambridge: Cambridge University Press, 2013).

19 Svein S. Andersen, *The Struggle over North Sea Oil and Gas: Government Strategies in Denmark, Britain, and Norway* (Oslo: Scandinavian University Press, 1993), 41–53. Die *Safe Astoria* wurde letztlich dann nicht von Chevron betrieben, sondern von ConocoPhillips im norwegischen Sektor. 1984 kaufte die mexikanische Firma Cotemar sie von Consafe. Ericsson, *Utan omsvep*, 127–133.

20 Department for Business, Energy and Industrial Strategy, »Crude Oil and Petroleum Products: Production, Imports and Exports 1890–2019«, 2020, www.gov.uk.

21 Bryan Cooper und T. F. Gaskell, *The Adventure of North Sea Oil* (London: Heinemann, 1976), 1. Zu Großbritannien als Kohlemacht vgl. David Edgerton, *The Rise and Fall of the British Nation: A Twentieth-Century History* (London: Penguin, 2019), 80–86, 295–298. Zu den Unterschieden der Öl- und Kohleförderung und wie sie mit demokratischer Politik und Identität zusammenhängen vgl. Timothy Mitchell, *Carbon Democracy: Political Power in the Age of Oil* (London: Verso, 2011), 36–40.

22 Tabitha Lasley, *Seegang: Aus dem Englischen von Tanja Handels* (München: Luchterhand, 2022), 164. »Hatten die Aufgabe, die Zivilisation zu erhalten. Ihre Tätigkeit […] hatte die paradoxe Wirkung, dass sie sich umso grobschlächtiger benahmen.«

23 Hugo Manson, Gespräch mit Alexa Reid, 2000, Aberdeen, Lives in the Oil Industry Oil History Project, The British Library, London, United Kingdom (im Folgenden BL), C963/47.

24 Terry Brotherstone und Hugo Manson, »From The Little House on the Prairie to the ›King Eddie Suite‹: Life-Stories from North Sea Oil«, *History Scotland* 2, Nr. 1 (2002), 42.

25 Hugo Manson, Interview mit Robert Ballantyne, 2000–2002, Aberdeen, Lives in the Oil Industry History Project, BL, C963/53.

26 Brotherstone und Manson, »Life-Stories from North Sea Oil«.

27 Hugo Manson, Interview mit David Robertson, 2000–2001, Aberdeen, Lives in the Oil Industry Oil History Project, BL, C963/61.

28 Juan Carlos Boué, »The UK North Sea as a Global Experiment in Neoliberal Resource Extraction: The British Model of Petroleum Governance from 1970 to 2018« (London: Platform London and Public and Commercial Services Union, Februar 2020), 5, 9. Vgl. auch Alex Kemp, *The Official History of North Sea Oil and Gas*, 2 Bände (London: Taylor and Francis, 2013).

29 Vgl. Andersen, *The Struggle over North Sea Oil and Gas*, 88–94.

30 Ericsson, *Utan omsvep*, 163. Vom Autor aus dem Schwedischen ins Englische übersetzt.

31 Vgl. z. B. »Partnerships Jostle for Norway's Subsea Promise«, *Offshore Engineer*, 1. January 1984, 29–30.

32 »International Corporate Report«, *Wall Street Journal*, 19. April 1984, 1. Kevin Done, »Public Offering by Consafe«, *Financial Times*, 19. November 1983, 21. Im Jahr zuvor hatte

Consafe einen Gewinn vor Steuern von 50,6 Millionen Dollar verbucht und Anteile im Wert von 18 Prozent seines Eigenkapitals an die Stockholmer Börse gebracht.

33 Kevin Done, »Public Offering by Consafe«, *Financial Times*, 19. November 1983, 21; David Brown, »Consafe Looks to a Future Based on a Broader International Field«, *Financial Times*, 3. April 1985, 35. Ericsson, *Utan omsvep*, 162.

34 »Offshore Orders Generating Confidence for Shipbuilders«, *Financial Times*, 24. März 1982, 35.

35 »Knowing How to Compete. Profile: Ake Norling, Governor of Gothenburg and Bohus«, *Financial Times*, 24. März 1982, 34.

36 Ebd.

37 Ericsson, *Utan omsvep*, Kap. 4.

38 »En ombyggnad har hela tiden funnits med i bilden«; »Kan man kanske tillstå att A delvis har rätt«.

39 Parley Augustsson an Finnboda, 15. November 1980, Verträge zu 409, Finnboda-Akten, CfN.

40 Gösta Lind an Parley Augustsson, 12. Dezember 1979, Verträge zu 408, Finnboda-Akten, CfN.

41 Vermerk von Sverker Albrektson, 1. November 1979, Verträge zu 409, Finnboda-Akten, CfN.

42 Vgl. Fartygbevis (Ship Certificate) for *Safe Dominia*, 17. Oktober 1981, Sjöfartsverket, *Safe Dominia* SJZA.

43 JCE, 300 Man Coastel Outline Specification, o. D. [1981], LiG, F2A:375. *Bibby Resolution* Registration, TNA, BT 110/2075/32; *Bibby Venture* Registration, TNA, BT 110/2088. Die Werft gehörte Von Tell. Die Unterkunftsaufbauten der *Safe Esperia* wurden am 21. März 1983 von den schwedischen Behörden geprüft. Vgl. die Berechnungen der Tonnage gemäß dem Internationalen Schiffsvermessungsübereinkommen, *Safe Esperia*, 3. März 1981, und Mätbevis (Schiffsmessbrief) *Safe Esperia*, 21. März 1983, Sjöfartsverket, *Safe Esperia* SJZH.

44 Vgl. Material von Von Tell Nico and Nordelektro in Sjöfartsverket, *Safe Esperia* SJZH und *Safe Dominia* SJZA.

45 JCE, 300 Man Coastel Outline Specification, o. D. [1981], LiG, F2A:375.

46 Pläne für Landungssteg, 10. September 1981, LiG, F2A:375.

47 Rechnung von Götmodul, 7. August 1981, LiG, F2A:375.

48 Vgl. Bescheinigungen und Prüfberichte in Ordner B, LiG, F2A:375.

49 Svenska Textilforskningsinstitutet, Report, 6. Mai 1980, LiG, F2A:375.

50 JCE, 300 Man Coastel Outline Specification, o. D. [1981], LiG, F2A:375.

51 *Safe Dominia* Fordinelse Mellan Typ 1-Moduler, 25. Juni 1981, LiG, F3A:450, 096–9.

52 JCE, 300 Man Coastel Outline Specification, o. D. [1981], LiG, F2A:375.

53 Det Norske Veritas war in Oslo ansässig und schloss sich 2013 mit einer anderen großen Klassifizierungsgesellschaft, dem in Hamburg ansässigen Germanischen Lloyd, zusammen. Der Verbund firmiert jetzt unter dem Namen DNV GL.

54 Vgl. Certificates from Det Norske Veritas in LiG, F2A:375.

55 Charles Ernest Fayle, *A History of Lloyd's from the Founding of Lloyd's Coffee House to the Present Day* (London: Macmillan, 1928).

56 Frederick Martin, *The History of Lloyd's and of Marine Insurance in Great Britain* (New York: Burt Franklin, 1971 [1876]), Kap. 18; Ekaterina Anyanova, »The Changing Role of International Classification Societies in International Shipping Practice«, *International Journal of Private Law* 1, Nr. 3–4 (2008), 358–367.

57 Anthony D. Muncer, »Classification Societies«, in *Encyclopedia of Maritime and Offshore Engineering*, hg. v. John Carlton, Yoo Sang Choo und Paul Jukes (London: John Wiley and Sons, 2018), 2054–2062.

58 Muncer, »Classification Societies«, 2053; Anyanova, »The Changing Role of International Classification Societies«. Zwölf der relevantesten Gesellschaften gehören zur International Association of Classification Societies, die laut Anyanova »als zusätzliche Garantie für die Qualität und Sorgfalt bei der Ausübung ihrer Funktionen dient«, 360–361; International Association of Classification Societies, www.iacs.org.uk.

59 Anyanova, »The Changing Role of International Classification Societies«, 359.

60 Det Norske Veritas, Sertifikat for Midlertidig Klasse, 23. Mai 1979, Certificates for 409, Finnboda-Akten, CfN.

61 Muncer, »Classification Societies«, 2057.

62 Dazu brauchte Consafe die Genehmigung von Swedyards (Svenska Varv), Anspruchsberechtigte der alten Hypothek von 5,6 Millionen schwedischen Kronen. Vgl. Sverker Albrektson und Tor Grotenfelt an Sjöfartsregistret (Schiffsregister), 22. April 1981, Sjöfartsverket, *Safe Dominia* SJZA.

63 JCE Consafe Offshore, Coastel Outline Specification, o. D. [1979–1983], Regionar kivet Västra Götalandsregionen och Göteborgs Stad, Göteborg, Schweden, GSA_13-1 /F 1 B/42.

64 David Brown, »Falklands Deadline Draws Near for Swedes«, *Financial Times*, 2. November 1982, 6; New York City Board of Correction Minutes (im Folgenden BOCM), 10. Mai 1989, www1.nyc.gov.

65 JCE Consafe Offshore, Coastel Outline Specification, o. D. [1979–1983], Regionar kivet Västra Götalandsregionen och Göteborgs Stad, Göteborg, Schweden (im Folgenden RVG), GSA_13-1/F 1 B/42; JCE Consafe Offshore, Particulars of the Fleet and Organisation, Mai 1983, RVG, GSA_13-1/F 1 B/42.

66 Brown, »Falklands Deadline Draws Near for Swedes«, 6.

67 Zur Standardisierung von Frachtcontainern vgl. Levinson, *The Box*, Kap. 7. Vgl. JCE Consafe Offshore, Coastel Outline Specification, o. D. [1979–1983], RVG, GSA_13-1/F 1 B/42, section 2.

68 Siebenundzwanzig Menschen starben auf der Reise von Kamerun nach Kingston. Voyage ID 81106, Trans-Atlantic Slave Trade Database, www.slavevoyages.org.

69 Dawn Littler und David Anderson, »Records of Bibby Line«, Finding Guide, 2000, National Museums Liverpool Archive Centre, Liverpool, UK. Vgl. auch Arabella McIntyre-Brown, »Shenanigans in Shipping«, Freemagination Blog, www.wheredoyougetideas.wordpress.com; Arabella McIntyre-Brown, *Time and Tide: 200 Years of the Bibby Line Group, 1807–2007* (Dublin: Capsica Ltd., 2007).

70 Oswald Jones, Abby Ghobadian, Nicholas O'Regan und Valerie Antcliff, »Dynamic Capabilities in a Sixth-Generation Family Firm: Entrepreneurship and the Bibby Line«, *Business History* 55, Nr. 6 (2013), 914, 918. »Bibby Line«, The Red-Duster, The Merchant Navy Association, www.red-duster.co.uk. Vgl. auch Duncan Haws, *Merchant Fleets: The Burma Boats: Henderson and Bibby* (London: TCL Publications, 1996). »Sir Derek Bibby, 69«, *The Sunday Times*, 10. Mai 1992.

71 Jones, Ghobadian, O'Regan und Antcliff, »Entrepreneurship and the Bibby Line«, 941.

72 Ebd.; »Bibby Line«.

73 1950 wurden in Großbritannien 37,9 Prozent der weltweiten Schiffsflotte gebaut, 1975 nur noch 3,6 Prozent. Geoffrey Owen, *From Empire to Europe: The Decline and Revival of British Industry Since the Second World War* (London: HarperCollins, 2000), 99–110.

74 Allerdings stellten sich solche Aufträge als wenig profitabel heraus. Lewis Johnman und Hugh Murphy, *British Shipbuilding and the State Since 1918: A Political Economy of Decline*

(Exeter: University of Exeter Press, 2002), Kap. 7, insbesondere 205–213. Vgl. auch Anthony Burton, *The Rise and Fall of British Shipbuilding* (London: The History Press, 2013), Kap. 11.

75 Peter Hill, »Shipbuilders Seek ›Buy British‹ Aids«, *The Times*, 6. November 1975, 20.

76 Stig Tenold, *Norwegian Shipping in the 20th Century: Norway's Successful Navigation of the World's Most Global Industry* (London: Palgrave Macmillan, 2019), Kap. 7.

77 Vgl. zum Beispiel die Analyse des jungen Tony Blair. Tony Blair, »Thatcherism«, *London Review of Books* 9, Nr. 19 (29. Oktober 1987), www.lrb.co.uk.

## 3 SÜDATLANTIK

1 Lawrence Freedman, *The Official History of the Falklands Campaign*, Bd. II: *War and Diplomacy* (London: Routledge, 2005), 465.

2 Zitiert ebd., 464.

3 *War in the Falklands*, 1982 (London: The Stationery Office, 2001), 227.

4 Ebd., 227–232; Freedman, *War and Diplomacy*, Kap. 41. Vgl. auch David Cannadine, *Margaret Thatcher: A Life and Legacy*, Kap. 4; Peter Jenkins, *Mrs. Thatcher's Revolution: The Ending of the Socialist Era* (Cambridge: Harvard University Press, 1988), 159–166.

5 Philip J. Stern, *Empire, Incorporated: The Corporations That Built British Colonialism* (Cambridge: Harvard University Press, 2023), 318.

6 Zu den Bildern vom Falklandkrieg vgl. Sarah Maltby, *Remembering the Falklands War: Media, Memory and Identity* (London: Palgrave Macmillan, 2016).

7 Ende Februar 1983 bestand Unterbringungsbedarf für 4629 Personen, was sich bis Mai auf 3829 reduzierte. B. M. Lane, Falkland Islands: The Coastel Position, 25. Februar 1983, TNA, DEFE 47/46.

8 Edward Fursdon, *Falklands Aftermath: Picking Up the Pieces* (Barnsley, UK: Pen and Sword, 1988), 155.

9 Charles Darwin, *Gesammelte Werke*. Nach Übersetzungen aus dem Englischen von J. Victor Carus. *Erster Teil: Reise eines Naturforschers um die Welt* (Frankfurt: Zweitausendeins, 2006), 87.

10 Vgl. »The United Kingdom Defence Programme: The Way Forward«, Juni 1981, Cmnd. 8288; Lawrence Freedman, *The Official History of the Falklands Campaign*, Bd. I: *The Origins of the Falklands War* (London: Routledge, 2005), Kap. 14.

11 Daten zur volkswirtschaftlichen Gesamtrechnung der Weltbank und der OECD, www.data.worldbank.org.

12 James M. Boughton, *Silent Revolution: The International Monetary Fund, 1979–1989* (Washington, D.C.: IMF, 2001), Kap. 8; Rüdiger Dornbusch und Juan Carlos de Pablo, »Argentina: Debt and Macroeconomic Instability«, NBER Working Paper Nr. 2378, National Bureau of Economic Research, Cambridge, MA, September 1987, www.nber.org; Francisco J. Buera und Juan Pablo Nicolini, *The Case of Argentina*, Konzeptpapier, www.manifold.bfi.uchicago.edu.

13 Richard D. Chenette, »The Argentine Seizure of the Malvinas [Falkland Islands]: History and Diplomacy«, Vortrag im Seminar »War in the Modern Area«, Marine Corps Command and Staff College, Quantico, Virginia, 4. Mai 1987, www.globalsecurity.org.

14 Ebd., Kap. 6; Freedman, *The Origins of the Falklands War*, Kap. 1. Vgl. auch *War in the Falklands*, 1982.

15 Margaret Thatcher vor dem Unterhaus, 3. April 1982, in *War in the Falklands*, 1982, 237.

16 Zur Rolle der Falklandinseln für das Empire vgl. Exequiel Mercau, *The Falklands War: An Imperial History* (Cambridge: Cambridge University Press, 2019). Mercau verweist darauf, wie die Falklandinseln generell mit dem Konservatismus verknüpft wurden. Vgl. dazu besonders Kap. 6.

17 Margaret Thatcher, Rede in Cheltenham, 3. Juli 1982, Thatcher Archive CCOPR 486/82, www.margaretthatcher.org. Vgl. auch Jenkins, *Mrs. Thatcher's Revolution*, 164–165; David Edgerton, *The Rise and Fall of the British Nation: A Twentieth-Century History* (London: Penguin, 2019), 426, 432.

18 Thatcher, Rede in Cheltenham.

19 Vgl. Mercau, *The Falklands War*.

20 Defence Policy Overseas: Falkland Islands; Accommodation; Location of Coastels, TNA, DEFE 13/1617; Anthony Nicholas, »Hotel Ship for British Troops«, *UPI*, 29. Oktober 1982, www.upi.com.

21 Nicholas, »Hotel Ship for British Troops«.

22 *Hansard*, House of Commons Debate, 15. November 1982, Bd. 32, Sp. 40–1W; *Hansard*, House of Commons Debate, 8. Februar 1985, Bd. 72, Sp. 739W.

23 Jenkins, *Mrs. Thatcher's Revolution*, und allgemeiner Cannadine, *Margaret Thatcher*.

24 Margaret Thatcher, Rede auf dem Parteitag der Konservativen Partei am 8. Oktober 1982, zitiert in Cannadine, *Margaret Thatcher*, 54. Vgl. auch Edgerton, *The Rise and Fall of the British Nation*, 455.

25 Cannadine, *Margaret Thatcher*, 54.

26 »Military Expenditure (Percent of GDP) – United Kingdom«, World Bank Data, www.data.worldbank.org. Daten vom Stockholm International Peace Research Institute (SIPRI), Yearbook: Armaments, Disarmament and International Security, 2023. Die US-Militärausgaben wuchsen von unter 5 Prozent des BIP 1979 auf fast 7 Prozent Mitte der 1980er-Jahre. Es waren zu Beginn des Jahrzehnts 144 Milliarden Dollar im Vergleich zu 325 Milliarden im Jahr 1990.

27 Stern, *Empire, Incorporated*, 262–263, 317–318.

28 Vgl. z. B. E. J. Hobsbawm, *Industrie und Empire* (Frankfurt/M.: Suhrkamp, 1969); John Darwin, *The Empire Project: The Rise and Fall of the British World System, 1830–1970* (Cambridge: Cambridge University Press, 2009).

29 Jody Freeman und Martha Minow (Hg.), *Government by Contract: Outsourcing and American Democracy* (Cambridge: Harvard University Press, 2009).

30 Vgl. Kaufurkunde der *Safe Esperia*, 21. März 1983, Sjöfartsverket, *Safe Esperia* SJZH, Nr. 38. Vgl. auch Bibby Line Limited Directors' Report und Annual Accounts, 1982, in Sjöfartsverket, *Safe Esperia* SJZH. Kurz nachdem sie die Eigentumsrechte erworben hatte, nahm die Britain Steamship Company zwei Hypotheken bei schwedischen Banken auf das Schiff auf. Vgl. *Bibby Resolution* Registration, BT 110/2075/32. Vgl. auch Falkland Islands: General, Including Construction Work; Coastel Accommodation, TNA, DEFE 47/46.

31 Coastels – Reports, 7. April 1983, TNA, DEFE 13/1617. Fursdon, *Falklands Aftermath*, 155. Vgl. *Bibby Resolution* Registration, TNA, BT 110/2075/32. Die *Safe Esperia* wurde an Bord des neu gebauten MV *Dan Lifter* transportiert.

32 *Bibby Resolution* Registration, TNA, BT 110/2075/32; Bibby Venture Registration, TNA, BT 110/2088.

33 »Mersey Notes and General News Items«, *Liverpool Nautical Research Society Bulletin* 28, Nr. 2 (April–Juni 1984), 34.

34 Derek Bibby an A. W. (Jerry) Wiggin, 31. Januar 1983, TNA, DEFE 13/1617.

35 Kaufurkunde für die *Safe Esperia*, 21. März 1983, Sjöfartsverket, *Safe Esperia* SJZH, Nr. 38; *Bibby Resolution* Registration, TNA, BT 110/2075/32.

36 Bibby Venture Registration, TNA, BT 110/2088. Die Beteiligungsgesellschaft, Consafe (Jersey) Ltd., kaufte das Schiff formell für 11 Millionen Dollar von Consafe Offshore. Zu diesem Zeitpunkt war es mit Hypotheken in Höhe von etwa 10 Millionen Dollar belastet. Registerutdrag, o. D. [nach dem 16. November 1982], und Kaufurkunde, Sjöfartsverket, *Safe Dominia* SJZA.

37 »Sir Jerry Wiggin, Tory MP – Obituary«, *The Telegraph*, 19. März 2025, www.telegraph.co.uk.

38 D. O. Arnold-Foster, »Falkland Islands Accommodation: A Third Coastel«, 1. März 1983, TNA, DEFE 47/46.

39 B. M. Lane, »Falkland Islands: The Coastel Position«, 25. Februar 1983, TNA, DEFE 47/46.

40 Die Inflationsrate wurde mit etwa 3 Prozent angesetzt, verglichen mit 8 Prozent im Jahr zuvor. »Investment Appraisal on Third Coastel Based on Bibby Quotation«, 25. Februar 1983, TNA, DEFE 47/46. Fernschreiben von Derek Bibby an A. W. Wiggin, 23. Februar 1983, TNA, DEFE 13/1617.

41 Vgl. Edgerton, *The Rise and Fall of the British Nation*, 429–32; Anthony Barnett, *Iron Britannia: Time to Take the Great Out of Britain*, rev. Ausgabe (London: Faber and Faber, 2012).

42 *Hansard*, House of Commons Debate, 4. November 1982, Bd. 31, Sp. 119–214; *Hansard*, House of Commons Debate, 1. März 1983, Bd. 38, Sp. 122–124.

43 Falkland Islands – Tour Lengths, 21. Dezember 1982, TNA, DEFE 47/46.

44 Das stellte sich beim Besuch von VCDS(P&L) auf den Falklandinseln heraus, 9. August 1982, TNA, DEFE 47/46.

45 *Hansard*, House of Commons Debate, 4. November 1982, Bd. 31, Sp. 200.

46 Philip Keeble, *Patrolling the Cold War Skies: Reheat Sunset* (Stroud, UK: Fonthill Media, 2017), 152.

47 *Hansard*, House of Commons Debate, 9. März 1983, Bd. 38, Sp. 889–890.

48 Dt. etwa: »Wenn der Wind hier weht in Stanley, / schaukelt unser Coastel hin und her. / Weil die Soldaten das schlecht vertragen, / machen sie unten ihren Magen leer.« Das Lied »Coastel 3« verfasste Phil Richards. Vgl. »1st Battalion: The Argyll and Sutherland Highlanders – Falkland Islands and South Georgia 1986–1987«, 2014, http://argylls1945to1971.co.uk/AandSH_FIandSG1986to87.htm.

49 Ein Post zur »Coastel Accommodation« in RAF Stanley & Coastel Dwellers (Combined Forces) Falkland Islands Facebook Group, 4. November 2020.

50 Die Falkland-Veteranen sind nach wie vor aktiv auf Facebook; die Facebook-Gruppe RAF Stanley and Coastel Dwellers hat mir bei meinen Recherchen für dieses Projekt sehr geholfen.

51 Post zur Unterbringung auf dem Coastel.

52 Dawn Littler und David Anderson, »Records of Bibby Line«, Finding Guide, 2000, National Museums Liverpool Archive Centre.

53 Unser Schiff war mit 3,5 Millionen Pfund etwas teurer. »Coastels«, 7. Januar 1983, TNA DEFE 13/1617.

54 Mike Ricketts, *The Vessel* (Film), 2013, www.youtube.com.

55 *Hansard*, House of Commons Debate, 9. März 1983, Bd. 38, Sp. 889; *Hansard*, House of Commons Debate, 24. Januar 1984, Bd. 52, Sp. 456. Vgl. auch Bibby Maritime Limited, Client List, o. D. [2019], www.bibbymaritime.com.

56 »Energy Consumption by Source, World«, Our World in Data, www.ourworldindata.org; die Daten stammen vom Energy Institute Statistical Review of World Energy, 2023.

57 David Brown, »Consafe Looks to a Future Based on a Broader International Field«, *Financial Times*, 3. April 1985, 35.

58 Kevin Done, »Swedish Group Granted Debt Moratorium«, *Financial Times*, 17. Juli 1985, 29.

59 »Consafe AB of Sweden Seeks Bankruptcy Protection«, *Wall Street Journal*, September 1985, 1. Juris Kaza, »On Election Eve, Sweden Lets an Unprofitable Business Go Under«, *Christian Science Monitor*, 13. September 1985, www.csmonitor.com. Ericssons Darstellung der Ereignisse enthält viele Schuldzuweisungen, insbesondere an den schwedischen Staat. Vgl. J. Christer Ericsson, *Utan omsvep: Mitt berikande liv med Consafe* (Stockholm: Timbro), 1987, Kap. 1.

60 Ericsson, *Utan omsvep*, 191, 214, 222, 242.

61 Die Umbenennung von *Safe Esperia* zu *Bibby Resolution* fand am 29. November 1985 statt; *Bibby Resolution* Registration, BT 110/2075/32. »Bibby Line«, The Red-Duster, The Merchant Navy Association, www.red-duster.co.uk. Vgl. auch Duncan Haws, *Merchant Fleets: The Burma Boats Henderson and Bibby* (London: TCL Publications, 1996).

## 4 KARIBIK

1 Oswald Jones, Abby Ghobadian, Nicholas O'Regan und Valerie Antcliff, »Dynamic Capabilities in a Sixth-Generation Family Firm: Entrepreneurship and the Bibby Line«, *Business History* 55, Nr. 6 (September 2013), 941.

2 »Bibby's Flagging-Out Is Condemned by MNAOA«, *The Telegraph*, Juni 1984, in National Museums Liverpool Archive Centre, Liverpool, United Kingdom (im Folgenden MAL), B/BIBBY/5/11.

3 »Bibby Line«, The Red-Duster, Merchant Navy Association, www.red-duster.co.uk; Andrew Fisher, »Bibby Line Switches Ship Registration to Hong Kong«, *Financial Times*, 1. Mai 1984, 10.

4 »Bibby's Flagging-Out Is Condemned«.

5 »Signpost to British Shipping's Demise«, *Liverpool Nautical Research Society Bulletin* 28, Nr. 1 (Januar März 1984), 37.

6 »Employment by economic sector, United Kingdom«, Our World in Data, www.ourworldindata.org. Vgl. auch Geoffrey Owen, *From Empire to Europe: The Decline and Revival of British Industry Since the Second World War* (New York: HarperCollins, 2000).

7 Philip Shore, *Sunset over the Red Ensign: The Decline of British Deepsea Shipping, 1945–1989*, Dissertation, University of Kent, Canterbury, UK, Januar 1990, 4.10. Vgl. auch Keith Davies, *The Decline of the British Merchant Fleet: Some New Perspectives*, Dissertation, University of Warwick, Coventry, UK, 2018.

8 J. McConville, *Industrial Relations in the UK Shipping Industry Since the Second World War*, Dissertation, University of Warwick, Coventry, UK, Juni 1982, 259.

9 Derek P. Richards, »Flagged-Out Implications«, in Letters to the Editor, Mai 1984, *The Telegraph*, 6, Modern Records Centre, University of Warwick, Coventry, UK (im Folgenden MRC), MSS.441/MNAO/4/3/124.

10 Werbung für die Bibby Line, Dezember 1973, *The Telegraph*, 13, MRC, MSS.441/MNAO/4/3/2.

11 Shore, *Sunset over the Red Ensign*, 4.5.

12 Allerdings weist Keith Davies darauf hin, dass der Staat britischen Reedereien im Gegensatz zu anderen Unternehmen des Landes immerhin gewisse Steuererleichterungen zugestand. Davies, *The Decline of the British Merchant Fleet*, 81.

13 »Bibby Line«, The Red-Duster, 10. Vgl. auch Duncan Haws, *Merchant Fleets: The Burma Boats Henderson and Bibby* (London: TCL Publications, 1996).

14 Michael Baily, »Shipping Firm Lays Up After 179 Years«, *The Times*, 1. Mai 1984, 28.

15 »Signpost to British Shipping's Demise«, *Liverpool Nautical Research Society Bulletin* 28, Nr. 1 (Januar–März 1984), 37.

16 Zum Kontext vgl. John N. K. Mansell, *Flag State Responsibility: Historical Development and Contemporary Issues* (Berlin: Springer, 2009), 78–79.

17 »Reflag«, Oxford English Dictionary Online, 2009, www.oed.com.

18 Elizabeth R. DeSombre, *Flagging Standards: Globalization and Environmental Safety, and Labor Regulations at Sea* (Cambridge: MIT Press, 2006), 37; vgl. dort auch Kap. 6 zum Widerstand der Beschäftigten gegen Billigflaggen.

19 Im selben Zeitraum sank die in den USA registrierte Tonnage von 25.589.000 auf 19.111.000 Bruttoregistertonnen, in Liberia stieg sie von 10.079.000 auf 70.718.000 Bruttoregistertonnen und in Hongkong von 318.000 auf 2.580.000 Bruttoregistertonnen. Ebd., 82–83. UN Conference on Trade and Development (UNCTAD), 2020 Handbook of Statistics (New York: United Nations, 2020), 78.

20 Jones, Ghobadian, O'Regan und Antcliff, »Entrepreneurship and the Bibby Line«, 941.

21 Shore, *Sunset over the Red Ensign*, 5.39, 6.6.

22 »Coastel: The World's Most Accommodating Floating Unit«, Bibby Line Promotional Brochure, o. D. [1980er-Jahre], MAL, B/BIBBY/4/8.

23 *Bibby Venture* Registration, TNA, BT 110/2088; *Bibby Resolution* Registration, TNA, BT 110/2075/32.

24 »Muscat Dhows Case, Award of the Tribunal«, 8. August 1905, Hague Court Reports, Den Haag, 1916, 96, zitiert in DeSombre, *Flagging Standards*, 69. Zum Fall Muscat Dhows vgl. Fahad Ahmad Bishara, »›No Country but the Ocean‹: Reading International Law from the Deck of an Indian Ocean Dhow, ca. 1900«, *Comparative Studies in Society and History* 60, Nr. 2 (2018), 338–366. Die Auffassung, dass Schiffe eine Nationalität haben, welche durch die Registrierung im jeweiligen Staat definiert ist, wurde festgelegt in Art. 5(1) der Genfer Seerechtskonventionen von 1958. Sie wurde bestätigt im UN-Seerechtsübereinkommen. Vgl. Ademun-Odeke, »An Examination of Bareboat Charter Registries and Flag of Convenience Registries in International Law«, *Ocean Development and International Law* 36, Nr. 4 (2005), 339–362. Vgl. auch Davies, *The Decline of the British Merchant Fleet*, Kap. 3.

25 Bishara, »›No Country but the Ocean‹«.

26 S. G. Sturmey, *British Shipping and World Competition* (Liverpool: University of Liverpool Press, 2009 [1962]), Kap. 9.

27 E. Kay Gibson, *Brutality on Trial: »Hellfire« Pedersen, »Fighting« Hansen, and the Seaman's Act of 1915* (Gainesville: University of Florida Press, 2006).

28 Boleslaw Adam Boczek, *Flags of Convenience: An International Legal Study* (Cambridge: Harvard University Press), 9–13; DeSombre, *Flagging Standards*, 71–74.

29 W. L. Cornyn of Pacific Freighters, zitiert in Rodney Carlisle, *Sovereignty for Sale: The Origins and Evolution of the Panamanian and Liberian Flags of Convenience* (Annapolis: Naval Institute Press, 1981), 10–11; DeSombre, *Flagging Standards*, 72.

30 Carlisle, *Sovereignty for Sale*, Kap. 3.

31 Zu dieser echten Bindung (»genuine link«) vgl. UNCLOS, Artikel 91.

32 Committee of Inquiry into Shipping, Report (London: HMSO, 1970) (Cmnd. 4337), 51.

33 Das System der Billigflaggen, so der Journalist William Langewiesche, »stellt den Zweck von Souveränität geradezu auf den Kopf und ist damit die perfekte Verhöhnung jeglichen Na-

tionaldünkels. Es ist freies Unternehmertum in Reinform.« William Langewiesche, »Anarchy at Sea«, *The Atlantic*, September 2003. Vgl. auch Langewiesche, *The Outlaw Sea: A World of Freedom, Chaos, and Crime* (New York: North Point Press, 2004), 4–7.

34 Vgl. DeSombre, *Flagging Standards*; Carlos Felipe Llinás Negret, »Pretending to Be Liberian and Panamanian: Flags of Convenience and the Weakening of the Nation State on the High Seas«, *Journal of Maritime Law and Commerce* 27, Nr. 1 (Januar 2016), 1–28.

35 Dies zog Vorteile nach sich, die weit über Steuererleichterungen hinausgingen. Geltende US-Gesetze schreiben vor, dass 75 Prozent des Bordpersonals eines Schiffs unter US-Flagge amerikanische Staatsbürger oder Einwohnerinnen sein müssen. Darüber hinaus muss jedes Schiff unter US-Flagge, das für den Küstenhandel eingesetzt wird, Eigentum eines amerikanischen Staatsbürgers und in einer amerikanischen Werft gebaut worden sein. Negret, »Pretending to Be Liberian and Panamanian«, 16–18.

36 DeSombre, *Flagging Standards*, 72–73. Zur United Fruit Company vgl. Jason M. Colby, *The Business of Empire: United Fruit, Race, and U.S. Expansion in Central America* (Ithaca: Cornell University Press, 2011); James W. Martin, *Banana Cowboys: The United Fruit Company and the Culture of Corporate Colonialism* (Albuquerque: University of New Mexico Press, 2018).

37 Carlisle, *Sovereignty for Sale*, 2–3. Vgl. auch Walter LaFeber, *The Panama Canal: The Crisis in Historical Perspective*, rev. Ausg. (Oxford: Oxford University Press, 1990).

38 Carlisle, *Sovereignty for Sale*, 33.

39 Cf. DeSombre, *Flagging Standards*, 9–10.

40 Zitiert in Carlisle, *Sovereignty for Sale*, 120.

41 Stettinius in einer Presseerklärung am 27. September 1947, zitiert in Carlisle, *Sovereignty for Sale*, 119.

42 Zitiert ebd., 122.

43 Ebd., 129–33. Rodney Carlisle, »The ›American Century‹ Implemented: Stettinius and the Liberal Flag of Convenience«, *Business History Review* 54, Nr. 2 (1980), 175–191.

44 Diesen Fonds verwaltete die Liberia Foundation; vgl. Carlisle, *Sovereignty for Sale*, 118.

45 »U.S. Liberian Legal Systems«, Liberian Registry (LISCR), 2020, www.liscr.com. Auch einige andere Länder lassen ihre Register von privaten Firmen in den USA oder Europa verwalten. So wird das Register der Marshallinseln von Virginia aus durch International Registries, Inc., einem Nachfolger von Stettinius' Kanzlei, verwaltet. Als Charles Taylor 1997 in Liberia an die Regierung kam, wurde International Registries durch Liberian International Ship & Corporate Registry (LISCR) als Registerverwalter ersetzt. Vgl. Negret, »Pretending to Be Liberian and Panamanian«, 22–23; DeSombre, *Flagging Standards*, 79.

46 Vgl. »Transfer of British ships to flags of convenience: policy«, TNA, MT 73/330.

47 Wie Ogle ausführt, ermöglichte »diese archipelartige Landschaft aus unterschiedlichen Rechtsräumen, dass der Kapitalismus des freien Markts am Rande einer von immer größeren interventionistischen Nationalstaaten dominierten Welt gedieh«. Vanessa Ogle, »Archipelago Capitalism: Tax Havens, Offshore Money, and the State, 1950s–1970s«, *American Historical Review* 122, Nr. 5 (Dezember 2017), 1432–1433.

48 Vanessa Ogle, »›Funk Money‹: The End of Empires, The Expansion of Tax Havens, and Decolonization as an Economic and Financial Event«, *Past and Present*, 23. August 2020.

49 »Empire Builders«, *Sunday Times*, 24. Mai 1964, 7, zitiert in Vanessa Ogle, »Archipelago Capitalism«, 1442. Nicholas Shaxson, *Treasure Islands: Uncovering the Damage of Offshore Banking and Tax Havens* (New York: Palgrave Macmillan, 2011).

50 Shaxson, *Treasure Islands*, 88–91. Jeffrey Robinson, *The Sink: Terror, Crime and Dirty Money in the Offshore World* (London: Constable), Kap. 1 und 2.

51 Ogle, »›Funk Money‹«, 14–19.

52 Wie Adam Tooze betont, »handelt es sich bei den Bahamas um den wahrhaft außergewöhnlichen Fall eines postkolonialen Staats mit schwarzer Bevölkerungsmehrheit, der zugleich ein erstklassiges globales Finanzzentrum ist«. Adam Tooze, »The Hidden History of the World's Top Offshore Cryptocurrency Tax Haven«, *Foreign Policy*, 15. Januar 2023.

53 Ebd.

54 Committee of Inquiry into Shipping, 52.

55 Tooze, »The Hidden History«; Shaxson, *Treasure Islands*, 90–91.

56 Nicki Kelly, »Bahamas Makes Waves as a Shipping Registry«, *Christian Science Monitor*, 11. Mai 1983, 10.

57 Langewiesche, *The Outlaw Sea*, 6–7.

58 Ebd., 32, 87–88.

59 »Soldiers' Floating Home Leaves Falklands«, *Soldier*, 1. Juni 1987, 25.

60 Shaxson, *Treasure Islands*, 64–66. Zur City of London vgl. David Kynastons vierteiliges Werk *The City of London* und zum Offshoring insbesondere Bd. 4. David Kynaston, *The City of London*, Bd. 4: *A Club No More, 1945–2000* (London: Penguin, 2015).

61 Zitiert in Shaxson, *Treasure Islands*, 136.

62 Nicholas Shaxson nennt das »Britain's offshore spiderweb«. Shaxson, *Treasure Islands*, Kap. 5.

63 Nicki Kelly, »Bahamas Makes Waves as a Shipping Registry«, *Christian Science Monitor*, 11. Mai 1983, 10.

64 Ademun-Odeke, »An Examination of Bareboat Charter Registries«.

65 DeSombre, *Flagging Standards*, 41–43.

66 Vgl. Ryan Cecil Jobson, »States of Crisis, Flags of Convenience: An Introduction«, *Small Axe* 24, Nr. 2 (Juli 2020), 68–77. Der Bahama-Dollar ist an den US-Dollar gekoppelt. Neil Hartnell, »Maritime Authority Takes Tax Contributions to $96 Million«, *The Tribune* (Nassau), 12. März 2020, www.tribune242.com.

67 »Ship Registry«, Bahamas Investment Authority, 2011, www.bahamas.gov.bs.

68 Jones, Ghobadian, O'Regan und Antcliff, »Entrepreneurship and the Bibby Line«.

69 Mansell, *Flag State Responsibility*, Kap. 6.

## 5 EMS

1 Zitiert in Bernhard Rieger, *The People's Car: A Global History of the Volkswagen Beetle* (Cambridge: Harvard University Press, 2013), 188–189.

2 Manfred Grieger und Markus Lupa, *Vom Käfer zum Weltkonzern: Die Volkswagen Chronik* (Wolfsburg: Volkswagen Aktiengesellschaft, 2014), 82.

3 Die Zahlen für Krupp beziehen sich auf Ende der 1950er-Jahre. Rieger, *The People's Car*, 192; Steven Tolliday, »From ›Beetle Monoculture‹ to the ›German Model‹: The Transformation of Volkswagen, 1967–1991«, *Business and Economic History* 24, Nr. 2 (Winter 1995), 112. Vgl. auch Volker Wellhöner, *Wirtschaftswunder – Weltmarkt – westdeutscher Fordismus: Der Fall Volkswagen* (Münster: Westfälisches Dampfboot, 1996), 181.

4 Grieger und Lupa, *Vom Käfer zum Weltkonzern*, 94.

5 Bernd Eberstein, *Preußen und China: Eine Geschichte schwieriger Beziehungen* (Berlin: Duncker & Humblot, 2007).

6 Zur Geschichte Emdens vgl. Marianne Claudi und Reinhard Claudi, *Goldene und andere Zeiten: Emden, Stadt in Ostfriesland* (Emden: Gerhard, 1982); Bernd Kappelhoff, *Geschichte der Stadt Emden* (Rautenberg: Leer, 1994).

7 Ulrich Jürgens bezeichnete das als Volkswagens »exportorientierten Fordismus«. Vgl. Ulrich Jürgens, »VW at the Turning Point: Success and Crisis of a German Production Concept«, in *Des trajectoires des firmes aux modèles industriel*, hg. v. Groupe d'Etudes et de Recherches Permanent sur l'Industrie et les Salariés de l'Automobile, Université d'Evry-Val d'Essonne (Evry: Université d'Evry-Val d'Essonne, 1994), 94.

8 In den folgenden 20 Jahren implementierte Volkswagen ein »Baukastenprinzip, das die Verwendung gleicher Bauteile für verschiedene Konzernmodelle mit weitgehend identischer Fahrzeugtechnik erlaubte. Der Passat war eng an den Audi 80 angelehnt, der Polo ging aus dem baugleichen Audi 50 hervor.« Grieger und Lupa, *Vom Käfer zum Weltkonzern*, 117, 130.

9 Ebd., 131, 144–61.

10 Laut einem Artikel in *Autogramm*, der Mitarbeiterzeitung für die Werke in Wolfsburg, Hannover, Braunschweig, Kassel, Emden und Salzgitter, lag das Schiff im Binnenhafen. »Wohnen in einem schwimmenden Hotel«, *Autogramm* 7, Nr. 8 (August 1988). Korrespondenz des Autors mit Dr. Ulrike Gutzmann, 4. März 2021. Unterlagen im Emder VW-Werk lassen dagegen vermuten, dass sich das Schiff im Außenhafen befand.

11 Ebd.; Korrespondenz des Autors mit Johann Alberts vom 16. Februar 2021; Gespräche des Autors mit Beschäftigten im VW-Werk Emden.

12 Ebd., 79, 109; Ralph Nader, *The Volkswagen: An Assessment of Distinctive Hazards* (Washington, D.C.: The Center for Automotive Safety, 1971), zitiert in Tolliday, »From ›Beetle Monoculture‹ to the ›German Model‹«, 114.

13 Der Wechselkurs betrug 1969 4 D-Mark pro Dollar, 1975 nur noch 2,50 D-Mark. Tolliday, »From ›Beetle Monoculture‹ to the ›German Model‹«, 114.

14 Rieger, *The People's Car*, 247–251.

15 Entlassungen in relevantem Umfang gab es bei Volkswagen zwar in den 1980er-Jahren nicht, dafür dann in den 1990ern, in denen die Zahl der Arbeiter von 104.792 im Jahr 1990 auf 80.480 zehn Jahre später sank. Grieger und Lupa, *Vom Käfer zum Weltkonzern*, 163, 201. Zur Arbeitslosigkeit in Westdeutschland vgl. Karl-Heinz Paqué, »Unemployment in West Germany: A Survey of Explanations and Policy Options«, *Kiel Working Paper* Nr. 407, Kiel Institut für Weltwirtschaft, Kiel, 1990, www.econstor.eu; Bernd Fitzenberger und Ralf A. Wilke, »Unemployment Durations in West Germany Before and After the Reform of the Unemployment Compensation System During the 1980s«, *German Economic Review* 11, Nr. 3 (August 2010), 336–366.

16 »Das größte Problem«, *Nordwest-Zeitung* (Oldenburg), 5. Mai 1988, 10.

17 Ebd.; Tolliday, »From ›Beetle Monoculture‹ to the ›German Model‹«, 122; Rainer Bombois, »Massenentlassungen bei VW, Individualisierung der Krise«, *Leviathan* 4 (1976), 432–463; Rita C-K Chin, *The Guest Worker Question in Postwar Germany* (Cambridge: Cambridge University Press, 2007). Die größte Gruppe der sogenannten Gastarbeiter in Deutschland kam aus der Türkei, VW beschäftigte allerdings vor allem Menschen aus Italien und Südosteuropa. Vgl. Jennifer A. Miller, *Turkish Guest Workers in Germany: Hidden Lives and Contested Borders, 1960s to 1980s* (Toronto: University of Toronto Press, 2018).

18 Jürgens, »VW at the Turning Point«, 96. Vgl. Jürgens auch generell zur speziellen Struktur der Arbeitsverhältnisse bei VW. Eva Brumlop und Ulrich Jürgens, »Rationalisation and Industrial Relations in the West German Automobile Industry: A Case Study of Volkswagen«, IIVG Paper dp83–216, Internationales Institut für Vergleichende Gesellschaftsforschung/Arbeitspolitik des Wissenschaftszentrums Berlin, September 1983.

19 Ebd.

20 Jonathan Mantle, *Car Wars: Fifty Years of Greed, Treachery, and Skullduggery in the Global Marketplace* (New York: Arcade Publishing, 1995), 102.

21 Zitiert in Rieger, *The People's Car*, 252.

22 Grieger und Lupa, *Vom Käfer zum Weltkonzern*, 156, 160.

23 Ebd., 145–147.

24 Zur Globalisierung von VW vgl. Ludger Pries, »Volkswagen in the 1990s: Accelerating from a Multinational to a Transnational Automobile Company«, in *Globalization or Regionalization of the European Car Industry?*, hg. v. Michel Freyssenet, Koichi Shimizu und Giuseppe Volpato (London: Palgrave Macmillan, 2013), 51–72.

25 Tolliday, »From ›Beetle Monoculture‹ to the ›German Model‹«, 125; Ulrich Jürgens, Thomas Malsch und Knuth Dohse, *Breaking from Taylorism: Changing Forms of Work in the Automobile Industry* (Cambridge: Cambridge University Press, 1993).

26 Robert C. Allen, *The British Industrial Revolution in Global Perspective* (Oxford: Oxford University Press, 2009). Dieser Sichtweise widersprach unter anderen Jane Humphries. Vgl. Jane Humphries, »The Lure of Aggregates and the Pitfalls of the Patriarchal Perspective: A Critique of the High Wage Economy Interpretation of the British Industrial Revolution«, *The Economic History Review* 66, Nr. 3 (August 2013).

27 Eric Hobsbawm und George Rudé, *Captain Swing* (London: Lawrence and Wishart, 1969).

28 Tolliday, »From ›Beetle Monoculture‹ to the ›German Model‹«, 126; Wolfgang Streeck, *Industrial Relations in West Germany: A Case Study of the Car Industry* (New York: Pearson Education, 1984); Wolfgang Streeck, »Successful Adjustment to Turbulent Markets: The Automobile Industry«, in *Industry and Politics in West Germany: Toward the Third Republic*, hg. v. Peter J. Katzenstein (Ithaca: Cornell University Press, 1991). Zum deutschen Modell allgemein vgl. Hyeong-ki Kwon, »The German Model Reconsidered«, *German Politics and Society* 20, Nr. 4 (Winter 2002), 48–72.

29 »Just in Time«, *Nordwest-Zeitung* (Oldenburg), 29. April 1988, 2.

30 Ebd.

31 »VW ist gut in Fahrt gekommen: 6,3 Prozent mehr Autos verkauft«, *Nordwest-Zeitung* (Oldenburg), 5. Mai 1988, 10.

32 Tolliday, »From ›Beetle Monoculture‹ to the ›German Model‹«, 128.

33 »Zum schwimmenden Jugendknast«, *Nordwest-Zeitung* (Oldenburg), 17. Februar 1989, R2.

34 »Wohnen in einem schwimmenden Hotel«. Auch als »vorübergehendes Domizil« wurde es bezeichnet.

35 Vgl. Chin, *The Guest Worker Question in Postwar Germany*, und Miller, *Turkish Guest Workers in Germany*.

36 »Das sind hier keine Türken«, *Der Spiegel*, 16. Oktober 1989, 36–38.

37 »The Accommodation Review (Bibby Line Group)«, Februar 1991, MAL, B/BIBBY/4/8.

38 »Aus der Geschichte von f & w: Wohnschiffe«, *Fördern und Wohnen*, 26. April 2019, www.foerdernundwohnen.de.

39 »Schicksale auf der ›Bibby Altona‹«, *Der Spiegel*, 29. November 2003, www.spiegel.de; »Bibby Altona: Immer wieder gab es Drogen-Razzien«, *Bild*, 12. April 2008, www.bild.de. Vgl. auch »Das Wohnschiff für Flüchtlinge«, *Hamburger Abendblatt*, 6. Februar 2015, www.abendblatt.de. Als Containerschiff wurde die *Altona* bezeichnet von Birgit Gärtner, »Die Bibby Altona ist jetzt geschlossen«, *Neues Deutschland*, 2. Oktober 2006, www.neues-deutschland.de.

40 Nathaniel C. Nash, »Hamburg Journal: Off a German Shore, Their Lives Lie at Anchor«, *The New York Times*, 11. September 1995.

41 Frank Eyssen, zitiert in Nash.

## 6 EAST RIVER

1 Werner Bamberger, »Belgian Line Pier Proving Efficient«, *The New York Times*, 31. Oktober 1965.

2 Nelson Rockefeller, »Dedication of Pier 36«, 24. September 1965, www.wnyc.org.

3 Die Port Authority war ein Zusammenschluss mehrerer Bundesstaaten, den New York und New Jersey 1921 ins Leben gerufen hatten. In den 1940er- und 1950er-Jahren hatte die Hafenbehörde deutlich engere Verbindungen zu den Behörden New Jerseys als zu denen New Yorks. Die Stadt New York und insbesondere der einflussreiche Stadtplaner Robert Moses waren nicht bereit, die Kontrolle über die Hafenanlagen an die Port Authority abzugeben. Vgl. Jameson W. Doig, *Empire on the Hudson: Entrepreneurial Vision and Political Power at the Port of New York Authority* (New York: Columbia University Press, 2001), Kap. 11.

4 Marc Levinson, *The Box: How the Shipping Container Made the World Smaller and the World Economy Bigger* (Princeton: Princeton University Press, 2006), 86–89.

5 In Brooklyn sank die Zahl der Arbeitstage von 2,3 Millionen in den Jahren 1965–66 auf 930.000 in den Jahren 1975–76. Levinson, *The Box*, 96. Vgl. auch Joseph P. Goldberg, »U.S. Longshoremen and Port Development«, in *Port Planning and Development as Related to Problems of U.S. Ports and the U.S. Coastal Environment*, hg. v. Eric Schenker und Harry C. Brockel (Cambridge, MD: Cornell Maritime Press, 1974), 68–81; Marc Levinson, »Container Shipping and the Decline of New York, 1955–1975«, *Business History Review* 80 (Spring 2006), 49–80.

6 New York City Board of Correction Minutes (BOCM), 15. Januar 1987, www1.nyc.gov.

7 Edward Hudson, »Judge Delays Transfer of Inmates to a Barge«, *The New York Times*, 15. November 1987.

8 Stephen Ward, »Troop Barge to Be US Prison«, *The Independent*, 15. August 1987.

9 Douglas Martin, »Prison Barge Arrives at East River Pier; City to Seek Another«, *The New York Times*, 27. Oktober 1987.

10 Elizabeth Hinton, *From the War on Poverty to the War on Crime: The Making of Mass Incarceration in America* (Cambridge: Harvard University Press, 2016), besonders Kap. 9. Vgl. auch Clarence Taylor, *Fight the Power: African Americans and the Long History of Police Brutality in New York City* (New York: New York University Press, 2018).

11 Nelson Rockefeller, »State of the State Speech«, 3. Januar 1973, zitiert in Julilly Kohler-Hausmann, »›The Attila the Hun Law‹: New York's Rockefeller Drug Laws and the Making of a Punitive State«, *Journal of Social History* 44, Nr. 1 (Fall 2010), 71–95; Alex Vitale, *City of Disorder: How the Quality of Life Campaign Transformed New York Politics* (New York: New York University Press, 2008), Kap. 6; Ella Antell, »Crimes of Youth: Juvenile Delinquency and the Carceral State in New York City, 1920–1978«, Dissertation, Harvard University, Cambridge, MA, 2020; Douglas J. Flowe, *Uncontrollable Blackness: African American Men and Criminality in Jim Crow New York* (Chapel Hill: University of North Carolina Press, 2020).

12 Heute ist der Anteil von schwarzen Menschen und Latinos/Latinas auf etwa zwei Drittel der Gefängnispopulation gestiegen. Vgl. Hinton, *From the War on Poverty to the War on Drugs*, 310 und das restliche Kap. 9; David Garland, *The Culture of Control: Crime and Social Order in Contemporary Society* (Chicago: University of Chicago Press, 2002), 14; Michael Tonry, *Malign Neglect: Race, Crime and Punishment in America* (New York: Oxford University Press, 1996).

13 »Incarceration Trends: New York City, NY«, Vera Institute, 2020, www.trends.vera.org.

14 Vitale, *City of Disorder*, 125–127; Roger Starr, *The Rise and Fall of New York* (New York: Basic Books, 1985), 114.

15 Vgl. Kim Phillips-Fein, *Fear City: New York's Fiscal Crisis and the Rise of Austerity Politics* (New York: Metropolitan Books, 2017), 288, 310.

16 Themis Chronopoulos, *Spatial Regulation in New York City: From Urban Renewal to Zero Tolerance* (New York: Routledge, 2011), Kap. 6; Alex Vitale, *City of Disorder*, Kap. 3. BOCM, 17. Februar 1987.

17 John Metzger, Oral-History-Interview mit Philip Caruso, 16. August 1994, Edward I. Koch Administration Oral History Project, 1992–1997, Columbia University, www.dlc.library.columbia.edu.

18 Vitale, *City of Disorder*, 40–45; Chronopolous, *Spatial Regulation*, Kap. 6.

19 Sharon Zane, Oral-History-Interview mit Stanley Brezenoff, 26. April 1993, Edward I. Koch Administration Oral History Project, 1992–1997, Oral History Archives, Columbia University Rare Books Room, New York, NY (im Folgenden OHA), Audio Part 10, www.dlc.library.columbia.edu. BOCM, 27. Oktober 1986.

20 Fisher v. Koehler, 718 F.Supp. 1111 (Southern District of New York 1989); Fisher v. Koehler, 902 F.2d 2 (2nd Cir. 1990).

21 BOCM, 17. Februar 1987.

22 »Department of Correction FY 2023«, NYC Comptroller, www.comptroller.nyc.gov.

23 Celestine Bohlen, »Jail Population Reaches a Record«, *The New York Times*, 25. September 1988.

24 Gespräch des Autors mit Michael Jacobson, 9. März 2023.

25 Fisher v. Koehler, 692 F.Supp. 1519 (Southern District of New York 1988), 1527, 1532–39.

26 BOCM, 27. Oktober 1986.

27 BOCM, 15. Januar 1987.

28 Gespräch des Autors mit Michael Jacobson, 9. März 2023.

29 Robert D. McFadden, »Robert Kasanof Is Dead at 62; Lawyer Led Board of Correction«, *The New York Times*, 2. Dezember 1991.

30 Joan Cook, »Rose M. Singer, 94, an Original Member of Correction Board«, *The New York Times*, 16. März 1991; »Paid Notice: Deaths Schulte, David A. Jr.«, *The New York Times*, 15. November 2005; Robert D. McFadden, »William Booth, Judge and Civil Rights Leader, Dies at 84«, *The New York Times*, 27. Dezember 2006.

31 Roma Connable, Oral-History-Interview mit Barbara Margolis, 10. August 1994, Edward I. Koch Administration Oral History Project, 1992–1997, OHA, www.dlc.library.columbia.edu.

32 James Forman Jr., *Locking Up Our Own: Crime and Punishment in Black America* (New York: Farrar, Straus and Giroux, 2017); Michael Javen Fortner, *Black Silent Majority: The Rockefeller Drug Laws and the Politics of Punishment* (Cambridge: Harvard University Press, 2015).

33 Vgl. Naomi Murakawa, *The First Civil Right: How Liberals Built Prison in America* (New York: Oxford University Press, 2014); Hinton, *From the War on Poverty to the War on Crime*.

34 George L. Kelling und James Q. Wilson, »Broken Windows: The Police and Neighborhood Safety«, *The Atlantic Monthly* (März 1982). Deutsche Übersetzung: James Q. Wilson und George L. Kelling, »Polizei und Nachbarschaftssicherheit: Zerbrochene Fenster / The police and neighborhood safety: Broken Windows«, Übersetzung von Bettina Paul, in Gunther Dreher, Thomas Feltes (Hg.), *Das Modell New York: Kriminalitätsprävention durch ›Zero Tolerance‹?, Beiträge zur aktuellen kriminalpolitischen Diskussion, Empirische Polizeiforschung 12*, 43–55, https://publikationen.uni-tuebingen.de/xmlui/bitstream/handle/10900/78229/epf_12.pdf?sequence=1&isAllowed=y

35 Wilson und Kelling, »Polizei und Nachbarschaftssicherheit«, 51.

36 Wilson plädierte dafür, Sozialfürsorgeprogramme zurückzufahren und stattdessen in den Strafvollzug zu investieren, was der Abschreckung und Prävention von Kriminalität diene. Hinton, *From the War on Poverty to the War on Crime*, 185–187; Vitale, *City of Disorder*, 46–49. Vgl. James Q. Wilson, *Varieties of Police Behavior: Management of Law and Order in Eight Communities* (Cambridge: Harvard University Press, 1978).

37 BOCM, 17. Februar 1987. Die Bänder hatte die gemeinnützige Police Foundation produziert.

38 BOCM, 3. September 1986. John J. DiIulio jr., *Governing Prisons: A Comparative Study of Correctional Management* (New York: Free Press, 1987). BOCM, 3. September 1986. John DiIulio, »The Coming of the Super-Predators«, *Weekly Standard*, 27. November 1995, 23–28; William J. Bennett, John J. DiIulio jr. und John P. Walters, *Body Count: Moral Poverty – And How to Win America's War Against Crime and Drugs* (New York: Simon & Schuster, 1996). Das Board of Corrections plädierte gemäß DiIulios Vorstellung für das »unit management« von Gefängnissen. Vgl. BOCM, 14. März 1989. Vgl. dazu Malcolm M. Feeley und Jonathan Simon, »The New Penology: Notes on the Emerging Strategy of Corrections and Its Implications«, *Criminology* 30, Nr. 4 (November 1992), 447–474.

39 BOCM, 9. August 1988 und 8. Dezember 1987.

40 BOCM, 14. März 1988. Jeffrey K. Parker, »Two-Hundred Guards Swinging Clubs and Lobbing Tear Gas Stormed …«, UPI, 18. Februar 1988, www.upi.com.

41 BOCM, 9. Februar 1988.

42 1978 hatte das Aufsichtsgremium noch verfügt, dass das Department of Correction mindestens 75 Quadratfuß (ca. 7 qm) pro Insasse bereitstellen müsse. Diesen Standard senkte es 1985 aufgrund der Überbelegung. »Minimum Standards«, New York City Board of Correction, www1.nyc.gov.

43 BOCM, 9. Juni 1987.

44 Gespräch des Autors mit Michael Jacobson, 9. März 2023; NYC Planning »Uniform Land Use Review Procedure«, www.nyc.gov.

45 Martin, »Prison Barge Arrives«.

46 BOCM, 9. Juni und 14. Juli 1987.

47 Hinton, *From the War on Poverty to the War on Crime*, Kap. 8. Zu dieser Entwicklung in Los Angeles vgl. Donna Murch, »Crack in Los Angeles: Crisis, Militarization, and Black Response to the Late Twentieth-Century War on Drugs«, *Journal of American History* 102, Nr. 1 (Juni 2015), 162–173. Vgl. auch Marilynn S. Johnson, *Street Justice: A History of Police Violence in New York City* (Boston: Beacon Press, 2003), Kap. 8.

48 Vgl. Stephen Graham, *Cities Under Siege: The New Military Urbanism* (New York: Verso, 2011); Peter B. Kraska und Victor E. Kappeler, »Militarizing American Police: The Rise and Normalization of Paramilitary Units«, *Social Problems* 44, Nr. 1 (Februar 1997), 1–18.

49 Etwa 11.000 Amerikaner starben auf den als Gefängnisse genutzten Schiffsrümpfen in New York. Vgl. Edwin G. Burrows, *Forgotten Patriots: The Untold Story of American Prisoners During the Revolutionary War* (New York: Basic Books, 2008).

50 »Mayor Michael R. Bloomberg Announces Task Force to Guide Redevelopment of the Brig Site«, Presseerklärung, 29. Juli 2004, www1.nyc.gov. Dave Hogarty, »Developing the Brooklyn Brig«, *Gothamist*, 25. April 2007, www.gothamist.com.

51 BOCM, 14. Februar 1989. Behördenleiter Koehler wies darauf hin, dass der ehemalige Marineflugplatz in Marine Park, Floyd Bennett Field, »perfekt wäre«, um als Lager genutzt zu werden. BOCM, 12. April 1989.

52 BOCM, 13. September 1990.

53 Martin, »Prison Barge Arrives«.

54 Gespräch des Autors mit Michael Jacobson, 19. März 2023.

55 Es handelte sich um Richard Wolf, den Vorstand des Board of Correction. BOCM, 10. November 1987. David W. Dunlap, »Review of a Plan for a Jail Barge Is Drawing Fire«, *The New York Times*, 25. August 1988.

56 Martin, »Prison Barge Arrives«.

57 BOCM, 10. November 1987.

58 Feeley und Simon, »The New Penology«. Vgl. auch James J. Willis und Stephen D. Mastrofski, »Compstat and the New Penology: A Paradigm Shift in Policing?«, *The British Journal of Criminology* 52, Nr. 1 (Januar 2012), 73–74; Antell, »Crimes of Youth«, 385–387.

59 Feeley und Simon, »The New Penology«, 452.

60 BOCM, 10. November 1987; BOCM, 12. April 1988.

61 Vitale, *City of Disorder*, 147–156.

62 Kirk Johnson, »Judge Forbids Inmate Move to Jail Barge«, *The New York Times*, 30. Oktober 1987.

63 Ebd.; Kirk Johnson, »Ruling Allows Immediate Use of Barge as Jail«, *The New York Times*, 27. Februar 1988.

64 BOCM, 10. November 1987 und 9. Februar 1988.

65 BOCM, 12. April 1988.

66 »Prisoners Moving Upstate to Ease Overcrowding«, *The New York Times*, 28. August 1988. Wie anderswo auch brachten die im Norden des Bundesstaats New York gelegenen Haftanstalten Arbeitsplätze in wirtschaftlich notleidende Regionen. Ruth Wilson Gilmore, *Golden Gulag: Prisons, Surplus, Crisis, and Opposition in Globalizing California* (Berkeley: University of California Press, 2007); Ryan S. King, Marc Mauer und Tracy Huling, »Big Prisons, Small Towns: Prison Economics in Rural America«, The Sentencing Project, 2003, www.sentencingproject.org.

67 BOCM, 10. November 1987 und 14. Juni 1988.

68 BOCM, 10. Mai 1988; »Man Is First to Escape from Prison Barge«, *The New York Times*, 1. Mai 1988. Gespräch des Autors mit Rob Peaco, 5. Februar 2021.

69 BOCM, 14. Januar 1989. Vgl. auch Bohlen, »Jail Population Reaches a Record«; The Vera Institute of Justice, »The Neighborhood Effects of Street-Level Drug Enforcement: Tactical Narcotics Teams in New York«, September 1992, www.vera.org. Vgl. auch Sharon Zane, Oral-History-Interview mit Stanley Brezenoff, 26. April 1993, Edward I. Koch Administration Oral History Project, 1992–1997, OHA, Audio Part 10, www.dlc.library.columbia.edu.

70 Celestine Bohlen, »2 More Prison Barges Considered«, Oktober 13, 1988, *The New York Times*, 13. Oktober 1988; Maria Laurino, »Battle over Barges«, *The Village Voice*, 16. Mai 1989.

71 BOCM, 11. Oktober 1988; Martin, »Prison Barge Arrives«.

72 »Estimate Board Votes Second Prison Barge«, *The New York Times*, 15. Oktober 1988; Vitale, *City of Disorder*, 79–80.

73 Das Schiff wurde in den Niederlanden verladen, weil der Hafen in Emden für das Halbtaucherschiff zu flach war, um unter die *Bibby Resolution* zu gelangen. »Gevangenschip van Eemshaven naar New York«, *Provinciale Zeeuwse Courant*, 12. April 1989, S. 7.

74 Celestine Bohlen, »Jail Influx Brings Plan for 2 Barges«, *The New York Times*, 3. März 1989.

75 David M. Kennedy, *Don't Shoot: One Man, A Street Fellowship, and the End of Violence in Inner-City America* (New York: Bloomsbury, 2011), 10, zitiert in Forman, *Locking Up Our Own*, 163.

76 Matthew Impelli, »New York City's Most Dangerous Year of Crime Compared to 2022: Analysis«, *Newsweek*, 10. Oktober 2023.

77 William N. Evans, Craig Garthwaite und Timothy J. Moore, »Guns and Violence: The Enduring Impact of Crack Cocaine Markets on Young Black Males«, NBER Working Paper Nr. 2819, National Bureau of Economic Research, Cambridge, MA, Juli 2018, www.nber.org.

78 Forman, *Locking Up Our Own*, 174–175. ACLU, »Cracks in the System: 20 Years of the Unjust Federal Crack Cocaine Law«, 26. Oktober 2006, www.aclu.org.

79 Sharon Zane, Oral-History-Interview mit Stanley Brezenoff, 26. April 1993, Edward I. Koch Administration Oral History Project, 1992–1997, OHA, Audio Part 10, www.dlc.library.columbia.edu.

80 BOCM, 14. Juni 1989. »80 Prozent der von der für Drogenmissbrauch zuständigen Abteilung im März 1989 befragten Insassen gaben an, mindestens einmal pro Woche Drogen zu konsumieren.« Die Gesundheitsbehörde ging davon aus, dass etwa die Hälfte aller Häftlinge Drogen bereits intravenös konsumiert hatte und fast 25 Prozent HIV-positiv waren. 17 Prozent der Menschen in Obhut des DOC benötigten einen Heroinentzug. 28 Prozent der Häftlinge konsumierten laut eigenen Aussagen Crack oder Kokain.

81 Ebd.

82 »The Accommodation Review (Bibby Line Group)«, Februar 1991, MAL, B/BIBBY/4/8.

83 BOCM, 12. April 1988, 14. Juni 1989 und 10. Mai 1989.

84 Michael Marriott, »On Prison Barge, All Hands Battle Drugs«, *The New York Times*, 25. September 1989.

85 New York State Commission of Correction, A Report on Corrections in New York State 1989, Juli 1990, Tabelle 29, 103, www.ncjrs.gov. Es lagen im Dezember 1989 44 von der *Bibby Resolution* kommende Beschwerden vor.

86 Korrespondenz des Autors mit dem New York City Department of Records, 16. Dezember 2020.

87 U.S. House of Representatives, Subcommittee on Criminal Justice, Committee on the Judiciary, »Oversight Hearings on Emerging Criminal Justice Issues (Sentencing Options and Alternatives for Drug-Dependent Offenders)«, 15. August 1990, 365–367.

88 Gespräch des Autors mit Maureen Powell. Gespräch des Autors mit Mitgliedern der Correction History Facebook Group, 3. Februar 2021.

89 Gespräch des Autors mit Rob Peaco, 5. Februar 2021.

90 Celestine Bohlen, »For Inmates, the Living Is Easier on ›The Love Boat‹«, *The New York Times*, 30. Mai 1989.

91 BOCM, 10. November 1987. Die *Bibby Venture* verfügte auch über eine Klimaanlage. Vgl. Dunlap, »Review of a Plan for a Jail Barge«.

92 Ward, »Troop Barge to Be US Prison«.

93 Phillips-Fein, *Fear City*, 19–20 und Kap. 16; Twentieth Century Fund, *The Global City* (New York: Twentieth Century Fund, 1981); Robert Schaffer, *Planning and Zoning in New York City: Yesterday, Today and Tomorrow* (New York: Center for Urban Policy, 1993); Chronopoulos, *Spatial Regulation*, Kap. 4. Zur Schaffung von »global cities« vgl. Saskia Sassen, *The Global City: New York, London, Tokyo* (Princeton: Princeton University Press, 1992, rev. Ausg. 2013).

94 Rohatyn leitete die Municipal Assistance Corporation, die Anleihen zur Finanzierung der Stadt verkaufte. Felix Rohatyn, »Address to a Conference on a National Policy for Urban America«, 21. Mai 1976, zitiert in Phillips-Fein, *Fear City*, 258.

95 Sharon Zane, Oral-History-Interview mit Stanley Brezenoff, 26. April 1993, Edward I. Koch Administration Oral History Project, 1992–1997, OHA, Audio Part 10, www.dlc.library.columbia.edu. Edward B. Lazere, Paul A. Leonard, Cushing N. Dolbeare und Barry Zigas, *A Place to Call Home: The Low Income Housing Crisis Continues* (Washington, D.C.: Center

on Budget and Policy Priorities and Low Income Housing Information Service, 1991); Vitale, *City of Disorder*, Kap. 5.

96 »Unemployment Rate in New York«, FRED, 2020, www.fred.stlouisfed.org. Vgl. auch Judith Stein, *The Pivotal Decade: How the United States Traded Factories for Finance in the Seventies* (New Haven: Yale University Press, 2010), besonders Kap. 11; Dylan Gottlieb, *Yuppies: Young Urban Professionals and the Making of Postindustrial New York*, Dissertation, Princeton University, Princeton, NJ, 2020.

97 Greta Krippner, *Capitalizing on Crisis: The Political Origins of the Rise of Finance* (Cambridge: Harvard University Press, 2011), 60–63.

98 Die Banken entwickelten sogenannte *certificates of deposit* (CDs, Einlagenzertifikate) und vergaben sie an amerikanische Haushalte. Da es sich bei CDs rein formal nicht um Konten handelte, fielen sie nicht unter die Regulation Q.

99 Zum Eurodollarmarkt vgl. auch Vanessa Ogle, »Archipelago Capitalism: Tax Havens, Offshore Money, and the State, 1950s–1970s«, *American Historical Review* 122, Nr. 5 (Dezember 2017); Catherine R. Schenk, »The Origins of the Eurodollar Market in London, 1955–1963«, *Explorations in Economic History* 35, Nr. 2 (1998), 221–238. Vgl. auch Youssef Cassis, *Capitals of Capital: The Rise and Fall of International Financial Centres, 1780–2009* (Cambridge: Cambridge University Press, 2006), Kap. 6, sowie Harold James, *International Monetary Cooperation Since Bretton Woods* (New York: Oxford University Press, 1996), speziell Kap. 12.

100 Wie Nicholas Shaxson erklärt, ermöglichten Euromärkte den Banken faktisch den Verzicht auf ihre Rücklagendeckungsrate, was ein enormes Risiko für die Finanzstabilität darstellte. Shaxson, *Treasure Islands*, 76–82.

101 Krippner, *Capitalizing on Crisis*, 67.

102 Ebd., 72; Eric Helleiner, *States and the Reemergence of Global Finance: From Bretton Woods to the 1990s* (Ithaca: Cornell University Press, 1994), 136–139.

103 Krippner, *Capitalizing on Crisis*, 87, 97, 104–105; Helleiner, *States and the Reemergence of Global Finance*, 147–149. Stein, *Pivotal Decade*, 266–269.

104 Vgl. auch Alan Blinder, *After the Music Stopped: The Financial Crisis, the Response, and the Work Ahead* (New York: Penguin, 2013), Kap. 3.

105 Als New York in den 1970er-Jahren der Bankrott drohte, machten sich die Finanziers großer Firmen in der Stadtverwaltung breit. Ihre Präsenz – und die daraus folgenden Austeritätsmaßnahmen – stellten die großen Banken als Bedingung für die Ausgabe weiterer Kommunalobligationen. Kim Phillips-Fein, *Fear City*, Teil II.

106 Helleiner, *States and the Reemergence of Global Finance*, Kap. 7.

107 Ogle, »Archipelago Capitalism«. Zu den Bemühungen der amerikanischen Zentralbank, den Eurodollarmarkt zu regulieren, vgl. Helleiner, *States and the Reemergence of Global Finance*, 135–138.

108 1984 schaffte die US-Regierung die Quellensteuer von 30 Prozent ab, die sie bis dahin auf Zinszahlungen an ausländische Eigentümer amerikanischer Anleihen erhoben hatte. Ebd., 1455.

109 Robert A. Bennett, »America's Debut in Offshore Banking«, *The New York Times*, 22. November 1981.

110 Ogle, »Archipelago Capitalism«, 1452–1453. Shaxson, *Treasure Islands*, Kap. 6.

111 Bohlen, »Jail Population Reaches a Record«.

112 BOCM, 9. August 1989; Dunlap, »Review of a Plan for a Jail Barge«. Maria Laurino, »Prison Barge Blues«, *The Village Voice*, 22. August 1989.

113 BOCM, 9. August 1989.

114 David W. Dunlap, »Army Corps Grants One-Year Approval for Prison on Barge«, *The New York Times*, 5. August 1989.

115 Gespräch des Autors mit Rob Peaco, 4. Februar 2021; Gespräch des Autors mit Maureen Powell, 1. April 2021.

116 Dunlap, »Review of a Plan for a Jail Barge«.

117 Vgl. Dunlap, »Army Corps Grants One-Year Approval«.

118 Russell W. Baker, »New York Seeks Floating Solution«, *Christian Science Monitor*, 5. April 1989, www.csmonitor.com.

119 Bohlen, »For Inmates, the Living Is Easier on ›The Love Boat‹«.

120 Mike Ricketts, *The Vessel* (Film), 2013, www.youtube.com.

121 BOCM, 14. Februar 1989.

122 Carlos Felipe Llinás Negret, »Pretending to Be Liberian and Panamanian; Flags of Convenience and the Weakening of the Nation State on the High Seas«, *Journal of Maritime Law and Commerce* 27, Nr. 1 (Januar 2016), 18.

123 Celestine Bohlen, »Board Backs Prison Barge Near Pier 40«, *The New York Times*, 28. Oktober 1988.

124 BOCM, 13. September und 12. Dezember 1990. »Commissioner's Report«, *Correction News* (Summer 1990), www.correctionhistory.org.

125 BOCM, 9. Januar 1991 und 13. September 1994; Craig Wolff, »Correction Chief Is Faulted by Angry Regulatory Panel«, *The New York Times*, 13. Dezember 1990. Zu Lasker vgl. Robert D. McFadden, »Morris Lasker, Judge Who Forced City to Clean Up Jails, Dies at 92«, *The New York Times*, 28. Dezember 2009; Ted S. Storey, »When Intervention Works: Judge Morris E. Lasker and New York City Jails«, in *Courts, Corrections, and the Constitution: The Impact of Judicial Intervention on Prisons and Jails*, hg. v. John DiIulio jr. (New York: Oxford University Press, 1990), 138.

126 BOCM, 21. Februar 1990.

127 René Pierre Meric Jr., *Avondale: A Model for Success, the Story of a Great American Shipyard, 1938–1999* (New Orleans: Philip J. Meric Consulting, 2015).

128 Celestine Bohlen, »$125 Million Jail Barge Is No Mere Ex Troupship«, *The New York Times*, 22. März 1989.

129 BOCM, 12. Dezember 1990 und 11. Februar 1992. Selwyn Raab, »Bronx Jail Is to Open, Though the Cost Is Steep«, *The New York Times*, 27. Januar 1992.

130 Raab, »Bronx Jail Is to Open«. BOCM, Mai 1994.

131 »Mayor Adams, NYCEDC, DOC Announce Plan to Remove Decommissioned Jail Barge From Hunts Point, Unveil Ambitious Vision for Innovative Marine Terminal«. 9. Juni 2025, www.nyc.gov/mayors-office/news/2025/06/mayor-adams-nycedc-doc-plan-remove-decommissioned-jail-barge-hunts-point-unveil.

132 Luther S. Harris, *Around Washington Square: An Illustrated History of Greenwich Village* (Baltimore: The Johns Hopkins University Press, 2003), Kap. 8; Jeffrey Trask, »The ›Loft Cause‹ or ›Bohemia Gone Bourgeois?‹: Artist Housing the Private Development in Greenwich Village«, *Journal of Urban History* 41, Nr. 6 (November 2015), 1017–1010; Edward Glaeser, Joseph Gyourko und Raven Saks, »Why Is Manhattan so Expensive? Regulation and the Rise in Housing Prices«, *The Journal of Law and Economics* 8 (Oktober 2005), 331–369.

133 Die Idee, Pier 40 zu einer Freizeiteinrichtung innerhalb eines Parks umzuwandeln, entstand im Zusammenhang mit dem Hudson River Park Act von 1998. David W. Dunlap, »Jostling for Position on the Riverfront«, *The New York Times*, 11. Juli 1993. Vgl. auch Raymond W. Gastil, *Beyond the Edge, New York's New Waterfront* (New York: Princeton Architectural Press, 2002), 126–130.

134 Colette Connor, »Prison Barge Now Illegal«, *The Village Underground Press* (September 1991).

135 Vgl. Antero Peitila, *Not in My Neighborhood: How Bigotry Shaped a Great American City* (New York: Ivan R. Dee, 2010).

136 Selwyn Raab, »2 Jail Barges to Be Closed and Removed«, *The New York Times*, 15. Februar 1992.

137 BOCM, 8. April und 9. Dezember 1992.

138 »The Accomodation Review (Bibby Line Group)«, Februar 1991, MAL, B/BIBBY/4/8.

139 Broschüre zur *Bibby Progress*, o. D. [1990er-Jahre], MAL, B/BIBBY/4/27.

140 BOCM, 13. Juli 1994.

141 Gespräch des Autors mit Michael Jacobson, 9. März 2023.

142 Joe Jackson, »Is Barge Jail in Norfolk's Future? City Hopes to Learn from N.Y. Mistakes«, *The Virginian-Pilot*, 16. September 1994.

143 BOCM, 13. Juli 1994; Esther B. Fein, »A $1.8 Million Bid Wins 2 Empty Prison Barges«, *The New York Times*, 29. Juli 1994. Robert M. Jarvis, »Prison Ships«, *British Journal of American Legal Studies* 10, Nr. 2 (2021), 325.

## 7 ÄRMELKANAL

1 »Unfriendly Berth as Floating Prison Arrives from America«, *The Independent*, 14. März 1997.

2 »Floating Prison Has Won Over Tourists and Found the Recipes for Success«, *Dorset Echo*, 28. November 2001.

3 Vgl. Robert Reiner, *Law and Order: An Honest Citizen's Guide to Crime and Control* (Cambridge: Polity Press, 2007); Emma Bell, *Criminal Justice and Neoliberalism* (Basingstoke: Palgrave Macmillan, 2011); David Garland, *The Culture of Control: Crime and Social Order in Contemporary Society* (Oxford: Oxford University Press, 2001).

4 »United Kingdom: England & Wales«, World Prison Brief, 2020, www.prisonstudies.org.

5 Vgl. Jonathan Dimbleby, Interview mit Tony Blair, BBC-2, 4. Juli 1993.

6 Bei den Gesetzen handelte es sich um den Criminal Justice Act 1993 und den Criminal Justice and Public Order Act 1994. Bell, *Criminal Justice and Neoliberalism*, Kap. 1.

7 David Garland, »The Limits of the Sovereign State: Strategies of Crime Control in Contemporary Society«, *The British Journal of Criminology* 36, Nr. 4 (Herbst 1996), 445–471; Bell, *Criminal Justice and Neoliberalism*, Kap. 7.

8 Der Vertrag für die erste privat geführte Anstalt wurde 1996 unterschrieben. 2003 waren 7 Prozent der Häftlinge im Vereinigten Königreich in privat gemanagten Einrichtungen inhaftiert. Comptroller and Auditor General, »The Operational Performance of PFI Prisons«, House of Commons Paper, 18. Juni 2003, 5.

9 Andrew Ashworth, »Sentencing«, in *The Oxford Handbook of Criminology*, hg. v. Mike Maguire, Rodney Morgan und Robert Reiner, 4. Aufl. (Oxford: Oxford University Press, 2007), 990–1023; Bell, *Criminal Justice and Neoliberalism*, 36.

10 »Widdecombe Rejects Abortion Role«, 13. Juni 1998, BBC News.

11 Michael Howard, »Speech to the Conservative Party Conference«, Blackpool, UK, 6. Oktober 1993; Bell, *Criminal Justice and Neoliberalism*, 22.

12 Jason Bennetto, »Minister Backs Floating Prison«, *The Independent*, 13. März 1997.

13 Privatkorrespondenz, 6. März 2021.

14 Chris Blackhurst, »Prisoners May Be Held on Ships«, *The Independent on Sunday*, 23. Mai 1993.

15 »First Inmates Board Ship«, *The Times*, 12. Juni 1997. Pacific Maritime (Asia) Ltd. v. Holystone Overseas Ltd., EWHC 2319, 11. Oktober 2007, Paragraph 22.

16 HM Prison Service, »Prison Service Annual Report and Accounts«, April 1996 – März 1997, November 1997 (HC 274), 14.

17 Glen Owen, »Emergency Prison Ship Sails into a Storm of Protest«, *The Times*, 14. März 1997.

18 James Davie Butler, »British Convicts Shipped to American Colonies«, *The American Historical Review* 2, Nr. 1 (Oktober 1896), 12–23.

19 Diary of Viscount Percival, zitiert in Philip J. Stern, *Empire, Incorporated: The Corporations That Built British Colonialism* (Cambridge: Harvard University Press, 2023), 147.

20 Mollie Gillen, *The Founders of Australia: A Biographical Dictionary of the First Fleet* (Sydney: Library of Australian History, 1989).

21 Charles Dickens, *Große Erwartungen*. Herausgegeben und aus dem Englischen übersetzt von Melanie Walz (München: Hanser, 2011), 61.

22 Owen, »Emergency Prison Ship Sails into a Storm of Protest«. Vgl. auch Mike Ricketts, »Encounters and Spatial Controversies«, Dissertation, University of the Arts, 2015, 118–120.

23 Loïc Wacquant beschreibt es als großen Rückschritt im Strafvollzug: Loïc Wacquant, »Great Penal Leap Backward: Incarceration in America from Nixon to Clinton«, in *The New Punitiveness: Trends, Theories, Perspectives*, hg. v. John Pratt u. a. (Cullompton: Willan Publishing, 2005), 3–26.

24 Die HM Naval Base Portland befand sich seit 1923 dort. Den Hafen von Portland hatte die Marine in der Mitte des 19. Jahrhundert errichtet. »Floating Prison Has Won Over Tourists«.

25 Text der am 23. Juli 2023 vom Autor besichtigten Tafel am Hafen von Portland.

26 Wie in den USA wurden neue Gefängnisse auch in Großbritannien gerne in wirtschaftlich schwachen Regionen mit bedeutender militärischer Tradition angesiedelt. Ruth Wilson Gilmore, *Golden Gulag: Prisons, Surplus, Crisis, and Opposition in Globalizing California* (Berkeley: University of California Press, 2007). Auch ohne die Marine vor Ort war das Schiff vom militärisch-industriellen Komplex abhängig: Um seinen Unterhalt kümmerte sich Vosper Thorncroft, ein britischer Zulieferer des Militärs, der später vom Rüstungskonzern BAE übernommen wurde. Pacific Maritime (Asia) Ltd. v. Holystone Overseas Ltd., Paragraph 22.

27 Owen, »Emergency Prison Ship Sails into a Storm of Protest«.

28 Gespräch des Autors mit Paul Hartley, 9. Februar 2021.

29 Bennetto, »Minister Backs Floating Prison«.

30 Steve Richards, »The New Statesman Interview – Jack Straw«, *The New Statesman*, 3. April 1998.

31 Ebd.; Bennetto, »Minister Backs Floating Prison«; Patricia Wynn Davies, »Prison Ship Survives Objections«, *The Independent*, 2. April 1997.

32 Richard Ford, »Prison Ship Wins Go-Ahead to Take First Inmates«, *The Times*, 2. April 1997.

33 »Company«, Portland Port, www.portland-port-co.uk.

34 Gespräch des Autors mit Paul Hartley, 9. Februar 2021.

35 Ian Burrell, »Fire-Risk Prison Ship Abandoned«, *The Independent*, 27. Juni 1997.

36 Gespräch des Autors mit Michelle Atkins, 8. März 2021; Ray Bishop, *Outlaw: How I Became Britain's Most Wanted Man*, E-Book (London: Virgin Books, 2016), loc. 1049; Gespräch des Autors mit Ray Bishop, 24. März 2021.

37 Gespräch des Autors mit James Wild, 18. Januar 2024; Denholm Engineering, www.denholm-engineering.com.

38 »First Inmates Board Ship«.

39 Gespräch des Autors mit Michelle Atkins, 8. März 2021.

40 »Floating Prison Has Won Over Tourists«.

41 Gespräch des Autors mit Michelle Atkins, 8. März 2021.

42 Die einmonatige Reise wurde jährlich von einem Paar aus Portland organisiert. »A Month of Fun for Chernobyl Children«, *Dorset Echo*, 10. August 2002.

43 Bishop, *Outlaw*, loc. 1041; Gespräch des Autors mit Ray Bishop, 24. März 2021.

44 Martin Lea, »It Will Be Lonely This Christmas«, *Dorset Echo*, 24. Dezember 2001.

45 »Weare's Food, Glorious Food«, *Dorset Echo*, 27. Juni 2002.

46 Steven Shaw in einem Interview am 22. Juni 1999, in Home Affairs Committee, »Fifth Report on Drugs and Prisons«, Bd. I, House of Commons, 9. November 1999 (HC 363), 45.

47 Anna Herrmann und Caoimhe McAvinchey, »Inside Bitch: Clean Break and the Ethics of Representation of Women in the Criminal Justice System«, in *The Applied Theatre Reader*, 2. Aufl., hg. v. Nicola Abraham und Tim Prentki (London: Routledge, 2020), Kap. 17. Bei der Non-Profit-Organisation handelte es sich um Nacro. 1979, sechs Jahre später, wurde sie die erste Frau, die ein Männergefängnis leitete, es befand sich in der Nähe von Bristol. Susan Schonfield, »Susan McCormick Obituary«, *The Guardian*, 27. Oktober 2010.

48 James Ellis, »60 Seconds: Dan Treacy«, Metro (London), 1. März 2006, www.metro.co.uk. Vgl. auch »HM Prison Weare«, The Encyclopedia of Portland History, www.portlandhistory.co.uk.

49 Gespräch des Autors mit Ray Bishop, 24. März 2021.

50 »Weare's Food, Glorious Food«.

51 Gespräch des Autors mit Michelle Atkins, 8. März 2021.

52 »Floating Prison Has Won Over Tourists«.

53 »Abuse at Jail Ship Alleged in Report«, *Dorset Echo*, 7. August 2001.

54 »Report on an Announced Inspection of HMP Weare«, 7.–10. Juni 2004, Appendix II, S. iii, www.webarchive.nationalarchives.gov.uk. Bei einer Befragung der Inhaftierten auf dem Schiff im Jahr 2004 gaben Angehörige ethnischer Minderheiten eine höhere Zufriedenheit mit der Behandlung durch das Personal an als weiße Inhaftierte. Nur 6 Prozent der Angehörigen ethnischer Minderheiten berichteten von Beleidigungen oder Übergriffen durch Personal, im Vergleich zu 19 Prozent der weißen Häftlinge.

55 Gespräch des Autors mit Ray Bishop, 24. März 2021.

56 Gespräch des Autors mit Michelle Atkins, 8. März 2021.

57 Diese Probleme hatte bereits eine Besuchskommission der EU im Jahr 1997 bemängelt. »Report to the United Kingdom Government on the Visit to the United Kingdom and the Isle of Man Carried Out by the European Committee for the Prevention of Torture and Inhuman and Degrading Treatment or Punishment (CPT) from 8 to 17 September 1997«, Europarat, Strasbourg, 2000, 39–43, www.refworld.org.

58 »Report on an Announced Inspection of HMP Weare«. Richard Ford, »Prison Ship ›May Have to Close‹«, *The Times*, 4. November 2004; »250 Jobs at Risk if Ship Sold to Capital«, *Dorset Echo*, 20. Dezember 2004; Ben Glass, »Another Prison Ship Would Be Welcome«, *Dorset Echo*, 24. Oktober 2006.

59 »Floating Jail on Brink of Closure«, *Dorset Echo*, 22. Juli 2005; »Floating Hotel for Refugees«, *Sydney Morning Herald*, 6. Oktober 2002, www.smh.com.au.

60 Richard Ford, »Cramped Prison Ship Will Close«, *The Times*, 3. März 2005; »Prison Ship Closing by the End of 2005«, *Dorset Echo*, 10. März 2005.

61 »Report on an Announced Inspection of HMP Weare«.

62 Vgl. Loïc Wacquant, *Punishing the Poor: The Neoliberal Government of Social Insecurity* (Durham: Duke University Press, 2009); Elizabeth Hinton, *From the War on Poverty to the War on Crime: The Making of Mass Incarceration in America* (Cambridge: Harvard University Press, 2016); Bell, *Criminal Justice and Neoliberalism*, 151–153; Martin Hewitt, »New Labour and the Redefinition of Social Security«, 189–209, in Martin Powell, *Evaluating New Labour* (Bristol: Policy Press, 2002).

63 HM Government, Reducing Re-Offending Through Skills and Employment (London: HM Stationery Office, 2005) (Cm. 6702), 11, zitiert in Bell, *Criminal Justice and Neoliberalism*, 85.

64 »Report on an Announced Inspection of HMP Weare«. Ford, »Prison Ship ›May Have to Close‹«; »250 Jobs at Risk if Ship Sold to Capital«; Glass, »Another Prison Ship Would Be Welcome«.

65 Francis Fukuyama, *Das Ende der Geschichte* (München: Kindler, 1992).

66 Giddens war angeblich Tony Blairs Lieblingsintellektueller. 1998 leitete er die London School of Economics. Anthony Giddens, *Der dritte Weg: Die Erneuerung der sozialen Demokratie* (Frankfurt: Suhrkamp, 1999), 90. Vgl. auch Anthony Giddens, *Beyond Left and Right: The Future of Radical Politics* (Stanford: Stanford University Press, 1994).

67 Giddens, *Der dritte Weg*, 151.

68 Tony Blair und Gerhard Schröder, »Europe: The Third Way / Die Neue Mitte«, *Working Documents* Nr. 2, Friedrich-Ebert-Stiftung, South Africa Office, Johannesburg, Südafrika, Juni 1998, www.library.fes.de. Zitiert aus der deutschen Fassung: www.albanknecht.de/materialien/Schroeder-Blair-Paper.pdf.

69 Nick O'Donovan, *Pursuing the Knowledge Economy: A Sympathetic History of High-Skill, High-Wage Hubris* (Newcastle upon Tyne: Agenda Publishing, 2022), Kap. 1.

70 Angus Burgin, »The Information Superhighway, the Electronic Frontier, and the Political Economy of the Early Internet«, Vortrag am Center for History and Economics, Harvard University, 29. November 2023.

71 Blair und Schröder, »Europe: The Third Way / Die Neue Mitte«. Zitiert aus der deutschen Fassung: www.albanknecht.de/materialien/Schroeder-Blair-Paper.pdf.

72 Tony Blair, Leader's Speech, Parteitag der Labour Party, Blackpool, 6. Oktober 1996.

73 Vgl. Bell, *Criminal Justice and Neoliberalism*, Kap. 3.

74 HM Prison Service, Annual Report and Accounts, April 2003–März 2004, 2004 [HC 718], 10–11.

75 Shane Bryans, »The Managerialisation of Prisons – Efficiency without a Purpose?«, *Criminal Justice Matters* 40, Nr. 1 (2000), 7–8. Vgl. auch Shane Clive Bryans, »Prison Governance: An Exploration of the Changing Role and Duties of the Prison Governor in HM Prison Service«, Dissertation, London School of Economics, 2005.

76 Bei anderen Kriterien stach HMP *The Weare* nicht besonders hervor. Der niedrige Wert hinsichtlich positiver Drogentests (11,9 Prozent) war in Gefängnissen der Kategorie C Durchschnitt, ebenso wie die durchschnittlichen Kosten pro Haftplatz in Höhe von 21.153 Pfund im Vergleich zu den 21.141 Pfund in Kategorie C insgesamt. HM Prison Service, Annual Report and Accounts, April 2003 – März 2004, 86–88.

77 Vgl. Giddens, *Der dritte Weg*, Kap. 3.

78 Blair und Schröder, »Europe: The Third Way / Die Neue Mitte«. Zitiert aus der deutschen Fassung: www.albanknecht.de/materialien/Schroeder-Blair-Paper.pdf.

79 »Prison Ship Locks Up for Last Time«, *Dorset Echo*, 12. August 2005.

80 »MP Wants Quick Ruling on Prison Ship Future«, *Dorset Echo*, 6. November 2004; »250 Jobs at Risk if Ship Sold to Capital«.

81 »Prison Ship Closing by the End of 2005«.

82 »250 Jobs at Risk if Ship Sold to Capital«.

83 »Prison Ship Locks Up for Last Time«.

84 The South West Research Company for the Dorset LEP, »Tourism in Dorset«, Februar 2016, www.visit-dorset.com.

85 »Floating Jail on Brink of Closure«.

## 8 THEMSE

1 Pacific Maritime (Asia) Ltd. v. Holystone Overseas Ltd., EWHC 2319, 11. Oktober 2007, Paragraph 4–5.

2 Mehr über die Funktion solcher Briefkastenfirmen findet sich in Kimberly Kay Hoang, *Spiderweb Capitalism: How Global Elites Exploit Frontier Markets* (Princeton: Princeton University Press, 2022).

3 Gespräch des Autors mit Parley Augustsson, 12. Mai 2023.

4 »Trimline to Turn Old Prison Ship into Oil Riggers' Paradise«, *Daily Echo* (Southampton), 20. Februar 2007, www.dailyecho.co.uk; Harry Walton, »Prison Ship Could Be on Its Way to Nigeria«, *Dorset Echo*, 13. August 2007.

5 Gespräch des Autors mit Jon Gale, 8. Februar 2024.

6 Gespräch des Autors mit James Wild, 18. Januar 2024.

7 Pacific Maritime (Asia) Ltd. v. Holystone Overseas Ltd., Paragraph 22.

8 Ebd., Paragraph 10.

9 Vanessa Ogle, »Archipelago Capitalism: Tax Havens, Offshore Money, and the State, 1950s–1970s«, *American Historical Review* 122, Nr. 5 (Dezember 2017), 1432–1433.

10 Vgl. »BP Batam: 45 Years of Developing Batam«, *The Jakarta Post*, 3. Dezember 2016.

11 Pacific Maritime (Asia) Ltd. v. Holystone Overseas Ltd., Paragraph 8 und 10.

12 Aristoteles, *Politik*, Buch 1.

13 Vgl. Jonathan Levy, *Freaks of Fortune: The Emerging World of Capitalism and Risk in America* (Cambridge: Harvard University Press, 2014); William Cronon, *Nature's Metropolis: Chicago and the Great West* (New York: Norton, 1992).

14 Erstes Addendum zum Vertrag vom 21. Juli 2006, zitiert in Pacific Maritime (Asia) Ltd. v. Holystone Overseas Ltd., Paragraph 8.

15 Ebd., Paragraph 12 und 13.

16 Ebd., Paragraph 14.

17 Ebd., Paragraph 17.

18 Ebd.

19 Gespräch des Autors mit James Wild, 18. Januar 2024.

20 Pacific Maritime (Asia) Ltd. v. Holystone Overseas Ltd., Paragraph 20.

21 Ebd., Paragraph 25.

22 Ebd., Paragraph 29 und 31.

23 Gabrielle Kaufmann-Kohler, »Arbitral Precedent: Dream, Necessity or Excuse?«, *Arbitration International* 23, Nr. 3 (2007), 357–378.

24 C. N. Ward-Perkins, »The Commercial Crisis of 1847«, *Oxford Economic Papers* 2, Nr. 1 (Januar 1950), 75–94.

25 Robinson v. Robinson, 1 De G.M. & G (1851), 247.

26 Ebd., 257.

27 Ebd., 247; Pacific Maritime (Asia) Ltd. v. Holystone Overseas Ltd., Paragraph 32.

28 Ebd., Paragraph 28.

29 Die Austauschbarkeit und flexible Nutzung der Schiffe wurde im Werbematerial der Bibby Line immer betont. Vgl. beispielsweise Bibby Line Group, »Shallow Water Accommodation«, o. D. [1990er-Jahre], MAL, B/BIBBY/4/18; Bibby Line Group, »Floating Accommodation Systems«, o. D. [2000er-Jahre], MAL, B/BIBBY/4/25. Marc Levinson, *The Box: How the Shipping Container Made the World Smaller and the World Economy Bigger* (Princeton: Princeton University Press, 2006).

30 Der Vergleich mit den Getreidesilos und der Entstehung der Future-Märkte ist sehr aussagekräftig. Vgl. Cronon, *Nature's Metropolis.*

31 Pacific Maritime (Asia) Ltd. v. Holystone Overseas Ltd., Paragraph 22.

32 Ebd., Paragraph 34 und 35.

33 Ebd., Paragraph 45.

34 Ebd., Paragraph 55–56.

35 Ebd.

36 Ebd., Paragraph 63.

37 Ebd., Paragraph 64–68.

38 Ebd., Paragraph 75.

39 Ebd.

40 Ebd., Paragraph 77; UK Parliament, Arbitration Act 1996, 17. Juni 1996, Section 44 (5).

41 Pacific Maritime (Asia) Ltd. v. Holystone Overseas Ltd., Paragraph 78. UK Parliament, Arbitration Act 1996, 17. Juni 1996, Section 38 (4). Laut Gesetz hat der Schiedsrichter die Möglichkeit, »Anweisungen hinsichtlich jeglichen Eigentums zu treffen, das Gegenstand des Verfahrens ist oder zu dem sich im Verfahren Fragen ergeben, wenn es im Eigentum oder Besitz einer der Parteien des Verfahrens ist, (a) zur … Beschlagnahme des Eigentums«.

42 Pacific Maritime (Asia) Ltd. v. Holystone Overseas Ltd., Paragraph 80.

43 Ebd., Paragraph 82.

44 Charlie Caher und Michael Howe, »England & Wales«, in Global Legal Group, *International Comparative Guide to International Arbitration*, 12. Aufl. (Ashford, UK, 2015), 246. Robert Merkin und Louis Flannery, *Arbitration Act 1996* (London: Taylor and Francis, 2014), 177–178. Vgl. auch Johannes Koepp, Dorine Farah und Peter Webster, »Arbitration in London: Features of the London Court of International Arbitration«, in *International Commercial Arbitration: Different Forms and their Features*, hg. v. Giuditta Cordero-Moss (Cambridge: Cambridge University Press, 2013), 251, Anm. 195. »Pacific Maritime (Asia) Ltd. v. Holystone Overseas Ltd.— QBD (Com Ct) (Christopher Clarke J) – 11. Oktober 2007«, *Lloyd's Maritime Law Newsletter* 729, Nr. 3 (2) (2007), www.lmln.com.

45 »Pacific Maritime (Asia) Ltd. v. Holystone Overseas Ltd.«, *Arbitration Law Reports and Review* (2007), 677–689.

46 Zur Schiedsgerichtsbarkeit in England vgl. Michael John Mustill, »Arbitration: History and Background«, *Journal of International Arbitration* 6, Nr. 2 (1989), 43–56; V. V. Veeder und Brian Dye, »Lord Bramwell's Arbitration Code, 1884–1889«, *Arbitration International* 8, Nr. 4 (1992), 329–386; Mikaël Schinazi, *The Three Ages of International Commercial Arbitration* (Cambridge: Cambridge University Press, 2021).

47 Die Finanzkrise von 2008 wird ganz ausgezeichnet erklärt in Alan Blinder, *After the Music Stopped: The Financial Crisis, the Response, the Work Ahead* (New York: Penguin, 2013). Vgl. auch Adam Tooze, *Crashed: Wie zehn Jahre Finanzkrise die Welt verändert haben* (München: Siedler, 2018).

48 Koepp, Farah und Webster, »Arbitration in London«, 263.

49 »A Fond Farewell to the Jascon 27«, *Portland Harbour Authority Newsletter* 1, Nr. 9, 1. Februar 2010, www.portland-port.co.uk.

## 9 GOLF VON GUINEA

1 Zum Begriff Gefängniskapitalismus vgl. Jackie Wang, *Carceral Capitalism* (Cambridge: MIT Press, 2018).

2 »Fear of Job Losses as Boardroom Crisis Rocks Nigerian Owned West African Ventures«, *Business A.M.*, 20. Februar 2018, www.businessamlive.com.

3 Vgl. Tarik Dahou und Brenda Chalfin, »Governing Africa's Seas in the Neoliberal Era«, *Oxford Encyclopedia of African Politics* (Oxford: Oxford University Press, 2019).

4 Kyuka Usman, *Nigerian Oil and Gas Industry Laws: Policies, and Institutions*, E-Book (African Books Collective, 2017), Kap. 3. G. Ugo Nwokeji, *The Nigerian National Petroleum Corporation and the Development of the Nigerian Oil and Gas Industry: History, Strategies, and Current Directions*, James A. Baker III Institute for Public Policy, Rice University, Houston, Texas, 2007.

5 Michael Gould, *The Biafran War: The Struggle for Modern Nigeria* (London: I. B. Taurus, 2012).

6 Nwokeji, *The Nigerian National Petroleum Corporation*, 58.

7 »Oil Rents (Percent of GDP) – Nigeria«, World Bank Data, 2020, www.data.worldbank.org.

8 Sarah Burns und Olly Owen, »Nigeria: No Longer an Oil State?«, Oxford Martin School Working Paper, August 2019; Olusola Joshua Olujobi, »Nigeria's Upstream Petroleum Industry Anti-Corruption Legal Framework: The Necessity for Overhauling and Enrichment«, *Journal of Money Laundering Control* (Mai 2021), DOI 10.1108/JMLC-10-2020-0119.

9 Die Bundesregierung erhält 52,68 Prozent, die Bundesstaaten 26,72 Prozent und die Kommunen 20,6 Prozent. R. A. Onuigbo und E. O. Innocent, »State Governors and Revenue Allocation Formula in Nigeria: A Case of the Fourth Republic«, *International Journal of Accounting Research* 42, Nr. 2437 (2015), 1–23.

10 Kaniye S. A. Ebeku, »International Law and the Control of Offshore Oil in Nigeria«, *Verfassung und Recht in Übersee* 36, Nr. 3 (2003), 457–472.

11 Surabhi Ranganathan, »Ocean Floor Grab: International Law and the Making of an Extractive Imaginary«, *European Journal of Law* 30, Nr. 2 (2019). Deutsche Fassung: www.fedlex.admin.ch/eli/cc/2009/416/de.

12 Lotanna Ernest Emediegwu und Augustine Nnoruka Okeke, »Dependence on Oil: What Do Statistics from Nigeria Show?«, *Journal of Economics and Allied Research* 2, Nr. 1 (2017), 110–125.

13 Den Begriff des Ressourcenfluchs prägte der Wirtschaftswissenschaftler Richard Auty 1993. Richard Auty, *Sustaining Development in Mineral Economies: The Resource Curse Thesis* (London: Routledge, 1993). Vgl. auch Jeffrey Sachs und Andrew Warner, »Natural Resource Abundance and Economic Growth«, NBER Working Paper Nr. 5398, National Bureau of Economic Research, Cambridge, MA, 1995, www.nber.org. Zu Nigeria und dem Ressourcenfluch vgl. Michael Watts, »Resource Curse?: Governmentality, Oil and Power in the

Niger Delta, Nigeria«, *Geopolitics* 9, Nr. 1 (2004), 50–80; Xavier Sala-i-Martin und Arvind Subramanian, »Addressing the Natural Resource Curse: An Illustration from Nigeria«, *Journal of African Economies* 22, Nr. 4 (2012), 570–615.

14 Die durchschnittlich erreichte Punktzahl betrug 65. »Promoting Revenue Transparency: 2011 Report on Oil and Gas Companies«, Transparency International, www.images.transparencycdn.org. Vgl. auch Kairn A. Klieman, »U.S. Oil Companies, the Nigerian Civil War, and the Origins of Opacity in the Nigerian Oil Industry«, *Journal of American History* 99, Nr. 1 (Juni 2022), 155–165. Nwokeji, *The Nigerian National Petroleum Corporation*, 44–54.

15 Klieman, »U.S. Oil Companies«.

16 Timothy Mitchell, *Carbon Democracy: Political Power in the Age of Oil* (London: Verso, 2011). Mitchell weist darauf hin, dass dies nicht automatisch bedeute, dass Öl und Demokratie inkompatibel seien.

17 Omolade Adunbi, *Oil Wealth and Insurgency in Nigeria* (Bloomington: University of Indiana Press, 2015), 27.

18 Michael Watts, »Empire of Oil: Capitalist Dispossession and the Scramble for Africa«, *Monthly Review*, 1. September 2006, www.monthlyreview.org; *Nigeria: Want in the Midst of Plenty*, Africa Report 113, International Crisis Group, 2006, www.crisisgroup.org.

19 Omolade Adunbi, *Enclaves of Exception: Special Economic Zones and Extractive Practices in Nigeria* (Bloomington: Indiana University Press, 2022), 145.

20 Michael Watts, »The Sinister Political Life of Community: Economies of Violence and Governable Spaces in the Niger Delta, Nigeria«, Niger Delta Economies of Violence Working Paper Nr. 3, Institute of International Studies, University of California, Berkeley, 2004.

21 Gespräch des Autors mit James Wild, 18. Januar 2024.

22 Ebd.

23 Vgl. Adunbi, *Enclaves of Exception*, Kap. 3.

24 Hannah Appel, »Offshore Work: Oil, Modularity, and the How of Capitalism in Equatorial Guinea«, *American Ethnologist* 39, Nr. 4 (November 2012), 692–709.

25 Adunbi, *Enclaves of Exception*, 92–93.

26 Howard Stein, »Africa, Industrial Policy, and Export Processing Zones: Lessons from Asia«, in *Good Growth and Governance in Africa: Rethinking Development Strategies*, hg. v. Akbar Norman u. a. (Oxford: Oxford University Press, 2011), 322–344. »Global Free Zones of the Year 2018-Winners«, *Foreign Direct Investment*, 13. Oktober 2018; »A Brief History of Free Zone Legislation in Nigeria«, Oil and Gas Free Zones Authority Nigeria, 2020, www.ogfza.gov.ng.

27 T. Mkandawire, »Thinking About Developmental States in Africa«, *Cambridge Journal of Economics* 25, Nr. 3 (Mai 2001), 306, zitiert in Adunbi, *Enclaves of Exception*, 51–55.

28 Watts, »Empire of Oil«; William Easterly, *The White Man's Burden: Why the West's Efforts to Aid the Rest Have Done so Much Ill and so Little Good* (New York: Penguin, 2006).

29 »Onne«, Oil and Gas Free Zones Authority Nigeria, 2020, www.ogfza.gov.ng.

30 Stein, »Africa and Industrial Policy«.

31 Adunbi, *Enclaves of Exception*, Kap. 6.

32 »World Free Zones Economic Outlook«, Kiel Institut für Weltwirtschaft, 2022, www.ifw-kiel.de.

33 Thomas Farole, *Special Economic Zones in Africa: Comparing Performance and Learning from Global Experience* (Washington, D.C.: World Bank, 2011).

34 Deinibiteim Monimah Harry, »Value Addition Policy in Nigeria's Export Processing Zones: Lessons from the Asian Economies«, *Mediterranean Journal of Social Sciences* 9, Nr. 3 (Mai 2018), 165–172. Vgl. auch Omolade Adunbi und Howard Stein, »The Political Economy of

China's Investment in Nigeria: Prometheus or Leviathan«, in *China-Africa and an Economic Transformation*, hg. v. Arkebe Oqubay und Justin Yifu Lin (Oxford: Oxford University Press, 2019), 192–215.

35 Adunbi, *Enclaves of Exception*, 45–50.

36 Vgl. Ed Kashi und Michael Watts, *Curse of the Black Gold: 50 Years of Oil in the Niger Delta* (New York: powerHouse Books, 2010).

37 Paul E. Lovejoy und David Richardson, »›This Horrid Hole‹: Royal Authority, Commerce and Credit at Bonny, 1690–1840«, *Journal of African History* 45 (2004), 363–392.

38 Ebd., 366.

39 Aus dem Gebiet entlang der Bucht von Benin zwischen den Flüssen Volta und Niger wurden so viele Afrikanerinnen und Afrikaner in die Sklaverei verkauft, dass es in Europa »Sklavenküste« genannt wurde. Zum Sklavenhandel in der Bucht von Biafra vgl. G. Ugo Nwokeji, *The Slave Trade and Culture in the Bight of Biafra: An African Society in the Atlantic World* (Cambridge: Cambridge University Press, 2010). Ebd., 41.

40 »Trans-Atlantic Slave Trade-Database, Map«, www.slavevoyages.org.

41 G. Ugo Nwokeji, »Slave Ships to Oil Tankers«, in Watts und Kashi, *Curse of the Black Gold*, 64–65. Vgl. auch Klieman, »U.S. Oil Companies«, 158.

42 Anne Ruderman, »The Local and the Coastal«, unveröffentlichtes Manuskript.

43 FTI Consulting, »First Report to Creditors«, 10. August 2017, www.fticonsulting-emea.com. 2011 machte sie rund 415 Millionen Dollar Umsatz mit Auslandskunden in Nigeria, Angola und Äquatorialguinea, verglichen mit rund 20 Millionen Umsatz mit Auslandskunden in Australien, der anderen Weltgegend, in der die STG tätig war. PwC, »Sea Trucks Group Limited Consolidated Financial Statements for the Year Ended 31 Dezember 2011«, 27. April 2012, S. 37, www.finanznachrichten.de.

44 »Sea Trucks Group Limited«, Offshore Leaks Database, International Consortium of Investigative Journalists, www.offshoreleaks.icij.org.

45 Die in den Vereinigten Arabischen Emiraten, Australien und den Niederlanden registrierten Tochterunternehmen waren Firmen für die Projektsteuerung. Vgl. PwC, »Sea Trucks Group Limited Consolidated Financial Statements«, 9. »Sea Trucks Group«, *Foreign Affairs* 88, Nr. 3 (Mai/Juni 2009).

46 »Sea Trucks Group – Company Capsule«, *World Market Intelligence*, 20. Januar 2014.

47 »Sea Trucks Group«.

48 Zuvor veröffentlicht von PwC, »Sea Trucks Group Limited Consolidated Financial Statements«.

49 Meg Chesshyre, »Roomans Returns to His Roots«, *Offshore Engineer*, 1. September 2012, www.oedigital.com; »Sea Trucks Group«, Oil and Gas Netherlands, www.oilandgas.nl.

50 Der Zinssatz bei der First Bank of Nigeria betrug 9,5 Prozent und war über Hypotheken auf vier Schiffe der Unternehmensgruppe abgesichert. PwC, »Sea Trucks Group Limited Consolidated Financial Statements«.

51 Sarka Halas, »Nigeria's Sea Trucks Group Plans Senior Secured Bond«, *Dow Jones Institutional News*, 7. März 2013.

52 »U.S. Shale Production«, U.S. Energy Information Administration, 11. Januar 2021, www.eia.gov.

53 2017 wurden die USA zu einem Nettogasexporteur. »Natural Gas Explained«, U.S. Energy Information Administration, 2022, www.eia.gov.

54 »Gazprom Now Has Own Pipe Laying Vessel – Exec«, *Interfax Russia and CIS Business and Financial Newswire*, 19. Mai 2016. »This Is How Gazprom Will Bypass US Sanctions in

Building Nord Stream-2«, 21. Mai 2016, www.sputniknews.com. Das Schiff, das inzwischen *Akademik Cherskiy* heißt, war mehrere Jahre in der Ostsee unterwegs. Vgl. Benjamin L. Schmitt, »Hot Issue – They're Gonna Need a Bigger Boat: The Curious Voyage of the Akademik Cherskiy«, The Jamestown Foundation, 31. März 2020, www.jamestown.org.

55 Adebayo Dawodu, »WAV Condemns Fraudulent Moves by Sea Trucks Group«, *The Nigerian Voice*, 29. Oktober 2017, www.thenigerianvoice.com. Vgl. auch Femi Owolabi, »The Insider: How Expatriates Hijacked a Business Empire from Nigerian Owner«, *The Cable*, 22. Februar 2018, www.thecable.ng.

56 FTI Consulting, »First Report to Creditors«. »The beneficiaries of the trust which holds the Company's shares (the ›Equity Beneficiaries‹) sought to remove the Independent Directors«.

57 Ebd.; Owolabi, »The Insider«.

58 Owolabi, »The Insider«; Shina Loremikan, »Sea Trucks Group: A Case of Liquidation or a Hostile Takeover?«, *The Guardian* (Lagos), 22. März 2018, www.guardian.ng; Peter Ozoho, »Regulators Urged to Wade into Sea Trucks Group's Imbroglio«, *This Day* (Lagos), 30. August 2018, www.thisdaylive.com. Zur Ausbeutung der Schätze Afrikas durch den Westen vgl. Chalfin und Dahou, »Governing Africa's Seas«.

59 Dawodu, »WAV Condemns Fraudulent Moves«.

60 Owolabi, »How Expatriates Hijacked a Business Empire«.

61 Watts, »Empire of Oil«.

62 Mitchell, *Carbon Democracy*.

63 Gespräch des Autors mit James Wild, 18. Januar 2024.

64 Nwokeji, *The Nigerian National Petroleum Corporation*, 72. Zu militanter Gewalt vgl. Adunbi, *Oil Wealth and Insurgency*, speziell Kap. 6.

65 Nwokeji, *The Nigerian National Petroleum Corporation*, 72–73.

66 Eoin O'Cinneide, »Pirate-Hit Vessels ›not on Nigerian Oilfield‹«, *Upstream*, 6. August 2012, www.upstreamonline.com; Gespräch des Autors mit James Wild, 18. Januar 2024.

67 Appel, »Offshore Work«.

68 Tabitha Lasley, *Seegang*. Aus dem Englischen von Tanja Handels (München: Luchterhand, 2022), 232.

69 Watts, »Empire of Oil«. Heute betreiben viele ehemalige Kämpfer Tausende illegaler und hochgradig toxischer »handwerklicher Raffinerien« für rechtswidrig erlangtes Rohöl. Vgl. Adunbi, *Enclaves of Exception*, Kap. 5.

70 FTI Consulting, »First Report to Creditors«.

71 Ebd.

72 »Public Notice of Sea Trucks Group Limited (In Liquidation)«, o. D. [2017–2018], www.fticonsulting-emea.com.

73 Ebd.

74 Order for the Appointment of Provisional Liquidators, Claim No. BVIHC (Com) 71 of 2017, 5. Mai 2017, www.fticonsulting-emea.com. FTI Consulting, »First Report to Creditors«. Emmanuel Okogba, »WAV in the Eye of the Storm: The Story Behind the Dispute with Sea Trucks Group«, *Vanguard*, 24. Oktober 2017, www.vanguardngr.com.

75 FTI Consulting, »Sea Trucks Group Limited in Liquidation (the ›Holding Company‹) Information for Stakeholders«, 15. Juni 2017, www.fticonsulting-emea.com.

76 Wie der Vorstandsvorsitzende Tom Ehret weiter ausführte: »Grundsätzlich ist und bleibt die Sea Trucks Group ein starkes und rentables Unternehmen mit guter Marktpositionierung. Wir sind angesichts seiner Aussichten guter Dinge und werden weiterhin mit unseren hohen Standards die Erwartungen unserer Kunden erfüllen.« FTI Consulting, »Sea Trucks

Group Appointment of Provisional Liquidators Press Release«, 8. Mai 2017, www.fticonsulting-emea.com. FTI wurde auf Anordnung des Eastern Caribbean Supreme Court der Jungferninseln vom 12. Juni 2017 dann auch zum endgültigen Insolvenzverwalter bestellt. Vgl. Order, Claim No. BVIHC (Com) 71 vom 12. Juni 2017, www.fticonsulting-emea.com.

77 FTI Consulting, »First Report to Creditors«.

78 Das fünfte in Nigeria eingesetzte DP3-Schiff war die *Jascon 30*. Am 9. Mai 2017, kurz nach Einleitung des vorläufigen Insolvenzverfahrens, stellte das nigerianische Bundesgericht im Gerichtsbezirk Port of Harcourt STG einen Arrestbefehl für das Schiff zu. STG bestritt das berechtigte Interesse von WAV als Eigentümer. FTI Consulting, »First Report to Creditors«.

79 Es handelte sich bei den vier Schiffen um die *Jascon 25*, *28*, *31* und *34*. Anne-Marie Causer, »Sea Trucks Group Restructure Following Liquidation«, *Maritime Journal*, 15. Februar 2018, www.maritimejournal.com; Telford Offshore, www.telfordoffshore.com. Vgl. auch »Notice of a Written Bondholders' Resolution«, 6. Februar 2018, www.stamdata.com.

80 FTI Consulting, »Sea Trucks Group Limited (in Liquidation) Restructuring Press Release«, o. D. [Juli–August 2017], www.fticonsulting-emea.com. Ende Juni 2017, vor der Gründung von Telford Offshore, hatten die Anleger dafür gestimmt, STG mit zusätzlicher Liquidität in Höhe von 25 Millionen Dollar zu versorgen. Dies geschah mit einer neuen Anleihe, die vor den alten Anleihen den Vorrang hatte. FTI Consulting, »First Report to Creditors«.

81 FTI Consulting, »Sea Trucks Group Limited Liquidation Update«, 12. Oktober 2017, www.fticonsulting-emea.com.

82 Okogba, »WAV in the Eye of the Storm«.

83 'Femi Asu, »WAV, STG Settle Row as NCDMB, NAPISM Intervene«, *Punch*, 14. Februar 2019, www.punchng.com. Udeme Akpan, »WAV, STG End Rift, Sign Settlement Agreement«, *Vanguard* (Lagos), 19. Februar 2019.

84 Ebd.

85 WAV, »Jascon 27 Accommodation Barge«, www.waventures.com.ng.

86 Dawodu, »WAV Condemns Fraudulent Moves«.

87 Solche Offshore-Register empfangen zwar Schiffseigner mit offenen Armen, Forschenden gegenüber sind sie dagegen eher abweisend. Als *Jascon 27* wurde unser Schiff über Monaco registriert, sein Schwesterschiff, die *Venture*, über Genf. Herauszufinden, wann genau ein Schiff umgemeldet wurde, kostet 200 Dollar pro Schiff laut E-Mail des SVG-Registry Department in Genf an den Autor vom 6. November 2020.

88 »Venture«, Shipphotos.ru, 5. Dezember 2013, www.shipphotos.ru.

## CODA: WALFISCHBUCHT

1 Über das Geschäft in Grauzonen vgl. Kimberly Kay Hoang, *Spiderweb Capitalism: How Global Elites Exploit Frontier Markets* (Princeton: Princeton University Press, 2022).

2 Vgl. Lynn Berat, *Walvis Bay: Decolonization and International Law* (New Haven: Yale University Press, 1990); Nils Brezelius, *How the Port of Walvis Bay Became Namibian* (Windhoek: Kuiseb Publishers, 2017), 13–14. Vgl. auch »Walvis Bay: Report of a Fact-Finding Mission, Oktober 1990«, NEPRU Working Paper Nr. 13, August 1992, The Namibian Economic Policy Research Unit, Windhoek, Namibia.

3 Die anderen beiden Schiffe waren das Unterkunftsschiff *DSH 1* und das Schleppschiff *Ima Atisi*. Amarjit Singh Bajwa an Jade McClune, 7. Januar 2019; Korrespondenz des Autors mit Jade McClune, 3. Mai 2021; Gespräch des Autors mit John Guard, 19. Mai 2021.

4 Halani 1 – Abandonment ID 00341, SECTOR Database on Reported Incidents of Abandonment of Seafarers, 2021, www.ilo.org.

5 HRAS, »Case Study in Their Own Words: Eight Indian Seafearers Abandoned Off-Shore Walvis Bay, Namibia, Face Fatigue, Lack of Wages and Mental Health Issues«, Januar 2019, 2, www.humanrightsatsea.org; Halani 1 – Abandonment ID 00341, SECTOR Database on Reported Incidents of Abandonment of Seafarers.

6 International Maritime Organization, Resolution A.930(22), »Guidelines on Provision of Financial Security in Case of Abandonment of Seafarers«, 17. Dezember 2001. Vgl. auch Lalah Khalili, »Agent Untraceable, Owner not Responding«, *London Review of Books* 45, Nr. 7 (März 2023).

7 »Ship Abandonment«, Mission to Seafarers, 2021, www.missiontoseafarers.org; Gespräch des Autors mit John Guard, 19. Mai 2021.

8 Halani 1 – Abandonment ID 00341, SECTOR Database on reported incidents of abandonment of seafarers. Die ILO listet 175 Fälle im Jahr 2023, wurde in dem Kalenderjahr aber nur über 132 Fälle unterrichtet. Vgl. auch Khalili, »Agent Untraceable«.

9 Chris Armstrong, »Abuse, Exploitation, and Floating Jurisdiction: Protecting Workers at Sea«, *The Journal of Political Philosophy* 30, Nr. 1 (März 2022), 3–25.

10 Karen McVeigh, »Abandoned at Sea: The Crews Cast Adrift Without Food, Fuel, or Pay«, *The Guardian*, 12. April 2019.

11 HRAS, Case Study in Their Own Words, 2; Halani 1 – Abandonment ID 00341, SECTOR Database on Reported Incidents of Abandonment of Seafarers.

12 Jan de Boer an das SVG Registry, E-Mail vom 4. Juni 2018, in Halani 1 – Abandonment ID 00341, SECTOR Database on Reported Incidents of Abandonment of Seafarers. Amarjit Singh Bajwa an Jade McClune, 7. Januar 2019, Korrespondenz des Autors mit Jade McClune, 3. Mai 2021.

13 Shiladitya Bose an SVG Registry, E-Mail, 13. Juni 2018, in Halani 1 – Abandonment ID 00341, SECTOR Database on Reported Incidents of Abandonment of Seafarers.

14 ILO, Maritime Labour Convention, 2006, www.ilo.org.

15 S. Dulic an Mr. Noh, E-Mail, 20. Juli 2018, in Halani 1 – Abandonment ID 00341, SECTOR Database on Reported Incidents of Abandonment of Seafarers.

16 HRAS, Case Study in Their Own Words, 4.

17 Ebd., 4–5.

18 Gespräch des Autors mit John Guard, 19. Mai 2021.

19 Stellungnahme der International Chamber of Shipping, 29. Januar 2019, in Halani 1 – Abandonment ID 00341, SECTOR Database on Reported Incidents of Abandonment of Seafarers. Vgl. auch Amarjit Singh Bajwa an Jade McClune, 7. Januar 2019, Korrespondenz des Autors mit Jade McClune, 3. Mai 2021.

20 Corinne Vargha an den Staatssekretär im Arbeitsministerium, St. Vincent und die Grenadinen, 27. März 2019, in Halani 1 – Abandonment ID 00341, SECTOR Database on Reported Incidents of Abandonment of Seafarers.

21 S. Dulic an Jan de Boer, E-Mail, 30. Januar 2019, in Halani 1 – Abandonment ID 00341, SECTOR Database on Reported Incidents of Abandonment of Seafarers. Korrespondenz des Autors mit dem Schiffsregister von St. Vincent und den Grenadinen, 2. Februar 2021.

22 »Goeiemann to Retire Next Month«, *The Namibian*, 26. Februar 2020, www.namibian.com.na.

23 International Labour Organization, International Maritime Convention, 2006, Standard A2.5.1 – Repatriation, Paragraph 7 und 8, 36. Deutscher Text zitiert nach: Internationale Arbeitskonferenz, Seearbeitsübereinkommen, 2006, 40, www.ilo.org/sites/default/files/wcmsp5/groups/public/@ed_norm/@normes/documents/normativeinstrument/wcms_c186_de.pdf.

24 Jan de Boer an Willem Goeiemann, 20. März 2019, in Halani 1 – Abandonment ID 00341, SECTOR Database on Reported Incidents of Abandonment of Seafarers.

25 Jonathan Warring an Willem Goeiemann, 21. März 2019, in Halani 1 – Abandonment ID 00341, SECTOR Database on Reported Incidents of Abandonment of Seafarers.

26 Gespräch des Autors mit John Guard, 19. Mai 2021.

27 Amarjit Singh Bajwa an Jade McClune, 12. April 2019, Korrespondenz des Autors mit Jade McClune, 3. Mai 2021.

28 Gespräch des Autors mit John Guard, 19. Mai 2021.

29 Ebd. »Past Sales«, Solution Strategists, www.solutionstrat.com; »Alan: Offshore Supply Ship IMO 7816379«, www.marinetraffic.com. Zu Bhangavar vgl. William Langewiesche, *The Outlaw Sea: A World of Freedom, Chaos, and Crime* (New York: North Point Press, 2004).

30 Chris Foote, »Breaking Bad: Uncovering the Oil Industry's Dirty Secret«, 17. März 2020, BBC News.

31 Gespräch des Autors mit John Guard, 19. Mai 2021.

32 Ebd.

33 Suman Barua u. a., »Environmental Hazards Associated with Open-Beach Breaking of End-of-Life Ships: A Review«, *Environmental Science and Pollution Research* 25 (2018), 30880–30893. Zu Bhangavar vgl. Langewiesche, *The Outlaw Sea*. Korrespondenz des Autors mit John Guard, 5. Mai 2021.

34 »*High Ocean IV*, IMO 8638774«, Marine MAN, www.ships.jobmarineman.com; »*High Ocean IV*«, VesselTracking.net, www.vesseltracking.net. Margot Gibbs, »Revealed: How a UK Company Is Using a Caribbean Tax Haven to Cash In on Scrapping Toxic Ships in One of the World's Poorest Countries«, *The Independent*, 20. Februar 2019.

35 »Venture«, www.marinetraffic.com.

36 »Contact«, West African Ventures Limited, www.waventures.com.ng.

37 E-Mail von James Wild an den Autor, 10. Januar 2024; Gespräch mit James Wild, 18. Januar 2024. »Jascon 27«, BalticShipping.com, www.balticshipping.com. Zur Nutzung von Websites zur Nachverfolgung des Schiffs vgl. Mike Ricketts, »Encounters and Spatial Controversies«, Dissertation, University of the Arts, 2015, besonders 120–129.

## FAZIT: INTERNATIONALE GEWÄSSER

1 Vgl. »HSB-Finnboda Varv Residential Development – Sweden«, *World Market Intelligence News* [London], 13. Januar 2015, www.search.proquest.com. Mikael Josephson, *Finnboda varv och fartygen som byggdes där* (Stockholm: Trafik-Sostalgiska Förlaget, 2020), 124–126.

2 Fogia Products, www.fogia.com.

3 Zu den Arbeitsbedingungen und der Trostlosigkeit im britischen Offshore-Ölgeschäft vgl. Tabitha Lasley, *Seegang* (München: Luchterhand, 2022).

4 Jillian Ambrose, »Denmark to End New Oil and Gas Exploration in North Sea«, *The Guardian*, 4. Dezember 2020.

5 Bruce Morley, »The Effects of Commodity Discoveries on Small Open Economies: Empirical Evidence from the Falkland Islands«, *Economies* 7, Nr. 106 (2019); CIA, »Falkland Islands«, CIA World Factbook, www.statistical-proquest-com. Siehe auch das Porträt der Falklandinseln von Larissa MacFarquar, »How Prosperity Transformed the Falklands«, *The New Yorker*, 29. Juni 2020.

6 »Volkswagen's Global Production Network for Electric Vehicles Grows with Launch of

Second German Site in Emden«, VW-Pressemitteilung, 20. Mai 2022, www.volkswagen-newsroom.com.

7 Ole Cordsen, »Wirbel um Hotelschiff für Slowaken bei VW«, *Ostfriesen-Zeitung*, 20. August 2019, www.oz-online.de. Gespräch des Autors mit Linda Hallwaß, 28. April 2023.

8 »The Floating Pool Lady«, o. D., www.floatingpool.org.

9 »Pier 36«, DockNYC, www.docknyc.com.

10 »Events« und »Pier 36 NYC«, www.pier36nyc.com.

11 »Pier 40«, Hudson River Park, www.hudsonriverpark.org.

12 »Bibby Line Group Completes Duke Street Building Sale«, Pressemitteilung der Bibby Line Group, 1. Dezember 2019, www.bibbylinegroup.co.uk.

13 Robin Pagnamenta, »Business Big Shot«, *The Times*, 3. August 2009.

14 UK Ministry of Justice, »A Royal Opening for the Rolls Building«, 7. Dezember 2011, www.gov.uk. Owen Bowcott, »Rolls Building Court Complex Can Make London ›Global Legal Centre‹«, *The Guardian*, 19. August 2011.

15 Steven Morris, »›It's Inhumane‹: Anger at Plan to House Asylum Seekers on Barge off Dorset«, *The Guardian*, 5. April 2023; Aletha Adu, »Home Office to Announce Barge as Accommodation for Asylum Seekers«, *The Guardian*, 3. April 2023.

16 UK Home Office, »Factsheet: Asylum Accommodation on a Vessel in Portland Port«, www.gov.uk.

17 »The People of Dorset Say No to the Barge«, Facebook, www.facebook.com.

18 »The People of Dorset Say No to the Barge«, Protestplakat, gesehen in Portland am 8. Juli 2023.

19 Ione Welles und Joe Nimmo, »Bibby Stockholm Barge Migrants Moved After Legionella Bacteria Found«, BBC News, 12. August 2023.

20 Hannah Appel, »Offshore Work: Oil, Modularity, and the How of Capitalism in Equatorial Guinea«, *American Ethnologist* 39, Nr. 4 (November 2012), 700. Appel argumentiert, Offshore-Strategien gründeten auf einer Vorstellung von Räumen, in denen sich Profit ohne Auseinandersetzungen generieren lasse. Auch wenn das stimmen mag, ist die Offshore-Welt an sich ein Ort heftigster Auseinandersetzungen.

21 Vgl. Hannah Appel, *The Licit Life of Capitalism: US Oil in Equatorial Guinea* (Durham: Duke University Press, 2019); Omolade Adunbi, *Enclaves of Exception: Special Economic Zones and Extractive Practices in Nigeria* (Bloomington: Indiana University Press, 2022).

22 Philip Mirowski, »Neoliberalism: The Movement That Dare Not Speak Its Name«, *American Affairs* 2, Nr. 1 (Frühjahr 2018), 118–141. Bjarke Skærlund Risager, »Neoliberalism Is a Political Project: An Interview with David Harvey«, *Jacobin*, 23. Juli 2016, www.jacobinmag.com. Vgl. auch David Harvey, *A Brief History of Neoliberalism* (Oxford: Oxford University Press, 2007); Philip Mirowski und Dieter Plehwe (Hg.), *The Road from Mont Pèlerin: The Making of the Neoliberal Thought Collective*, rev. Ausg. (Cambridge: Harvard University Press, 2015); Will Davies, *The Limits of Neoliberalism: Authority, Sovereignty, and the Logic of Competition* (London: Sage, 2014).

23 Daniel Rodgers, »The Uses and Abuses of ›Neoliberalism‹«, *Dissent* (Winter 2018).

24 Ganz ähnlich betont Sam Wetherell die physische, materielle Seite des Neoliberalismus. Sam Wetherell, *Foundations: How the Built Environment Made Twentieth-Century Britain* (Princeton: Princeton University Press, 2020). Vgl. auch James Vernon, »Heathrow and the Making of Neoliberal Britain«, *Past and Present* 252 (August 2021), 213–247.

25 Arthur Rimbaud, *Sämtliche Dichtungen*. Zweisprachige Ausgabe. Aus dem Französischen übersetzt und mit Anmerkungen und einem Nachwort herausgegeben von Thomas Eichhorn, 2. Aufl. (München: dtv, 2002), 151.

# BILDNACHWEIS

17–19: Mapping Specialists LLC
39: Thor Björn Johansson, 1974, Stadtarchiv Nacka
41: Originalpläne, Schwedische Seefahrtsverwaltung (Sjöfartsverket)
49: Registrierungsdokument, Norwegisches Nationalarchiv, AV/RA-S-1627/H/HD/L0003: Fartøy, B-Bev, S. 125
79: Originalpläne, Reichsarchiv Göteborg, F3A: 450.096-9
84: (oben): Originalpläne, Regionalarchiv Västra Götalandsregionen und Stadt Göteborg, GSA_13-1/F 1 B/42; (unten): Originalpläne, Schwedische Seefahrtsverwaltung (Sjöfartsverket)
97: Mit freundlicher Genehmigung: Falklands Post
114: FotoFlite
118: (oben und unten) Nick Barnard
127: Modern Records Centre, University of Warwick, MSS.411 MNAOA/4/3. Mit freundlicher Genehmigung: Bibby Line
131: *Coastel: The World's Most Accommodating Floating Unit*, Werbebroschüre der Bibby Line, o. D. [1980er Jahre], Archives Centre, Maritime Museum Liverpool, B/BIBBY/4/8. Mit freundlicher Genehmigung: Bibby Line
146: Christian Hampel, 2024
155: Wikipedia. Erstellt vom Nutzer »Bin im Garten«, »Luftbild des Werks, im Hintergrund links der Teil des Hafens, in dem der Autoumschlag stattfindet,« 2010. Used under Creative Commons, https://commons.wikimedia.org/wiki/File:Flug_Emden_2010_107.JPG
156: FotoFlite
159: dpa-Infografik
161: mauritius images / alamy / Interfoto
173: Mapping Specialists LLC
191: *Correction News*, Dezember 1988
196: mauritius images / dpa
225: Flickr, Jack Pease, »Isle of Portland Panorama«, 2019. Creative Commons BY-SA 2.0. www.flickr.com/photos/cathedraljack/48215345562
227: mauritius images / alamy / PA Images
233 (oben): mauritius images / alamy / PA Images; (Mitte): mauritius images / Jack Sullivan / alamy Stock; (unten): mauritius images/ alamy / PA Images
236: John Gale, 2008
241: *HM Prison Service, Annual Report and Accounts, April 2003–March 2004*, 2004 [HC 718]. Open Government Licence v3.0
242–43: *HM Prison Service, Annual Report and Accounts, April 2003–March 2004*, 2004 [HC 718]. Open Government Licence v3.0
249: Flickr, Nutzer It's No Game, »Royal Courts of Justice«, 2014. Creative Commons BY-SA 2.0. https://upload.wikimedia.org/wikipedia/commons/3/37/Royal_Courts_of_Justice_%2815733703104%29.jpg
253, 278: Gigi Sung und Jeff Blossom, Center for Geographic Analysis, Harvard University
283: iStockPhoto.com / Modest Franco
301: James Wild, 2017
310: Wikimedia Commons / Flickr, Nutzer »Sonse«, »Sandwich Harbour, Walvis Bay«, 2017. Creative Commons BY-SA 2.0. https://commons.wikimedia.org/wiki/File%3ASandwich_Harbour%2C_Walvis_Bay_%2837731184332%29.jpg?utm_source=chatgpt.com
314: Jade Lennon, »Ship and Indian crew abandoned for over a year at Walvis Bay«, 10. Januar 2019, Medium
319: Wikimedia Commons / Planet Labs Inc., »Shipwrecking in Alang, India, 2017-03-17«, 2017. Creative Commons BY-SA 4.0. https://upload.wikimedia.org/wikipedia/commons/d/d4/Ship wrecking_in_Alang%2C_India%2C_2017-03-17_by_Planet_Labs.jpg
326: Ian Kumekawa, 2023
327: Per Askergren, 2019
234: Linda Halwaß, 2023
228: Ian Kumekawa, 2023